目　录

中国政府奖学金生专用教材
A Series of Textbooks Designated for Chinese Government Scholarship Students
来华留学预科学习丛书·专业知识系列
A Series of Books on Pre-College Courses for Foreigners Studying in China: Specialized Knowledge Series

数学（第3版）

MATHEMATICS (3rd Edition)

任卫云 郭飞 编

北京语言大学出版社
BEIJING LANGUAGE AND CULTURE UNIVERSITY PRESS

图书在版编目（GIP）数据

数学 / 任卫云，郭飞编. -- 3 版. -- 北京：北京语言大学出版社，2025. 7. -- ISBN 978-7-5619-6820-8

Ⅰ. H195.4

中国国家版本馆 CIP 数据核字第 2025WV9910 号

数学（第 3 版）

SHUXUE（DI 3 BAN）

排版制作：北京光大印艺文化发展有限公司
责任印制：周 燚

出版发行：北京语言大学出版社
社　　址：北京市海淀区学院路 15 号，　100083
网　　址：www.blcup.com
电子信箱：service@blcup.com
电　　话：编 辑 部　8610-82303395
　　　　　国内发行　8610-82303650/3591/3648
　　　　　海外发行　8610-82303365/3080/3668
　　　　　北语书店　8610-82303653
　　　　　网购咨询　8610-82303908
印　　刷：河北赛文印刷有限公司

版　　次：2012 年 2 月第 1 版
　　　　　2020 年 12 月第 2 版
　　　　　2025 年 7 月第 3 版
印　　次：2025 年 7 月第 1 次印刷
开　　本：787 毫米 × 1092 毫米　1/16
印　　张：25
字　　数：365 千字
定　　价：88.00 元

PRINTED IN CHINA
凡有印装质量问题，本社负责调换。售后 QQ 号 1367565611，电话 010-82303590

前 言

本教材是在来华留学生预科教材《数学》(第2版)的基础上,参照《来华留学预科教育标准(试用版)》,结合近年来为留学生授课的经验修订而成的。

本教材分为代数、平面解析几何、空间解析几何、函数的极限和导数、概率统计等5部分,共20章。考虑到来华留学生的语言基础和进入大学学习的实际需要,本教材注重定理和公式的应用,在结论后面紧跟例题,并配有大量课后习题供学习者进行练习,略去了定理的证明及一些公式的推导过程,在叙述过程中尽量做到语言简单、通俗易懂。

本教材涵盖了大部分高等数学所需的高中知识,如集合、不等式、函数、三角函数、数列和平面向量等。同时,为了更好地实现高中数学与大学数学的衔接,本教材适当向大学数学内容进行了延伸,增加了如空间向量、空间平面和空间直线、数列和函数的极限、导数的应用等内容。

本次修订还对第2版教材中的课后习题进行了更新。其中,邓云参与了第1章到第7章、第9章和第10章的习题编写工作。此外,附录中按章节顺序给出了本教材中出现的数学词汇,并配备了《数学符号汉英对照表》,供学习者参考。

本教材具有广泛的适用性,既可作为来华留学预科生的数学教材,又可作为国内大学本科一年级学生学习高等数学的参考书。

受水平所限,疏漏之处在所难免,欢迎广大师生批评指正。

编者

第 1 章　集　　合

1.1　集合的定义

一、集合的定义

定义（definition）1　我们把研究对象（object of study）统称为**元素**（element），把一些元素组成的总体称为**集合**（set），简称为集.

例如（for example），{苹果,香蕉,西瓜}是一个集合，苹果、香蕉和西瓜都是这个集合中的元素．$\{x \mid -1<x<3\}$也是一个集合，$-\frac{1}{2}$，0，$\frac{2}{3}$，1都是这个集合中的元素. 这个集合中的元素还有很多，如图 1.1－1 所示：

图 1.1－1

我们一般用大写字母 A，B，C，… 表示集合，用小写字母 a，b，c，… 表示集合中的元素. 例如，$A=$ {苹果,香蕉,西瓜}，$b=$苹果．

集合具有以下三个特点：

1. 集合中的元素是确定的．例如，“大于 2 小于 3 的数”构成一个集合，但“漂亮的人”不能构成集合，因为组成它的元素是不确定的．

2. 集合中的元素是互不相同的．例如，不能把集合写成 $\{1,2,4,4,6\}$ 的形式，应写为 $\{1,2,4,6\}$.

3. 集合中的元素是没有顺序的．例如，集合 $\{1,2,4,6\}$ 与 $\{2,1,6,4\}$ 表示同一个集合．

我们用 $\mathbb{N}$ 表示**自然数集**（set of natural numbers），例如，0，1，2，3，… 是自然数.

用 $\mathbb{Z}$ 表示**整数集**（set of integers），例如，…，−3，−2，−1，0，1，2，

3，…是整数.

用 $\mathbb{Z}^+$表示**正整数集**（set of positive integers），例如，1，2，3，…是正整数.

用 $\mathbb{Q}$ 表示**有理数集**（set of rational numbers）（由整数、**有限小数**（finite decimal）和**无限循环小数**（repeating infinite decimal）构成的集合），例如，0.2，-3.5，$\frac{1}{2}$，$-\frac{2}{3}$，$\frac{7}{5}$，-2，7 是有理数.

由无限不循环小数构成的集合为**无理数集**（set of irrational numbers），例如，π，e，$\sqrt{2}$，$\sqrt[3]{10}$是无理数.

用 $\mathbb{R}$ 表示**实数集**（set of real numbers），有理数和无理数统称为实数.

它们具有以下关系：

- 实数
  - 有理数
    - 整数
      - 自然数
        - 正整数
        - 0
      - 负整数
    - 分数
  - 无理数

二、集合和元素的关系

定义 2 若 a 是集合 A 中的元素，则称 a **属于**（to belong to）集合 A，记作 $a \in A$；若 a 不是集合 A 中的元素，则称 a **不属于**（to not belong to）集合 A，记作 $a \notin A$.

例如，设 $A=\{x \mid -1<x\leqslant 4\}$，则 $0\in A$，$\frac{1}{2}\in A$，$-2\notin A$，$5\notin A$；设 $A=\{x \mid x^2-4=0\}$，则 $2\in A$，$-2\in A$，$3\notin A$.

小　结

1. 我们把研究对象统称为元素，把一些元素组成的总体称为集合（简称为集）. 用大写字母 A，B，C，…表示集合，用小写字母 a，b，c，… 表

示集合中的元素 .

2. 集合的特点：

（1）集合中的元素是确定的；

（2）集合中的元素是互不相同的；

（3）集合中的元素是没有顺序的 .

3. $\mathbb{N}$ —自然数集；$\mathbb{Z}$ —整数集；$\mathbb{Z}^{+}$—正整数集；$\mathbb{Q}$ —有理数集；$\mathbb{R}$ —实数集.

4. 元素和集合之间的关系：属于（$\in$）或不属于（$\notin$）.

习题 1.1

1. 用符号“$\in$”或“$\notin$”填空.

（1）5 ____ $\mathbb{N}$，-3 ____ $\mathbb{N}$，5.3 ____ $\mathbb{N}$，0.25 ____ $\mathbb{N}$，$\frac{\sqrt{2}}{3}$ ____ $\mathbb{N}$.

（2）8 ____ $\mathbb{Z}$，$\frac{3}{2}$ ____ $\mathbb{Z}$，3 ____ $\mathbb{Z}$，-8 ____ $\mathbb{Z}$，$\sqrt{4}$ ____ $\mathbb{Z}$，$\sqrt{3}$ ____ $\mathbb{Z}$，

$(\sqrt{5})^2$ ____ $\mathbb{Z}$，$\frac{\pi}{3}$ ____ $\mathbb{Z}$.

（3）3.14 ____ $\mathbb{Q}$，$\frac{2}{5}$ ____ $\mathbb{Q}$，$-\frac{7}{4}$ ____ $\mathbb{Q}$，3^0 ____ $\mathbb{Q}$，-7 ____ $\mathbb{Q}$，

$\sqrt{16}$ ____ $\mathbb{Q}$，$\sqrt{3}$ ____ $\mathbb{Q}$，$(\sqrt{3})^2$ ____ $\mathbb{Q}$，-3π ____ $\mathbb{Q}$.

（4）2 ____ $\mathbb{R}$，$\frac{2}{5}$ ____ $\mathbb{R}$，$-\frac{8}{3}$ ____ $\mathbb{R}$，0.56 ____ $\mathbb{R}$，-5 ____ $\mathbb{R}$，

$-\sqrt{4}$ ____ $\mathbb{R}$，$\sqrt{5}$ ____ $\mathbb{R}$，$(\sqrt{7})^2$ ____ $\mathbb{R}$，$\frac{\pi}{5}$ ____ $\mathbb{R}$.

2. 设集合 $A=\{x \mid -5<x\leqslant 5\}$，则下列关系正确的是（　　）.

A. $\frac{5}{3}\notin A$　　B. $-\frac{7}{3}\notin A$　　C. $4.3\in A$　　D. $-5\in A$

3. 设集合 $B=\{x\in\mathbb{Z} \mid -4\leqslant x<2\}$，则下列关系正确的是（　　）.

A. $-4\notin B$　　B. $-2.5\notin B$　　C. $2\in B$　　D. $1.5\in B$

4. 集合 $\{x\in\mathbb{Z}^+ \mid x\leqslant 4\}=($　　$)$.

A. $\{0,1,2,3,4\}$　　B. $\{1,2,3,4\}$

C. $\{0,1,2,3,4,5\}$　　D. $\{1,2,3,4,5\}$

5. 下列说法正确的是（　　）.

A. 若 $a\in\mathbb{N}$，$b\in\mathbb{N}$，则 $a-b\in\mathbb{N}$

B. 若 $a\in\mathbb{Z}^+$，则 $a\in\mathbb{Q}$

C. 若 $a\geqslant 0$，则 $a\in\mathbb{N}$

D. 若 $a\in\mathbb{Z}$，则 $a\notin\mathbb{Q}$

1.2　集合间的关系

定义 1　设 A 和 B 是两个集合，若 A 和 B 中的元素是相同的，则称 A 和 B 是**相等**（equality）的，记作 $A=B$.

例如，$\{-1,3,6\}=\{3,-1,6\}=\{6,-1,3\}$；$\{x\in\mathbb{Z} \mid -2<x\leqslant 3\}=\{-1,0,1,2,3\}$.

定义 2　设 A 和 B 是两个集合，若 A 中的任意一个元素都是 B 中的元素，则称 A 是 B 的**子集**（subset），记作 $A\subseteq B$ 或 $B\supseteq A$，读作"A **包含于**（to be included in）B"或"B **包含**（to include）A"（见图 1.2－1）. 特别地，一个集合是它自身的子集，即 $A\subseteq A$.

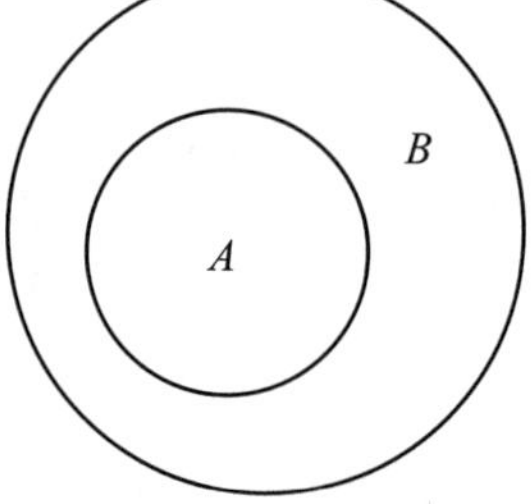

图 1.2－1

例如，$\{1,3,4\}\subseteq\{1,3,4,5\}$，$\{2,3\}\subseteq\{2,3\}$.

注 1　若集合 $A\subseteq B$ 且 $B\subseteq A$，则 $A=B$.

定义 3　设 A 和 B 是两个集合，若 $A\subseteq B$ 且 $A\neq B$，则称 A 是 B 的**真子集**（proper subset），记作 $A\subsetneqq B$ 或 $B\supsetneqq A$，读作"A 真包含于 B"或"B 真包含 A".

例如，$\{1,3,4\}\subsetneqq\{1,3,4,5\}$.

定义 4　设 A 和 B 是两个集合，若 A 中存在一个不属于 B 的元素，则

称 A 不是 B 的子集，记作 $A\not\subseteq B$ 或 $B\not\supseteq A$，读作“A 不包含于 B”或“B 不包含 A”.

例如，$\{1,3,4\}\not\subseteq\{1,3,5,6\}$.

例 1 设集合 $A=\{-1,2,4,5,7,8\}$，$B=\{-1,4\}$，$C=\{-1,4\}$，$D=\{2,7,8\}$，$E=\{1,9\}$，则下列记法都是正确的：

$B\subseteq A,C\subseteq A,D\subseteq A$（即 B,C,D 都是 A 的子集）；

$B\subsetneqq A,C\subsetneqq A,D\subsetneqq A$（即 B,C,D 都是 A 的真子集）；

$B\subseteq C$ 或 $C\subseteq B$（即 B 是 C 的子集或 C 是 B 的子集）；

$B=C$（即 B 和 C 是相等的）；

$E\not\subseteq A$（即 E 不是 A 的子集）.

注 2 我们把不含任何元素的集合叫作**空集**（empty set），记为 $\varnothing$，并规定：空集是任何集合的子集，即 $\varnothing\subseteq A$（其中 A 是一个集合）；若 $A\neq\varnothing$，则 $\varnothing\subsetneqq A$.

例如，集合 $\{x\in\mathbb{R}\mid x^2+1=0\}$ 是一个空集.

例 2 写出集合 $\{a,b\}$ 的所有子集，并指出哪些是它的真子集.

解 集合 $\{a,b\}$ 的所有子集为：$\varnothing$，$\{a\}$，$\{b\}$，$\{a,b\}$. 它的真子集为：$\varnothing$，$\{a\}$，$\{b\}$.

例 3 写出集合 $\{a,b,c\}$ 的所有子集，并指出哪些是它的真子集.

解 集合 $\{a,b,c\}$ 的所有子集为：$\varnothing$，$\{a\}$，$\{b\}$，$\{c\}$，$\{a,b\}$，$\{a,c\}$，$\{b,c\}$，$\{a,b,c\}$. 它的真子集为：$\varnothing$，$\{a\}$，$\{b\}$，$\{a,b\}$，$\{a,c\}$，$\{b,c\}$.

注 3 由 n 个元素组成的集合 $\{a_1,a_2,\cdots,a_n\}$ 的子集的个数为 2^n，真子集的个数为 2^n-1. 例如，集合 $\{1,3,5,7,9\}$ 中有 5 个元素，它的子集的个数是 2^5，真子集的个数是 2^5-1.

小 结

1. 设 A 和 B 是两个集合，则

(1) $A=B\Leftrightarrow A$ 和 B 中的元素相同.

（2）$A\subseteq B\Leftrightarrow A$ 是 B 的子集$\Leftrightarrow A$ 中的任意一个元素都是 B 中的元素；特别地，$A\subseteq A$.

（3）$A\subsetneqq B\Leftrightarrow A$ 是 B 的真子集$\Leftrightarrow A\subseteq B$ 且 $A\neq B$.

（4）$A\not\subseteq B\Leftrightarrow A$ 不是 B 的子集$\Leftrightarrow A$ 中存在一个不属于 B 的元素 .

（5）若 $A\subseteq B$ 且 $B\subseteq A$，则 $A=B$.

2. 对于任一集合 A，

（1）$\varnothing\subseteq A$；

（2）若 $A\neq\varnothing$，则$\varnothing\subsetneqq A$.

习题 1. 2

1. 用符号“$\in$”“$\notin$”“$\subseteq$”“$\subsetneqq$”“$\not\subseteq$”或“$=$”填空 .

（1）3 ____ $\{-3,-2,1,2,3\}$；

（2）$\{1,2\}$ ____ $\{-3,-2,1,2,3\}$；

（3）$\{x\mid -2<x<2\}$ ____ $\{x\mid -4<x\leqslant 4\}$；

（4）$\varnothing$ ____ $\{x\mid x^3=8\}$；

（5）$\varnothing$ ____ $\{x\mid x^2+1=0,\ x\in\mathbb{R}\}$；

（6）3 ____ $\{x\mid x<3\}$；

（7）$\{1,3\}$ ____ $\{1,2,4\}$；

（8）$\{x\mid 2\leqslant x\leqslant 4\}$ ____ $\{x\mid 0<x<3\}$；

（9）$\mathbb{Z}^+$ ____ $\mathbb{N}$ ____ $\mathbb{Z}$ ____ $\mathbb{Q}$ ____ $\mathbb{R}$.

2. 下列关系正确的是（　　）.

A. $2\subseteq\{x\mid x>0\}$　　　　B. $\{2\}\in\{x\mid -2<x<4\}$

C. $3\notin\{x\mid -3\leqslant x<3\}$　　　　D. $\varnothing=\{0\}$

3. 已知集合 $M=\{2\}$，$N=\{0,2,4\}$，则下列关系正确的是（　　）.

A. $M<N$　　　　B. $M\in N$

C. $M\subseteq N$　　　　D. $N\subseteq M$

4. 下列各组中的两个集合 M 和 N，表示同一集合的是（　　）.

A. $M=\{\pi\}$，$N=\{3.14\}$

B. $M=\{2,3\}$，$N=\{(2,3)\}$

C. $M=\{x\in\mathbb{N}\mid -1<x\leqslant 1\}$，$N=\{1\}$

D. $M=\{1,2,3\}$，$N=\{3,1,|-\sqrt{4}|\}$

5. 写出集合$\{1,3,5,7\}$的所有子集，并指出哪些是它的真子集．

1.3 集合间的运算

一、集合的并集

定义1 由所有属于集合 A 和属于集合 B 的元素组成的集合，称为集合 A 与 B 的**并集**（union set），记作 $A\cup B$，读作“A 并 B”（见图1.3-1）．

即 $A\cup B=\{x\mid x\in A，或 x\in B\}$．

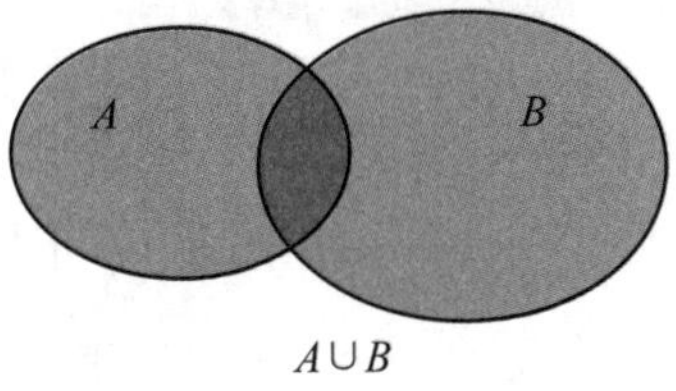

图1.3-1

例1 设 $A=\{1,2,4,7\}$，$B=\{3,2,8,7\}$，求 $A\cup B$．

解 $A\cup B=\{1,2,4,7\}\cup\{3,2,8,7\}=\{1,2,3,4,7,8\}$．

例2 设 $A=\{x\mid -1<x<3\}$，$B=\{x\mid 0\leqslant x<4\}$，求 $A\cup B$．

解 $A\cup B=\{x\mid -1<x<3\}\cup\{x\mid 0\leqslant x<4\}=\{x\mid -1<x<4\}$（见图1.3-2）．

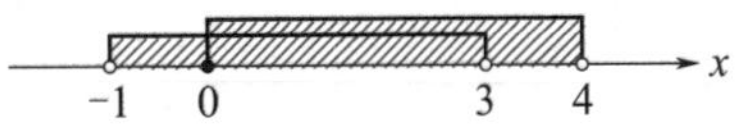

图1.3-2

注1 （1）$A\cup A=A$；

（2）$A\cup\varnothing=A$．

二、集合的交集

定义2 由属于集合 A 且属于集合 B 的所有元素组成的集合，称为集合 A 与 B 的**交集**（intersection set），记作 $A\cap B$，读作“A 交 B”（见图1.3-3）．

即 $A\cap B=\{x\mid x\in A，且 x\in B\}$．

例3 设 $A=\{1,2,4,7\}$，$B=\{3,2,8,7\}$，求 $A\cap B$.

解 $A\cap B=\{1,2,4,7\}\cap\{3,2,8,7\}=\{2,7\}$.

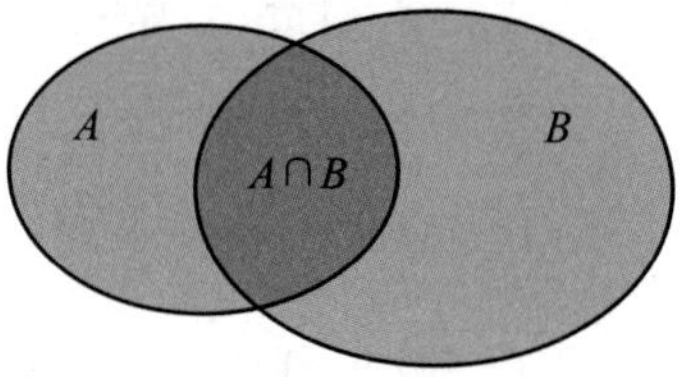

图 1.3－3

例4 设 $A=\{x\mid -1<x<3\}$，$B=\{x\mid 0\leqslant x<4\}$，求 $A\cap B$.

解 $A\cap B=\{x\mid -1<x<3\}\cap\{x\mid 0\leqslant x<4\}=\{x\mid 0\leqslant x<3\}$（见图 1.3－4）.

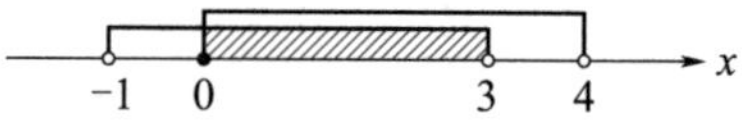

图 1.3－4

注2 （1）$A\cap A=A$；

（2）$A\cap\varnothing=\varnothing$.

三、集合的补集

定义3 如果一个集合中含有我们要研究的所有元素，我们称这个集合为全集（universal set），记为 U.

定义4 对于一个集合 A，由全集 U 中不属于 A 的所有元素组成的集合称为 A 的**补集**（complementary set），记为 $\complement_U A$，读作"A 在 U 中的补集"（见图 1.3－5）. 即 $\complement_U A=\{x\mid x\in U$，且 $x\notin A\}$.

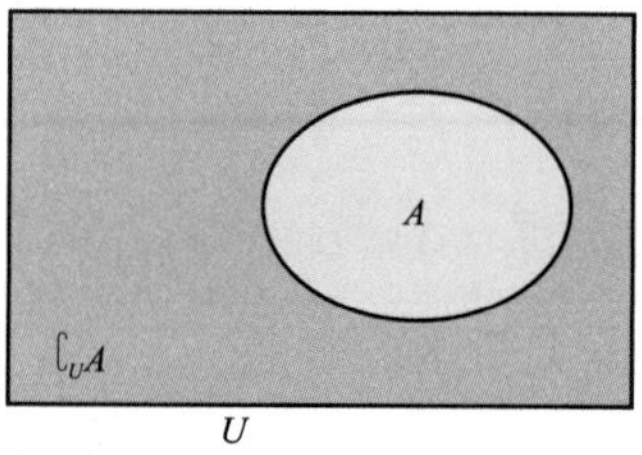

图 1.3－5

例5 设 $U=\{1,2,4,6,7\}$，$A=\{1,2\}$，求 $\complement_U A$.

解 $\complement_U A=\{4,6,7\}$.

例6 设 $U=\{x\mid -1<x<3\}$，$A=\{x\mid 1\leqslant x<2\}$，求 $\complement_U A$.

解 $\complement_U A=\{x\mid -1<x<1$，或 $2\leqslant x<3\}$（见图 1.3－6）.

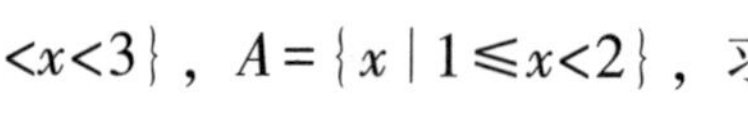

图 1.3－6

四、区间

有些集合可以用区间（interval）表示.

1. **闭区间**（closed interval）：$[a,b]=\{x\mid a\leqslant x\leqslant b\}$（见图 1.3－7）.

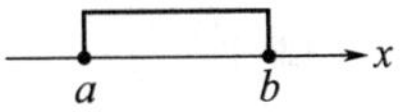

图 1.3－7

2. **左开右闭区间**（left open and right closed interval）：$(a,b]=\{x\mid a<x\leqslant b\}$（见图 1.3－8）.

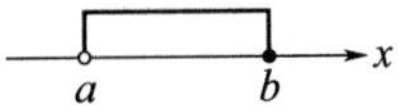

图 1.3－8

3. **左闭右开区间**（left closed and right open interval）：$[a,b)=\{x\mid a\leqslant x<b\}$（见图 1.3－9）.

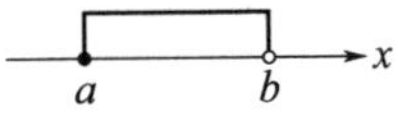

图 1.3－9

4. **开区间**（open interval）：$(a,b)=\{x\mid a<x<b\}$（见图 1.3－10）.

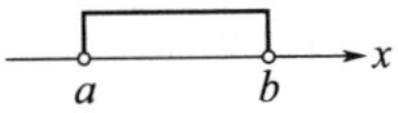

图 1.3－10

例如，我们可以把集合$\{x\mid 1\leqslant x<2\}$记作 $[1,\ 2)$.

小　结

1. 设 A 和 B 是两个集合，则

$A\cup B=\{x\mid x\in A$，或 $x\in B\}$；

$A\cap B=\{x\mid x\in A$，且 $x\in B\}$；

$\complement_U A=\{x\mid x\in U$，且 $x\notin A\}$，其中 U 是全集.

2. $[a,b]=\{x\mid a\leqslant x\leqslant b\}$；

$(a,b]=\{x\mid a<x\leqslant b\}$；

$[a,b)=\{x\mid a\leqslant x<b\}$；

$(a,b)=\{x\mid a<x<b\}$.

习题 1.3

1. 设集合 $A=\{-1,1,3,5\}$，$B=\{-1,2,4,6\}$，则 $A\cup B=$____________，$A\cap B=$____________.

2. 设集合 $A=\{x\mid -3<x\leqslant 4\}$，$B=\{x\mid -5\leqslant x<2\}$，则 $A\cup B=$

__________，$A\cap B=$__________．

3. 设集合 $A=\{x\mid x\geqslant 0\}$，$B=\{x\mid x>4\}$，则 $A\cup B=$__________，$A\cap B=$__________．

4. 设集合 $A=\{x\mid x<-1\}$，$B=\{x\mid x\leqslant 3\}$，则 $A\cup B=$__________，$A\cap B=$__________．

5. 设集合 $A=\{x\in\mathbb{R}\mid x^2+4=0\}$，$B=\{x\mid 2x-4=0\}$，则 $A\cup B=$__________，$A\cap B=$__________．

6. 设集合 $U=\{0,2,4,6,8,10\}$，$A=\{2,6,8\}$，$B=\{0,4,6,10\}$，则 $\complement_U A=$__________，$\complement_U B=$__________，$(\complement_U A)\cap(\complement_U B)=$__________．

7. 设集合 $U=\{x\mid -5\leqslant x<5\}$，$A=\{x\mid -2\leqslant x<2\}$，则 $\complement_U A=$__________．

8. 设集合 $U=\{x\in\mathbb{Z}\mid -5\leqslant x\leqslant 5\}$，$A=\{x\in\mathbb{Z}\mid -2\leqslant x<2\}$，则 $\complement_U A=$__________．

9. 设集合 $U=\mathbb{R}$，$A=(-4,2)$，$B=[-1,5]$，则 $A\cup B=$__________，$A\cap B=$__________，$\complement_U A=$__________，$\complement_U B=$__________．

10. 已知 $U=\{0,1,2,3,4,5,6,7,8\}$，$M=\{1,2,4,5\}$，$N=\{0,3,5,7\}$，则 $\complement_U(M\cup N)=$（　　）．

A. $\{6,8\}$　　B. $\{5,7\}$　　C. $\{4,6,7\}$　　D. $\{1,3,5,6,8\}$

11. 已知集合 $U=\{1,2,3,4,5,6,7\}$，$A=\{2,3,4,5\}$，$B=\{2,3,6,7\}$，则 $B\cap(\complement_U A)=$（　　）．

A. $\{1,6\}$　　B. $\{1,7\}$　　C. $\{6,7\}$　　D. $\{1,6,7\}$

自测题 1

1. 用符号“$\in$”“$\notin$”“$\subseteq$”“$\subsetneqq$”“$\not\subseteq$”或“$=$”填空．

（1）5____$\{-4,0,4\}$；

（2）$\{0,3\}$____$\{-1,0,3,5\}$；

（3）$\{x\mid 1<x\leqslant 3\}$____$\{x\mid -2<x\leqslant 6\}$；

（4）$\varnothing$____$\{x\mid 3x+6=0\}$；

（5）2 ____ $\{x \mid x<2\}$；

（6）0 ____ $\{x \mid x \leqslant 5\}$；

（7）$\sqrt{25}$ ____ $\mathbb{Q}$，$\frac{4}{7}$ ____ $\mathbb{Z}$，-5.2 ____ $\mathbb{R}$；

（8）$\{-1,0,1\}$ ____ $\{-1,2,3\}$.

2. 填空题.

（1）设集合 $A=\{0,2,3,6\}$，$B=\{-1,0,4\}$，则 $A \cup B=$ __________，$A \cap B=$ __________.

（2）设集合 $A=\{x \mid -2<x \leqslant 2\}$，$B=\{x \mid -4 \leqslant x<1\}$，则 $A \cup B=$ __________，$A \cap B=$ __________.

（3）设集合 $U=\{-1,0,2,3,7,8\}$，$A=\{0,2,8\}$，$B=\{2,7,8\}$，则 $\complement_U A=$ __________，$\complement_U B=$ __________，$(\complement_U A) \cap (\complement_U B)=$ __________.

（4）设集合 $U=\{x \in \mathbb{Z} \mid -2<x \leqslant 7\}$，$A=\{x \in \mathbb{Z} \mid -1 \leqslant x<4\}$，则 $\complement_U A=$ __________.

（5）设集合 $U=(0,+\infty)$，$A=[3,5]$，$B=(1,7]$，则 $A \cup B=$ __________，$A \cap B=$ __________，$\complement_U A=$ __________，$\complement_U B=$ __________.

（6）设全集 $U=\mathbb{R}$，集合 $A=\{x \mid 0 \leqslant x \leqslant 2\}$，$B=\{y \mid 1 \leqslant y<5\}$，则 $(\complement_U A) \cap B=$ __________.

（7）已知集合 $A=\{-2,-1,0,1\}$，$B=\{y \mid y=|x|-1, x \in A\}$，则 $A \cap B=$ __________.

（8）已知全集 $U=\mathbb{R}$，$A=\{x \mid x \leqslant 0\}$，$B=\{x \mid x \geqslant 1\}$，则集合 $\complement_U(A \cup B)=$ __________.

（9）若集合 $A=\{1,2,3,5,7\}$，$B=\{0,2,3,4\}$，则 $A \cap B$ 的子集个数为__________.

第2章　不　等　式

2.1　不等式的性质

一、不等关系

一般地，用符号“<”“≤”“>”“≥”或“≠”连接的式子叫不等式（inequality）. 例如，$3>2$，$2x+1\leq 0$，$a\neq 1$ 都是不等式.

关于实数 a、b 大小的比较，有如下关系：

$$a-b>0\Leftrightarrow a>b;$$

$$a-b=0\Leftrightarrow a=b;$$

$$a-b<0\Leftrightarrow a<b.$$

例如，由 $a-1>0$，我们得出 $a>1$，即 $a-1>0\Rightarrow a>1$；由 $a\leq -3$，我们得出 $a+3\leq 0$，即 $a\leq -3\Rightarrow a+3\leq 0$.

二、不等式的性质

不等式有下列性质（property）：

性质 1　$a>b\Leftrightarrow b<a$.

例 1　$3>2\Leftrightarrow 2<3$.

性质 2　$a>b$，$b>c\Rightarrow a>c$.

例 2　$5>3$，$3>2\Rightarrow 5>2$.

性质 3　$a>b\Rightarrow\begin{cases}a+c>b+c,\\ a-c>b-c.\end{cases}$

（在不等式两边同时**加上**（to add）或**减去**（to subtract）同一个数，不等号（inequality sign）方向不变.）

例 3　$2>1\Rightarrow\begin{cases}2+3>1+3,\\ 2-4>1-4.\end{cases}$

性质4　（1）$a>b$，$c>0\Rightarrow ac>bc$；

（在不等式两边同时**乘以**（to multiply）**或除以**（to divide）**同一个正数**（positive number），不等号方向不变.）

例4　$a>2\Rightarrow 2a>4$.

（2）$a>b$，$c<0\Rightarrow ac<bc$.

（在不等式两边同时乘以或除以同一个**负数**（negative number），不等号方向改变.）

例5　$a>2\Rightarrow -2a<-4$.

性质5　$a>b$，$c>d\Rightarrow a+c>b+d$.

例6　$3>2$，$-4>-5\Rightarrow 3+(-4)>2+(-5)$.

性质6　$a>b>0$，$c>d>0\Rightarrow ac>bd$.

例7　$6>4>0$，$3>2>0\Rightarrow 6\times3>4\times2$.

性质7　$a>b>0\Rightarrow a^n>b^n$（$n\in\mathbb{N}$，$n\geqslant1$）.

例8　$\frac{1}{2}>\frac{1}{3}>0\Rightarrow\left(\frac{1}{2}\right)^3>\left(\frac{1}{3}\right)^3$.

性质8　$a>b>0\Rightarrow\sqrt[n]{a}>\sqrt[n]{b}$（$n\in\mathbb{N}$，$n\geqslant2$）.

例9　$\frac{1}{4}>\frac{1}{9}>0\Rightarrow\sqrt[2]{\frac{1}{4}}>\sqrt[2]{\frac{1}{9}}$.

例10　设$a<b<0$，则$\frac{1}{a}$________$\frac{1}{b}$.（用“>”或“<”填空）

解　$\because$ $a<b<0$，

$\therefore$ $ab>0$，

$\therefore$ $\frac{1}{ab}>0$，由性质4，我们有$a\cdot\frac{1}{ab}<b\cdot\frac{1}{ab}$，即$\frac{1}{b}<\frac{1}{a}$，

再由性质1，有$\frac{1}{a}>\frac{1}{b}$.

例11　设$-1<a<2$，$1<b<3$，则（　　）$<2a-3b<$（　　）.

解　$\because$ $-1<a<2$，

∴ 由性质4，有$-2<2a<4$；

∵ $1<b<3$，

∴ 由性质4，有$-9<-3b<-3$，

由性质5，有$-2+(-9)<2a+(-3b)<4+(-3)$，即$-11<2a-3b<1$.

小　结

1. 不等关系：

（1）$a-b>0\Leftrightarrow a>b$；

（2）$a-b=0\Leftrightarrow a=b$；

（3）$a-b<0\Leftrightarrow a<b$.

2. 不等式的性质：

（1）$a>b\Leftrightarrow b<a$.

（2）$a>b$，$b>c\Rightarrow a>c$.

（3）$a>b\Rightarrow\begin{cases}a+c>b+c,\\a-c>b-c.\end{cases}$

（4）$a>b$，$c>0\Rightarrow ac>bc$；

$a>b$，$c<0\Rightarrow ac<bc$.

（5）$a>b$，$c>d\Rightarrow a+c>b+d$.

（6）$a>b>0$，$c>d>0\Rightarrow ac>bd$.

（7）$a>b>0\Rightarrow a^n>b^n$（$n\in\mathbb{N}$，$n\geqslant 1$）.

（8）$a>b>0\Rightarrow\sqrt[n]{a}>\sqrt[n]{b}$（$n\in\mathbb{N}$，$n\geqslant 2$）.

习题 2.1

1. 选择题（下列每小题的四个选项中，只有一个正确答案）.

（1）已知$a<b<0$，$c>0$，则下列式子正确的是（　　）.

A. $a-c<b-c$　　　　B. $ac>bc$

C. $\frac{c}{a}<\frac{c}{b}$　　　　D. $\frac{a}{c}>\frac{b}{c}$

（2）下列结论正确的是（　　）.

A. 若 $a>b$，则 $-3a>-3b$

B. 若 $a>b>0$，则 $\frac{1}{a}<\frac{1}{b}$

C. 若 $a>b$，则 $ac>bc$

D. 若 $a<b$，则 $a^2<b^2$

（3）已知 $a=5-2\sqrt{5}$，$b=2\sqrt{5}-5$，则 a 与 b 的大小关系是（　　）.

A. $a<b$

B. $a=b$

C. $a>b$

D. 无法确定

（4）若 $a>b>0$，$c>d>0$，则（　　）.

A. $a-c>b-d$

B. $ac>bd$

C. $a^2-c^2>b^2-d^2$

D. $\frac{a}{c}>\frac{b}{d}$

（5）如果 $a>b$，那么（　　）.

A. $-5a>-5b$

B. $a-b>0$

C. $\frac{3}{a}>\frac{4}{b}$

D. $a^2<b^2$

（6）若 $a<b<0$，则下列式子错误的是（　　）.

A. $\frac{1}{a}>\frac{1}{b}$

B. $\frac{1}{a-b}>\frac{1}{a}$

C. $|a|>|b|$

D. $a^2>b^2$

（7）下列选项正确的是（　　）.

A. 如果 $a>b$，那么 $a+c<b+c$

B. 如果 $a>b$，那么 $\frac{a}{c}<\frac{b}{c}$

C. 如果 $ac>bc$，那么 $a>b$

D. 如果 $a>b$，那么 $\frac{a}{c^2+1}>\frac{b}{c^2+1}$

2. 填空题.

（1）设 $3<a<6$，则______$<\frac{1}{a}<$______.

（2）设$-2<a<3$，则______$<3a<$______，______$<-3a<$______.

（3）设$-1<a<2$，则______$<a+3<$______，______$<a-5<$______.

（4）设$-3<a<0$，$2<b<4$，则______$<a+2b<$______，______$<a-b<$______.

（5）设$2<a<4$，$1<b<5$，则______$<ab<$______.

（6）设$-\frac{1}{3}<a<-\frac{1}{4}$，$\frac{1}{5}<b<\frac{1}{2}$，则______$<\frac{1}{a}-\frac{2}{b}<$______.

（7）设$-3<a<3$，则______$<a^3<$______.

（8）设$4<a<81$，则______$<\sqrt{a}<$______.

（9）如果$30<x<42$，$16<y<24$，则______$<x-2y<$______，______$<\frac{x}{y}<$______.

2.2　一元二次不等式的解法

一、一元二次方程的解法

定义1　我们称$ax^2+bx+c=0$（$a\neq 0$）为一元二次方程（quadratic equation with one unknown）. 令$\Delta=b^2-4ac$，则

1. 当$\Delta=b^2-4ac>0$时，方程有两个不相等的**实根**（real root）：

$$x_{1,2}=\frac{-b\pm\sqrt{b^2-4ac}}{2a}\text{（求根公式）}.$$

2. 当$\Delta=b^2-4ac=0$时，方程有两个相等的实根：

$$x_1=x_2=-\frac{b}{2a}.$$

3. 当$\Delta=b^2-4ac<0$时，方程没有实根.

例1　解一元二次方程.

（1）$2x^2-3x+1=0$

（2）$x^2-4x+4=0$

（3）$3x^2-2x+4=0$

解　（1）$a=2$，$b=-3$，$c=1$，由 $\Delta=b^2-4ac=(-3)^2-4\times2\times1=1>0$，可知方程有两个不相等的实根：

$$\begin{cases} x_1=\dfrac{-b-\sqrt{b^2-4ac}}{2a}=\dfrac{-b-\sqrt{\Delta}}{2a}=\dfrac{-(-3)-\sqrt{1}}{2\times2}=\dfrac{1}{2}, \\ x_2=\dfrac{-b+\sqrt{b^2-4ac}}{2a}=\dfrac{-b+\sqrt{\Delta}}{2a}=\dfrac{-(-3)+\sqrt{1}}{2\times2}=1. \end{cases}$$

（2）$a=1$，$b=-4$，$c=4$，由 $\Delta=b^2-4ac=(-4)^2-4\times1\times4=0$，可知方程有两个相等的实根：

$$x_{1,2}=\frac{-b\pm\sqrt{b^2-4ac}}{2a}=\frac{-b\pm\sqrt{\Delta}}{2a}=\frac{-b}{2a}=\frac{-(-4)}{2\times1}=2,$$

即 $x_1=x_2=2$.

（3）$a=3$，$b=-2$，$c=4$，由 $\Delta=b^2-4ac=(-2)^2-4\times3\times4=-44<0$，可知方程没有实根.

二、一元二次不等式的解法

定义 2　我们把只含一个未知数且未知数的最高次数是 2 的不等式称为**一元二次不等式**（quadratic inequality with one unknown）.

一元二次不等式的一般形式为

$$\begin{cases} ax^2+bx+c>0(a\neq0), \\ ax^2+bx+c\geqslant0(a\neq0), \\ ax^2+bx+c<0(a\neq0), \\ ax^2+bx+c\leqslant0(a\neq0), \\ ax^2+bx+c\neq0(a\neq0). \end{cases}$$

我们称不等式的所有解组成的集合为不等式的**解集**（solution set）.

例 2　解一元一次不等式 $2x+3>0$.

解 $\because 2x+3>0 \Rightarrow 2x>-3 \Rightarrow x>-\dfrac{3}{2}$,

$\therefore$ 不等式的解集是$\left\{x \mid x>-\dfrac{3}{2}\right\}$.

关于一元二次不等式的解集，见表 2.2－1.

表 2.2－1　一元二次不等式的解集

$\Delta=b^2-4ac$	$\Delta>0$	$\Delta=0$	$\Delta<0$
$y=ax^2+bx+c$（$a>0$）的**图像**（graph）	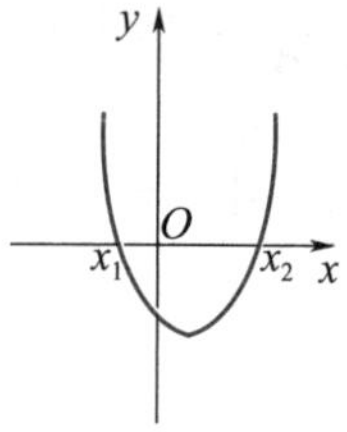	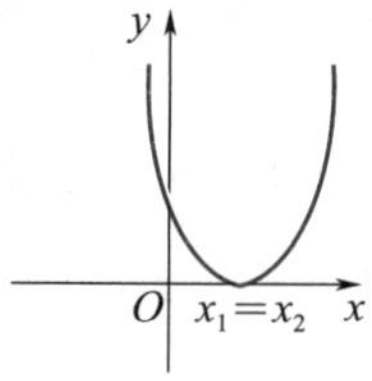	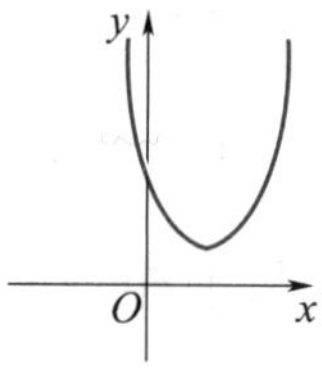
$ax^2+bx+c>0$（$a>0$）的解集	$\{x \mid x<x_1$ 或 $x>x_2\}$	$\{x \mid x \neq x_1\}$	$\mathbb{R}$
$ax^2+bx+c \geqslant 0$（$a>0$）的解集	$\{x \mid x \leqslant x_1$ 或 $x \geqslant x_2\}$	$\mathbb{R}$	$\mathbb{R}$
$ax^2+bx+c<0$（$a>0$）的解集	$\{x \mid x_1<x<x_2\}$	$\varnothing$	$\varnothing$
$ax^2+bx+c \leqslant 0$（$a>0$）的解集	$\{x \mid x_1 \leqslant x \leqslant x_2\}$	$\{x \mid x=x_1\}$	$\varnothing$

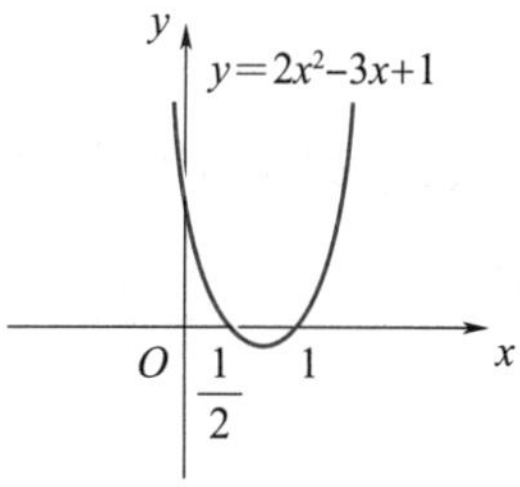

图 2.2－1

例 3　解不等式 $2x^2-3x+1>0$.

解　由 $2x^2-3x+1=0 \Rightarrow x_1=\dfrac{1}{2}$，$x_2=1$，且 $a=2>0$，知 $y=2x^2-3x+1$ 的图像如图 2.2－1 所示，所以不等式 $2x^2-3x+1>0$ 的解集为$\left\{x \mid x<\dfrac{1}{2}\text{或 } x>1\right\}$.

例 4　解不等式 $-3x^2-2x+1 \geqslant 0$.

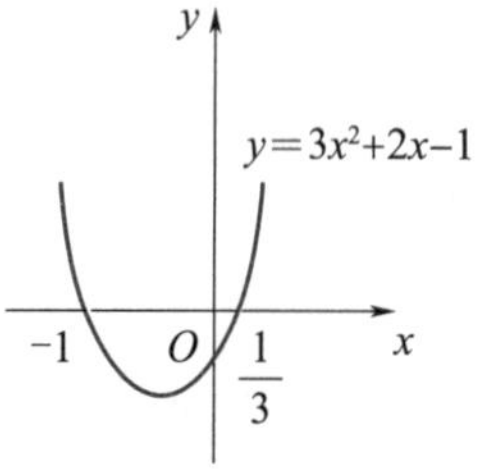

图 2.2－2

解　因为 $a=-3<0$，所以在不等式两边同时乘以（-1），得 $3x^2+2x-1 \leqslant 0$. 即

$$-3x^2-2x+1 \geqslant 0 \Leftrightarrow 3x^2+2x-1 \leqslant 0.$$

由 $3x^2+2x-1=0 \Rightarrow x_1=-1$，$x_2=\dfrac{1}{3}$，且 $a=3>0$，知 y

$=3x^2+2x-1$ 的图像如图 2.2－2 所示，所以不等式 $3x^2+2x-1\leqslant 0$ 的解集为 $\left\{x \mid -1\leqslant x\leqslant \frac{1}{3}\right\}$，即不等式 $-3x^2-2x+1\geqslant 0$ 的解集为 $\left\{x \mid -1\leqslant x\leqslant \frac{1}{3}\right\}$.

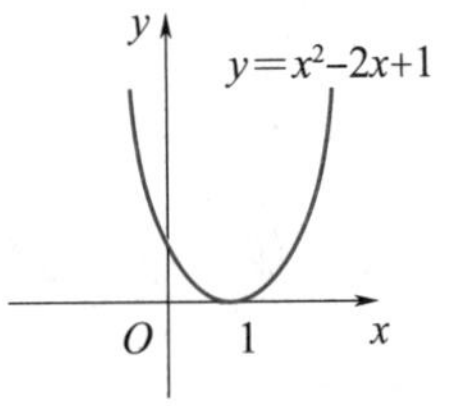

图 2.2－3

例 5　解不等式 $x^2-2x+1\geqslant 0$.

解　由 $x^2-2x+1=0\Rightarrow x_1=x_2=1$，且 $a=1>0$，知 $y=x^2-2x+1$ 的图像如图 2.2－3 所示，所以不等式 $x^2-2x+1\geqslant 0$ 的解集为 $\mathbb{R}$.

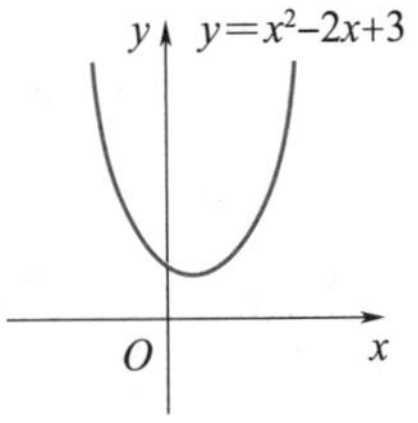

图 2.2－4

例 6　解不等式 $x^2-2x+3<0$.

解　由 $\Delta=b^2-4ac=4-12=-8<0$，知 $x^2-2x+3=0$ 没有实根，且 $a=1>0$，知 $y=x^2-2x+3$ 的图像如图 2.2－4 所示，所以不等式 $x^2-2x+3<0$ 的解集为 $\varnothing$.

小　结

1. 方程 $ax^2+bx+c=0$（$a\neq 0$）的解有三种情况.

（1）当 $\Delta=b^2-4ac>0$ 时，方程有两个不相等的实根：

$$x_{1,2}=\frac{-b\pm\sqrt{b^2-4ac}}{2a}\text{（求根公式）}.$$

（2）当 $\Delta=b^2-4ac=0$ 时，方程有两个相等的实根：

$$x_1=x_2=-\frac{b}{2a}.$$

（3）当 $\Delta=b^2-4ac<0$ 时，方程没有实根.

2. 求一元二次不等式的解集：$ax^2+bx+c>$（<、≥或≤）0（$a>0$）；如果 $a<0$，先在不等式两边同时乘以（−1）.

求解过程分为三步：

（1）求 $ax^2+bx+c=0$ 的解；

（2）画出 $y=ax^2+bx+c$ 的图像；

（3）根据图像写出解集．

习题 2.2

1．解一元二次方程．

（1）$x^2-8x+16=0$

（2）$2x^2-5x-3=0$

（3）$3x^2+2x+5=0$

（4）$x^2-5x=0$

（5）$4x^2-1=0$

2．解一元二次不等式．

（1）$2x^2-7x+3>0$

（2）$5x^2+3x<0$

（3）$x^2-4<0$

（4）$x^2-4x+4>0$

（5）$2x^2-5x+3<0$

（6）$2x^2+4x+3\geqslant0$

（7）$x^2-4x+4\leqslant0$

（8）$(2x-3)(x-3)>0$

（9）$(x+6)(5-2x)\geqslant0$

（10）$-2x^2+3x+5\geqslant0$

（11）$-3x^2-6x+1>0$

2.3　分式不等式的解法

定义　分母中含有未知数的式子叫作**分式**（fraction）．

例如，$\frac{x^2-2x}{x+1}$，$\frac{2x}{x^2-4x+3}$，$\frac{1}{x-1}$都是分式，$\frac{x+5}{2}$不是分式．

关于**分式不等式**（fractional inequality）的求解，有以下结论：

1. $\dfrac{f(x)}{g(x)}>0 \Leftrightarrow f(x)g(x)>0.$

2. $\dfrac{f(x)}{g(x)}<0 \Leftrightarrow f(x)g(x)<0.$

3. $\dfrac{f(x)}{g(x)}\geqslant 0 \Leftrightarrow \begin{cases} f(x)g(x)\geqslant 0, \\ g(x)\neq 0. \end{cases}$

4. $\dfrac{f(x)}{g(x)}\leqslant 0 \Leftrightarrow \begin{cases} f(x)g(x)\leqslant 0, \\ g(x)\neq 0. \end{cases}$

例 1 解不等式 $\dfrac{x+1}{2x-3}>0.$

解 $\dfrac{x+1}{2x-3}>0 \Leftrightarrow (x+1)(2x-3)>0,$

$(x+1)(2x-3)=0 \Rightarrow x_1=-1,\ x_2=\dfrac{3}{2},$

因为 $(x+1)(2x-3)>0$ 的解集是$\left\{x \mid x<-1 \text{ 或 } x>\dfrac{3}{2}\right\}$，所以$\dfrac{x+1}{2x-3}>0$的解集是$\left\{x \mid x<-1 \text{ 或 } x>\dfrac{3}{2}\right\}$.

例 2 解不等式$\dfrac{3x-1}{x+2}<0.$

解 $\dfrac{3x-1}{x+2}<0 \Leftrightarrow (3x-1)(x+2)<0,$

$(3x-1)(x+2)=0 \Rightarrow x_1=-2,\ x_2=\dfrac{1}{3},$

因为 $(3x-1)(x+2)<0$ 的解集是$\left\{x \mid -2<x<\dfrac{1}{3}\right\}$，所以$\dfrac{3x-1}{x+2}<0$ 的解集是$\left\{x \mid -2<x<\dfrac{1}{3}\right\}$.

例 3 解不等式 $\dfrac{x-2}{2x+5}\geqslant 0.$

解 $\dfrac{x-2}{2x+5}\geqslant 0\Leftrightarrow\begin{cases}(x-2)(2x+5)\geqslant 0\Rightarrow x\leqslant -\dfrac{5}{2}\text{或 }x\geqslant 2\\ 2x+5\neq 0\Rightarrow x\neq -\dfrac{5}{2}\end{cases}\Rightarrow x<-\dfrac{5}{2}\text{或 }x\geqslant 2,$

所以$\dfrac{x-2}{2x+5}\geqslant 0$ 的解集为$\left\{x \mid x<-\dfrac{5}{2}\text{或 }x\geqslant 2\right\}$.

例 4 解不等式 $\dfrac{2x+3}{x-5}\leqslant 0$.

解 $\dfrac{2x+3}{x-5}\leqslant 0\Leftrightarrow\begin{cases}(2x+3)(x-5)\leqslant 0\Rightarrow -\dfrac{3}{2}\leqslant x\leqslant 5\\ x-5\neq 0\Rightarrow x\neq 5\end{cases}\Rightarrow -\dfrac{3}{2}\leqslant x<5,$

所以$\dfrac{2x+3}{x-5}\leqslant 0$ 的解集为$\left\{x \mid -\dfrac{3}{2}\leqslant x<5\right\}$.

小　结

求分式不等式的解集：先用下列公式将分式不等式化成一元二次不等式，再求解 .

（1）$\dfrac{f(x)}{g(x)}>0\Leftrightarrow f(x)g(x)>0.$

（2）$\dfrac{f(x)}{g(x)}<0\Leftrightarrow f(x)g(x)<0.$

（3）$\dfrac{f(x)}{g(x)}\geqslant 0\Leftrightarrow\begin{cases}f(x)g(x)\geqslant 0,\\ g(x)\neq 0.\end{cases}$

（4）$\dfrac{f(x)}{g(x)}\leqslant 0\Leftrightarrow\begin{cases}f(x)g(x)\leqslant 0,\\ g(x)\neq 0.\end{cases}$

习题 2. 3

解分式不等式.

1. （1）$\dfrac{2x-5}{3x-7}>0$　　　（2）$\dfrac{3x+1}{x-2}>0$

（3）$\frac{x-3}{2x+5}>0$　　（4）$\frac{2-x}{3x+2}>0$

2.（1）$\frac{x+4}{5x+3}<0$　　（2）$\frac{x-4}{4x+1}<0$

（3）$\frac{2x-1}{x-4}<0$　　（4）$\frac{1-2x}{x+2}<0$

3.（1）$\frac{x-5}{x+3}\geqslant 0$　　（2）$\frac{2x-3}{x-4}\geqslant 0$

（3）$\frac{5x+4}{3x-1}\geqslant 0$　　（4）$\frac{-3x+5}{2x-1}\geqslant 0$

4.（1）$\frac{x+10}{x+2}\leqslant 0$　　（2）$\frac{3x+1}{x+2}\leqslant 0$

（3）$\frac{4x-1}{2x+3}\leqslant 0$　　（4）$\frac{x-2}{4-3x}\leqslant 0$

自测题2

1. 选择题（下列每小题的四个选项中，只有一个正确答案）.

（1）下列选项正确的是（　　）.

A. 如果 $a>b$，那么 $a+2c>b+2c$

B. 如果 $a>b$，那么 $-\frac{1}{a}>-\frac{1}{b}$

C. 如果 $-3a>-3b$，那么 $a>b$

D. 如果 $a>b$，$c>d$，那么 $a-c>b-d$

（2）下列选项正确的是（　　）.

A. 如果 $a>b$，$c>d$，那么 $ac>bd$

B. 如果 $a<b$，那么 $a^4<b^4$

C. 如果 $a>b$，那么 $a^3<b^3$

D. 如果 $a>b>0$，那么 $\sqrt{a}>\sqrt{b}$

（3）不等式 $x^2-5x-14<0$ 的解集是（　　）.

A. $(-2, 7)$　　B. $(-\infty, -2) \cup (7, +\infty)$

C. $(-7, 2)$　　D. $(-\infty, -7) \cup (2, +\infty)$

（4）不等式$-2x^2+7x-3\leqslant 0$的解集是（　　）.

A. $\left[\frac{1}{2}, 3\right]$　　B. $\left(-\infty, \frac{1}{2}\right] \cup [3, +\infty)$

C. $\left[-3, -\frac{1}{2}\right]$　　D. $(-\infty, -3] \cup \left[-\frac{1}{2}, +\infty\right)$

（5）不等式$x^2-12x+36\geqslant 0$的解集是（　　）.

A. $\mathbb{R}$　　B. $\{x \mid x=6\}$

C. $\{x \mid x\neq 6\}$　　D. $\varnothing$

2. 填空题.

（1）设$-4<x<7$，则______$<1-2x<$______.

（2）设$2<x<4$，$-3<y<-2$，则______$<3x+2y<$______，______$<3x-2y<$______，______$<\frac{1}{x}+\frac{1}{y}<$______.

（3）不等式$(x+2)(x-3)>0$的解集是________________.

（4）不等式$(x-2)(x-7)\leqslant 0$的解集是________________.

（5）不等式$x^2+2x+4>0$的解集是________________.

（6）不等式$x^2+x+3<0$的解集是________________.

（7）不等式$x^2-x-6\geqslant 0$的解集是________________.

（8）不等式$-6x^2-x+2\leqslant 0$的解集是________________.

3. 计算题（要求写出计算过程，得出计算结果）.

（1）$\frac{2x-3}{x+3}<0$　　（2）$\frac{3x-5}{x+5}\geqslant 0$

（3）$\frac{x+4}{2x-3}>0$　　（4）$\frac{5x+2}{1-2x}\geqslant 0$

第3章　函　　数

3.1　平面直角坐标系

一、平面直角坐标系的定义

定义　在同一个平面（plane）上相互垂直（vertical）且有公共原点的两条数轴（number axis）构成**平面直角坐标系**（rectangular coordinate system），简称直角坐标系（见图3.1－1）.

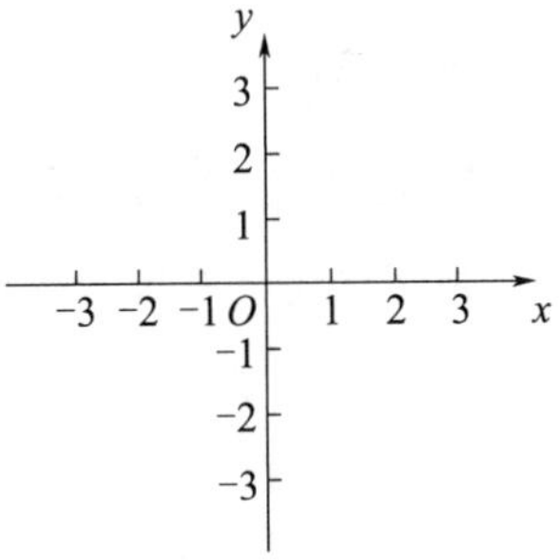

图 3.1－1

水平的数轴叫作 x 轴或**横轴**（axis of abscissa），垂直的数轴叫作 y 轴或**纵轴**（axis of ordinate），x 轴和 y 轴统称为**坐标轴**（axis of coordinates），交点 O 叫作**原点**（origin）.

一般情况下，x 轴和 y 轴取相同的**单位长度**（unit length）. 坐标系所在的平面叫**坐标平面**（coordinate plane）. x 轴和 y 轴将坐标平面分成四个**象限**（quadrant），分别为**第一象限**（the first quadrant）、**第二象限**（the second quadrant）、**第三象限**（the third quadrant）和**第四象限**（the fourth quadrant），如图3.1－2所示.

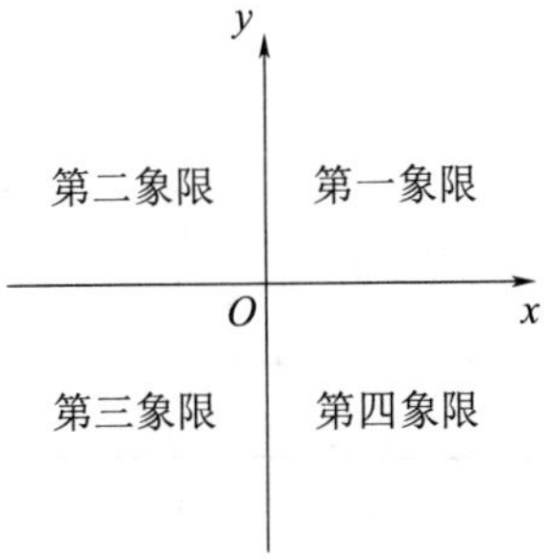

图 3.1－2

注　x 轴、y 轴上的点和原点不在任何一个象限内.

二、平面直角坐标系中点的坐标

在直角坐标系中，平面上的任意一点都有唯一的**坐标**（coordinate）与它对应.

如图 3.1-3 所示，点 A 的坐标是（2，3），2 叫作点 A 的**横坐标**（abscissa），3 叫作点 A 的**纵坐标**（ordinate）.

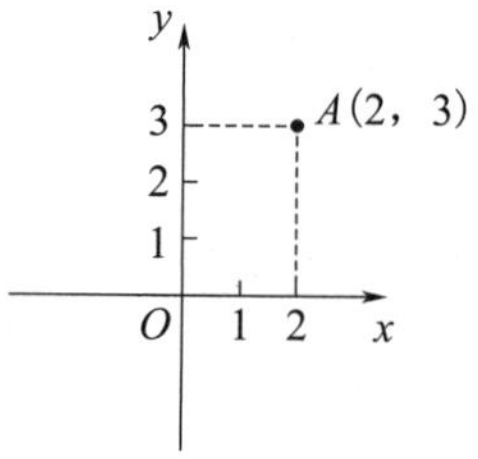

图 3.1-3

1. 特殊点的坐标

原点 O 的坐标：(0，0).

x 轴上点的坐标：(x，0).

y 轴上点的坐标：(0，y).

如图 3.1-4 所示，点 M 的坐标是（-1，0），点 P 的坐标是（0，2）.

2. 各个象限内点的特征

如图 3.1-5 所示：

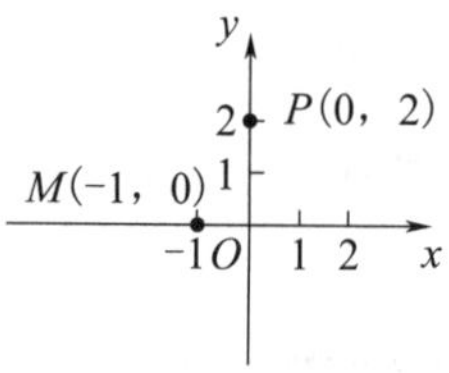

图 3.1-4

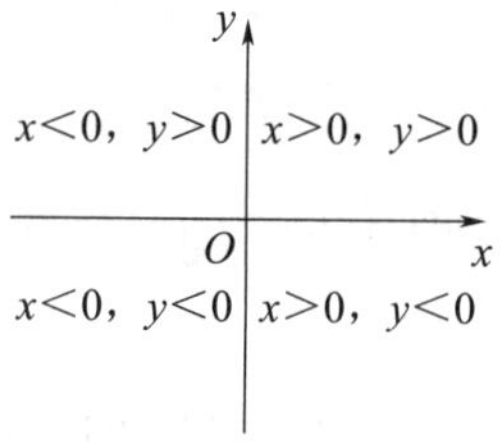

图 3.1-5

第一象限：(+，+)，点 $P(x, y)$，$x>0$，$y>0$.

第二象限：(-，+)，点 $P(x, y)$，$x<0$，$y>0$.

第三象限：(-，-)，点 $P(x, y)$，$x<0$，$y<0$.

第四象限：(+，-)，点 $P(x, y)$，$x>0$，$y<0$.

3. 点到坐标轴及原点的距离

如图 3.1-6 所示：

(1) 点（x，y）到 x 轴的**距离**（distance）是 $|y|$；

(2) 点（x，y）到 y 轴的距离是 $|x|$；

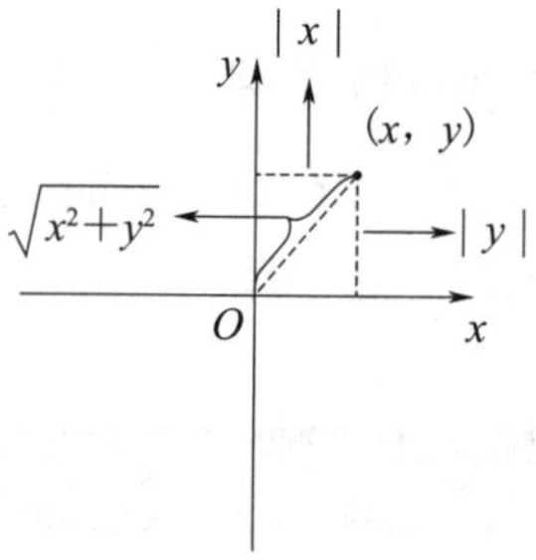

图 3.1-6

(3) 点 (x, y) 到原点 O 的距离是 $\sqrt{x^2+y^2}$;

(4) 点 (x, y) 到点 (x_0, y_0) 的距离是 $\sqrt{(x-x_0)^2+(y-y_0)^2}$ (见图 3.1－7).

例如,点 $(-3, 2)$ 到 x 轴的距离是 2,到 y 轴的距离是 3,到原点 O 的距离是 $\sqrt{(-3)^2+2^2}=\sqrt{13}$,到点 $(1, -1)$ 的距离是 $\sqrt{(-3-1)^2+[2-(-1)]^2}=\sqrt{25}=5$.

4. 对称点

如图 3.1－8 所示,设 $A(x, y)$ 为平面内的一个点:

(1) 若点 B 与点 A 关于 x 轴**对称** (symmetry),则点 B 的坐标是 $(x, -y)$;

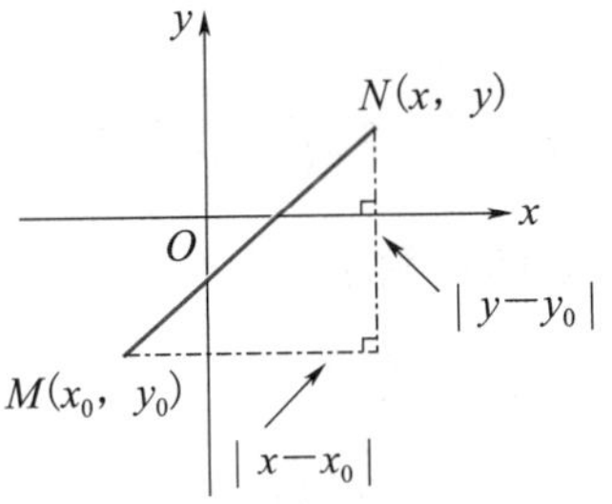

图 3.1－7

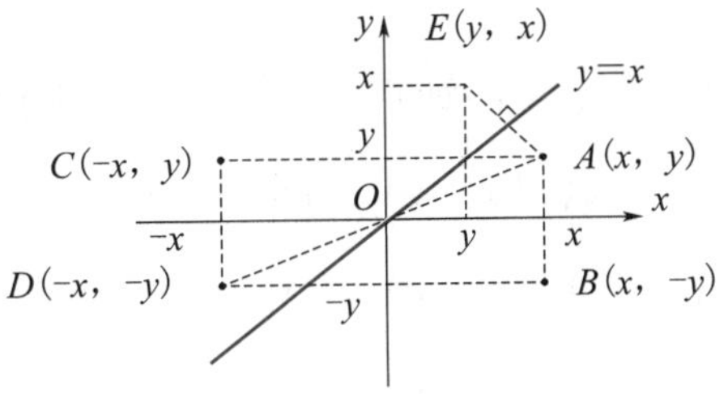

图 3.1－8

(2) 若点 C 与点 A 关于 y 轴对称,则点 C 的坐标是 $(-x, y)$;

(3) 若点 D 与点 A 关于原点 O 对称,则点 D 的坐标是 $(-x, -y)$;

(4) 若点 E 与点 A 关于直线 $y=x$ 对称,则点 E 的坐标是 (y, x).

例如,$(1, 2)$ 关于 x 轴的**对称点** (symmetric point) 是 $(1, -2)$,关于 y 轴的对称点是 $(-1, 2)$,关于原点 O 的对称点是 $(-1, -2)$,关于直线 $y=x$ 的对称点是 $(2, 1)$.

小 结

1. 象限：

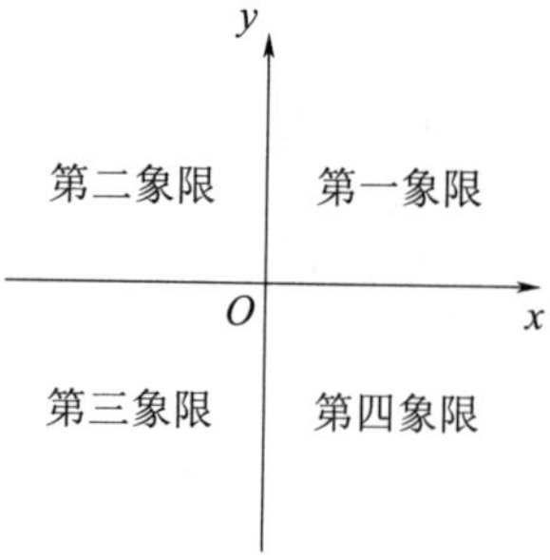

2. 四个象限内点（x，y）的特征：

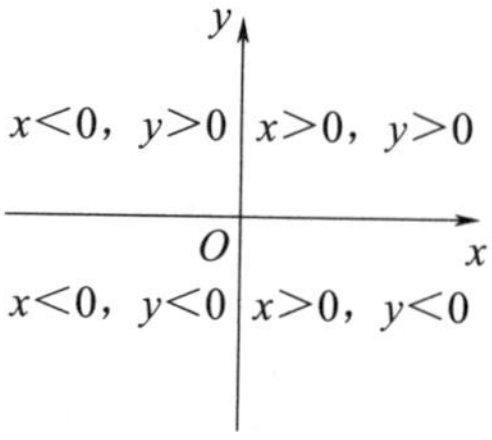

3. 点（x，y）到点（x_0，y_0）的距离是$\sqrt{(x-x_0)^2+(y-y_0)^2}$.

4.（1）点（x，y）与点（x，$-y$）关于x轴对称；

（2）点（x，y）与点（$-x$，y）关于y轴对称；

（3）点（x，y）与点（$-x$，$-y$）关于原点O对称；

（4）点（x，y）与点（y，x）关于直线$y=x$对称.

习题 3.1

1. 选择题（下列每小题的四个选项中，只有一个正确答案）.

（1）在平面直角坐标系中，点P（3，-2）在第（　　）象限.

A. 一　　B. 二　　C. 三　　D. 四

（2）在平面直角坐标系中，点P（-5，3）关于原点的对称点为（　　）.

A.（-5，-3）　　B.（5，-3）　　C.（5，3）　　D.（3，-5）

（3）若点P在第二象限，且到两坐标轴的距离都是4，则点P的坐标为（　　）.

A.（-4，4）　　B.（4，-4）

C.（-4，-4）　　D.（4，4）

（4）在下列点中，位于第三象限内的是（　　）.

A.（-5，3）　　B.（5，-3）

C.（-5，-3）　　D.（5，3）

（5）点（5，-12）到原点的距离是（　　）.

A. 5　　B. 12　　C. 13　　D. 7

（6）点（2，-3）和点（2，3）在直角坐标系中（　　）.

A. 关于 x 轴对称　　B. 关于 y 轴对称

C. 关于原点对称　　D. 关于直线 $y=x$ 对称

（7）若 $xy<0$，则点（x，y）在直角坐标系中位于（　　）.

A. 第一或第三象限　　B. 第一或第二象限

C. 第二或第三象限　　D. 第二或第四象限

（8）若点 P（x，y）的坐标满足 $xy=0$，则点 P（　　）.

A. 在 x 轴上

B. 在 y 轴上

C. 是坐标原点

D. 是坐标原点或在 x 轴上或在 y 轴上

（9）若点 A（$a-3$，$3a+1$）在 y 轴上，则点 A 的坐标为（　　）.

A.（0，$-\frac{10}{3}$）　　B.（1，-3）

C.（10，0）　　D.（0，10）

（10）若点 $P(x, y)$ 的坐标满足 $xy>0$，$x+y>0$，则点 P 在（　　）.

A. 第一象限　　B. 第二象限

C. 第三象限　　D. 第四象限

2. 填空题.

（1）在点（0，-4），（-2，-4），（6，0），（-5，3），（5，-8），

(3，6) 中，位于第一象限的是__________，位于第二象限的是__________，位于第三象限的是__________，位于第四象限的是________，位于坐标轴上的是__________.

（2）点 A $(-4,\ -3)$ 关于直线 $y=x$ 的对称点的坐标是__________.

（3）若点 P $(b-1,\ 3-2b)$ 在 x 轴上，则点 P 的坐标是__________.

（4）设 P $(x,\ y)$ 是坐标平面上的一点，且 $xy\neq 0$.

①若 $x>0$，则点 P 在__________象限；

②若 $y<0$，则点 P 在__________象限.

（5）点 A $(-3,\ 4)$ 到 x 轴的距离是__________，到 y 轴的距离是__________，到原点的距离是__________，到点 B $(-5,\ 7)$ 的距离是__________.

（6）若点 $(a,\ b)$ 在第三象限，则点 $(b,\ a)$ 在第________象限.

（7）若点 P 在 y 轴上，点 P 到原点的距离为 6，则点 P 的坐标为__________.

3.2　函数的概念（Concept）

一、函数的定义

定义　设 A，B 是两个实数集，$A\neq\varnothing$，$B\neq\varnothing$，若存在**对应关系**（corresponding relationship）f，使得对于 A 中的每一个数 x，都有 B 中唯一确定的数 y 和它对应，则称 f: $A\to B$ 是从集合 A 到集合 B 的一个**函数**（function），记作

$$y=f(x),\ x\in A$$

其中，x 叫作**自变量**（independent variable）；y 叫作**因变量**（dependent variable）；A 叫作**定义域**（domain），记作 D_f，即 $D_f=A$；$\{f(x)\mid x\in A\}$ 叫作**值域**

(range)，记作 R_f，即 $R_f=\{f(x)\mid x\in A\}$.

注 1 $\{f(x)\mid x\in A\}\subseteq B$.

例 1 已知函数 $f(x)=\sqrt{x+1}+\dfrac{1}{x-2}$，

(1) 求 $y=f(x)$ 的定义域；

(2) 求 $f(3)$ 与 $f(8)$ 的值.

解 (1) 使 $\sqrt{x+1}$ 有意义的集合是 $\{x\mid x\geqslant -1\}$，使 $\dfrac{1}{x-2}$ 有意义的集合是 $\{x\mid x\neq 2\}$. 所以函数的定义域是

$$D_f=\{x\mid x\geqslant -1\}\cap\{x\mid x\neq 2\}=\{x\mid x\geqslant -1 \text{ 且 } x\neq 2\}.$$

(2) $f(3)=\sqrt{3+1}+\dfrac{1}{3-2}=3$；

$$f(8)=\sqrt{8+1}+\frac{1}{8-2}=3+\frac{1}{6}=\frac{19}{6}.$$

例 2 求函数 $f(x)=\sqrt{x^2-2x-3}$ 的定义域.

解 由 $x^2-2x-3\geqslant 0$，知 $x\leqslant -1$ 或 $x\geqslant 3$，所以函数的定义域是

$$D_f=\{x\mid x\leqslant -1 \text{ 或 } x\geqslant 3\}.$$

注 2 如果两个函数的定义域相同，值域相同，对应关系相同，则称这两个函数是相同的.

例 3 下列哪个函数和 $y=x$ 是相同的？(　　)

A. $y=\dfrac{x^2}{x}$　　　　B. $y=\sqrt{x^2}$

C. $y=\sqrt[3]{x^3}$　　　　D. $y=2x$

解 $y=x$：$D_f=\mathbb{R}$，$R_f=\mathbb{R}$.

A：因为 $D_f=\{x\mid x\neq 0\}\neq\mathbb{R}$，定义域不同，所以不相同.

B：因为 $R_f=\{y\mid y\geqslant 0\}\neq\mathbb{R}$，值域不同，所以不相同.

C：因为 $D_f=\mathbb{R}$，$R_f=\mathbb{R}$，$y=\sqrt[3]{x^3}=x$，定义域相同，值域相同，对应关系相同，所以相同.

D：因为 $y=2x$，对应关系不相同，所以不相同．

答案是 C.

二、函数的图像

例 4 画出函数 $y=2x$ 的图像．

解 $D_f=\mathbb{R}$．在直角坐标系中标出直线经过的点（0，0）与点（1，2），用直线将这两个点连接起来，得到 $y=2x$ 的图像（见图 3.2－1）.

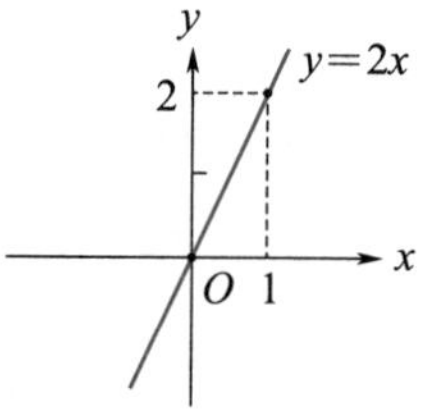

图 3.2－1

例 5 画出函数 $y=|x|$ 的图像．

解 $D_f=\mathbb{R}$．$y=\begin{cases}x, & x\geqslant 0,\\ -x, & x<0,\end{cases}$ 所以 $y=|x|$ 的图像如图 3.2－2 所示．

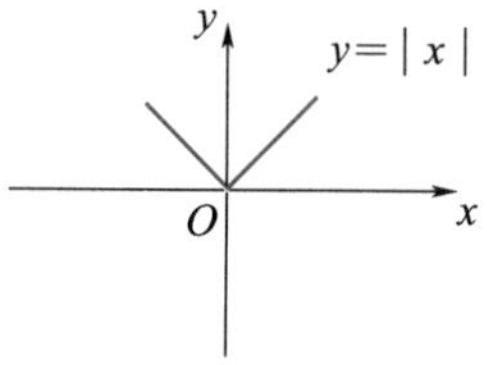

图 3.2－2

小　结

1. 设 f：$A\to B$ 是从集合 A 到集合 B 的一个函数，则定义域 $D_f=A$，值域 $R_f=\{f(x)\mid x\in A\}\subseteq B$.

2. 两个函数相同的三个条件：定义域相同，值域相同，对应关系相同.

习题 3.2

1. 选择题（下列每小题的四个选项中，只有一个正确答案）.

（1）设函数 $f(x)=2x^2-1$，$x\in\{-2,1,2,3\}$，则 $f(x)$ 的值域是（　　）.

A.（-1，$+\infty$）　　B.（1，$+\infty$）

C. $\{1,7,17\}$　　D. $\mathbb{R}$

（2）设函数 $f(x)=2x^2-1$，$x\in\mathbb{R}$，则 $f(x)$ 的值域是（　　）.

A. $\mathbb{R}$　　B. $[0，+\infty)$

C. $[1, +\infty)$　　D. $[-1, +\infty)$

(3) 函数 $f(x)=\sqrt{x^2-9}+\sqrt{9-x^2}$ 的定义域是（　　）.

A. $[-3, 3]$　　B. $(3, +\infty)$

C. $\{-3, 3\}$　　D. $(-\infty, -3)$

(4) 在下列各组中，哪组中的两个函数是相同的？（　　）

A. $f(x)=\dfrac{(x+1)(x-1)}{x-1}$，$g(x)=x+1$

B. $f(x)=(\sqrt{x-3})^2$，$g(x)=x-3$

C. $f(x)=\sqrt{(x+2)(x-3)}$，$g(x)=\sqrt{x+2}\sqrt{x-3}$

D. $f(x)=\sqrt[5]{(x+1)^5}$，$g(x)=x+1$

(5) 设函数 $f(x)=\begin{cases}3x+2, & x\geqslant 0,\\ x-2, & x<0,\end{cases}$ 则 $f(2)=$（　　）.

A. 0　　B. 4　　C. 5　　D. 8

(6) 函数 $f(x)=\dfrac{\sqrt{2-x}}{x^2-4}$ 的定义域是（　　）.

A. $(-\infty, 2]$　　B. $(-\infty, 2)$

C. $(-\infty, -2)\cap(-2, 2]$　　D. $(-\infty, -2)\cup(-2, 2)$

2. 求下列函数的定义域.

(1) $f(x)=\dfrac{3x}{x-4}$　　(2) $f(x)=\sqrt{x^2-x-6}$

(3) $f(x)=\sqrt{x+1}+\sqrt{4-x}$　　(4) $f(x)=\dfrac{x}{\sqrt{4-x^2}}+\dfrac{1}{x+1}$

(5) $f(x)=\dfrac{x}{\sqrt{x^2-4x}}$　　(6) $f(x)=\dfrac{\sqrt{x-1}}{\sqrt[3]{x-2}}+2x$

3. 已知函数 $f(x+1)=2x^2+1$，

(1) 求 $f(x)$；

(2) 求 $f(2)$.

4. 画出下列函数的图像.

（1）$y=3x-2$

（2）$y=1-2x^2$

（3）$f(x)=\begin{cases}3, & x\leqslant 0\\ -1, & x>0\end{cases}$

3.3 函数的单调性（Monotonicity）

定义 设函数 $y=f(x)$ 在区间 I 上有定义，x_1 和 x_2 是 I 中任意两个点.

1. 若当 $x_1<x_2$ 时，有 $f(x_1)\leqslant f(x_2)$，则称 $f(x)$ 在 I 上是**单调增函数**（monotone increasing function），简称为增函数；I 称为**单调增区间**（monotone increasing interval），简称为增区间.

2. 若当 $x_1<x_2$ 时，有 $f(x_1)<f(x_2)$，则称 $f(x)$ 在 I 上是**严格单调增函数**（strictly monotone increasing function），简称为严格增函数；I 称为**严格单调增区间**（strictly monotone increasing interval），简称为严格增区间.

3. 若当 $x_1<x_2$ 时，有 $f(x_1)\geqslant f(x_2)$，则称 $f(x)$ 在 I 上是**单调减函数**（monotone decreasing function），简称为减函数；I 称为**单调减区间**（monotone decreasing interval），简称为减区间.

4. 若当 $x_1<x_2$ 时，有 $f(x_1)>f(x_2)$，则称 $f(x)$ 在 I 上是**严格单调减函数**（strictly monotone decreasing function），简称为严格减函数；I 称为**严格单调减区间**（strictly monotone decreasing interval），简称为严格减区间.

注1 （1）严格增函数一定是增函数，严格增区间一定是增区间；

（2）严格减函数一定是减函数，严格减区间一定是减区间.

如图 3.3-1 所示，$y=f(x)$ 是 $[a, b]$ 上的严格增函数，也是 $[a, b]$ 上的增函数.

如图 3.3-2 所示，$y=f(x)$ 是 $[a, b]$ 上的严格减函数，也是 $[a, b]$ 上的减函数.

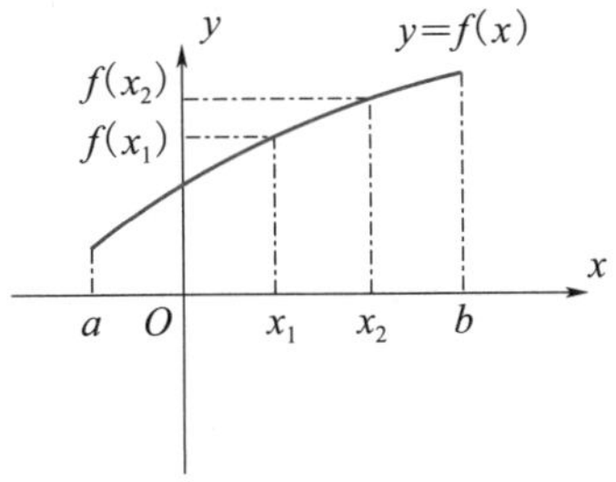

图 3.3－1

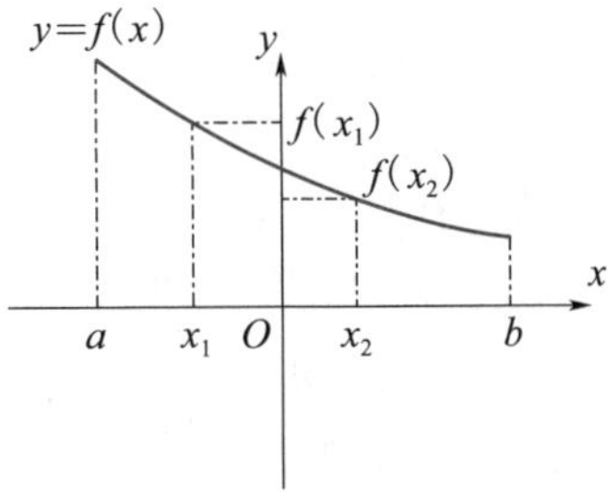

图 3.3－2

注2 若函数 $y=f(x)$ 在区间 I 上是增函数或减函数，则称 $y=f(x)$ 在 I 上是**单调函数**（monotone function），I 称为**单调区间**（monotone interval）.

例1 设 $y=f(x)$ 在 $[-3, 6]$ 上的图像如图3.3－3所示，根据图像说出函数的单调区间，并指出哪些是增区间，哪些是减区间．

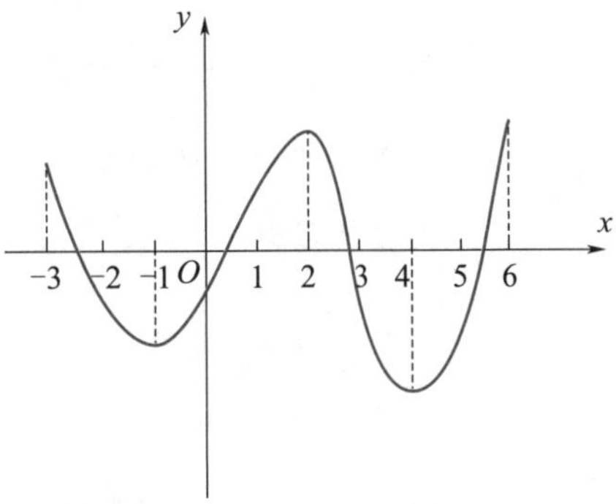

图 3.3－3

解 函数的单调区间是 $[-3, -1]$，$[-1, 2]$，$[2, 4]$，$[4, 6]$．其中，增区间是 $[-1, 2]$，$[4, 6]$；减区间是 $[-3, -1]$，$[2, 4]$.

例2 判断函数 $y=2x$ 在 $(-\infty, +\infty)$ 上是增函数还是减函数．

解 $\forall x_1, x_2 \in (-\infty, +\infty)$，设 $x_1<x_2$，

$\because x_1<x_2 \Rightarrow 2x_1<2x_2 \Rightarrow f(x_1)<f(x_2)$；

$\therefore y=2x$ 在 $(-\infty, +\infty)$ 上为增函数．

例3 判断函数 $y=\dfrac{1}{x}$ 在 $(-\infty, 0)$ 上是增函数还是减函数．

解 $\forall x_1, x_2 \in (-\infty, 0)$，设 $x_1<x_2$，

$$f(x_1)-f(x_2)=\frac{1}{x_1}-\frac{1}{x_2}=\frac{x_2-x_1}{x_1x_2},$$

$\because x_1, x_2 \in (-\infty, 0)$，

$\therefore x_1x_2>0$,

$\because x_1<x_2$,

$\therefore x_2-x_1>0$,

$\therefore f(x_1)-f(x_2)=\dfrac{x_2-x_1}{x_1x_2}>0$,

$\therefore f(x_1)>f(x_2)$,

$\therefore$ 函数 $y=\dfrac{1}{x}$ 在 $(-\infty, 0)$ 上是减函数 .

例 4 判断函数 $y=x^2+1$ 在 $(0, +\infty)$ 上是增函数还是减函数 .

解 $\forall x_1, x_2\in(0, +\infty)$，设 $x_1<x_2$,

$f(x_1)-f(x_2)=x_1^2-x_2^2=(x_1+x_2)(x_1-x_2)$,

$\because x_1, x_2\in(0, +\infty)$,

$\therefore x_1+x_2>0$,

$\because x_1<x_2$,

$\therefore x_1-x_2<0$,

$\therefore f(x_1)-f(x_2)=(x_1+x_2)(x_1-x_2)<0$,

$\therefore f(x_1)<f(x_2)$,

$\therefore$ 函数 $y=x^2+1$ 在 $(0, +\infty)$ 上是增函数 .

小　结

1. $y=f(x)$，区间 $I\subseteq D_f$.

$\forall x_1, x_2\in I$，设 $x_1<x_2$,

$$\left.\begin{cases}\text{若} f(x_1)\leqslant f(x_2)\text{，则} f(x)\text{是} I \text{上的增函数，} I \text{是增区间；}\\ \text{若} f(x_1)<f(x_2)\text{，则} f(x)\text{是} I \text{上的严格增函数，} I \text{是严格增区间；}\\ \text{若} f(x_1)\geqslant f(x_2)\text{，则} f(x)\text{是} I \text{上的减函数，} I \text{是减区间；}\\ \text{若} f(x_1)>f(x_2)\text{，则} f(x)\text{是} I \text{上的严格减函数，} I \text{是严格减区间 .}\end{cases}\right\}\Rightarrow \text{单调函数}$$

严格增函数是增函数，严格减函数是减函数 .

2. 判断 $f(x)$ 在区间 I 上是增函数还是减函数的步骤.

第一步：$\forall x_1$，$x_2 \in I$，设 $x_1<x_2$.

第二步：计算 $f(x_1)-f(x_2)$.

第三步：若 $f(x_1)-f(x_2)\leqslant 0$，则 $f(x)$ 是增函数；

若 $f(x_1)-f(x_2)<0$，则 $f(x)$ 是严格增函数；

若 $f(x_1)-f(x_2)\geqslant 0$，则 $f(x)$ 是减函数；

若 $f(x_1)-f(x_2)>0$，则 $f(x)$ 是严格减函数.

习题 3.3

选择题（下列每小题的四个选项中，只有一个正确答案）.

1. 函数 $y=3x^2-6x$ 在 $(-\infty, 0)$ 上（　　）.

A. 是增函数　　B. 是减函数

C. 不是单调函数　　D. 单调性无法判断

2. 函数 $y=-2x^2+1$ 在 $(0, +\infty)$ 上（　　）.

A. 是增函数　　B. 是减函数

C. 不是单调函数　　D. 单调性无法判断

3. 函数 $y=2x^2$ 在 $(-\infty, +\infty)$ 上（　　）.

A. 是增函数　　B. 是减函数

C. 不是单调函数　　D. 单调性无法判断

4. 函数 $y=-3x+1$ 在 $(-\infty, +\infty)$ 上（　　）.

A. 是增函数　　B. 是减函数

C. 不是单调函数　　D. 单调性无法判断

5. 函数 $y=5x-2$ 在 $(-\infty, +\infty)$ 上（　　）.

A. 是增函数　　B. 是减函数

C. 不是单调函数　　D. 单调性无法判断

6. 函数 $y=-x^2+2x+3$ 在 $(1, +\infty)$ 上（　　）.

A. 是增函数　　B. 是减函数

C. 不是单调函数　　D. 单调性无法判断

7. 函数 $y=-x^2+4x$ 在（2，+∞）上（　　）.

A. 是增函数　　B. 是减函数

C. 不是单调函数　　D. 单调性无法判断

8. 函数 $y=2\sqrt{x-3}$ 在（3，+∞）上（　　）.

A. 是增函数　　B. 是减函数

C. 不是单调函数　　D. 单调性无法判断

9. 在区间（0，+∞）上不是减函数的是（　　）.

A. $y=-3x+4$　　B. $y=2x^2+1$

C. $y=\dfrac{2}{x}$　　D. $y=-2x^2-3x+1$

3.4 函数的奇偶性（Parity）

一、集合关于原点对称

定义1　我们称集合 A 是**关于原点对称**（symmetric with respect to the origin）的，是指：若 x 是 A 中的元素，则 $-x$ 也是 A 中的元素.

例1　设集合 $B=\{-2,-1,0,1,2\}$，则 B 是关于原点对称的.

例2　设集合 $C=(-1,\ 1]$，则 C 不是关于原点对称的. 因为1在 C 中，但 -1 不在 C 中.

二、函数的奇偶性

1. 奇函数

定义2　设函数 $y=f(x)$ 的定义域是 D_f，若

(1) D_f 是关于原点对称的；

(2) $f(-x)=-f(x)$，$\forall x\in D_f$.

则称 $y=f(x)$ 是一个**奇函数**（odd function）.

例3 函数 $f(x)=3x$ 是一个奇函数吗？

解 因为函数的定义域 $D_f=\mathbb{R}$，$\mathbb{R}$ 是关于原点对称的，且 $f(-x)=3(-x)=-3x=-f(x)\ (\forall x\in D_f)$，所以它是一个奇函数.

例4 函数 $f(x)=3x$，$x\in(-1,2)$ 是一个奇函数吗？

解 因为函数的定义域 $D_f=(-1,2)$，$(-1,2)$ 不是关于原点对称的，所以它不是一个奇函数.

例5 函数 $f(x)=2x+1$，$x\in(-1,1)$ 是一个奇函数吗？

解 函数的定义域 $D_f=(-1,1)$，$(-1,1)$ 是关于原点对称的，但是 $f(-x)=2(-x)+1=-2x+1\neq -f(x)\ (\forall x\in D_f)$，所以它不是一个奇函数.

2. 偶函数

定义3 设函数 $y=f(x)$ 的定义域是 D_f，若

(1) D_f 是关于原点对称的；

(2) $f(-x)=f(x)$，$\forall x\in D_f$.

则称 $y=f(x)$ 是一个**偶函数**（even function）.

例6 函数 $f(x)=x^2+1$ 是一个偶函数吗？

解 因为函数的定义域 $D_f=\mathbb{R}$，$\mathbb{R}$ 是关于原点对称的，且 $f(-x)=(-x)^2+1=x^2+1=f(x)\ (\forall x\in D_f)$，所以它是一个偶函数.

例7 函数 $f(x)=\sqrt{x+1}$ 是一个偶函数吗？

解 函数的定义域 $D_f=[-1,+\infty)$，$[-1,+\infty)$ 不是关于原点对称的，所以它不是一个偶函数.

注 (1) 如果一个函数既不是奇函数也不是偶函数，我们称它是一个**非奇非偶函数**（non-odd and non-even function）；如果一个函数既是奇函数又是偶函数，我们称它是一个**既奇又偶函数**（both odd and even function）.

(2) 奇函数的图像关于原点对称（见图 3.4－1），偶函数的图像关于 y 轴对称（见图 3.4－2）.

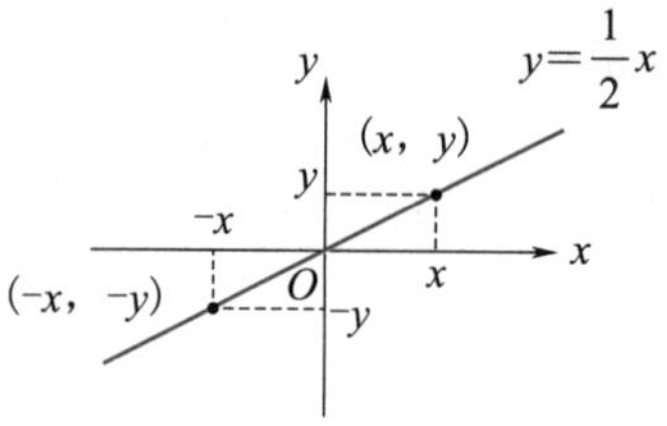

图 3.4－1

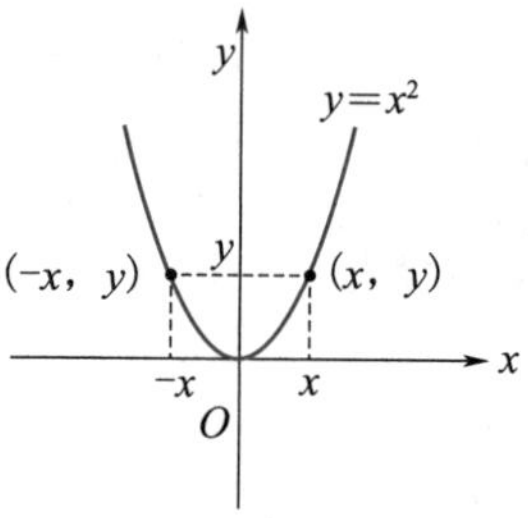

图 3.4－2

小　结

1. 集合 A 是关于原点对称的：$\forall x\in A\Rightarrow -x\in A$.

2. $\begin{cases} D_f \text{ 不关于原点对称} \Rightarrow f(x)\text{ 是非奇非偶函数.} \\ D_f \text{ 关于原点对称且} \begin{cases} f(-x)=-f(x)\ (\forall x\in D_f) \Rightarrow f(x)\text{ 是奇函数；} \\ f(-x)=f(x)\ (\forall x\in D_f) \Rightarrow f(x)\text{ 是偶函数；} \\ f(-x)\neq -f(x)\text{ 且 } f(-x)\neq f(x) \Rightarrow f(x)\text{ 是非奇非偶函数.} \end{cases} \end{cases}$

3. 奇函数的图像关于原点对称，偶函数的图像关于 y 轴对称.

习题 3.4

选择题（下列每小题的四个选项中，只有一个正确答案）.

1. 下列哪个集合是关于原点对称的？(　　)

A. $(-3,\ 2)$　　B. $(-4,\ -2)\cup(2,\ 3)$

C. $\{-3,-2,0,2,3\}$　　D. $(-2,\ 2]$

2. 函数 $f(x)=2x^4+4$ 是（　　）.

A. 奇函数　　B. 偶函数

C. 非奇非偶函数　　D. 既奇又偶函数

3. 函数 $f(x)=-3x^4$，$x\in(0,\ 4)$ 是（　　）.

A. 奇函数　　B. 偶函数

C. 非奇非偶函数　　D. 既奇又偶函数

4. 函数$f(x)=-\dfrac{3}{x}$是（　　）.

A. 奇函数　　B. 偶函数

C. 非奇非偶函数　　D. 既奇又偶函数

5. 函数$f(x)=-5x^5$是（　　）.

A. 奇函数　　B. 偶函数

C. 非奇非偶函数　　D. 既奇又偶函数

6. 函数$f(x)=-x^3+2$是（　　）.

A. 奇函数　　B. 偶函数

C. 非奇非偶函数　　D. 既奇又偶函数

7. 函数$f(x)=3x^3$，$x\in(-5, 3)$是（　　）.

A. 奇函数　　B. 偶函数

C. 非奇非偶函数　　D. 既奇又偶函数

8. 函数$f(x)=2x^4-6$，$x\in(-3, 3)$是（　　）.

A. 奇函数　　B. 偶函数

C. 非奇非偶函数　　D. 既奇又偶函数

9. 下列图像表示偶函数的是（　　）.

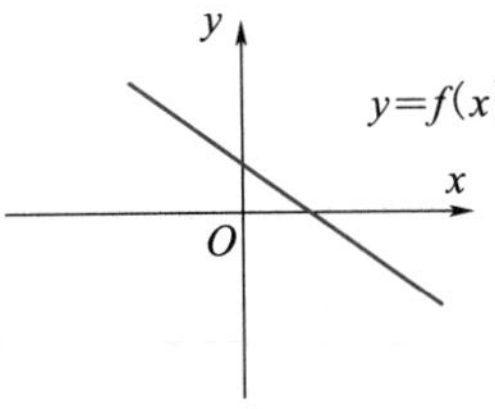

A

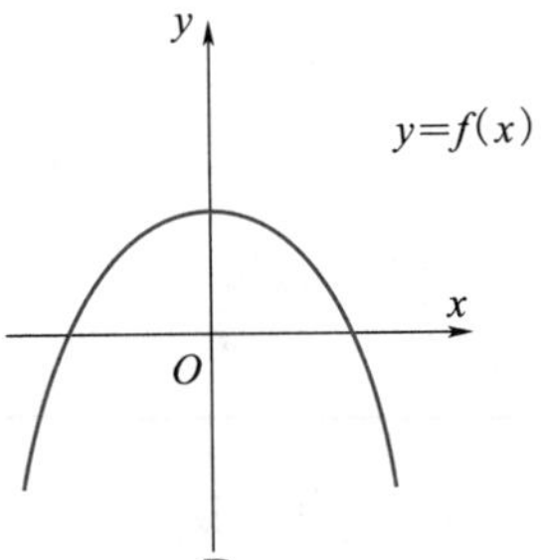

B

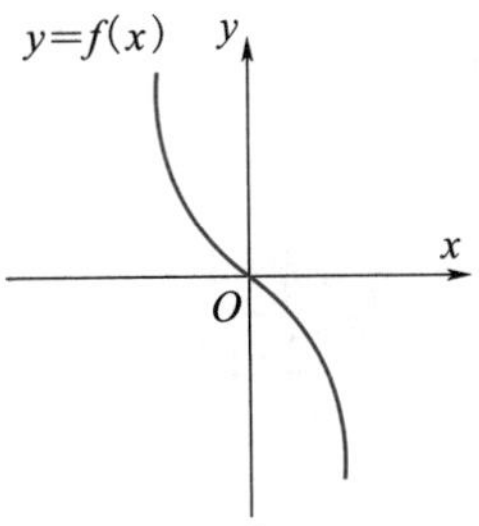

C

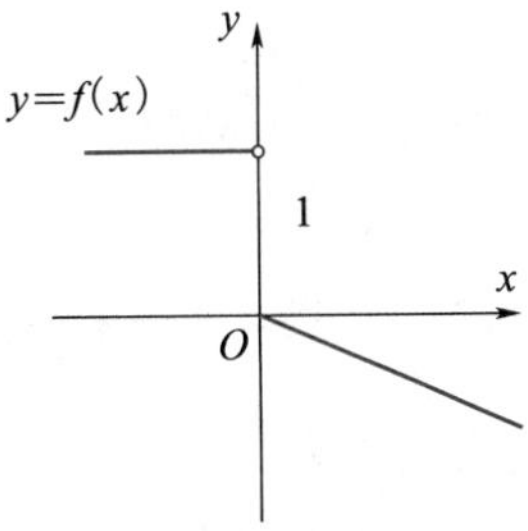

D

3.5 反 函 数

定义 设函数f：$A\to f(A)$，如果A中的元素x与$f(A)$中的元素y是一一对应（one-to-one correspondence）的，则由$y=f(x)$可得$x=f^{-1}(y)$，称$x=f^{-1}(y)$为$y=f(x)$的**反函数**（inverse function）．习惯上，我们将$x=f^{-1}(y)$记作$y=f^{-1}(x)$．

因此，反函数$y=f^{-1}(x)$中的x是原来函数$y=f(x)$中的y，反函数$y=f^{-1}(x)$中的y是原来函数$y=f(x)$中的x．

注 反函数$y=f^{-1}(x)$的定义域是原来函数$y=f(x)$的值域，反函数$y=f^{-1}(x)$的值域是原来函数$y=f(x)$的定义域．

例1 求函数$y=2x+1$的反函数．

解 $y=2x+1\Rightarrow x=\dfrac{y-1}{2}$；

将$x=\dfrac{y-1}{2}$中的x换成y，y换成x，可得$y=\dfrac{x-1}{2}$；

所以$y=2x+1$的反函数是$y=\dfrac{x-1}{2}(x\in\mathbb{R})$．

例2 求函数$y=\sqrt{x-1}$（$x\geqslant1$）的反函数．

解 由$x\geqslant1$，知$y=\sqrt{x-1}\geqslant0$；

$y=\sqrt{x-1}\Rightarrow x=y^2+1$；

将$x=y^2+1$中的x换成y，y换成x，可得$y=x^2+1$；

所以$y=\sqrt{x-1}$的反函数是$y=x^2+1$（$x\geqslant0$）．

例3 求函数$y=\dfrac{2x-1}{x+3}(x\neq-3)$的反函数．

解 $y=\dfrac{2x-1}{x+3}\Rightarrow y(x+3)=2x-1\Rightarrow(2-y)x=3y+1\Rightarrow x=\dfrac{3y+1}{2-y}$；

将$x=\dfrac{3y+1}{2-y}$中的x换成y，y换成x，可得$y=\dfrac{3x+1}{2-x}$；

所以 $y=\dfrac{2x-1}{x+3}$ 的反函数是 $y=\dfrac{3x+1}{2-x}$ $(x\neq 2)$.

小 结

1. 求反函数的步骤：

(1) $y=f(x)\Rightarrow x=f^{-1}(y)$；

(2) 将 $x=f^{-1}(y)$ 中的 x 换成 y，y 换成 x，得到反函数 $y=f^{-1}(x)$.

2. 反函数 $y=f^{-1}(x)$ 的定义域是原来函数 $y=f(x)$ 的值域，反函数 $y=f^{-1}(x)$ 的值域是原来函数 $y=f(x)$ 的定义域.

习题 3.5

填空题.

1. 函数 $y=3x+6$ 的反函数是________________.

2. 函数 $y=-2x+5$ 的反函数是________________.

3. 函数 $y=\dfrac{2}{3}x-1$ 的反函数是________________.

4. 函数 $y=\dfrac{2x-3}{x-2}(x\neq 2)$ 的反函数是________________.

5. 函数 $y=\dfrac{x+5}{3x+2}(x\neq -\dfrac{2}{3})$ 的反函数是________________.

6. 函数 $y=2-\dfrac{x+3}{x-1}(x\neq 1)$ 的反函数是________________.

7. 函数 $y=4+\sqrt{x-2}\,(x\geqslant 2)$ 的反函数是________________.

8. 函数 $y=-x^2+1(x\leqslant 0)$ 的反函数是________________.

9. 函数 $y=x^2-2(x\geqslant 0)$ 的反函数是________________.

10. 函数 $y=2x^3+1$ 的反函数是________________.

3.6 幂 函 数

定义 我们称 $y=x^{\alpha}$（其中 α 是**常数**（constant））为**幂函数**（power function）.

例如，$y=x^2$，$y=x^{\frac{1}{2}}$，$y=x^{-2}$，$y=x^{-\frac{1}{2}}$都是幂函数．观察$y=x$，$y=x^2$，$y=x^{\frac{1}{2}}$，$y=x^{-2}$，$y=x^{-1}$，$y=x^{-\frac{1}{2}}$在第一象限内的图像，可以发现：

（1）当$\alpha>0$时，$y=x^{\alpha}$在第一象限内是增函数（见图3.6－1）；

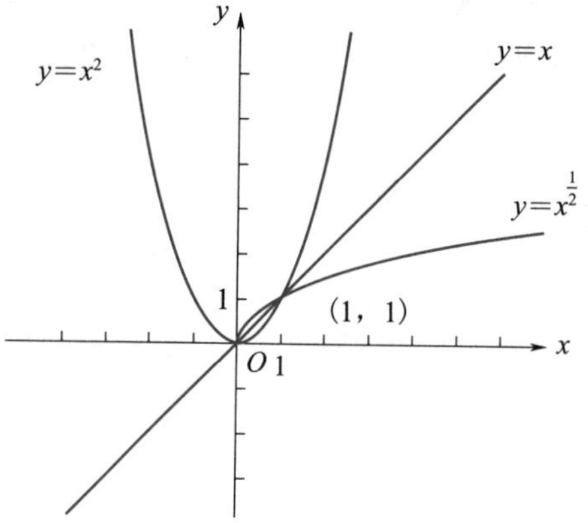

图3.6－1

（2）当$\alpha<0$时，$y=x^{\alpha}$在第一象限内是减函数（见图3.6－2）；

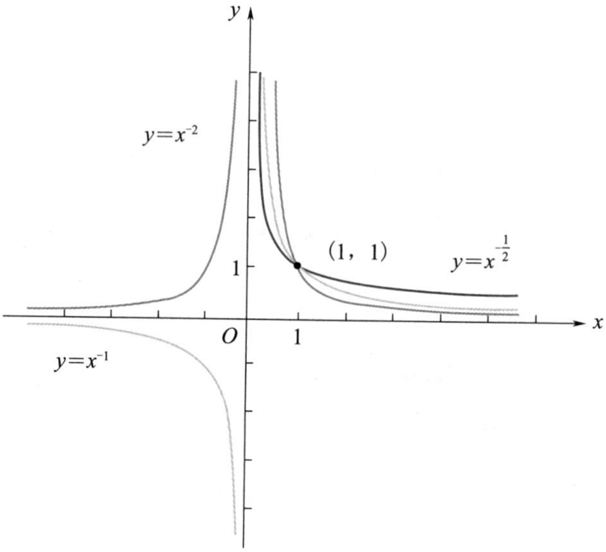

图3.6－2

(3) 当 α 为**奇数**(odd number)时,$y=x^{\alpha}$ 是奇函数;当 α 为**偶数**(even number)时,$y=x^{\alpha}$ 是偶函数.

注 (1) 设 $f(x)=x^{\frac{n}{m}}=\sqrt[m]{x^n}\,(m,\ n\in\mathbb{Z}^+)$,则

$$D_f=\begin{cases}[0,\ +\infty), & \text{当 } n \text{ 是奇数},\ m \text{ 是偶数时},\\(-\infty,\ +\infty), & \text{当 } n \text{ 是偶数},\ m \text{ 是奇数时},\\(-\infty,\ +\infty), & \text{当 } n \text{ 是奇数},\ m \text{ 是奇数时}.\end{cases}$$

例如,函数 $y=x^{\frac{1}{2}}$ 的定义域为 $[0,\ +\infty)$,函数 $y=x^{\frac{8}{3}}$ 的定义域为 $(-\infty,\ +\infty)$,函数 $y=x^{\frac{5}{3}}$ 的定义域为 $(-\infty,\ +\infty)$.

(2) 设 $f(x)=x^{-\frac{n}{m}}=\dfrac{1}{x^{\frac{n}{m}}}=\dfrac{1}{\sqrt[m]{x^n}}\ (m,\ n\in\mathbb{Z}^+)$,则

$$D_f=\begin{cases}(0,\ +\infty), & \text{当 } n \text{ 是奇数},\ m \text{ 是偶数时},\\(-\infty,\ 0)\cup(0,\ +\infty), & \text{当 } n \text{ 是偶数},\ m \text{ 是奇数时},\\(-\infty,\ 0)\cup(0,\ +\infty), & \text{当 } n \text{ 是奇数},\ m \text{ 是奇数时}.\end{cases}$$

例如,函数 $y=x^{-\frac{1}{2}}$ 的定义域为 $(0,\ +\infty)$,函数 $y=x^{-\frac{8}{3}}$ 的定义域为 $(-\infty,\ 0)\cup(0,\ +\infty)$,函数 $y=x^{-\frac{5}{3}}$ 的定义域为 $(-\infty,\ 0)\cup(0,\ +\infty)$.

例 比较下列两个数的大小.

(1) $(3.03)^{\frac{1}{2}}$,$(3.02)^{\frac{1}{2}}$;

(2) $(0.85)^3$,$(0.84)^3$;

(3) $(4.1)^{-\frac{1}{3}}$,$(4.2)^{-\frac{1}{3}}$;

(4) $(0.35)^{-3}$,$(0.34)^{-3}$.

解 (1) 设 $y=x^{\frac{1}{2}}$,因为 $\alpha=\dfrac{1}{2}>0$,所以 $y=x^{\frac{1}{2}}$ 在第一象限内是增函数.因为 $3.03>3.02$,所以 $(3.03)^{\frac{1}{2}}>(3.02)^{\frac{1}{2}}$.

(2) 设 $y=x^3$,因为 $\alpha=3>0$,所以 $y=x^3$ 在第一象限内是增函数.因为 $0.85>0.84$,所以 $(0.85)^3>(0.84)^3$.

（3）设 $y=x^{-\frac{1}{3}}$，因为 $\alpha=-\frac{1}{3}<0$，所以 $y=x^{-\frac{1}{3}}$ 在第一象限内是减函数．因为 $4.1<4.2$，所以 $(4.1)^{-\frac{1}{3}}>(4.2)^{-\frac{1}{3}}$.

（4）设 $y=x^{-3}$，因为 $\alpha=-3<0$，所以 $y=x^{-3}$ 在第一象限内是减函数. 因为 $0.35>0.34$，所以 $(0.35)^{-3}<(0.34)^{-3}$.

小　结

1.（1）设 $f(x)=x^{\frac{n}{m}}=\sqrt[m]{x^n}\ (m,\ n\in\mathbb{Z}^+)$，则

$$D_f=\begin{cases}[0,\ +\infty), & \text{当 } n \text{ 是奇数，} m \text{ 是偶数时，}\\ (-\infty,\ +\infty), & \text{当 } n \text{ 是偶数，} m \text{ 是奇数时，}\\ (-\infty,\ +\infty), & \text{当 } n \text{ 是奇数，} m \text{ 是奇数时.}\end{cases}$$

（2）设 $f(x)=x^{-\frac{n}{m}}=\frac{1}{x^{\frac{n}{m}}}=\frac{1}{\sqrt[m]{x^n}}\ (m,\ n\in\mathbb{Z}^+)$，则

$$D_f=\begin{cases}(0,\ +\infty), & \text{当 } n \text{ 是奇数，} m \text{ 是偶数时，}\\ (-\infty,\ 0)\cup(0,\ +\infty), & \text{当 } n \text{ 是偶数，} m \text{ 是奇数时，}\\ (-\infty,\ 0)\cup(0,\ +\infty), & \text{当 } n \text{ 是奇数，} m \text{ 是奇数时.}\end{cases}$$

2. 幂函数 $y=x^\alpha$ 的单调性：

（1）当 $\alpha>0$ 时，$y=x^\alpha$ 在第一象限内是增函数；

（2）当 $\alpha<0$ 时，$y=x^\alpha$ 在第一象限内是减函数．

习题 3.6

1. 选择题（下列每小题的四个选项中，只有一个正确答案）.

（1）下列函数中是幂函数的是（　　）.

A. $y=2x-1$　　B. $y=2x^7$　　C. $y=x^{-4}$　　D. $y=x^2-1$

（2）下列函数中既是偶函数又是 $(0,\ +\infty)$ 上的增函数的是（　　）.

A. $y=x^{\frac{2}{3}}$　　B. $y=x^{\frac{3}{5}}$　　C. $y=-\frac{2}{x}$　　D. $y=x^{-\frac{1}{2}}$

（3）下列函数中既是奇函数又是（0，+∞）上的减函数的是（　　）.

A. $y=x^{-\frac{4}{3}}$　　B. $y=4x^{-3}$　　C. $y=2x^{2}$　　D. $y=x^{-\frac{3}{2}}$

（4）下列不等式正确的是（　　）.

A. $(0.78)^{\frac{5}{3}}<(0.65)^{\frac{5}{3}}$　　B. $(2.45)^{-\frac{3}{5}}<(2.01)^{-\frac{3}{5}}$

C. $(7.1)^{5}<(6.9)^{5}$　　D. $(0.11)^{-5}<(0.19)^{-5}$

（5）下列幂函数中定义域为 $\{x\mid x>0\}$ 的是（　　）.

A. $y=x^{\frac{4}{3}}$　　B. $y=x^{\frac{5}{4}}$　　C. $y=x^{-\frac{2}{3}}$　　D. $y=x^{-\frac{3}{2}}$

（6）函数 $y=x^{\frac{4}{5}}$ 的图像是（　　）.

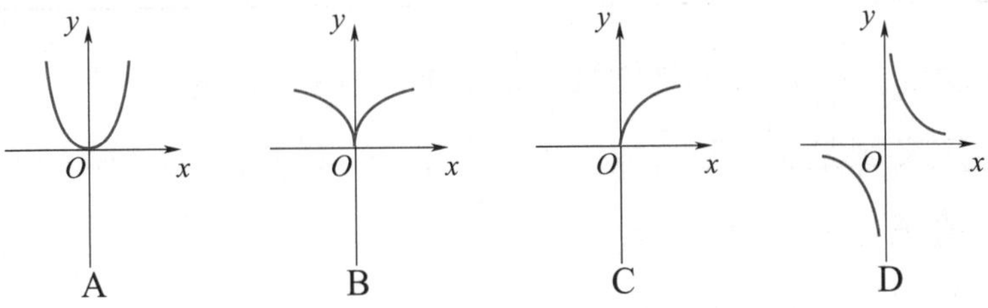

2. 填空题.

（1）函数 $y=2x^{\frac{5}{3}}$ 的定义域是________________.

（2）函数 $y=x^{-\frac{5}{3}}+1$ 的定义域是________________.

（3）函数 $y=x^{\frac{3}{4}}$ 的定义域是________________.

（4）函数 $y=x^{-\frac{3}{4}}$ 的定义域是________________.

（5）函数 $y=x^{\frac{6}{5}}$ 的定义域是________________.

（6）函数 $y=x^{-\frac{3}{5}}$ 的定义域是________________.

3.7　指数函数

定义　我们称函数 $y=a^{x}$（a 是常数，$a>0$ 且 $a\neq 1$）为**指数函数**

（exponential function）.

例如，$y=2^x$，$y=3^x$，$y=\left(\frac{1}{2}\right)^x$ 都是指数函数.

我们观察一下 $y=2^x$ 与 $y=\left(\frac{1}{2}\right)^x$ 的图像（见图 3.7－1）：

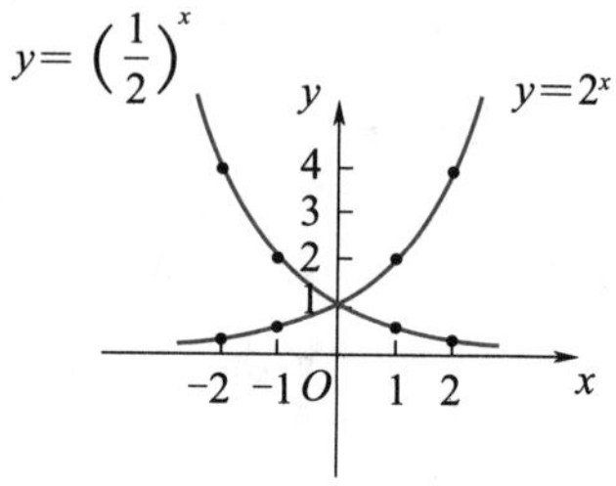

图 3.7－1

x	-2	-1	0	1	2
$y=2^x$	$\frac{1}{4}$	$\frac{1}{2}$	1	2	4
$y=\left(\frac{1}{2}\right)^x$	4	2	1	$\frac{1}{2}$	$\frac{1}{4}$

可以发现，$y=a^x$（a 是常数，$a>0$ 且 $a\neq1$）满足：

（1）定义域是 $x\in\mathbb{R}$.

（2）值域是 $y\in(0,+\infty)$.

（3）图像经过点（0，1）.

（4）当 $a>1$ 时，$y=a^x$ 在$\mathbb{R}$内是增函数；当 $0<a<1$ 时，$y=a^x$ 在$\mathbb{R}$内是减函数.

例 1 比较下列两个数的大小.

（1）$(3.03)^{\frac{1}{2}}$，$(3.03)^{\frac{1}{3}}$ （2）$\left(\frac{5}{4}\right)^{-2}$，$\left(\frac{5}{4}\right)^{-3}$

（3）$(0.43)^{-\frac{2}{3}}$，$(0.43)^{-\frac{1}{3}}$ （4）$\left(\frac{3}{7}\right)^{-5}$，$\left(\frac{3}{7}\right)^{-4}$

解 （1）设 $y=(3.03)^x$，因为 $a=3.03>1$，所以 $y=(3.03)^x$ 在 $\mathbb{R}$ 内是增函数. 因为$\frac{1}{2}>\frac{1}{3}$，所以 $(3.03)^{\frac{1}{2}}>(3.03)^{\frac{1}{3}}$.

（2）设 $y=\left(\frac{5}{4}\right)^x$，因为 $a=\frac{5}{4}>1$，所以 $y=\left(\frac{5}{4}\right)^x$ 在$\mathbb{R}$内是增函数. 因为 $-2>-3$，所以$\left(\frac{5}{4}\right)^{-2}>\left(\frac{5}{4}\right)^{-3}$.

（3）设 $y=(0.43)^x$，因为 $0<a=0.43<1$，所以 $y=(0.43)^x$ 在ℝ内是减函数．因为 $-\frac{2}{3}<-\frac{1}{3}$，所以 $(0.43)^{-\frac{2}{3}}>(0.43)^{-\frac{1}{3}}$.

（4）设 $y=\left(\frac{3}{7}\right)^x$，因为 $0<a=\frac{3}{7}<1$，所以 $y=\left(\frac{3}{7}\right)^x$ 在 ℝ 内是减函数. 因为 $-5<-4$，所以 $\left(\frac{3}{7}\right)^{-5}>\left(\frac{3}{7}\right)^{-4}$.

例 2　解不等式 $\left(\frac{1}{4}\right)^{2x+3}>\left(\frac{1}{4}\right)^{x-4}$.

解　因为 $0<a=\frac{1}{4}<1$，所以 $y=a^x$ 为减函数，因此 $2x+3<x-4$，$x<-7$. 所以不等式的解集为 $\{x \mid x<-7\}$.

例 3　解不等式 $3^{x-1}>3^{2-3x}$.

解　因为 $a=3>1$，所以 $y=a^x$ 为增函数，因此 $x-1>2-3x$，$4x>3$，$x>\frac{3}{4}$. 所以不等式的解集为 $\left\{x \mid x>\frac{3}{4}\right\}$.

小　结

指数函数 $y=a^x$（a 是常数，$a>0$ 且 $a\neq1$）的性质：

（1）$D_f=\mathbb{R}$.

（2）$R_f=(0,+\infty)$.

（3）图像经过点 $(0,1)$.

（4）当 $a>1$ 时，$y=a^x$ 在ℝ内是增函数；当 $0<a<1$ 时，$y=a^x$ 在ℝ内是减函数．

习题 3.7

1. 求下列函数的定义域．

（1）$y=3^{\frac{2}{x-1}}$　　　　（2）$y=\sqrt{2^{x-1}-4}$

（3）$y=\sqrt{1-3^{x-1}}$　　　　（4）$y=\dfrac{2}{4^{x^2-2}}$

2. 比较下列各组中两个数的大小．

（1）$3^{0.8}$ ______ $3^{0.7}$　　　　（2）$0.76^{-0.3}$ ______ $0.76^{0.3}$

（3）$1.01^{2.7}$ ______ $1.01^{3.5}$　　　　（4）a^m ______ a^n（$a>1$，$m<n$）

（5）a^m ______ a^n（$0<a<1$，$m<n$）

3. 选择题（下列每小题的四个选项中，只有一个正确答案）.

（1）设 $a=0.8^{1.7}$，$b=0.8^{0.9}$，$c=1.2^{0.8}$，则（　　）.

A. $a>b>c$　　　　B. $c>b>a$

C. $b>a>c$　　　　D. $b>c>a$

（2）函数 $3^{2a+1}<3^{3-2a}$，则 a 的取值范围是（　　）.

A. $(1, +\infty)$　　　　B. $\left(\dfrac{1}{2}, +\infty\right)$

C. $(-\infty, 1)$　　　　D. $\left(-\infty, \dfrac{1}{2}\right)$

（3）如果 $x>0$ 且 $a^x<b^x<1$，则下列不等式成立的是（　　）.

A. $0<b<a<1$　　　　B. $0<a<b<1$

C. $1<b<a$　　　　D. $1<a<b$

3.8　对数和对数函数

一、对数

1. 对数的定义

定义1　如果 $a^b=N(a>0, a\neq1)$，那么 b 叫作以 a 为底的 N 的对数（logarithm），记作 $b=\log_a N$，其中 a 叫作底数（base number），N 叫作真数（antilogarithm）.

例1　求$\log_2 8$ 的值（value）.

解 设$\log_2 8=b$，则由对数的定义，知 $2^b=8$，$b=3$，所以$\log_2 8=3$.

例 2 求$\log_{\frac{1}{3}}9$ 的值 .

解 设$\log_{\frac{1}{3}}9=b$，则由对数的定义，知$\left(\frac{1}{3}\right)^b=9$，$3^{-b}=9$，$-b=2$，$b=-2$，所以 $\log_{\frac{1}{3}}9=-2$.

注 由对数的定义，我们可以得到

（1）$\log_a a=1\quad(a>0,\ a\neq 1)$；

（2）$\log_a 1=0\quad(a>0,\ a\neq 1)$；

（3）**常用对数**（common logarithm）：$\lg N=\log_{10}N\ (N>0)$；

（4）**自然对数**（natural logarithm）：$\ln N=\log_e N\ (N>0)$.

例如，$\lg 100=2$，$\ln e=1$.

2. 对数的运算性质

如果 $a>0$ 且 $a\neq 1$，$b>0$ 且 $b\neq 1$，$M>0$，$N>0$，那么：

（1）$\log_a MN=\log_a M+\log_a N$；

（2）$\log_a \frac{M}{N}=\log_a M-\log_a N$；

（3）$\log_{a^m}M^n=\frac{n}{m}\log_a M\ (m,\ n\in\mathbb{R})$；

（4）$\log_a M=\frac{\log_b M}{\log_b a}$；

（5）$\log_a b\cdot\log_b a=1$.

例 3 $\log_2 3+\log_2 4=\log_2(3\times 4)=\log_2 12$.

例 4 $\log_2 12-\log_2 4=\log_2\frac{12}{4}=\log_2 3$.

例 5 $\log_4 27=\log_{2^2}3^3=\frac{3}{2}\log_2 3$.

例 6 $\log_2 3=\frac{\log_5 3}{\log_5 2}$.

例 7 $\log_2 3 \cdot \log_3 2 = 1$.

例 8 计算 $\left(\log_4 \frac{1}{27}+\log_{\frac{1}{8}} 9\right)\left(\log_{81} \frac{1}{8}-\log_3 4\right)+\log_2 16$ 的值.

解 原式 $=(\log_{2^2} 3^{-3}+\log_{2^{-3}} 3^2)(\log_{3^4} 2^{-3}-\log_3 2^2)+\log_2 2^4$

$$=\left(-\frac{3}{2}\log_2 3-\frac{2}{3}\log_2 3\right)\left(-\frac{3}{4}\log_3 2-2\log_3 2\right)+4\log_2 2$$

$$=\left(-\frac{13}{6}\log_2 3\right)\left(-\frac{11}{4}\log_3 2\right)+4=\left(-\frac{13}{6}\right)\times\left(-\frac{11}{4}\right)+4=\frac{239}{24}.$$

二、对数函数

定义 2 我们称函数 $y=\log_a x$（a 是常数，$a>0$ 且 $a\neq 1$）为**对数函数**（logarithmic function）.

例如，$y=\log_2 x$，$y=\log_3 x$，$y=\log_{\frac{1}{2}} x$ 都是对数函数.

我们观察一下 $y=\log_2 x$，$y=\log_{\frac{1}{2}} x$ 的图像（见图 3.8－1）：

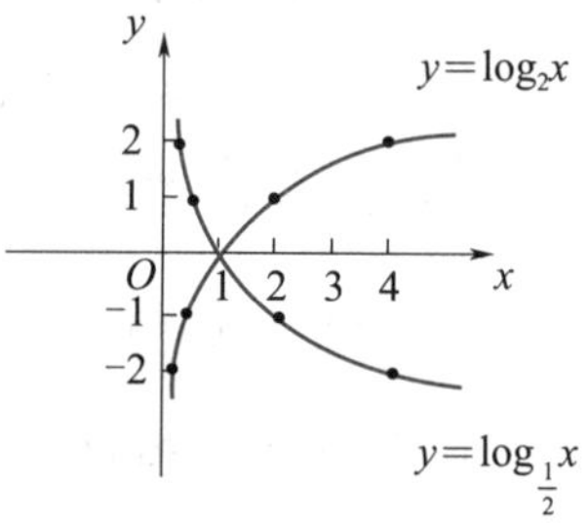

图 3.8－1

x	$\frac{1}{4}$	$\frac{1}{2}$	1	2	4
$y=\log_2 x$	−2	−1	0	1	2
$y=\log_{\frac{1}{2}} x$	2	1	0	−1	−2

可以发现，$y=\log_a x$（a 是常数，$a>0$ 且 $a\neq 1$）满足：

（1）定义域是 $x\in(0,+\infty)$.

（2）值域是 $y\in\mathbb{R}$.

（3）图像经过点（1，0）.

（4）当 $a>1$ 时，$y=\log_a x$ 在（0，+∞）上是增函数；当 $0<a<1$ 时，$y=\log_a x$ 在（0，+∞）上是减函数.

例 9 比较下列两个数的大小.

(1) $\log_5 7$, $\log_5 8$　　　　(2) $\log_{0.3}5$, $\log_{0.3}4$

(3) $\log_{\frac{4}{5}}0.3$, $\log_{\frac{4}{5}}0.2$　　　　(4) $\log_{1.3}5.1$, $\log_{1.3}4.9$

解　(1) 设 $y=\log_5 x$，因为 $a=5>1$，所以 $y=\log_5 x$ 是增函数．因为 $7<8$，所以$\log_5 7<\log_5 8$.

(2) 设 $y=\log_{0.3}x$，因为 $0<a=0.3<1$，所以 $y=\log_{0.3}x$ 是减函数．因为 $5>4$，所以$\log_{0.3}5<\log_{0.3}4$.

(3) 设 $y=\log_{\frac{4}{5}}x$，因为 $0<a=\dfrac{4}{5}<1$，所以 $y=\log_{\frac{4}{5}}x$ 是减函数．因为 $0.3>0.2$，所以$\log_{\frac{4}{5}}0.3<\log_{\frac{4}{5}}0.2$.

(4) 设 $y=\log_{1.3}x$，因为 $a=1.3>1$，所以 $y=\log_{1.3}x$ 是增函数．因为 $5.1>4.9$，所以$\log_{1.3}5.1>\log_{1.3}4.9$.

例 10　解不等式$\log_4(2x+3)>\log_4(x-4)$．

解　因为 $a=4>1$，所以 $y=\log_4 x$ 为增函数. 因此，

$$\left.\begin{cases}2x+3>x-4\Rightarrow x>-7\\2x+3>0\Rightarrow x>-\dfrac{3}{2}\\x-4>0\Rightarrow x>4\end{cases}\right\}\Rightarrow x>4,$$

所以不等式的解集为 $\{x\mid x>4\}$.

例 11　求函数 $y=\sqrt{\log_{0.5}(2x-3)}$ 的定义域．

解

$$\left.\begin{array}{l}\log_{0.5}(2x-3)\geqslant 0=\log_{0.5}1\Rightarrow 2x-3\leqslant 1\Rightarrow x\leqslant 2\\2x-3>0\Rightarrow x>\dfrac{3}{2}\end{array}\right\}\Rightarrow\dfrac{3}{2}<x\leqslant 2,$$

所以函数的定义域是$\left\{x\mid\dfrac{3}{2}<x\leqslant 2\right\}$.

三、对数函数的反函数

如果 $y=\log_a x$（$a>0$ 且 $a\neq 1$），那么 $x=a^y$，将 $x=a^y$ 中的 x 换成 y，y 换成 x，可得 $y=a^x$，即 $y=\log_a x$ 的反函数是指数函数 $y=a^x$.

同理（in like manner），指数函数 $y=a^x$ 的反函数是对数函数 $y=\log_a x$.

例 12　求函数 $y=\log_2 x$ 的反函数.

解　$y=\log_2 x \Rightarrow x=2^y$，将 $x=2^y$ 中的 x 换成 y，y 换成 x，可得 $y=2^x$. 所以 $y=\log_2 x$ 的反函数是 $y=2^x$（$x\in\mathbb{R}$）.

例 13　求函数 $y=\left(\frac{1}{2}\right)^x$ 的反函数.

解　在 $y=\left(\frac{1}{2}\right)^x$ 两边取以 $\frac{1}{2}$ 为底的对数，得到

$$\log_{\frac{1}{2}} y=\log_{\frac{1}{2}}\left(\frac{1}{2}\right)^x=x\log_{\frac{1}{2}}\frac{1}{2}=x,$$

将 $\log_{\frac{1}{2}} y=x$ 中的 x 换成 y，y 换成 x，可得 $y=\log_{\frac{1}{2}} x$. 所以 $y=\left(\frac{1}{2}\right)^x$ 的反函数是 $y=\log_{\frac{1}{2}} x$（$x>0$）.

小　结

1. 对数的运算性质.

若 $a>0$ 且 $a\neq 1$，$b>0$ 且 $b\neq 1$，$M>0$，$N>0$，则

（1）$\log_a MN=\log_a M+\log_a N$；

（2）$\log_a \frac{M}{N}=\log_a M-\log_a N$；

（3）$\log_{a^m} M^n=\frac{n}{m}\log_a M$（$m$，$n\in\mathbb{R}$）；

（4）$\log_a M=\frac{\log_b M}{\log_b a}$；

（5）$\log_a b\cdot\log_b a=1$；

（6）$\log_a a=1$，$\log_a 1=0$.

2. 对数函数 $y=\log_a x$（$a>0$ 且 $a\neq 1$）的性质.

（1）$D_f=(0,+\infty)$.

（2）$R_f=\mathbb{R}$.

(3) 图像经过点(1,0).

(4) 当 $a>1$ 时,$y=\log_a x$ 在 $(0,+\infty)$ 上是增函数;当 $0<a<1$ 时,$y=\log_a x$ 在 $(0,+\infty)$ 上是减函数.

3. 对数函数和指数函数互为反函数.

习题 3.8

1. 计算下列各式的值.

(1) $(\log_4 3+\log_8 3)(\log_3 2+\log_9 2)$

(2) $\log_9 5\times\log_8 9\times\log_{81} 2\times\log_{25} 27$

(3) $(\log_8 5+\log_4 0.2)(\log_5 16+\log_{\sqrt{5}} 0.5)$

(4) $\log_5 8\times\log_{\sqrt{2}} 4\times\log_2 0.2$

2. 求下列函数的定义域.

(1) $y=\log_3(x-2)$

(2) $y=\log_2(1-2x)$

(3) $y=\log_5 x^2$

(4) $y=\sqrt{\log_{\frac{1}{4}}(x+1)}$

(5) $y=\sqrt{\log_{\frac{1}{2}}(3x-2)}$

3. 比较下列两个数的大小.

(1) $\ln 5$ ______ $\ln 3$

(2) $\log_{0.6} 2.3$ ______ $\log_{0.6} 3.4$

(3) $\log_{0.3} 0.2$ ______ $\log_3 0.2$

(4) $\log_7 0.2$ ______ $\log_7 0.8$

4. 求下列函数的反函数.

(1) $y=\log_2(2x-1)$

(2) $y=3\log_{0.5}(x-1)$

(3) $y=5^{2x-1}$

（4）$y=\left(\frac{2}{3}\right)^{\left(\frac{1}{2}x-3\right)}$

自测题3

1. 选择题（下列每小题的四个选项中，只有一个正确答案）.

（1）在平面直角坐标系中，点 $P(-3,\ -7)$ 在（　　）.

A. 第一象限　　B. 第二象限

C. 第三象限　　D. 第四象限

（2）在平面直角坐标系中，点 $P(-2,\ 3)$ 关于 y 轴的对称点是（　　）.

A. $(-2,\ -3)$　　B. $(2,\ -3)$

C. $(3,\ 2)$　　D. $(2,\ 3)$

（3）下列函数和函数 $y=x+1$ 相同的是（　　）.

A. $y=\frac{x^2}{x}+1$　　B. $y=\sqrt{(x+1)^2}$

C. $y=\sqrt[3]{(x+1)^3}$　　D. $y=(\sqrt{x+1})^2$

（4）函数 $y=x^{\frac{1}{2}}$ 的图像是（　　）.

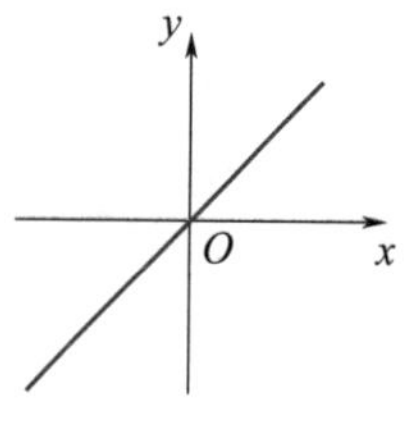

A

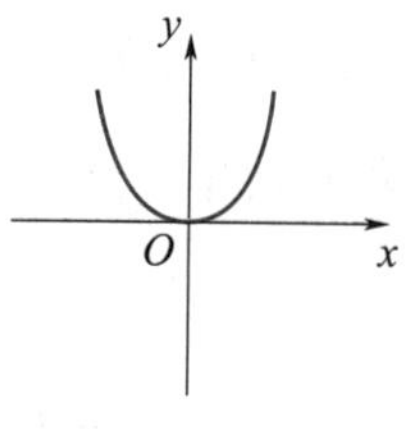

B

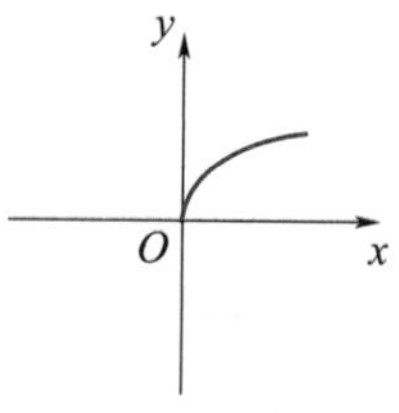

C

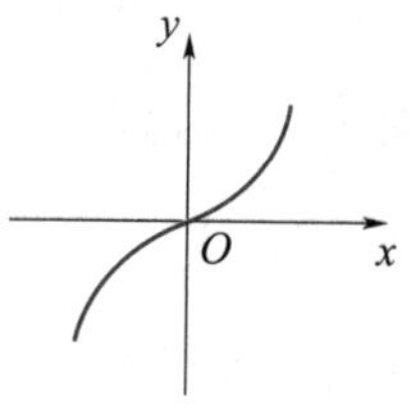

D

（5）函数 $y=2x-3$ 在（$-\infty$，$+\infty$）上（　　）.

A. 是增函数　　B. 是减函数

C. 不是单调函数　　D. 单调性无法判断

（6）函数 $f(x)=-2x^3$（　　）.

A. 是奇函数　　B. 是偶函数

C. 是非奇非偶函数　　D. 奇偶性无法判断

（7）函数 $f(x)=x^3-2$（　　）.

A. 是奇函数　　B. 是偶函数

C. 是非奇非偶函数　　D. 奇偶性无法判断

（8）函数 $f(x)=x^{\frac{6}{5}}$（　　）.

A. 是奇函数　　B. 是偶函数

C. 是非奇非偶函数　　D. 奇偶性无法判断

（9）下列式子正确的是（　　）.

A. $\log_{2.4}4.2>\log_{2.4}4.6$　　B. $2.7^{\frac{2}{3}}<2.7^{\frac{3}{5}}$

C. $3^{-2.5}<2^{-2.5}$　　D. $0.2^{-3}>0.2^{-4}$

2. 填空题.

（1）点 P（6，−8）到 x 轴的距离是__________，到 y 轴的距离是__________，到原点的距离是__________，到点 Q（1，4）的距离是__________.

（2）函数 $f(x)=\dfrac{\sqrt{x-1}}{\sqrt[3]{x-4}}$ 的定义域是____________________.

（3）函数 $y=2x-5$ 的反函数是____________________.

（4）函数 $y=2x^2-1(x\geqslant 0)$ 的反函数是____________________.

（5）函数 $y=\dfrac{x-3}{x+2}(x\neq -2)$ 的反函数是____________________.

（6）函数 $y=\sqrt{8-2^{2x-1}}$ 的定义域是____________________.

（7）函数 $y=\log_3(3x-6)$ 的定义域是____________________.

（8）函数 $y=\log_2(3x+5)$ 的反函数是________________________.

（9）函数 $y=\left(\frac{1}{3}\right)^{2x-1}$ 的反函数是________________________.

3. 计算题（要求写出计算过程，给出计算结果）.

（1）计算 $(\log_2 125+\log_4 25+\log_8 5)(\log_{125} 8+\log_{25} 4+\log_5 2)$ 的值 .

（2）已知集合 $A=\{x \mid \log_3(4-x^2)>\log_3 3x\}$，$B=\{x \mid 0.2^{x^2}>0.2\}$，求 $A\cap B$.

第 4 章　三角函数

4.1　角的定义和弧度

一、角的定义

1. 角的定义

平面内一条**射线**（ray）绕着**端点**（endpoint）从一个**位置**（position）**旋转**（to rotate）到另一个位置所形成的**图形**（graph）叫作**角**（angle），常用字母 α、β 等表示. 射线的端点叫作角的**顶点**（vertex），旋转开始时的射线叫作角的**始边**（initial side），终止时的射线叫作角的**终边**（terminal side）.

2. 正角和负角

按**逆时针**（anticlockwise）方向旋转形成的角叫作**正角**（positive angle），按**顺时针**（clockwise）方向旋转形成的角叫作**负角**（negative angle）（见图 4.1－1 和图 4.1－2）.

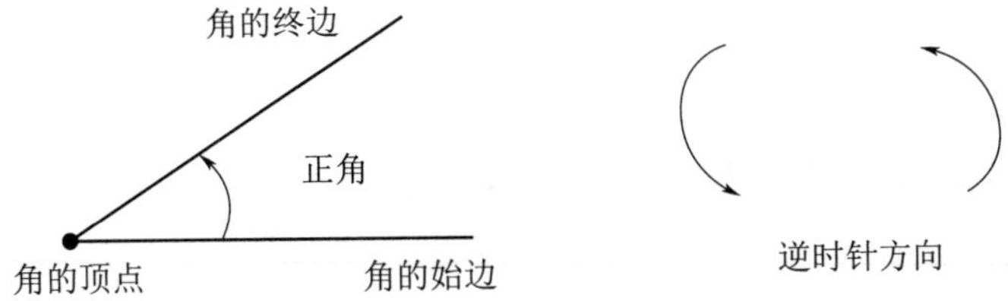

图 4.1－1　正角和逆时针方向

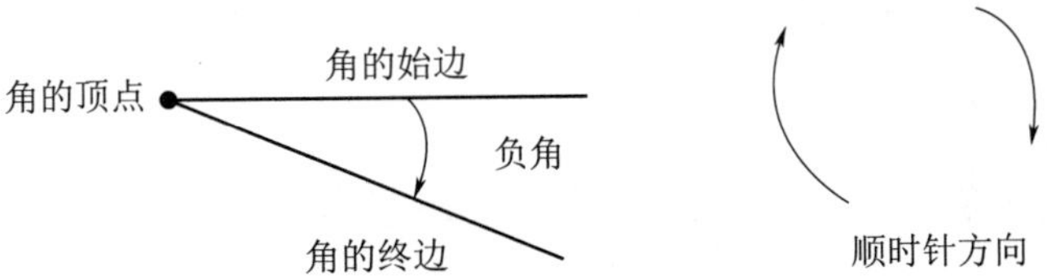

图 4.1－2　负角和顺时针方向

3. 零角

如果角的始边与终边**重合**（to coincide），那么 α 是**零角**（zero angle），记作 $\alpha=0°$.

4. 锐角、直角和钝角

若 $0°<\alpha<90°$，则称 α 是**锐角**（acute angle）；

若 $\alpha=90°$，则称 α 是**直角**（right angle）；

若 $90°<\alpha<180°$，则称 α 是**钝角**（obtuse angle）.

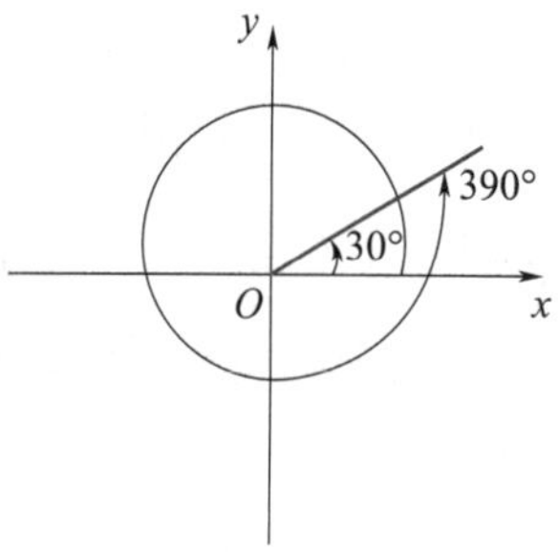

图 4.1－3

5. 象限角

如果让角的顶点与原点重合，角的始边与 x 轴的正方向重合，那么角的终边落在第几象限内，这个角就叫作第几**象限角**（quadrant angle）．例如，30°、－330°、390° 和 750° 都是第一象限角（见图 4.1－3）．但是，如果角的终边在坐标轴上，则认为这个角不属于任何象限．

$k\cdot 360°<\alpha<k\cdot 360°+90°(k\in\mathbb{Z})\Leftrightarrow\alpha$ 是**第一象限角**（the first quadrant angle）；

$k\cdot 360°+90°<\alpha<k\cdot 360°+180°(k\in\mathbb{Z})\Leftrightarrow\alpha$ 是**第二象限角**（the second quadrant angle）；

$k\cdot 360°+180°<\alpha<k\cdot 360°+270°(k\in\mathbb{Z})\Leftrightarrow\alpha$ 是**第三象限角**（the third quadrant angle）；

$k\cdot 360°+270°<\alpha<k\cdot 360°+360°(k\in\mathbb{Z})\Leftrightarrow\alpha$ 是**第四象限角**（the fourth quadrant angle）.

注 1 （1）因为角 $\alpha=k\cdot 360°+\beta$（$k\in\mathbb{Z}$）与角 β 有相同的终边，所以它们是同一象限角．

（2）为了判断 α 是第几象限角，一般把它写成以下形式

$$\alpha=k\cdot 360°+\beta,\ -360°<\beta<360°\ (k\in\mathbb{Z}).$$

例 1 判断下列各角是第几象限角．

（1）800°　　（2）1000°　　（3）−1600°

解　（1）$\because 800°=2\times 360°+80°$，且 $80°$是第一象限角，

$\therefore 800°$是第一象限角．

（2）$\because 1000°=3\times 360°-80°$，且$-80°$是第四象限角，

$\therefore 1000°$是第四象限角．

（3）$\because -1600°=(-4)\times 360°-160°$，且$-160°$是第三象限角，

$\therefore -1600°$是第三象限角．

二、弧度（radian）

$360°=2\pi$ rad；$180°=\pi$ rad.

注 2　（1）因为角 $\alpha=k\cdot 2\pi+\beta$（$k\in\mathbb{Z}$）与角 β 有相同的终边，所以它们是同一象限角．

（2）为了判断 α 是第几象限角，我们一般把它写成以下形式

$$\alpha=k\cdot 2\pi+\beta,\ -2\pi<\beta<2\pi\ (k\in\mathbb{Z}).$$

例 2　判断下列各角是第几象限角．

（1）$\dfrac{37\pi}{6}$　　（2）$\dfrac{341\pi}{8}$　　（3）$-\dfrac{100\pi}{3}$

解　（1）$\because \dfrac{\frac{37\pi}{6}}{2\pi}=\dfrac{37}{12}=3+\dfrac{1}{12}$，

$\therefore \dfrac{37\pi}{6}=\left(3+\dfrac{1}{12}\right)\cdot 2\pi=3\cdot 2\pi+\dfrac{2\pi}{12}=3\cdot 2\pi+\dfrac{\pi}{6}$，

$\because \dfrac{\pi}{6}$是第一象限角，

$\therefore \dfrac{37\pi}{6}$是第一象限角．

（2）$\because \dfrac{\frac{341\pi}{8}}{2\pi}=\dfrac{341}{16}=21+\dfrac{5}{16}$，

$\therefore \frac{341\pi}{8}=\left(21+\frac{5}{16}\right)\cdot 2\pi=21\cdot 2\pi+\frac{10\pi}{16}=21\cdot 2\pi+\frac{5\pi}{8}$,

$\because \frac{\pi}{2}<\frac{5\pi}{8}<\pi$,

$\therefore \frac{5\pi}{8}$是第二象限角，

$\therefore \frac{341\pi}{8}$是第二象限角.

（3）$\because \frac{-\frac{100\pi}{3}}{2\pi}=-\frac{100}{6}=-\frac{50}{3}=-16-\frac{2}{3}$,

$\therefore -\frac{100\pi}{3}=\left(-16-\frac{2}{3}\right)\cdot 2\pi=-16\cdot 2\pi-\frac{4\pi}{3}$,

$\because -\frac{3\pi}{2}<-\frac{4\pi}{3}<-\pi$,

$\therefore -\frac{4\pi}{3}$是第二象限角，

$\therefore -\frac{100\pi}{3}$是第二象限角.

小　结

1. 角的定义：

（1）正角，例如80°，200°，$\frac{3\pi}{5}$.

（2）负角，例如−10°，−150°，$-\frac{7\pi}{2}$.

（3）α 是直角$\Leftrightarrow \alpha=90°$.

（4）α 是锐角$\Leftrightarrow 0°<\alpha<90°$.

（5）α 是钝角$\Leftrightarrow 90°<\alpha<180°$.

（6）象限角：

$k\cdot360°<\alpha<k\cdot360°+90°(k\in\mathbb{Z})\Leftrightarrow\alpha$ 是第一象限角；

$k\cdot360°+90°<\alpha<k\cdot360°+180°(k\in\mathbb{Z})\Leftrightarrow\alpha$ 是第二象限角；

$k\cdot360°+180°<\alpha<k\cdot360°+270°(k\in\mathbb{Z})\Leftrightarrow\alpha$ 是第三象限角；

$k\cdot360°+270°<\alpha<k\cdot360°+360°(k\in\mathbb{Z})\Leftrightarrow\alpha$ 是第四象限角.

2. 弧度和度的关系：$\pi=180°$.

3. 判断 α 是第几象限角的方法：将 α 写成

$$\alpha=k\cdot360°+\beta,\ -360°<\beta<360°\ (k\in\mathbb{Z})$$

或

$$\alpha=k\cdot2\pi+\beta,\ -2\pi<\beta<2\pi\ (k\in\mathbb{Z})$$

的形式，则 β 是第几象限角，α 就是第几象限角 .

习题 4.1

1. 选择题（下列每小题的四个选项中，只有一个正确答案）.

（1）设集合 $A=\{$小于 90° 的角$\}$，$B=\{$第一象限角$\}$，则 $A\cap B=$（　　）.

A. {锐角}　　B. {小于 90°的角}

C. {第一象限角}　　D. 以上都不对

（2）若 α 是锐角，则 $\alpha+90°$是（　　）.

A. 第一象限角　　B. 第三象限角

C. 小于 180°的正角　　D. 小于直角的正角

（3）若 α 是第三象限角，则$\frac{\alpha}{2}$是（　　）.

A. 第一或第二象限角　　B. 第二或第三象限角

C. 第一或第三象限角　　D. 第二或第四象限角

（4）在下列各角中，与角 330°的终边相同的角是（　　）.

A. 30°　　B. 150°

C. −150°　　D. −30°

（5）若 $\alpha=\frac{6\pi}{7}$，则 α 的终边在（　　）.

A. 第一象限　　B. 第二象限

C. 第三象限　　D. 第四象限

（6）$-300°=$(　　).

A. $-\frac{4\pi}{3}$　　B. $-\frac{5\pi}{3}$

C. $-\frac{7\pi}{4}$　　D. $-\frac{7\pi}{6}$

（7）$-335°$是（　　）.

A. 第一象限角　　B. 第二象限角

C. 第三象限角　　D. 第四象限角

（8）集合 $\{\alpha \mid k\pi \leqslant \alpha \leqslant k\pi+\frac{\pi}{4},\ k\in\mathbb{Z}\}$ 中的角所表示的范围（阴影部分）是（　　）.

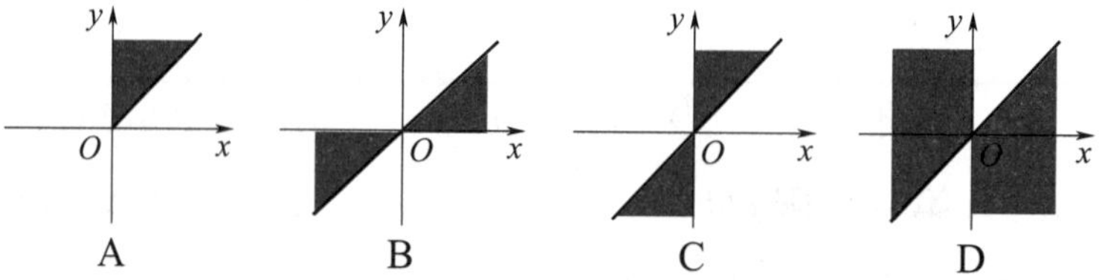

2. 将下面的表格补充完整.

角度	0°		45°		90°	120°	135°	150°		270°	
弧度	0	$\frac{\pi}{6}$		$\frac{\pi}{3}$					π		2π

3. 判断下列角是第几象限角.

A 组：

（1）$80°$　　（2）$-215°$　　（3）$305°$　　（4）$-150°$

（5）$\frac{5\pi}{3}$　　（6）$-\frac{\pi}{9}$　　（7）$\frac{11\pi}{6}$　　（8）$-\frac{5\pi}{4}$

B 组：

（1）$860°$　　（2）$1356°$　　（3）$-2000°$　　（4）$-1200°$

（5）$\frac{31\pi}{5}$　　（6）$\frac{89\pi}{7}$　　（7）$-\frac{57\pi}{9}$　　（8）$-\frac{97\pi}{4}$

4.2　三角函数的定义及关系

一、三角函数（trigonometric function）的定义

设 α 是一个任意角，$P(x, y)$ 是 α 的终边上任意一点（见图 4.2－1），$r=\sqrt{x^2+y^2}$，则

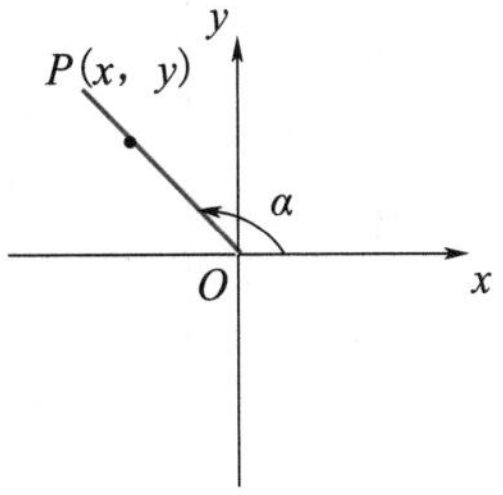

图 4.2－1

α 的**正弦**（sine）$\sin\alpha=\frac{y}{r}$；

α 的**余弦**（cosine）$\cos\alpha=\frac{x}{r}$；

α 的**正切**（tangent）$\tan\alpha=\frac{y}{x}$；

α 的**余切**（cotangent）$\cot\alpha=\frac{x}{y}$；

α 的**正割**（secant）$\sec\alpha=\frac{r}{x}$；

α 的**余割**（cosecant）$\csc\alpha=\frac{r}{y}$.

例 1　设 $P(-3, 4)$ 是角 α 的终边上一点，求 $\sin\alpha$，$\cos\alpha$，$\tan\alpha$，$\cot\alpha$，$\sec\alpha$，$\csc\alpha$ 的值 .

解　$\because x=-3$，$y=4$，$r=\sqrt{x^2+y^2}=\sqrt{(-3)^2+4^2}=\sqrt{25}=5$，

$\therefore \sin\alpha=\frac{y}{r}=\frac{4}{5}$，$\cos\alpha=\frac{x}{r}=-\frac{3}{5}$，

$$\tan\alpha=\frac{y}{x}=-\frac{4}{3},\quad \cot\alpha=\frac{x}{y}=-\frac{3}{4},$$

$$\sec\alpha=\frac{r}{x}=-\frac{5}{3},\quad \csc\alpha=\frac{r}{y}=\frac{5}{4}.$$

表4.2－1所示为常用角的4个三角函数值：

表4.2－1　常用角的三角函数值

角度	三角函数值			
	$\sin\alpha$	$\cos\alpha$	$\tan\alpha$	$\cot\alpha$
0°	0	1	0	无
30°	$\frac{1}{2}$	$\frac{\sqrt{3}}{2}$	$\frac{\sqrt{3}}{3}$	$\sqrt{3}$
45°	$\frac{\sqrt{2}}{2}$	$\frac{\sqrt{2}}{2}$	1	1
60°	$\frac{\sqrt{3}}{2}$	$\frac{1}{2}$	$\sqrt{3}$	$\frac{\sqrt{3}}{3}$
90°	1	0	无	0
120°	$\frac{\sqrt{3}}{2}$	$-\frac{1}{2}$	$-\sqrt{3}$	$-\frac{\sqrt{3}}{3}$
135°	$\frac{\sqrt{2}}{2}$	$-\frac{\sqrt{2}}{2}$	−1	−1
150°	$\frac{1}{2}$	$-\frac{\sqrt{3}}{2}$	$-\frac{\sqrt{3}}{3}$	$-\sqrt{3}$
180°	0	−1	0	无

在表4.2－1中，为了便于记忆30°、60°和45°的三角函数值，我们可以借助下面两个三角形（见图4.2－2）：

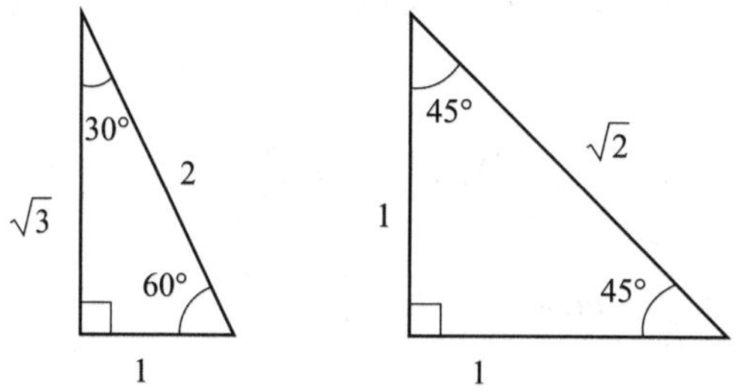

图4.2－2

注 1　因为角 $k\cdot 2\pi+\alpha$（$k\in\mathbb{Z}$）与角 α 有相同的终边，由三角函数的定义，我们有

$\sin(2k\pi+\alpha)=\sin\alpha$，或 $\sin(k\cdot 360°+\alpha)=\sin\alpha$（$k\in\mathbb{Z}$）；
$\cos(2k\pi+\alpha)=\cos\alpha$，或 $\cos(k\cdot 360°+\alpha)=\cos\alpha$（$k\in\mathbb{Z}$）；**公式**（formula）4－1
$\tan(2k\pi+\alpha)=\tan\alpha$，或 $\tan(k\cdot 360°+\alpha)=\tan\alpha$（$k\in\mathbb{Z}$）；
$\cot(2k\pi+\alpha)=\cot\alpha$，或 $\cot(k\cdot 360°+\alpha)=\cot\alpha$（$k\in\mathbb{Z}$）.

例如，$\sin\frac{13\pi}{6}=\sin\left(2\pi+\frac{\pi}{6}\right)=\sin\frac{\pi}{6}=\frac{1}{2}$；

$\cos\left(-\frac{5\pi}{3}\right)=\cos\left(-2\pi+\frac{\pi}{3}\right)=\cos\frac{\pi}{3}=\frac{1}{2}$；

$\tan 495°=\tan(360°+135°)=\tan 135°=-1$.

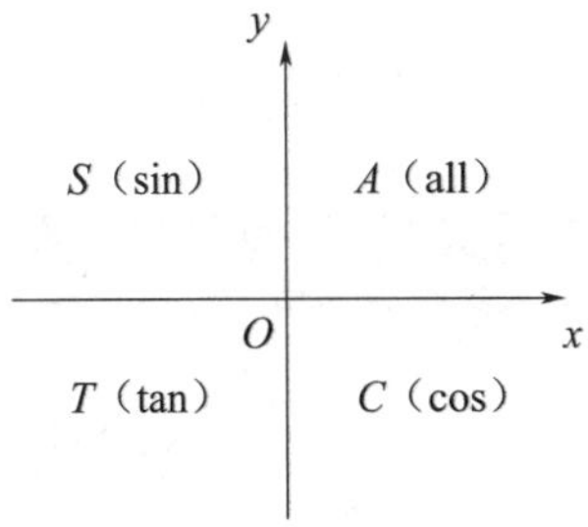

图 4.2－3

二、三角函数的符号

三角函数 $\sin\alpha$、$\cos\alpha$ 和 $\tan\alpha$ 在各个象限内的**符号**（sign），可以总结为（见图 4.2－3）：

在第一象限都大于 0，在第二象限只有 $\sin\alpha>0$，在第三象限只有 $\tan\alpha>0$，在第四象限只有 $\cos\alpha>0$.

例 2　用“>”或“<”填空 .

（1）$\cos 250°$______ 0　　（2）$\sin\left(-\frac{\pi}{4}\right)$______ 0

（3）$\tan(-672°)$ ______ 0　　（4）$\tan\frac{11\pi}{3}$______ 0

解　（1）因为 $250°$ 是第三象限角，所以 $\cos 250°<0$.

（2）因为 $-\frac{\pi}{4}$ 是第四象限角，所以 $\sin\left(-\frac{\pi}{4}\right)<0$.

（3）因为 $-672°=(-2)\times 360°+48°$，而 $48°$ 是第一象限角，所以 $-672°$ 是第一象限角，所以 $\tan(-672°)>0$.

（4）因为$\frac{11\pi}{3}=4\pi-\frac{\pi}{3}$，而$-\frac{\pi}{3}$是第四象限角，因此$\frac{11\pi}{3}$是第四象限角，所以$\tan\frac{11\pi}{3}<0$.

例3 已知$\cos\alpha>0$，则α是第（　　）象限角.

A. 一或二　　B. 二或三

C. 三或四　　D. 一或四

解 因为$\cos\alpha=\frac{x}{r}>0$，所以$x>0$.

答案是D.

三、三角函数间的关系

由三角函数的定义，我们可以得到下面的关系式：

$\sin^2\alpha+\cos^2\alpha=1$，$\frac{\sin\alpha}{\cos\alpha}=\tan\alpha$，$\tan\alpha\cot\alpha=1$，$\sec\alpha=\frac{1}{\cos\alpha}$，$\csc\alpha=\frac{1}{\sin\alpha}$，

$\cos^2\alpha=\frac{1}{1+\tan^2\alpha}$，$\sec^2\alpha=1+\tan^2\alpha$.

例4 已知$\cos\alpha=\frac{1}{4}$，求$\sin\alpha$的值.

解 $\because\ \sin^2\alpha+\cos^2\alpha=1$，

$\therefore\ \sin^2\alpha=1-\cos^2\alpha\Rightarrow\sin\alpha=\pm\sqrt{1-\cos^2\alpha}$，

$\because\ \cos\alpha=\frac{1}{4}$，

$\therefore\ \sin\alpha=\pm\sqrt{1-\cos^2\alpha}=\pm\sqrt{1-\left(\frac{1}{4}\right)^2}=\pm\sqrt{\frac{15}{16}}=\pm\frac{\sqrt{15}}{4}$.

例5 已知$\sin\alpha=-\frac{1}{3}$，α是第三象限角，求$\cos\alpha$，$\tan\alpha$，$\cot\alpha$，$\sec\alpha$，$\csc\alpha$的值.

解 $\because\ \sin^2\alpha+\cos^2\alpha=1$，

$\therefore \cos^2\alpha=1-\sin^2\alpha\Rightarrow\cos\alpha=\pm\sqrt{1-\sin^2\alpha}$，

$\because$ α 是第三象限角，

$\therefore$ $\cos\alpha=-\sqrt{1-\sin^2\alpha}$，

$\because \sin\alpha=-\frac{1}{3}$，

$\therefore \cos\alpha=-\sqrt{1-\left(-\frac{1}{3}\right)^2}=-\sqrt{\frac{8}{9}}=-\frac{2\sqrt{2}}{3}$，

$$\therefore \tan\alpha=\frac{\sin\alpha}{\cos\alpha}=\frac{-\frac{1}{3}}{-\frac{2\sqrt{2}}{3}}=\frac{1}{2\sqrt{2}}=\frac{\sqrt{2}}{4}，\cot\alpha=\frac{1}{\tan\alpha}=\frac{4}{\sqrt{2}}=2\sqrt{2}，$$

$$\sec\alpha=\frac{1}{\cos\alpha}=\frac{1}{-\frac{2\sqrt{2}}{3}}=-\frac{3}{2\sqrt{2}}=-\frac{3\sqrt{2}}{4}，\csc\alpha=\frac{1}{\sin\alpha}=\frac{1}{-\frac{1}{3}}=-3.$$

注 2　（1）已知 $\cos\alpha$ 的值，可以用$\sin^2\alpha+\cos^2\alpha=1$ 求 $\sin\alpha$ 的值，$\sin\alpha=\pm\sqrt{1-\cos^2\alpha}$（如例 4）.

（2）已知 $\sin\alpha$ 的值，可以用 $\sin^2\alpha+\cos^2\alpha=1$ 求 $\cos\alpha$ 的值，$\cos\alpha=\pm\sqrt{1-\sin^2\alpha}$；如果还知道 α 在第几象限，就可以判断出 $\cos\alpha$ 的值是正的还是负的（如例 5）.

例 6　已知 $\tan\alpha=3$，求$\frac{3\sin\alpha-\cos\alpha}{\sin\alpha+2\cos\alpha}$的值.

解　$\because \frac{\sin\alpha}{\cos\alpha}=\tan\alpha=3$，

$\therefore$ $\sin\alpha=3\cos\alpha$，

$$\therefore \frac{3\sin\alpha-\cos\alpha}{\sin\alpha+2\cos\alpha}=\frac{3\cdot3\cos\alpha-\cos\alpha}{3\cos\alpha+2\cos\alpha}=\frac{8\cos\alpha}{5\cos\alpha}=\frac{8}{5}.$$

例 7　已知 $\tan\alpha=-2$，求 $\cos\alpha$ 和 $\sin\alpha$ 的值.

解　$\because \cos^2\alpha=\frac{1}{1+\tan^2\alpha}$，$\tan\alpha=-2$，

$\therefore\ \cos^2\alpha=\dfrac{1}{1+(-2)^2}=\dfrac{1}{5}$，$\cos\alpha=\pm\dfrac{\sqrt{5}}{5}$，

$\therefore\ \sin\alpha=\tan\alpha\cdot\cos\alpha=(-2)\times\left(\pm\dfrac{\sqrt{5}}{5}\right)=\mp\dfrac{2\sqrt{5}}{5}$.

小　结

1. 三角函数的定义：设 $P(x,y)$ 是 α 的终边上任意一点，$r=\sqrt{x^2+y^2}$，则

$\sin\alpha=\dfrac{y}{r}$，$\cos\alpha=\dfrac{x}{r}$，$\tan\alpha=\dfrac{y}{x}$，$\cot\alpha=\dfrac{x}{y}$，$\sec\alpha=\dfrac{r}{x}$，$\csc\alpha=\dfrac{r}{y}$.

2. 熟记“公式 4－1”，并会用它进行计算．

$\sin(2k\pi+\alpha)=\sin\alpha$，或 $\sin(k\cdot360°+\alpha)=\sin\alpha\ (k\in\mathbb{Z})$；
$\cos(2k\pi+\alpha)=\cos\alpha$，或 $\cos(k\cdot360°+\alpha)=\cos\alpha\ (k\in\mathbb{Z})$；　　公式 4－1
$\tan(2k\pi+\alpha)=\tan\alpha$，或 $\tan(k\cdot360°+\alpha)=\tan\alpha\ (k\in\mathbb{Z})$；
$\cot(2k\pi+\alpha)=\cot\alpha$，或 $\cot(k\cdot360°+\alpha)=\cot\alpha\ (k\in\mathbb{Z})$.

3. 熟记三角函数 $\sin\alpha$，$\cos\alpha$，$\tan\alpha$ 在各个象限内的符号．

三角函数	第一象限	第二象限	第三象限	第四象限
$\sin\alpha$	+	+	−	−
$\cos\alpha$	+	−	−	+
$\tan\alpha$	+	−	+	−

4. 熟记三角函数间的关系，并会用它们进行计算．

$\sin^2\alpha+\cos^2\alpha=1$，$\dfrac{\sin\alpha}{\cos\alpha}=\tan\alpha$，$\tan\alpha\cot\alpha=1$，$\sec\alpha=\dfrac{1}{\cos\alpha}$，$\csc\alpha=\dfrac{1}{\sin\alpha}$，

$\cos^2\alpha=\dfrac{1}{1+\tan^2\alpha}$，$\sec^2\alpha=1+\tan^2\alpha$.

习题 4.2

1. 设 $P(2, -2\sqrt{3})$ 是 α 的终边上一点，求 $\sin\alpha$，$\cos\alpha$，$\tan\alpha$，$\cot\alpha$，$\sec\alpha$，$\csc\alpha$的值.

2. 设 $P(-6, 8)$ 是 α 的终边上一点，求 $\sin\alpha$，$\cos\alpha$，$\tan\alpha$，$\cot\alpha$，$\sec\alpha$，$\csc\alpha$ 的值.

3. 设 $P(-1, -2)$ 是 α 的终边上一点，求 $\sin\alpha$，$\cos\alpha$，$\tan\alpha$，$\cot\alpha$，$\sec\alpha$，$\csc\alpha$ 的值.

4. 计算下列各项的值.

（1）$\sin(-300°)$，$\cos(-300°)$，$\tan(-300°)$，$\cot(-300°)$

（2）$\sin(-690°)$，$\cos(-690°)$，$\tan(-690°)$，$\cot(-690°)$

（3）$\sin\dfrac{17\pi}{4}$，$\cos\dfrac{17\pi}{4}$，$\tan\dfrac{17\pi}{4}$，$\cot\dfrac{17\pi}{4}$

（4）$\sin450°$，$\cos540°$，$\cos6\pi$，$\tan5\pi$，$\cot450°$

5. 用“>”或“<”填空.

（1）$\sin770°$______ 0　　　（2）$\cos(-950°)$ ______ 0

（3）$\sin\left(-\dfrac{99\pi}{5}\right)$______ 0　　　（4）$\tan\dfrac{117\pi}{6}$______ 0

6. 已知角 α 的终边过点 $P(1, -3)$，则 $\sin\alpha\cos\alpha=$（　　）.

A. $-\dfrac{3}{10}$　　　B. $-\dfrac{3\sqrt{10}}{10}$

C. $\dfrac{3}{10}$　　　D. $-\dfrac{\sqrt{10}}{10}$

7. $\cos1110°=$（　　）.

A. $\dfrac{1}{2}$　　　B. $-\dfrac{1}{2}$

C. $\dfrac{\sqrt{3}}{2}$　　　D. $-\dfrac{\sqrt{3}}{2}$

8. 已知点 $P(\sqrt{3}, -1)$ 是角 α 的终边上一点，则 $\cos\alpha+\tan\alpha=$ ________.

9. 已知 α 的终边经过点（$3a-9$，$a+2$），且 $\sin\alpha>0$，$\cos\alpha<0$，则 a 的取值范围是________.

10. 已知 $\cos\alpha=\frac{12}{13}$，α 是第四象限角，求 $\sin\alpha$，$\tan\alpha$，$\cot\alpha$，$\sec\alpha$，$\csc\alpha$ 的值.

11. 已知 $\cos\alpha=-\frac{2}{3}$，求 $\sin\alpha$ 和 $\tan\alpha$ 的值.

12. 已知 $\tan\alpha=-\frac{1}{2}$，求下列各项的值.

（1）$\frac{\sin\alpha+\cos\alpha}{\sin\alpha-3\cos\alpha}$

（2）$\frac{1+2\sin\alpha\cos\alpha}{\sin^2\alpha-\cos^2\alpha}$

（3）$2\sin^2\alpha-3\sin\alpha\cos\alpha-5\cos^2\alpha$

4.3 三角函数的诱导公式（Induction Formula）

一、关于 $\pi\pm\alpha$ 和 $-\alpha$ 的公式

如图 4.3－1 所示，设 $P(x, y)$ 为角 α 的终边上一点，Q 为角 $\pi+\alpha$ 终边上的点且满足 $|OQ|=|OP|$，则 Q 点的坐标为 $(-x, -y)$. 令 $r=\sqrt{x^2+y^2}=|OP|=|OQ|$，则

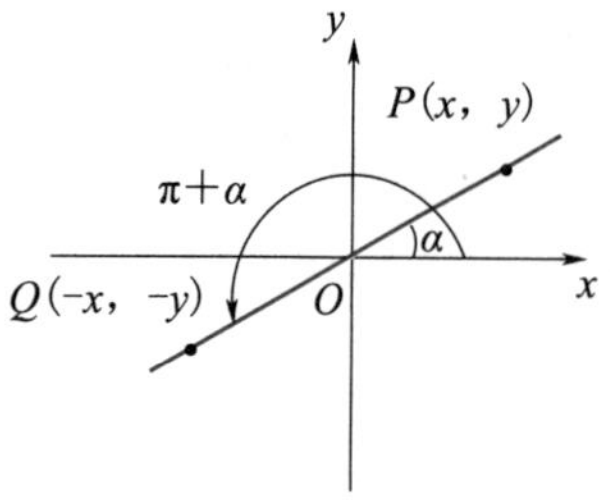

图 4.3－1

$$\sin(\pi+\alpha)=\frac{-y}{r}=-\frac{y}{r}=-\sin\alpha,$$

$$\cos(\pi+\alpha)=\frac{-x}{r}=-\frac{x}{r}=-\cos\alpha,$$

$$\tan(\pi+\alpha)=\frac{-y}{-x}=\frac{y}{x}=\tan\alpha,$$

$$\cot(\pi+\alpha)=\frac{1}{\tan(\pi+\alpha)}=\frac{1}{\tan\alpha}=\cot\alpha.$$

所以，我们有

$\sin(\pi+\alpha)=-\sin\alpha$;
$\cos(\pi+\alpha)=-\cos\alpha$;　　　公式 4 - 2
$\tan(\pi+\alpha)=\tan\alpha$;
$\cot(\pi+\alpha)=\cot\alpha$.

类似地，我们还有

$\sin(-\alpha)=-\sin\alpha$;
$\cos(-\alpha)=\cos\alpha$;　　　公式 4 - 3
$\tan(-\alpha)=-\tan\alpha$;
$\cot(-\alpha)=-\cot\alpha$.

$\sin(\pi-\alpha)=\sin\alpha$;
$\cos(\pi-\alpha)=-\cos\alpha$;　　　公式 4 - 4
$\tan(\pi-\alpha)=-\tan\alpha$;
$\cot(\pi-\alpha)=-\cot\alpha$.

注 1　$\pi\pm\alpha$ 和 $-\alpha$ 的三角函数值等于 α 的同名函数值，前面加上一个把 α 看成锐角时 $\pi\pm\alpha$ 和 $-\alpha$ 所在象限三角函数的符号 .

例 1　求下列三角函数值 .

（1）$\sin 210°$　　（2）$\cos(-60°)$　　（3）$\tan\frac{3\pi}{4}$

（4）$\sin\frac{11\pi}{6}$　　（5）$\cos\frac{21\pi}{4}$　　（6）$\tan\left(-\frac{8\pi}{3}\right)$

解　（1）$\sin 210°=\sin(180°+30°)=-\sin 30°=-\frac{1}{2}$.

（2）$\cos(-60°)=\cos 60°=\frac{1}{2}$.

（3）$\tan\frac{3\pi}{4}=\tan\left(\pi-\frac{\pi}{4}\right)=-\tan\frac{\pi}{4}=-1.$

（4）$\sin\frac{11\pi}{6}=\sin\left(2\pi-\frac{\pi}{6}\right)=\sin\left(-\frac{\pi}{6}\right)=-\sin\frac{\pi}{6}=-\frac{1}{2}.$

（5）$\cos\frac{21\pi}{4}=\cos\left(4\pi+\frac{5\pi}{4}\right)=\cos\frac{5\pi}{4}=\cos\left(\pi+\frac{\pi}{4}\right)=-\cos\frac{\pi}{4}=-\frac{\sqrt{2}}{2}.$

（6）$\tan\left(-\frac{8\pi}{3}\right)=-\tan\frac{8\pi}{3}=-\tan\left(2\pi+\frac{2\pi}{3}\right)=-\tan\frac{2\pi}{3}=-\tan\left(\pi-\frac{\pi}{3}\right)$

$$=\tan\frac{\pi}{3}=\sqrt{3}.$$

二、关于$\frac{\pi}{2}\pm\alpha$的公式

$$\sin\left(\frac{\pi}{2}-\alpha\right)=\cos\alpha;$$

$$\cos\left(\frac{\pi}{2}-\alpha\right)=\sin\alpha;$$

$$\tan\left(\frac{\pi}{2}-\alpha\right)=\cot\alpha;$$

$$\cot\left(\frac{\pi}{2}-\alpha\right)=\tan\alpha.$$

公式 4－5

例如，$\sin30°=\cos60°$，$\sin45°=\cos45°$，$\sin60°=\cos30°$，$\tan30°=\cot60°$，$\tan45°=\cot45°$，$\tan60°=\cot30°$.

$$\sin\left(\frac{\pi}{2}+\alpha\right)=\cos\alpha;$$

$$\cos\left(\frac{\pi}{2}+\alpha\right)=-\sin\alpha;$$

$$\tan\left(\frac{\pi}{2}+\alpha\right)=-\cot\alpha;$$

$$\cot\left(\frac{\pi}{2}+\alpha\right)=-\tan\alpha.$$

公式 4－6

注 2　（1）$\frac{\pi}{2}\pm\alpha$ 的正弦（余弦）函数值等于 α 的余弦（正弦）函数值，前面加上一个把 α 看成锐角时原三角函数的符号；

（2）$\frac{\pi}{2}\pm\alpha$ 的正切（余切）函数值等于 α 的余切（正切）函数值，前面加上一个把 α 看成锐角时原三角函数的符号.

例 2　已知 $\sin\alpha=-\frac{3}{5}$，求 $\cos\left(\frac{\pi}{2}-\alpha\right)$ 和 $\cos\left(\frac{\pi}{2}+\alpha\right)$ 的值.

解　$\because \sin\alpha=-\frac{3}{5}$，

$$\therefore \cos\left(\frac{\pi}{2}-\alpha\right)=\sin\alpha=-\frac{3}{5},$$

$$\cos\left(\frac{\pi}{2}+\alpha\right)=-\sin\alpha=\frac{3}{5}.$$

例 3　已知 $\tan\alpha=\frac{1}{2}$，求 $\cot\left(\frac{\pi}{2}-\alpha\right)$、$\cot\left(\frac{\pi}{2}+\alpha\right)$ 和 $\cot\left(\frac{3\pi}{2}+\alpha\right)$ 的值.

解　$\because \tan\alpha=\frac{1}{2}$，

$$\therefore \cot\left(\frac{\pi}{2}-\alpha\right)=\tan\alpha=\frac{1}{2},$$

$$\cot\left(\frac{\pi}{2}+\alpha\right)=-\tan\alpha=-\frac{1}{2},$$

$$\cot\left(\frac{3\pi}{2}+\alpha\right)=\cot\left[\pi+\left(\frac{\pi}{2}+\alpha\right)\right]=\cot\left(\frac{\pi}{2}+\alpha\right)=-\tan\alpha=-\frac{1}{2}.$$

小　结

熟记“公式 4－2”“公式 4－3”“公式 4－4”“公式 4－5”“公式 4－6”，并会用它们进行计算.

$\sin(\pi+\alpha)=-\sin\alpha$；
$\cos(\pi+\alpha)=-\cos\alpha$；　　公式 4－2
$\tan(\pi+\alpha)=\tan\alpha$；
$\cot(\pi+\alpha)=\cot\alpha$.

$\sin(-\alpha)=-\sin\alpha$;

$\cos(-\alpha)=\cos\alpha$;

$\tan(-\alpha)=-\tan\alpha$;

$\cot(-\alpha)=-\cot\alpha$.

公式 4 - 3

$\sin(\pi-\alpha)=\sin\alpha$;

$\cos(\pi-\alpha)=-\cos\alpha$;

$\tan(\pi-\alpha)=-\tan\alpha$;

$\cot(\pi-\alpha)=-\cot\alpha$.

公式 4 - 4

$\sin\left(\frac{\pi}{2}-\alpha\right)=\cos\alpha$;

$\cos\left(\frac{\pi}{2}-\alpha\right)=\sin\alpha$;

$\tan\left(\frac{\pi}{2}-\alpha\right)=\cot\alpha$;

$\cot\left(\frac{\pi}{2}-\alpha\right)=\tan\alpha$.

公式 4 - 5

$\sin\left(\frac{\pi}{2}+\alpha\right)=\cos\alpha$;

$\cos\left(\frac{\pi}{2}+\alpha\right)=-\sin\alpha$;

$\tan\left(\frac{\pi}{2}+\alpha\right)=-\cot\alpha$;

$\cot\left(\frac{\pi}{2}+\alpha\right)=-\tan\alpha$.

公式 4 - 6

习题 4.3

1. 求下列三角函数的值 .

（1）$\sin210°$，$\cos210°$，$\tan210°$，$\cot210°$

（2）$\sin\frac{5\pi}{4}$，$\cos\frac{5\pi}{4}$，$\tan\frac{5\pi}{4}$，$\cot\frac{5\pi}{4}$

（3）$\sin\frac{4\pi}{3}$，$\cos\frac{4\pi}{3}$，$\tan\frac{4\pi}{3}$，$\cot\frac{4\pi}{3}$

（4）$\sin180°$，$\cos180°$，$\tan180°$，$\cot270°$

2. 求下列三角函数的值．

（1）$\sin(-45°)$，$\cos(-45°)$，$\tan(-45°)$，$\cot(-45°)$

（2）$\sin\left(-\frac{7\pi}{6}\right)$，$\cos\left(-\frac{5\pi}{4}\right)$，$\tan\left(-\frac{4\pi}{3}\right)$，$\cot\left(-\frac{4\pi}{3}\right)$

3. 求下列三角函数的值．

（1）$\sin150°$，$\cos150°$，$\tan150°$，$\cot150°$

（2）$\sin\frac{2\pi}{3}$，$\cos\frac{3\pi}{4}$，$\tan\frac{5\pi}{6}$

（3）$\sin\left(-\frac{2\pi}{3}\right)$，$\cos\left(-\frac{3\pi}{4}\right)$，$\tan\left(-\frac{5\pi}{6}\right)$

4. 将下列各式**化简**（to simplify）．

（1）$\dfrac{-\sin(180°+\alpha)+\sin(-\alpha)-\tan(360°+\alpha)}{\tan(180°+\alpha)+\cos(-\alpha)+\cos(180°-\alpha)}$

（2）$\dfrac{\sin(\alpha-5\pi)\cos\left(\frac{\pi}{2}-\alpha\right)\cos(8\pi-\alpha)}{\cos(3\pi-\alpha)\sin(\alpha-3\pi)\sin(-\alpha-4\pi)}$

5. 计算下列各式的值．

（1）$\sin750°\tan(-405°)+\cos(-660°)$

（2）$\sin585°\cos1290°+\cos(-30°)\sin210°$

（3）$\sin(-420°)+\cos510°-\tan675°+\cot390°$

（4）$\sin\left(-\frac{\pi}{3}\right)+2\sin\frac{4\pi}{3}\sin\frac{16\pi}{3}+\sin\frac{2\pi}{3}$

（5）$\sin\left(-\frac{10\pi}{3}\right)\cos\frac{5\pi}{6}\tan\left(-\frac{7\pi}{4}\right)$

（6）$\sin\left(-\frac{13\pi}{4}\right)\cos\frac{25\pi}{6}-\tan\left(-\frac{8\pi}{3}\right)\cot\frac{11\pi}{4}$

6. 已知 $\sin\alpha=\frac{1}{3}$，求 $\cos\left(\frac{\pi}{2}-\alpha\right)$ 和 $\cos\left(\frac{\pi}{2}+\alpha\right)$ 的值 .

7. 已知 $\cos\alpha=-\frac{2}{3}$，求 $\sin\left(\frac{\pi}{2}-\alpha\right)$ 和 $\sin\left(\frac{\pi}{2}+\alpha\right)$ 的值 .

8. 已知 $\tan\alpha=-\frac{3}{5}$，求 $\cot\left(\frac{\pi}{2}-\alpha\right)$、$\cot\left(\frac{\pi}{2}+\alpha\right)$ 和 $\cot\left(\frac{3\pi}{2}+\alpha\right)$ 的值 .

9. 已知 $\cot\alpha=-2$，求 $\tan\left(\frac{\pi}{2}-\alpha\right)$、$\tan\left(\frac{\pi}{2}+\alpha\right)$ 和 $\tan\left(\frac{3\pi}{2}+\alpha\right)$ 的值 .

4.4 正弦函数和余弦函数的图像和性质

定义 对于函数 $f(x)$，如果存在一个非零常数 T，使得 $f(x+T)=f(x)$，$\forall x\in D_f$，则称 $f(x)$ 为**周期函数**（periodic function），称 T 为 $f(x)$ 的**周期**（period）.

例如，$f(x)=\sin x$ 是一个周期函数，因为 $f(x+2\pi)=\sin(x+2\pi)=\sin x=f(x)$，所以 2π 是它的一个周期 .

一、正弦函数的图像和性质

我们称 $y=\sin x$ 为**正弦函数**（sine function），它的图像如图 4.4－1所示：

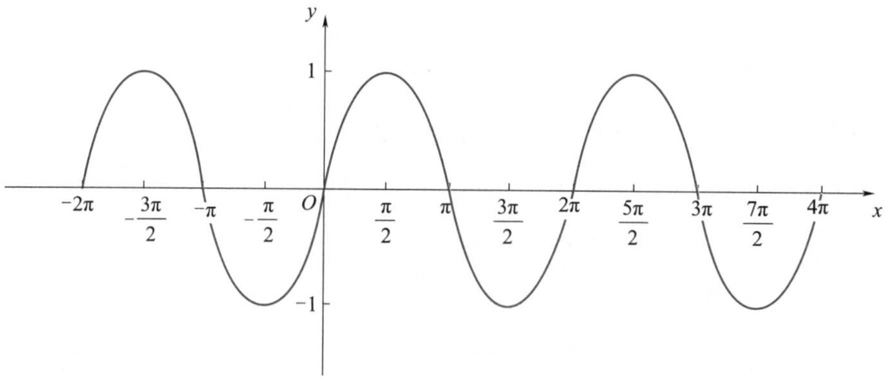

图 4.4－1

正弦函数 $y=\sin x$ 具有以下性质.

1. 定义域：$\mathbb{R}$.

2. 值域：$[-1,\ 1]$.

3. 奇偶性：因为 $\sin(-x)=-\sin x$，所以它是奇函数.

4. **周期性**（periodicity）：因为 $\sin(2k\pi+x)=\sin x$（$k\in\mathbb{Z}$），所以它是周期函数. 它的周期是 $2k\pi$（$k\in\mathbb{Z}$ 且 $k\neq 0$），**最小正周期**（minimal positive period）是 2π.

5. 单调性：增区间为$\left[2k\pi-\dfrac{\pi}{2},\ 2k\pi+\dfrac{\pi}{2}\right]$（$k\in\mathbb{Z}$）；

减区间为$\left[2k\pi+\dfrac{\pi}{2},\ 2k\pi+\dfrac{3\pi}{2}\right]$（$k\in\mathbb{Z}$）.

注 1　函数 $y=A\sin(\omega x+\varphi)$（其中 A、ω、φ 是常数且 $\omega\neq 0$）的定义域是$\mathbb{R}$，值域是 $[-|A|,|A|]$，最小正周期是$\dfrac{2\pi}{|\omega|}$.

例 1　求下列函数的定义域、值域和最小正周期 T.

（1）$y=-2\sin x+1$

（2）$y=4\sin\left(-2x+\dfrac{\pi}{3}\right)$

解　（1）定义域：$\mathbb{R}$.

值域：$\because -1\leqslant\sin x\leqslant 1$,

$\therefore -2\leqslant -2\sin x\leqslant 2$,

$\therefore -1\leqslant -2\sin x+1\leqslant 3$,

$\therefore$ 值域是 $[-1,\ 3]$.

最小正周期：$T=\dfrac{2\pi}{1}=2\pi$.

（2）定义域：$\mathbb{R}$.

值域：$[-4,\ 4]$.

最小正周期：$T=\dfrac{2\pi}{|-2|}=\pi$.

例 2 下列哪个函数是奇函数？（　　）

A. $y=\sin x+1$　　　　B. $y=\sin\left(x+\frac{\pi}{4}\right)$

C. $y=3\sin\left(5x-\frac{\pi}{6}\right)$　　　　D. $y=-\sin 2x$

解 A：因为 $f(x)=\sin x+1 \Rightarrow f(-x)=\sin(-x)+1=-\sin x+1\neq -f(x)$，所以它不是奇函数.

B：因为 $f(x)=\sin\left(x+\frac{\pi}{4}\right)\Rightarrow f(-x)=\sin\left(-x+\frac{\pi}{4}\right)=\sin\left[-\left(x-\frac{\pi}{4}\right)\right]=$

$-\sin\left(x-\frac{\pi}{4}\right)\neq -f(x)$，所以它不是奇函数.

C：因为 $f(x)=3\sin\left(5x-\frac{\pi}{6}\right)\Rightarrow f(-x)=3\sin\left(-5x-\frac{\pi}{6}\right)=3\sin\left[-\left(5x+\frac{\pi}{6}\right)\right]$

$=-3\sin\left(5x+\frac{\pi}{6}\right)\neq -f(x)$，所以它不是奇函数.

D：因为 $f(x)=-\sin 2x\Rightarrow f(-x)=-\sin(-2x)=-(-\sin 2x)=-f(x)$，且 $D_f=\mathbb{R}$ 关于原点对称，所以它是奇函数.

答案是 D.

例 3 函数 $y=\sin x$ 的增区间是（　　）.

A. $[-\pi, 0]$　　　　B. $[0, \pi]$

C. $\left[-\frac{\pi}{2}, \frac{\pi}{2}\right]$　　　　D. $\left[\frac{\pi}{2}, \frac{3\pi}{2}\right]$

解 由图 4.4－1 知，$\left[-\frac{\pi}{2}, \frac{\pi}{2}\right]$ 是 $y=\sin x$ 的增区间.

答案是 C.

二、余弦函数的图像和性质

我们称 $y=\cos x$ 为**余弦函数**（cosine function），它的图像如图 4.4－2 所示：

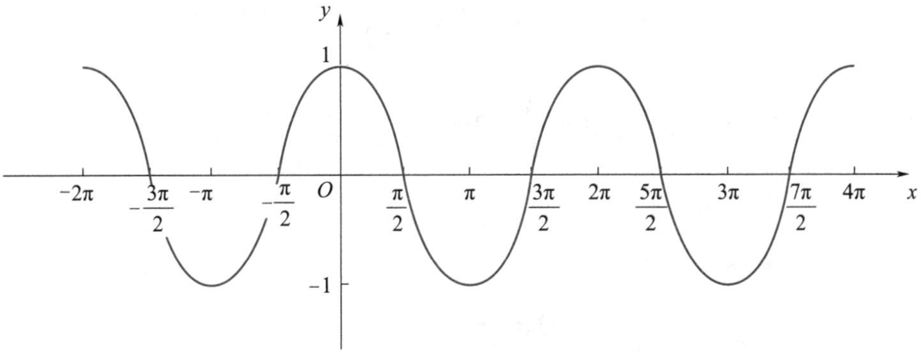

图 4.4－2

余弦函数 $y=\cos x$ 具有以下性质：

1. 定义域：$\mathbb{R}$.

2. 值域：$[-1, 1]$.

3. 奇偶性：因为 $\cos(-x)=\cos x$，所以它是偶函数.

4. 周期性：因为 $\cos(2k\pi+x)=\cos x$ ($k\in\mathbb{Z}$)，所以它是周期函数. 它的周期 $2k\pi$ ($k\in\mathbb{Z}$ 且 $k\neq 0$)，最小正周期是 2π.

5. 单调性：增区间为 $[2k\pi+\pi, 2k\pi+2\pi]$ ($k\in\mathbb{Z}$)；

　　减区间为 $[2k\pi, 2k\pi+\pi]$ ($k\in\mathbb{Z}$).

注 2　函数 $y=A\cos(\omega x+\varphi)$（其中 A、ω、φ 是常数且 $\omega\neq 0$）的定义域是$\mathbb{R}$，值域是 $[-|A|, |A|]$，最小正周期是$\frac{2\pi}{|\omega|}$.

例 4　求下列函数的定义域、值域和最小正周期 T.

（1）$y=\frac{1}{2}\cos x-2$

（2）$y=-3\cos\left(4x-\frac{\pi}{3}\right)$

解　（1）定义域：$\mathbb{R}$.

值域：$\because\ -1\leqslant\cos x\leqslant 1$，　$\therefore\ -\frac{1}{2}\leqslant\frac{1}{2}\cos x\leqslant\frac{1}{2}$，

$\therefore\ -\frac{5}{2}\leqslant\frac{1}{2}\cos x-2\leqslant-\frac{3}{2}$，　$\therefore$ 值域是$\left[-\frac{5}{2},\ -\frac{3}{2}\right]$.

最小正周期：$T=\frac{2\pi}{1}=2\pi$.

（2）定义域：$\mathbb{R}$.

值域：$[-3,\ 3]$.

最小正周期：$T=\frac{2\pi}{4}=\frac{\pi}{2}$.

例5　下列哪个函数不是偶函数？（　　）

A. $y=2\cos x+1$　　B. $y=\frac{1}{2}\cos x$

C. $y=\sin\left(\frac{\pi}{2}-x\right)$　　D. $y=x+\cos\left(x+\frac{\pi}{2}\right)$

解　A：因为$f(x)=2\cos x+1\Rightarrow f(-x)=2\cos(-x)+1=2\cos x+1=f(x)$，且定义域关于原点对称，所以它是偶函数.

B：因为$f(x)=\frac{1}{2}\cos x\Rightarrow f(-x)=\frac{1}{2}\cos(-x)=\frac{1}{2}\cos x=f(x)$，且定义域关于原点对称，所以它是偶函数.

C：因为$f(x)=\sin\left(\frac{\pi}{2}-x\right)=\cos x\Rightarrow f(-x)=\cos(-x)=\cos x=f(x)$，且定义域关于原点对称，所以它是偶函数.

D：因为$f(x)=x+\cos\left(x+\frac{\pi}{2}\right)=x-\sin x\Rightarrow f(-x)=-x-\sin(-x)=-x+\sin x=-(x-\sin x)=-f(x)\neq f(x)$，所以它不是偶函数.

答案是D.

例6　函数$y=\cos x$的减区间是（　　）.

A. $[-\pi,\ 0]$　　B. $[0,\ \pi]$

C. $\left[-\frac{\pi}{2},\ \frac{\pi}{2}\right]$　　D. $\left[\frac{\pi}{2},\ \frac{3\pi}{2}\right]$

解　由图4.4－2知，$[0, \pi]$ 是 $y=\cos x$ 的减区间.

答案是B.

小　结

1. 正弦函数 $y=\sin x$ 的性质.

(1) 定义域：$\mathbb{R}$.

(2) 值域：$[-1, 1]$.

(3) 奇偶性：它是奇函数.

(4) 周期性：它是周期函数，周期是 $2k\pi$ ($k\in\mathbb{Z}$ 且 $k\neq 0$)，最小正周期是 2π.

(5) 单调性：增区间为 $\left[2k\pi-\frac{\pi}{2}, 2k\pi+\frac{\pi}{2}\right]$ ($k\in\mathbb{Z}$)；

减区间为 $\left[2k\pi+\frac{\pi}{2}, 2k\pi+\frac{3\pi}{2}\right]$ ($k\in\mathbb{Z}$).

2. 余弦函数 $y=\cos x$ 的性质.

(1) 定义域：$\mathbb{R}$.

(2) 值域：$[-1, 1]$.

(3) 奇偶性：它是偶函数.

(4) 周期性：它是周期函数，周期是 $2k\pi$ ($k\in\mathbb{Z}$ 且 $k\neq 0$)，最小正周期是 2π.

(5) 单调性：增区间为 $[2k\pi+\pi, 2k\pi+2\pi]$ ($k\in\mathbb{Z}$)；

减区间为 $[2k\pi, 2k\pi+\pi]$ ($k\in\mathbb{Z}$).

3. 函数 $y=A\sin(\omega x+\varphi)$ 或 $y=A\cos(\omega x+\varphi)$ (其中 A、ω、φ 是常数且 $\omega\neq 0$) 的定义域是 $\mathbb{R}$，值域是 $[-|A|, |A|]$，最小正周期是 $\frac{2\pi}{|\omega|}$.

习题4.4

1. 画出函数 $y=\sin x$ 在区间 $[-2\pi, 2\pi]$ 上的图像，并指出哪些是增区间，哪些是减区间.

2. 画出函数 $y=-3\sin x$ 在区间 $[-2\pi, 2\pi]$ 上的图像，并指出哪些是增区间，哪些是减区间.

3. 画出函数 $y=\cos x$ 在区间 $[-2\pi, 2\pi]$ 上的图像，并指出哪些是增区间，哪些是减区间.

4. 画出函数 $y=-2\cos x$ 在区间 $[-2\pi, 2\pi]$ 上的图像，并指出哪些是增区间，哪些是减区间.

5. 求下列函数的值域.

（1）$y=5\sin x+2$

（2）$y=-2\sin x+5$

（3）$y=\frac{2}{3}\sin\left(3x-\frac{\pi}{3}\right)-1$

（4）$y=4\cos\left(2x+\frac{\pi}{4}\right)$

（5）$y=-7\cos x+10$

（6）$y=-3\cos\left(7x-\frac{\pi}{5}\right)+9$

6. 求下列函数的最小正周期 T.

（1）$y=2\sin\left(-2x+\frac{\pi}{2}\right)-1$

（2）$y=-8\sin\left(4x+\frac{\pi}{5}\right)-5$

（3）$y=\frac{5}{7}\cos\left(\frac{1}{3}x+\frac{\pi}{3}\right)+2$

（4）$y=4\cos\left(5x-\frac{\pi}{7}\right)-1$

7. 判断下列函数的奇偶性.

（1）$y=2\sin x+4$

（2）$y=\frac{5}{3}\sin(2x-2\pi)$

（3）$y=2\sin\left(x-\frac{\pi}{3}\right)$

（4）$y=5\cos\left(2x+\frac{\pi}{4}\right)$

（5）$y=-3\cos(-2x)+1$

（6）$y=3\cos\left(x+\frac{\pi}{5}\right)$

4.5　正切函数和余切函数的图像和性质

一、正切函数的图像和性质

我们称 $y=\tan x$ 为**正切函数**（tangent function），它的图像如图 4.5－1 所示：

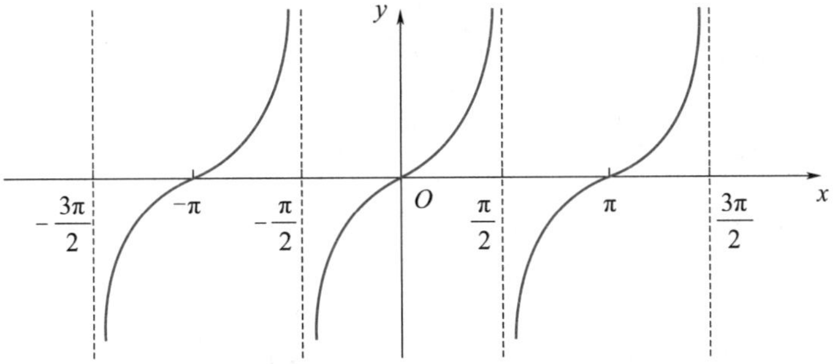

图 4.5－1

正切函数 $y=\tan x$ 具有以下性质.

1. 定义域：$\left\{x \mid x\neq k\pi+\frac{\pi}{2},\ k\in\mathbb{Z}\right\}$.

2. 值域：$(-\infty, +\infty)$.

3. 奇偶性：因为 $\tan(-x)=-\tan x$，所以它是奇函数.

4. 周期性：因为 $\tan(k\pi+x)=\tan x$（$k\in\mathbb{Z}$），所以它是周期函数. 它的

周期是 $k\pi$（$k\in\mathbb{Z}$ 且 $k\neq 0$），最小正周期是 π.

5. 单调性：只有增区间，为$\left(k\pi-\dfrac{\pi}{2},\ k\pi+\dfrac{\pi}{2}\right)$（$k\in\mathbb{Z}$）.

注 1　函数 $y=A\tan(\omega x+\varphi)$（其中 A、ω、φ 是常数且 $\omega\neq 0$）的定义域是$\left\{x\mid x\neq\dfrac{k\pi}{\omega}+\dfrac{\pi}{2\omega}-\dfrac{\varphi}{\omega},\ k\in\mathbb{Z}\right\}$$\left(\text{由 } \omega x+\varphi\neq k\pi+\dfrac{\pi}{2}\text{得到}\right)$，值域是（$-\infty$，$+\infty$），最小正周期是$\dfrac{\pi}{|\omega|}$.

例 1　求下列函数的定义域、值域和最小正周期 T.

（1）$y=-2\tan\left(2x+\dfrac{\pi}{3}\right)+1$

（2）$y=4\tan\left(-3x+\dfrac{\pi}{4}\right)$

解　（1）定义域：$2x+\dfrac{\pi}{3}\neq k\pi+\dfrac{\pi}{2}\Rightarrow 2x\neq k\pi+\dfrac{\pi}{2}-\dfrac{\pi}{3}=k\pi+\dfrac{\pi}{6}\Rightarrow x\neq\dfrac{k\pi}{2}+\dfrac{\pi}{12}$，

所以定义域是$\left\{x\mid x\neq\dfrac{k\pi}{2}+\dfrac{\pi}{12},\ k\in\mathbb{Z}\right\}$.

值域：（$-\infty$，$+\infty$）.

最小正周期：$T=\dfrac{\pi}{2}$.

（2）定义域：$-3x+\dfrac{\pi}{4}\neq k\pi+\dfrac{\pi}{2}\Rightarrow -3x\neq k\pi+\dfrac{\pi}{2}-\dfrac{\pi}{4}=k\pi+\dfrac{\pi}{4}\Rightarrow x\neq -\dfrac{k\pi}{3}-\dfrac{\pi}{12}$，所以定义域是$\left\{x\mid x\neq -\dfrac{k\pi}{3}-\dfrac{\pi}{12},\ k\in\mathbb{Z}\right\}$.

值域：（$-\infty$，$+\infty$）.

最小正周期：$T=\dfrac{\pi}{|-3|}=\dfrac{\pi}{3}$.

例 2　下列哪个函数是奇函数？（　　）

A. $y=2\tan x-1$　　　　B. $y=\tan\left(x+\dfrac{\pi}{4}\right)$

C. $y=\frac{1}{2}\tan\left(x-\frac{\pi}{6}\right)$　　D. $y=5\tan 2x$

解　答案是D.

例3　函数 $y=\tan x$ 的增区间是（　　）.

A. $(-\pi, 0)$　　B. $(0, \pi)$

C. $\left(-\frac{\pi}{2}, \frac{\pi}{2}\right)$　　D. $(\pi, 2\pi)$

解　答案是C.

二、余切函数的图像和性质

我们称 $y=\cot x$ 为**余切函数**（cotangent function），它的图像如图4.5－2所示：

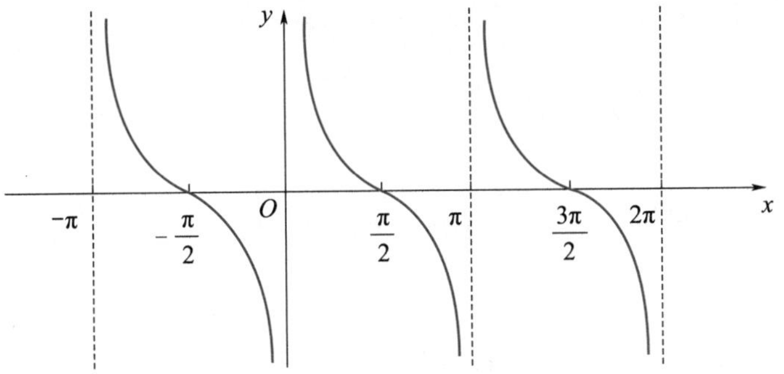

图4.5－2

余切函数 $y=\cot x$ 具有以下性质.

1. 定义域：$\{x \mid x\neq k\pi, k\in\mathbb{Z}\}$.

2. 值域：$(-\infty, +\infty)$.

3. 奇偶性：因为 $\cot(-x)=-\cot x$，所以它是奇函数.

4. 周期性：因为 $\cot(k\pi+x)=\cot x$（$k\in\mathbb{Z}$），所以它是周期函数. 它的周期是 $k\pi$（$k\in\mathbb{Z}$ 且 $k\neq 0$），最小正周期是 π.

5. 单调性：只有减区间，为 $(k\pi, k\pi+\pi)$（$k\in\mathbb{Z}$）.

注2　函数 $y=A\cot(\omega x+\varphi)$（其中 A、ω、φ 是常数且 $\omega\neq 0$）的定义域

是$\left\{x \mid x \neq \frac{k\pi}{\omega}-\frac{\varphi}{\omega},\ k \in \mathbb{Z}\right\}$（由$\omega x+\varphi \neq k\pi$得到），值域是$(-\infty,\ +\infty)$，最小正周期是$\frac{\pi}{|\omega|}$.

例4 求下列函数的定义域、值域和最小正周期T.

（1）$y=-2\cot\left(2x+\frac{\pi}{3}\right)+1$

（2）$y=\frac{1}{2}\cot\left(-4x+\frac{\pi}{4}\right)$

解 （1）定义域：$2x+\frac{\pi}{3} \neq k\pi \Rightarrow 2x \neq k\pi-\frac{\pi}{3} \Rightarrow x \neq \frac{k\pi}{2}-\frac{\pi}{6}$，所以定义域是$\left\{x \mid x \neq \frac{k\pi}{2}-\frac{\pi}{6},\ k \in \mathbb{Z}\right\}$.

值域：$(-\infty,\ +\infty)$.

最小正周期：$T=\frac{\pi}{2}$.

（2）定义域：$-4x+\frac{\pi}{4} \neq k\pi \Rightarrow -4x \neq k\pi-\frac{\pi}{4} \Rightarrow x \neq -\frac{k\pi}{4}+\frac{\pi}{16}$，所以定义域是$\left\{x \mid x \neq -\frac{k\pi}{4}+\frac{\pi}{16},\ k \in \mathbb{Z}\right\}$.

值域：$(-\infty,\ +\infty)$.

最小正周期：$T=\frac{\pi}{|-4|}=\frac{\pi}{4}$.

例5 下列哪个函数是奇函数？（　　）

A. $y=3\cot x+1$　　B. $y=\cot\left(x-\frac{\pi}{4}\right)$

C. $y=2\cot\left(3x-\frac{\pi}{6}\right)$　　D. $y=3\cot 2x$

解 答案是D.

例6 函数$y=\cot x$的减区间是（　　）.

A. $(-2\pi,\ 0)$　　B. $(0,\ \pi)$

C. $\left(-\frac{\pi}{2},\ \frac{\pi}{2}\right)$　　D. $\left(\frac{\pi}{2},\ \frac{3\pi}{2}\right)$

解　答案是 B.

小　结

1. 正切函数 $y=\tan x$ 的性质.

(1) 定义域：$\left\{x \mid x\neq k\pi+\frac{\pi}{2},\ k\in\mathbb{Z}\right\}$.

(2) 值域：$(-\infty,\ +\infty)$.

(3) 奇偶性：它是一个奇函数.

(4) 周期性：它是一个周期函数，周期是 $k\pi$ ($k\in\mathbb{Z}$ 且 $k\neq 0$)，最小正周期是 π.

(5) 单调性：只有增区间 $\left(k\pi-\frac{\pi}{2},\ k\pi+\frac{\pi}{2}\right)$ ($k\in\mathbb{Z}$).

2. 余切函数 $y=\cot x$ 的性质.

(1) 定义域：$\{x \mid x\neq k\pi,\ k\in\mathbb{Z}\}$.

(2) 值域：$(-\infty,\ +\infty)$.

(3) 奇偶性：它是一个奇函数.

(4) 周期性：它是一个周期函数，周期是 $k\pi$ ($k\in\mathbb{Z}$ 且 $k\neq 0$)，最小正周期是 π.

(5) 单调性：只有减区间 $(k\pi,\ k\pi+\pi)$ ($k\in\mathbb{Z}$).

3. (1) 函数 $y=A\tan(\omega x+\varphi)$（其中 A、ω、φ 是常数且 $\omega\neq 0$）的定义域是

$$\left\{x \mid x\neq \frac{k\pi}{\omega}+\frac{\pi}{2\omega}-\frac{\varphi}{\omega},\ k\in\mathbb{Z}\right\}$$

（由 $\omega x+\varphi\neq k\pi+\frac{\pi}{2}$ 得到），值域是 $(-\infty,\ +\infty)$，最小正周期是

$\frac{\pi}{|\omega|}$.

（2）函数 $y=A\cot(\omega x+\varphi)$（其中 A、ω、φ 是常数且 $\omega\neq0$）的定义域是

$$\left\{x \mid x\neq\frac{k\pi}{\omega}-\frac{\varphi}{\omega},\ k\in\mathbb{Z}\right\}$$

（由 $\omega x+\varphi\neq k\pi$ 得到），值域是（$-\infty$，$+\infty$），最小正周期是$\frac{\pi}{|\omega|}$.

习题 4.5

1. 画出函数 $y=\tan x$ 在区间$\left(-\frac{3\pi}{2},\ \frac{5\pi}{2}\right)$上的图像 .

2. 画出函数 $y=\cot x$ 在区间$(-2\pi,\ 3\pi)$上的图像 .

3. 求下列函数的定义域 .

（1）$y=3\tan\left(x+\frac{3\pi}{4}\right)+1$

（2）$y=\frac{1}{3}\tan\left(-2x+\frac{\pi}{3}\right)-1$

（3）$y=3\cot\left(-2x+\frac{\pi}{4}\right)$

（4）$y=-4\cot\left(3x-\frac{\pi}{5}\right)+3$

4. 求下列函数的最小正周期 T.

（1）$y=-4\tan\left(x+\frac{\pi}{3}\right)-1$

（2）$y=7\tan\left(-2x+\frac{\pi}{5}\right)+3$

（3）$y=\frac{1}{3}\cot\left(\frac{1}{3}x+\frac{\pi}{3}\right)+4$

（4）$y=5\cot\left(-4x-\frac{\pi}{4}\right)+1$

5. 判断下列函数的奇偶性 .

（1）$y=\tan x-3$

（2）$y=2\tan\left(x+\frac{\pi}{6}\right)$

（3）$y=\cot\left(x+\frac{\pi}{5}\right)$

（4）$y=3\cot\left(2x-\frac{2\pi}{5}\right)$

（5）$y=5\cot\left(\frac{1}{2}x+\pi\right)$

自测题 4

1. 选择题（下列每小题的四个选项中，只有一个正确答案）.

（1）$-840°$是第（　　）象限角 .

A. 一　　B. 二　　C. 三　　D. 四

（2）$\frac{35\pi}{4}$是第（　　）象限角 .

A. 一　　B. 二　　C. 三　　D. 四

（3）若 $\tan\alpha<0$，则 α 是第（　　）象限角 .

A. 一或二　　B. 一或三

C. 三或四　　D. 二或四

（4）若 $\sin\alpha\cos\alpha>0$，则 α 是第（　　）象限角.

A. 一或二　　B. 二或三

C. 一或三　　D. 二或四

（5）$\cos\left(\frac{\pi}{2}-\alpha\right)=$（　　）.

A. $\cos\alpha$　　B. $-\cos\alpha$　　C. $\sin\alpha$　　D. $-\sin\alpha$

（6）函数 $y=\frac{5}{2}\sin x-1$ 的最大值是（　　）.

A. $\frac{7}{2}$　　B. $-\frac{7}{2}$　　C. $-\frac{3}{2}$　　D. $\frac{3}{2}$

（7）下列区间是函数 $y=-\cos x$ 的增区间的是（　　）.

A. $\left[-\frac{\pi}{2}, \frac{\pi}{2}\right]$　　B. $\left[\frac{\pi}{2}, \frac{3\pi}{2}\right]$

C. $[0, \pi]$　　D. $[\pi, 2\pi]$

（8）函数 $y=2\cot\left(x+\frac{\pi}{2}\right)$（　　）.

A. 是奇函数　　B. 是偶函数

C. 是既奇又偶函数　　D. 是非奇非偶函数

（9）$\sin\alpha=$（　　）.

A. $\sin(\pi-\alpha)$　　B. $\sin(\pi+\alpha)$

C. $\sin(2\pi-\alpha)$　　D. $\sin(3\pi+\alpha)$

（10）函数 $y=\tan\left(\frac{\pi}{4}-x\right)$ 的定义域为（　　）.

A. $\left\{x \mid x\neq\frac{\pi}{4}\right\}$　　B. $\left\{x \mid x\neq-\frac{\pi}{4}\right\}$

C. $\left\{x \mid x\neq k\pi+\frac{\pi}{4}, k\in\mathbb{Z}\right\}$　　D. $\left\{x \mid x\neq k\pi+\frac{3\pi}{4}, k\in\mathbb{Z}\right\}$

（11）若 $\sin\left(\alpha+\frac{\pi}{6}\right)=\frac{4}{5}$，则 $\sin\left(\alpha+\frac{7\pi}{6}\right)=$（　　）.

A. $-\frac{2\sqrt{3}}{5}$　　B. $\frac{2\sqrt{3}}{5}$　　C. $-\frac{4}{5}$　　D. $\frac{4}{5}$

2. 填空题.

（1）若 $\tan\alpha=\frac{1}{2}$，则 $\frac{\sin\alpha+3\cos\alpha}{\sin\alpha-\cos\alpha}=$________________.

（2）函数 $y=2\cos\left(\frac{2}{3}x+\frac{\pi}{5}\right)$ 的最小正周期 $T=$________________.

（3）函数 $y=2\tan\left(-2x+\frac{\pi}{3}\right)$ 的最小正周期 $T=$________________.

（4）$\sin\frac{11\pi}{3}\cos\frac{5\pi}{6}\tan\left(-\frac{4\pi}{3}\right)=$________________.

（5）若 $\cos\alpha=-\frac{1}{2}$，$\frac{\pi}{2}\leqslant\alpha\leqslant\pi$，则 $\alpha=$______________________.

（6）函数 $y=2\sin\left(2x+\frac{\pi}{6}\right)(x\in[-\pi,0])$ 的单调减区间是______________________.

3. 计算题（要求写出计算过程，给出计算结果）.

（1）设 $P(4,-2)$ 是角 α 的终边上一点，求 $\sin\alpha$，$\cos\alpha$，$\tan\alpha$，$\cot\alpha$，$\sec\alpha$，$\csc\alpha$ 的值.

（2）已知 $\cos\alpha=-\frac{\sqrt{5}}{5}$，$\alpha$ 是第三象限角，求 $\sin\alpha$ 和 $\tan\alpha$ 的值.

（3）已知 $\tan\alpha=-3$，求 $2\cos^2\alpha+3\sin\alpha\cos\alpha$ 的值.

（4）计算 $\tan(-780°)\cos390°-\sin(-1020°)$ 的值.

（5）若函数 $y=A\sin(\omega x+\varphi)(A>0,\ \omega>0,\ 0<\varphi<2\pi)$ 的最小值为-2，最小正周期为 $\frac{2\pi}{3}$，且它的图像过点 $(0,-\sqrt{2})$，求此函数的解析式.

第5章 反三角函数（Inverse Trigonometric Function）

5.1 反正弦函数和反余弦函数的图像和性质

一、反正弦函数的图像和性质

我们称正弦函数 $y=\sin x\left(x\in\left[-\frac{\pi}{2},\ \frac{\pi}{2}\right]\right)$ 的反函数为**反正弦函数**（inverse sine function），记作 $y=\arcsin x$. 例如，$\arcsin(-1)=-\frac{\pi}{2}$，$\arcsin\left(-\frac{\sqrt{2}}{2}\right)=-\frac{\pi}{4}$，$\arcsin 0=0$，$\arcsin\frac{\sqrt{2}}{2}=\frac{\pi}{4}$，$\arcsin 1=\frac{\pi}{2}$.

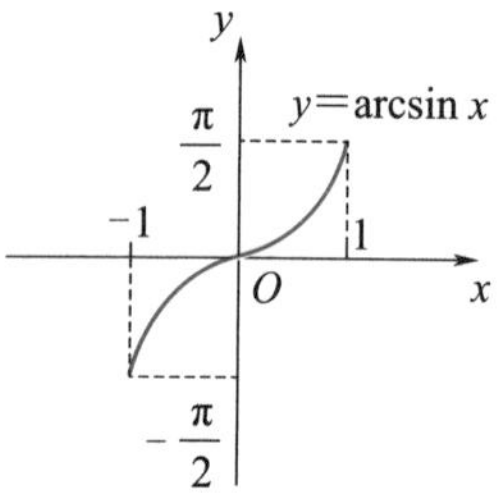

图 5.1-1

反正弦函数 $y=\arcsin x$ 的图像如图 5.1-1 所示.

反正弦函数 $y=\arcsin x$ 具有以下性质.

1. 定义域：$[-1,\ 1]$.
2. 值域：$\left[-\frac{\pi}{2},\ \frac{\pi}{2}\right]$.
3. 奇偶性：因为 $\arcsin(-x)=-\arcsin x$，所以它是奇函数.
4. 单调性：在 $[-1,\ 1]$ 上为增函数.
5. $\sin(\arcsin x)=x$，$x\in[-1,\ 1]$；$\arcsin(\sin x)=x$，$x\in\left[-\frac{\pi}{2},\ \frac{\pi}{2}\right]$.

例 1 用反正弦函数的形式表示下列各式中的 x.

（1）$\sin x=\frac{1}{4}$，$x\in\left[-\frac{\pi}{2},\ \frac{\pi}{2}\right]$

（2）$\sin x=-\frac{2}{3}$，$x\in\left[-\frac{\pi}{2},\ \frac{\pi}{2}\right]$

解　（1）$x=\arcsin\dfrac{1}{4}$

（2）$x=\arcsin\left(-\dfrac{2}{3}\right)=-\arcsin\dfrac{2}{3}$

例2　下列式子正确的是（　　）.

A. $\sin(\arcsin2)=2$　　B. $\arcsin\left(\sin\dfrac{2\pi}{3}\right)=\dfrac{2\pi}{3}$

C. $\sin(\arcsin1)=\dfrac{\pi}{2}$　　D. $\arcsin\left(\sin\dfrac{2\pi}{3}\right)=\dfrac{\pi}{3}$

解　A：因为 $y=\arcsin x$ 的定义域是 $[-1, 1]$，但是 $2\notin[-1, 1]$，所以 arcsin2 无意义，A 错误.

B：因为 $y=\arcsin x$ 的值域是 $\left[-\dfrac{\pi}{2}, \dfrac{\pi}{2}\right]$，但是 $\dfrac{2\pi}{3}\notin\left[-\dfrac{\pi}{2}, \dfrac{\pi}{2}\right]$，所以 B 错误.

C：因为 $\sin(\arcsin1)=\sin\dfrac{\pi}{2}=1\neq\dfrac{\pi}{2}$，所以 C 错误.

D：因为 $\arcsin\left(\sin\dfrac{2\pi}{3}\right)=\arcsin\dfrac{\sqrt{3}}{2}=\dfrac{\pi}{3}$，所以 D 正确 .

答案是 D.

二、反余弦函数的图像和性质

我们称余弦函数 $y=\cos x\,(x\in[0, \pi])$ 的反函数为**反余弦函数**（inverse cosine function），记作 $y=\arccos x$. 例如，$\arccos(-1)=\pi$，$\arccos\left(-\dfrac{\sqrt{2}}{2}\right)=\dfrac{3\pi}{4}$，$\arccos0=\dfrac{\pi}{2}$，$\arccos\dfrac{\sqrt{2}}{2}=\dfrac{\pi}{4}$，$\arccos1=0$.

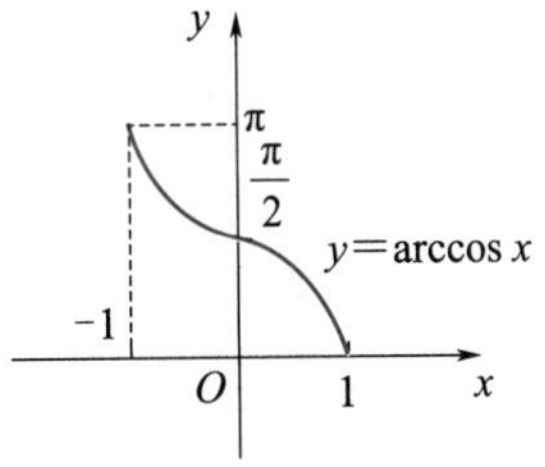

图 5.1－2

反余弦函数 $y=\arccos x$ 的图像如图 5.1－2 所示.

反余弦函数 $y=\arccos x$ 具有以下性质.

1. 定义域：$[-1, 1]$.

2. 值域：$[0, \pi]$.

3. 奇偶性：因为 $\arccos(-x)=\pi-\arccos x$，所以它是非奇非偶函数.

4. 单调性：在 $[-1, 1]$ 上为减函数.

5. $\cos(\arccos x)=x$，$x\in[-1, 1]$；$\arccos(\cos x)=x$，$x\in[0, \pi]$.

例 3　用反余弦函数的形式表示下列各式中的 x.

（1）$\cos x=\frac{4}{5}$，$x\in[0, \pi]$

（2）$\cos x=-\frac{3}{4}$，$x\in[0, \pi]$

解　（1）$x=\arccos\frac{4}{5}$.

（2）$x=\arccos\left(-\frac{3}{4}\right)=\pi-\arccos\frac{3}{4}$.

例 4　计算下列各式的值.

（1）$\sin\left(\arccos\frac{1}{3}\right)$　　（2）$\sin\left(\arccos\left(-\frac{1}{3}\right)\right)$

（3）$\cos\left(\arcsin\frac{3}{5}\right)$　　（4）$\cos\left(\arcsin\left(-\frac{3}{5}\right)\right)$

解　（1）$\because\ \arccos\frac{1}{3}\in\left(0, \frac{\pi}{2}\right)$，$\cos\left(\arccos\frac{1}{3}\right)=\frac{1}{3}$，

$$\therefore\ \sin\left(\arccos\frac{1}{3}\right)=\sqrt{1-\left(\cos\left(\arccos\frac{1}{3}\right)\right)^2}=\sqrt{1-\left(\frac{1}{3}\right)^2}=\sqrt{\frac{8}{9}}=\frac{2\sqrt{2}}{3}.$$

（2）$\because\ \arccos\left(-\frac{1}{3}\right)=\pi-\arccos\frac{1}{3}$，

$$\therefore\ \sin\left(\arccos\left(-\frac{1}{3}\right)\right)=\sin\left(\pi-\arccos\frac{1}{3}\right)=\sin\left(\arccos\frac{1}{3}\right)=\frac{2\sqrt{2}}{3}.$$

（3）$\because\ \arcsin\frac{3}{5}\in\left(0, \frac{\pi}{2}\right)$，$\sin\left(\arcsin\frac{3}{5}\right)=\frac{3}{5}$，

$$\therefore\ \cos\left(\arcsin\frac{3}{5}\right)=\sqrt{1-\left(\sin\left(\arcsin\frac{3}{5}\right)\right)^2}=\sqrt{1-\left(\frac{3}{5}\right)^2}=\sqrt{\frac{16}{25}}=\frac{4}{5}.$$

（4）$\because\ \arcsin\left(-\frac{3}{5}\right)=-\arcsin\frac{3}{5}$，

$$\therefore\ \cos\left(\arcsin\left(-\frac{3}{5}\right)\right)=\cos\left(-\arcsin\frac{3}{5}\right)=\cos\left(\arcsin\frac{3}{5}\right)=\frac{4}{5}.$$

小　结

1. 反正弦函数 $y=\arcsin x$ 的性质.

（1）定义域：$[-1,\ 1]$.

（2）值域：$\left[-\frac{\pi}{2},\ \frac{\pi}{2}\right]$.

（3）奇偶性：$\arcsin(-x)=-\arcsin x$，它是奇函数.

（4）单调性：在 $[-1,\ 1]$ 上为增函数.

（5）$\sin(\arcsin x)=x$，$x\in[-1,\ 1]$；$\arcsin(\sin x)=x$，$x\in\left[-\frac{\pi}{2},\ \frac{\pi}{2}\right]$.

2. 反余弦函数 $y=\arccos x$ 的性质.

（1）定义域：$[-1,\ 1]$.

（2）值域：$[0,\ \pi]$.

（3）奇偶性：$\arccos(-x)=\pi-\arccos x$，它是非奇非偶函数.

（4）单调性：在 $[-1,\ 1]$ 上为减函数.

（5）$\cos(\arccos x)=x$，$x\in[-1,\ 1]$；$\arccos(\cos x)=x$，$x\in[0,\ \pi]$.

习题 5.1

1. 填空题.

（1）$\arcsin\frac{\sqrt{2}}{2}=$________　　（2）$\arcsin 1=$________

（3）$\arcsin\left(-\frac{\sqrt{3}}{2}\right)=$________　　（4）$\arcsin(-1)=$________

（5）$\arccos\frac{\sqrt{2}}{2}=$________　　（6）$\arccos\frac{\sqrt{3}}{2}=$________

（7）$\arccos\left(-\frac{\sqrt{2}}{2}\right)=$________　（8）$\arccos\left(-\frac{1}{2}\right)=$________

（9）$\sin\left(\arcsin\frac{\sqrt{3}}{2}\right)=$________　（10）$\arcsin\left(\sin\left(-\frac{\pi}{6}\right)\right)=$________

（11）$\cos\left(\arccos\left(-\frac{1}{2}\right)\right)=$________　（12）$\arccos\left(\cos\frac{\pi}{3}\right)=$________

2. 求下列函数的定义域和值域.

（1）$y=4\arcsin\left(\frac{1}{2}x-1\right)$　（2）$y=2\arccos\sqrt{x+\frac{1}{2}}$

（3）$y=-5\arcsin(2x+1)$　（4）$y=\frac{3}{2}\arccos(2x-4)$

3. 下列式子正确的是（　　）.

A. $\sin(\arcsin x)=x$，$x\in\left[-\frac{\pi}{2},\ \frac{\pi}{2}\right]$

B. $\arcsin(-x)=-\arcsin x$，$x\in[-1,\ 1]$

C. $\arcsin(\sin x)=x$，$x\in\mathbb{R}$

D. $\arccos(-x)=\arccos x$，$x\in[-1,\ 1]$

4. 用反三角函数的形式表示下列各式中的 x.

（1）$\sin x=\frac{2}{5}$，$x\in\left[-\frac{\pi}{2},\ \frac{\pi}{2}\right]$　（2）$\sin x=-\frac{\sqrt{3}}{4}$，$x\in\left[-\frac{\pi}{2},\ \frac{\pi}{2}\right]$

（3）$\cos x=\frac{1}{5}$，$x\in[0,\ \pi]$　（4）$\cos x=-\frac{3}{4}$，$x\in[0,\ \pi]$

5.2 反正切函数和反余切函数的图像和性质

一、反正切函数的图像和性质

我们称正切函数 $y=\tan x\left(x\in\left(-\frac{\pi}{2},\ \frac{\pi}{2}\right)\right)$ 的反函数为**反正切函数**（inverse tangent function)，记作 $y=\arctan x$. 例如，$\arctan(-1)=-\frac{\pi}{4}$，$\arctan 0=0$，$\arctan 1=\frac{\pi}{4}$.

反正切函数 $y=\arctan x$ 的图像如图 5.2－1 所示.

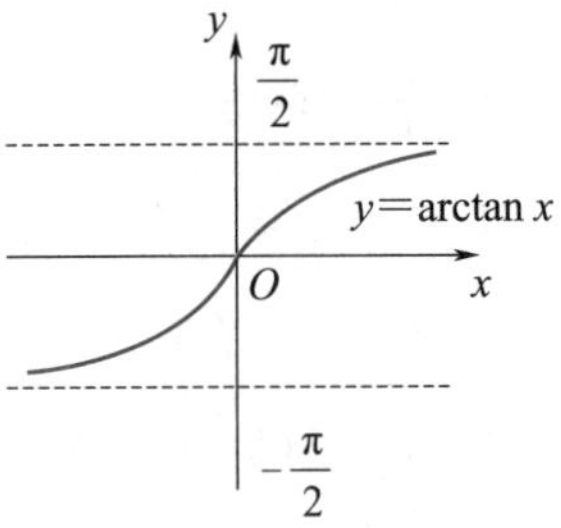

图 5.2－1

反正切函数 $y=\arctan x$ 具有以下性质.

1. 定义域：$(-\infty, +\infty)$.

2. 值域：$\left(-\frac{\pi}{2}, \frac{\pi}{2}\right)$.

3. 奇偶性：因为 $\arctan(-x)=-\arctan x$，所以它是奇函数.

4. 单调性：在 $(-\infty, +\infty)$ 上为增函数.

5. $\tan(\arctan x)=x$，$x\in(-\infty, +\infty)$；$\arctan(\tan x)=x$，$x\in\left(-\frac{\pi}{2}, \frac{\pi}{2}\right)$.

例 1　计算下列各式的值.

(1) $\arctan\frac{\sqrt{3}}{3}=$________　　(2) $\arctan(-\sqrt{3})=$________

解　(1) $\frac{\pi}{6}$　(2) $-\frac{\pi}{3}$

例 2　用反正切函数的形式表示下列各式中的 x.

(1) $\tan x=2$，$x\in\left(-\frac{\pi}{2}, \frac{\pi}{2}\right)$

(2) $\tan x=-4$，$x\in\left(-\frac{\pi}{2}, \frac{\pi}{2}\right)$

解　(1) $x=\arctan 2$.

(2) $x=\arctan(-4)=-\arctan 4$.

二、反余切函数的图像和性质

我们称余切函数 $y=\cot x(x\in(0, \pi))$ 的反函数为**反余切函数**（inverse

cotangent function），记作 $y=\text{arccot}x$. 例如，$\text{arccot}(-1)=\dfrac{3\pi}{4}$，$\text{arccot}0=\dfrac{\pi}{2}$，$\text{arccot}1=\dfrac{\pi}{4}$.

反余切函数 $y=\text{arccot}x$ 的图像如图 5.2－2 所示.

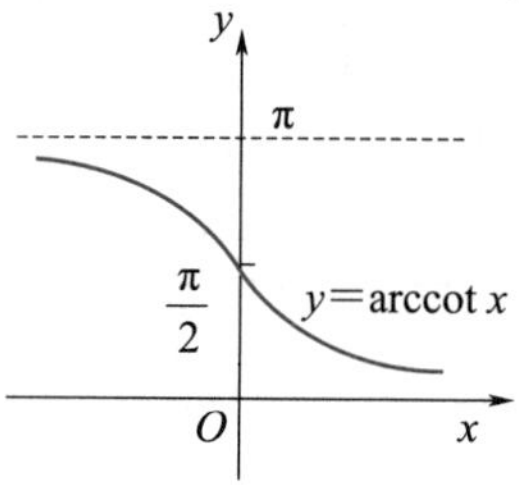

图 5.2－2

反余切函数 $y=\text{arccot}x$ 具有以下性质.

1. 定义域：$(-\infty,+\infty)$.
2. 值域：$(0,\pi)$.
3. 奇偶性：因为 $\text{arccot}(-x)=\pi-\text{arccot}x$，所以它是非奇非偶函数.
4. 单调性：在 $(-\infty,+\infty)$ 上为减函数.
5. $\cot(\text{arccot}x)=x$，$x\in(-\infty,+\infty)$；$\text{arccot}(\cot x)=x$，$x\in(0,\pi)$.

例 3 计算下列各式的值.

（1）$\text{arccot}\dfrac{\sqrt{3}}{3}$ （2）$\text{arccot}(-\sqrt{3})$

解 （1）$\dfrac{\pi}{3}$. （2）$\dfrac{5\pi}{6}$.

例 4 用反余切函数的形式表示下列各式中的 x.

（1）$\cot x=3$，$x\in(0,\pi)$

（2）$\cot x=-5$，$x\in(0,\pi)$

解 （1）$x=\text{arccot}3$. （2）$x=\text{arccot}(-5)=\pi-\text{arccot}5$.

小结

1. 反正切函数 $y=\arctan x$ 的性质.

（1）定义域：$(-\infty,+\infty)$.

（2）值域：$\left(-\dfrac{\pi}{2},\dfrac{\pi}{2}\right)$.

（3）奇偶性：$\arctan(-x)=-\arctan x$，它是奇函数.

(4) 单调性：在 $(-\infty, +\infty)$ 上为增函数.

(5) $\tan(\arctan x)=x$，$x\in(-\infty, +\infty)$；$\arctan(\tan x)=x$，$x\in\left(-\frac{\pi}{2}, \frac{\pi}{2}\right)$.

2. 反余切函数 $y=\operatorname{arccot} x$ 的性质.

(1) 定义域：$(-\infty, +\infty)$.

(2) 值域：$(0, \pi)$.

(3) 奇偶性：$\operatorname{arccot}(-x)=\pi-\operatorname{arccot} x$，它是非奇非偶函数.

(4) 单调性：在 $(-\infty, +\infty)$ 上为减函数.

(5) $\cot(\operatorname{arccot} x)=x$，$x\in(-\infty, +\infty)$；$\operatorname{arccot}(\cot x)=x$，$x\in(0, \pi)$.

习题 5.2

1. 填空题.

(1) $\arctan 1=$ ________________

(2) $\arctan(-\sqrt{3})=$ ________________

(3) $\operatorname{arccot}(-\sqrt{3})=$ ________________

(4) $\operatorname{arccot}(-1)=$ ________________

(5) $\tan(\arctan 4)=$ ________________

(6) $\tan(\arctan(-5))=$ ________________

(7) $\cot(\operatorname{arccot} 2)=$ ________________

(8) $\cot(\operatorname{arccot}(-4))=$ ________________

2. 求下列函数的定义域和值域.

(1) $y=2\arctan(3x-4)+\frac{\pi}{3}$　　(2) $y=-\frac{5}{3}\arctan(x+3)$

(3) $y=\frac{3}{5}\operatorname{arccot}(2x+3)$　　(4) $y=-3\operatorname{arccot}(2x-3)+4$

3. 下列式子错误的是（　　）.

A. $\tan(\arctan(-1))=-1$　　B. $\cot(\operatorname{arccot} 2)=2$

C. $\arctan\left(\tan\frac{\pi}{4}\right)=\frac{\pi}{4}$　　D. $\operatorname{arccot}\left(\cot\frac{5\pi}{4}\right)=\frac{5\pi}{4}$

4. 用反三角函数的形式表示下列各式中的 x.

（1）$\tan x=\frac{5}{2}$，$x\in\left(-\frac{\pi}{2}, \frac{\pi}{2}\right)$　　（2）$\tan x=-\frac{1}{3}$，$x\in\left(-\frac{\pi}{2}, \frac{\pi}{2}\right)$

（3）$\cot x=10$，$x\in(0, \pi)$　　（4）$\cot x=-5$，$x\in(0, \pi)$

自测题 5

1. 选择题（下列每小题的四个选项中，只有一个正确答案）.

（1）反正弦函数 $y=\arcsin x$ 是（　　）.

A. 偶函数　　B. 非奇非偶函数

C. 奇函数　　D. 减函数

（2）反余弦函数 $y=\arccos x$ 是（　　）.

A. 偶函数　　B. 非奇非偶函数

C. 奇函数　　D. 增函数

（3）反正切函数 $y=\arctan x$ 是（　　）.

A. 偶函数　　B. 非奇非偶函数

C. 奇函数　　D. 减函数

（4）反余切函数 $y=\operatorname{arccot} x$ 是（　　）.

A. 偶函数　　B. 非奇非偶函数

C. 奇函数　　D. 增函数

（5）反正切函数 $y=\arctan x$ 的定义域是（　　）.

A. $\left(-\frac{\pi}{2}, \frac{\pi}{2}\right)$　　B. $\left[-\frac{\pi}{2}, \frac{\pi}{2}\right]$

C. $(0, \pi)$　　D. $\mathbb{R}$

（6）反余切函数 $y=\operatorname{arccot} x$ 的值域是（　　）.

A. $\left(-\frac{\pi}{2}, \frac{\pi}{2}\right)$　　B. $[0, \pi]$

C. $(0,\ \pi)$　　　　D. $\mathbb{R}$

(7) 下列式子正确的是（　　）.

A. $\arcsin\left(\sin\dfrac{7\pi}{2}\right)=\dfrac{7\pi}{2}$　　　　B. $\arccos(\cos3\pi)=3\pi$

C. $\arctan\left(\tan\dfrac{3\pi}{4}\right)=-\dfrac{\pi}{4}$　　　　D. $\operatorname{arccot}\left(\cot\left(-\dfrac{2\pi}{3}\right)\right)=-\dfrac{2\pi}{3}$

2. 用反三角函数的形式表示下列各式中的 x.

(1) $\sin x=\dfrac{1}{3}$, $x\in\left[-\dfrac{\pi}{2},\ \dfrac{\pi}{2}\right]$　　　　(2) $\sin x=-\dfrac{\sqrt{3}}{2}$, $x\in\left[-\dfrac{\pi}{2},\ \dfrac{\pi}{2}\right]$

(3) $\cos x=\dfrac{3}{4}$, $x\in[0,\ \pi]$　　　　(4) $\cos x=-\dfrac{\sqrt{2}}{5}$, $x\in[0,\ \pi]$

(5) $\tan x=5$, $x\in\left(-\dfrac{\pi}{2},\ \dfrac{\pi}{2}\right)$　　　　(6) $\tan x=-\dfrac{7}{3}$, $x\in\left(-\dfrac{\pi}{2},\ \dfrac{\pi}{2}\right)$

(7) $\cot x=\dfrac{1}{5}$, $x\in(0,\ \pi)$　　　　(8) $\cot x=-\dfrac{5}{3}$, $x\in(0,\ \pi)$

3. 作图题.

(1) 将下面的表格补充完整，并画出反正弦函数 $y=\arcsin x$ 的图像.

x	-1	$-\frac{\sqrt{3}}{2}$	$-\frac{\sqrt{2}}{2}$	$-\frac{1}{2}$	0	$\frac{1}{2}$	$\frac{\sqrt{2}}{2}$	$\frac{\sqrt{3}}{2}$	1
$y=\arcsin x$									

(2) 将下面的表格补充完整，并画出反余弦函数 $y=\arccos x$ 的图像.

x	-1	$-\frac{\sqrt{3}}{2}$	$-\frac{\sqrt{2}}{2}$	$-\frac{1}{2}$	0	$\frac{1}{2}$	$\frac{\sqrt{2}}{2}$	$\frac{\sqrt{3}}{2}$	1
$y=\arccos x$									

(3) 将下面的表格补充完整，并画出反正切函数 $y=\arctan x$ 的图像.

x	$-\sqrt{3}$	-1	$-\frac{\sqrt{3}}{3}$	0	$\frac{\sqrt{3}}{3}$	1	$\sqrt{3}$
$y=\arctan x$							

(4) 将下面的表格补充完整，并画出反余切函数 $y=\operatorname{arccot} x$ 的图像.

x	$-\sqrt{3}$	-1	$-\frac{\sqrt{3}}{3}$	0	$\frac{\sqrt{3}}{3}$	1	$\sqrt{3}$
$y=\operatorname{arccot} x$							

第 6 章　两角和与差的三角函数

6.1　两角和与差的正弦、余弦和正切公式

一、两角(two angles)和与差(sum and difference)的正弦公式

$\sin(\alpha+\beta)=\sin\alpha\cos\beta+\cos\alpha\sin\beta$	公式 6－1
$\sin(\alpha-\beta)=\sin\alpha\cos\beta-\cos\alpha\sin\beta$	公式 6－2

例 1　计算（to calculate）$\sin 75°$的值.

解　由公式 6－1：

$$\sin 75°=\sin(45°+30°)$$

$$=\sin 45°\cos 30°+\cos 45°\sin 30°$$

$$=\frac{\sqrt{2}}{2}\times\frac{\sqrt{3}}{2}+\frac{\sqrt{2}}{2}\times\frac{1}{2}=\frac{\sqrt{6}+\sqrt{2}}{4}.$$

例 2　已知 $\sin\alpha=-\frac{1}{3}$，$\cos\beta=\frac{1}{4}$，α，β 都是第四象限角，求 $\sin(\alpha-\beta)$ 的值.

解　$\because$　$\sin^2\alpha+\cos^2\alpha=1$，

$\therefore$　$\cos^2\alpha=1-\sin^2\alpha$，$\cos\alpha=\pm\sqrt{1-\sin^2\alpha}$，

$\because$　α 是第四象限角，$\sin\alpha=-\frac{1}{3}$，

$\therefore$　$\cos\alpha=\sqrt{1-\sin^2\alpha}=\sqrt{1-\left(-\frac{1}{3}\right)^2}=\sqrt{\frac{8}{9}}=\frac{2\sqrt{2}}{3}$，

$\because$　$\sin^2\beta+\cos^2\beta=1$，

$\therefore\quad \sin^2\beta=1-\cos^2\beta$，$\sin\beta=\pm\sqrt{1-\cos^2\beta}$，

$\because\quad \beta$ 是第四象限角，$\cos\beta=\dfrac{1}{4}$，

$\therefore\quad \sin\beta=-\sqrt{1-\cos^2\beta}=-\sqrt{1-\left(\dfrac{1}{4}\right)^2}=-\sqrt{\dfrac{15}{16}}=-\dfrac{\sqrt{15}}{4}$，

$\therefore$ 由公式 6－2：

$$\begin{aligned}\sin(\alpha-\beta)&=\sin\alpha\cos\beta-\cos\alpha\sin\beta\\&=\left(-\frac{1}{3}\right)\times\frac{1}{4}-\frac{2\sqrt{2}}{3}\times\left(-\frac{\sqrt{15}}{4}\right)\\&=-\frac{1}{12}+\frac{2\sqrt{30}}{12}\\&=\frac{2\sqrt{30}-1}{12}.\end{aligned}$$

例3　求函数 $y=a\sin x+b\cos x$ （$x\in\mathbb{R}$）的**最大值**(maximum value)和**最小值**（minimum value）.

解　$y=a\sin x+b\cos x=\sqrt{a^2+b^2}\left(\dfrac{a}{\sqrt{a^2+b^2}}\sin x+\dfrac{b}{\sqrt{a^2+b^2}}\cos x\right)$，

$\because\quad \left(\dfrac{a}{\sqrt{a^2+b^2}}\right)^2+\left(\dfrac{b}{\sqrt{a^2+b^2}}\right)^2=1$，

$\therefore$　存在角 α，使得 $\cos\alpha=\dfrac{a}{\sqrt{a^2+b^2}}$，$\sin\alpha=\dfrac{b}{\sqrt{a^2+b^2}}$，

$$\begin{aligned}\therefore\quad y&=\sqrt{a^2+b^2}(\cos\alpha\sin x+\sin\alpha\cos x)\\&=\sqrt{a^2+b^2}(\sin x\cos\alpha+\cos x\sin\alpha)=\sqrt{a^2+b^2}\sin(x+\alpha),\end{aligned}$$

$\because\quad -1\leqslant\sin(x+\alpha)\leqslant 1$，

$\therefore\quad -\sqrt{a^2+b^2}\leqslant y\leqslant\sqrt{a^2+b^2}$，

$\therefore$　$y=a\sin x+b\cos x$（$x\in\mathbb{R}$）的最大值是 $\sqrt{a^2+b^2}$，最小值是 $-\sqrt{a^2+b^2}$.

二、两角和与差的余弦公式

$\cos(\alpha+\beta)=\cos\alpha\cos\beta-\sin\alpha\sin\beta$	公式 6－3
$\cos(\alpha-\beta)=\cos\alpha\cos\beta+\sin\alpha\sin\beta$	公式 6－4

例 4 计算 $\cos75°$和 $\cos15°$的值．

解 由公式 6－3：

$$\cos75°=\cos(45°+30°)$$

$$=\cos45°\cos30°-\sin45°\sin30°=\frac{\sqrt{2}}{2}\times\frac{\sqrt{3}}{2}-\frac{\sqrt{2}}{2}\times\frac{1}{2}=\frac{\sqrt{6}-\sqrt{2}}{4}.$$

由公式 6－4：

$$\cos15°=\cos(45°-30°)$$

$$=\cos45°\cos30°+\sin45°\sin30°=\frac{\sqrt{2}}{2}\times\frac{\sqrt{3}}{2}+\frac{\sqrt{2}}{2}\times\frac{1}{2}=\frac{\sqrt{6}+\sqrt{2}}{4}.$$

三、两角和与差的正切公式

$\tan(\alpha+\beta)=\dfrac{\tan\alpha+\tan\beta}{1-\tan\alpha\tan\beta}$	公式 6－5
$\tan(\alpha-\beta)=\dfrac{\tan\alpha-\tan\beta}{1+\tan\alpha\tan\beta}$	公式 6－6

例 5 计算 $\tan75°$的值．

解 由公式 6－5：

$$\tan75°=\tan(45°+30°)=\frac{\tan45°+\tan30°}{1-\tan45°\tan30°}=\frac{1+\frac{\sqrt{3}}{3}}{1-\frac{\sqrt{3}}{3}}=\frac{3+\sqrt{3}}{3-\sqrt{3}}$$

$$=\frac{(3+\sqrt{3})^2}{(3-\sqrt{3})(3+\sqrt{3})}$$

$$=2+\sqrt{3}.$$

例6　已知 $\tan\alpha=1$，求 $\tan\left(\alpha-\frac{\pi}{3}\right)$ 的值．

解　由公式6－6：

$$\tan\left(\alpha-\frac{\pi}{3}\right)=\frac{\tan\alpha-\tan\frac{\pi}{3}}{1+\tan\alpha\tan\frac{\pi}{3}}=\frac{1-\sqrt{3}}{1+\sqrt{3}}=\frac{(1-\sqrt{3})^2}{(1+\sqrt{3})(1-\sqrt{3})}=\sqrt{3}-2.$$

小　结

1．两角和与差的常用三角函数公式.

（1）两角和与差的正弦公式：

$$\sin(\alpha+\beta)=\sin\alpha\cos\beta+\cos\alpha\sin\beta \qquad \text{公式 } 6-1$$

$$\sin(\alpha-\beta)=\sin\alpha\cos\beta-\cos\alpha\sin\beta \qquad \text{公式 } 6-2$$

（2）两角和与差的余弦公式：

$$\cos(\alpha+\beta)=\cos\alpha\cos\beta-\sin\alpha\sin\beta \qquad \text{公式 } 6-3$$

$$\cos(\alpha-\beta)=\cos\alpha\cos\beta+\sin\alpha\sin\beta \qquad \text{公式 } 6-4$$

（3）两角和与差的正切公式：

$$\tan(\alpha+\beta)=\frac{\tan\alpha+\tan\beta}{1-\tan\alpha\tan\beta} \qquad \text{公式 } 6-5$$

$$\tan(\alpha-\beta)=\frac{\tan\alpha-\tan\beta}{1+\tan\alpha\tan\beta} \qquad \text{公式 } 6-6$$

2．$y=a\sin x+b\cos x$（$x\in\mathbb{R}$）的最大值是 $\sqrt{a^2+b^2}$，最小值是 $-\sqrt{a^2+b^2}$．

习题 6.1

1．$\cos285°=$（　　）．

A. $\dfrac{\sqrt{6}-\sqrt{2}}{4}$　　B. $\dfrac{\sqrt{6}+\sqrt{2}}{4}$

C. $\dfrac{\sqrt{2}-\sqrt{6}}{4}$　　D. $-\dfrac{\sqrt{2}+\sqrt{6}}{4}$

2. $\dfrac{\tan 75^\circ-\tan 15^\circ}{1+\tan 75^\circ \tan 15^\circ}=$（　　）.

A. $\sqrt{3}$　　B. $\dfrac{\sqrt{3}}{3}$　　C. 1　　D. $-\sqrt{3}$

3. $\cos\dfrac{5\pi}{12}\cos\dfrac{\pi}{6}+\sin\dfrac{5\pi}{12}\sin\dfrac{\pi}{6}=$（　　）.

A. 0　　B. $\dfrac{1}{2}$　　C. $\dfrac{\sqrt{2}}{2}$　　D. $\dfrac{\sqrt{3}}{2}$

4. 计算 $\cos 105^\circ$和 $\tan 15^\circ$的值.

5. 计算下列各式的值.

（1）$\sin 42^\circ\cos 18^\circ+\cos 42^\circ\sin 18^\circ$

（2）$\sin 170^\circ\cos 50^\circ-\cos 170^\circ\sin 50^\circ$

（3）$\cos 12^\circ\cos 18^\circ-\sin 12^\circ\sin 18^\circ$

（4）$\cos 160^\circ\cos 25^\circ+\sin 160^\circ\sin 25^\circ$

（5）$\cos(45^\circ-\alpha)\cos(\alpha+15^\circ)-\sin(45^\circ-\alpha)\sin(\alpha+15^\circ)$

6. 填空题.

（1）函数 $y=6\sin x-8$（$x\in\mathbb{R}$）的最大值是__________，最小值是__________.

（2）函数 $y=2\sqrt{2}\sin x-\cos x$（$x\in\mathbb{R}$）的最大值是__________，最小值是__________.

（3）函数 $y=2\sin x-5\cos x$（$x\in\mathbb{R}$）的最大值是__________，最小值是__________.

7. 已知 $\sin\alpha=\frac{1}{3}$，α 是第二象限角，求下列各式的值.

（1）$\sin\left(\alpha-\frac{\pi}{6}\right)$　（2）$\cos\left(\alpha-\frac{\pi}{3}\right)$　（3）$\tan\left(\alpha+\frac{\pi}{4}\right)$

8. 已知 $\cos\alpha=\frac{3}{5}$，α 是第四象限角，$\cos\beta=\frac{5}{13}$，β 是第一象限角，求下列各式的值.

（1）$\sin(\alpha-\beta)$　（2）$\cos(\alpha+\beta)$　（3）$\tan(\alpha+\beta)$

9. 已知 $\sin\alpha=-\frac{\sqrt{5}}{5}$，$\alpha$ 是第三象限角，$\cos\beta=-\frac{\sqrt{10}}{10}$，$\beta$ 是第三象限角，求下列各式的值.

（1）$\sin(\alpha+\beta)$　（2）$\sin(\alpha-\beta)$　（3）$\cos(\alpha+\beta)$

（4）$\cos(\alpha-\beta)$　（5）$\tan(\alpha+\beta)$　（6）$\tan(\alpha-\beta)$

6.2　二倍角的正弦、余弦和正切公式

一、二倍角(double angle)的正弦公式

在 $\sin(\alpha+\beta)=\sin\alpha\cos\beta+\cos\alpha\sin\beta$ 中，令 $\beta=\alpha$，可得

$$\sin2\alpha=2\sin\alpha\cos\alpha \qquad \text{公式 } 6-7$$

例1　已知 $\sin\alpha=\frac{3}{5}$，α 是第二象限角，求 $\sin2\alpha$ 的值.

解　$\because$　$\sin^2\alpha+\cos^2\alpha=1$，

$\therefore$　$\cos\alpha=\pm\sqrt{1-\sin^2\alpha}$，

$\because$　α 是第二象限角，$\sin\alpha=\frac{3}{5}$，

$\therefore$　$\cos\alpha=-\sqrt{1-\sin^2\alpha}=-\sqrt{1-\left(\frac{3}{5}\right)^2}=-\sqrt{\frac{16}{25}}=-\frac{4}{5}$，

$\therefore \quad \sin2\alpha=2\sin\alpha\cos\alpha=2\times\frac{3}{5}\times\left(-\frac{4}{5}\right)=-\frac{24}{25}.$

例 2 已知 $\cos\alpha=-\frac{12}{13}$，$\alpha$ 是第三象限角，求 $\sin2\alpha$ 的值．

解 $\because \quad \sin^2\alpha+\cos^2\alpha=1$，

$\therefore \quad \sin\alpha=\pm\sqrt{1-\cos^2\alpha}$，

$\because \quad \alpha$ 是第三象限角，$\cos\alpha=-\frac{12}{13}$，

$\therefore \quad \sin\alpha=-\sqrt{1-\cos^2\alpha}=-\sqrt{1-\left(-\frac{12}{13}\right)^2}=-\sqrt{\frac{25}{169}}=-\frac{5}{13}$，

$\therefore \quad \sin2\alpha=2\sin\alpha\cos\alpha=2\times\left(-\frac{5}{13}\right)\times\left(-\frac{12}{13}\right)=\frac{120}{169}.$

二、二倍角的余弦公式

在 $\cos(\alpha+\beta)=\cos\alpha\cos\beta-\sin\alpha\sin\beta$ 中，令 $\beta=\alpha$，可得

$$\begin{aligned}\cos2\alpha&=\cos\alpha\cos\alpha-\sin\alpha\sin\alpha\\&=\cos^2\alpha-\sin^2\alpha\\&=\cos^2\alpha-(1-\cos^2\alpha)=2\cos^2\alpha-1\\&=2(1-\sin^2\alpha)-1=1-2\sin^2\alpha.\end{aligned}$$

即

$$\begin{aligned}\cos2\alpha&=\cos^2\alpha-\sin^2\alpha\\&=2\cos^2\alpha-1\\&=1-2\sin^2\alpha\end{aligned}$$

公式 6－8

例 3 已知 $\cos\alpha=-\frac{2}{5}$，求 $\cos2\alpha$ 的值．

解 $\cos2\alpha=2\cos^2\alpha-1=2\times\left(-\frac{2}{5}\right)^2-1=\frac{8}{25}-1=-\frac{17}{25}.$

例 4 已知 $\sin\alpha=\dfrac{2}{3}$，求 $\cos2\alpha$ 的值 .

解 $\cos2\alpha=1-2\sin^2\alpha=1-2\times\left(\dfrac{2}{3}\right)^2=1-\dfrac{8}{9}=\dfrac{1}{9}.$

三、二倍角的正切公式

在 $\tan(\alpha+\beta)=\dfrac{\tan\alpha+\tan\beta}{1-\tan\alpha\tan\beta}$ 中，令 $\beta=\alpha$，可得

$$\tan2\alpha=\frac{2\tan\alpha}{1-\tan^2\alpha} \qquad \text{公式 } 6-9$$

例 5 已知 $\tan\alpha=-2$，求 $\tan2\alpha$ 的值 .

解 $\tan2\alpha=\dfrac{2\tan\alpha}{1-\tan^2\alpha}=\dfrac{2\times(-2)}{1-(-2)^2}=\dfrac{-4}{-3}=\dfrac{4}{3}.$

例 6 已知 $\tan\alpha=\dfrac{1}{3}$，求 $\tan4\alpha$ 的值 .

解 $\because\quad \tan2\alpha=\dfrac{2\tan\alpha}{1-\tan^2\alpha}=\dfrac{2\times\dfrac{1}{3}}{1-\left(\dfrac{1}{3}\right)^2}=\dfrac{\dfrac{2}{3}}{\dfrac{8}{9}}=\dfrac{3}{4},$

$\therefore\quad \tan4\alpha=\dfrac{2\tan2\alpha}{1-\tan^22\alpha}=\dfrac{2\times\dfrac{3}{4}}{1-\left(\dfrac{3}{4}\right)^2}=\dfrac{\dfrac{3}{2}}{\dfrac{7}{16}}=\dfrac{24}{7}.$

小 结

1. 二倍角的正弦公式：

$$\sin2\alpha=2\sin\alpha\cos\alpha \qquad \text{公式 } 6-7$$

2. 二倍角的余弦公式：

$$\cos 2\alpha=\cos^2\alpha-\sin^2\alpha$$
$$=2\cos^2\alpha-1 \qquad \text{公式 6-8}$$
$$=1-2\sin^2\alpha$$

3. 二倍角的正切公式：

$$\tan 2\alpha=\frac{2\tan\alpha}{1-\tan^2\alpha} \qquad \text{公式 6-9}$$

习题 6.2

1. 已知 $\sin\alpha=\frac{\sqrt{3}}{4}$，求 $\sin 2\alpha$ 的值．

2. 已知 $\sin\alpha=-\frac{2}{3}$，α 是第四象限角，求 $\sin 2\alpha$ 和 $\cos 2\alpha$ 的值．

3. 已知 $\cos\alpha=\frac{\sqrt{2}}{3}$，$\alpha$ 是第一象限角，求 $\sin 2\alpha$ 和 $\cos 2\alpha$ 的值．

4. 已知 $\cos\alpha=\frac{\sqrt{5}}{3}$，求 $\cos 2\alpha$ 的值．

5. 已知 $\sin\alpha=\frac{1}{5}$，求 $\cos 2\alpha$ 的值．

6. $\sin 105^\circ\cos 105^\circ=$（　　）．

A. $\frac{1}{4}$　　B. $-\frac{1}{4}$　　C. $\frac{\sqrt{3}}{4}$　　D. $-\frac{\sqrt{3}}{4}$

7. $(\sin 15^\circ+\cos 15^\circ)^2=$________．

8. 已知 $\tan\alpha=4$，求 $\tan 2\alpha$ 的值．

9. 已知 $\tan\alpha=\frac{1}{3}$，求 $\tan 2\alpha$ 的值．

10. 已知 $\cos\alpha=-\frac{\sqrt{3}}{3}$，求 $\cos 4\alpha$ 的值．

11. 已知 $\tan\alpha=-3$，求 $\tan2\alpha$，$\tan4\alpha$，$\tan8\alpha$ 的值．

12. 已知 $\sin\alpha=\frac{1}{3}$，α 是第二象限角，求 $\sin2\alpha$，$\cos2\alpha$，$\sin4\alpha$ 的值．

6.3　半角的正弦、余弦和正切公式

一、半角(half-angle)的正弦公式

由 $\cos2\alpha=1-2\sin^2\alpha$ 可得

$$2\sin^2\alpha=1-\cos2\alpha,$$

$$\sin^2\alpha=\frac{1-\cos2\alpha}{2},$$

$$\sin\alpha=\pm\sqrt{\frac{1-\cos2\alpha}{2}}.$$

即

$$\sin\frac{\alpha}{2}=\pm\sqrt{\frac{1-\cos\alpha}{2}}\qquad \text{公式 } 6-10$$

当 $\frac{\alpha}{2}$ 是第一或第二象限角时取“+”，当 $\frac{\alpha}{2}$ 是第三或第四象限角时取“−”．

例1　求 $\sin75°$ 的值．

解　由公式 6－10：

$$\sin75°=\sqrt{\frac{1-\cos150°}{2}}=\sqrt{\frac{1-\left(-\frac{\sqrt{3}}{2}\right)}{2}}=\sqrt{\frac{2+\sqrt{3}}{4}}=\frac{\sqrt{2+\sqrt{3}}}{2}.$$

例2　已知 $\sin\alpha=-\frac{3}{5}$，$\frac{3\pi}{2}<\alpha<2\pi$，求 $\sin\frac{\alpha}{2}$ 的值．

解　$\because$　$\frac{3\pi}{2}<\alpha<2\pi$，

$\therefore \quad \dfrac{3\pi}{4}<\dfrac{\alpha}{2}<\pi,$

$\therefore \quad \sin\dfrac{\alpha}{2}=\sqrt{\dfrac{1-\cos\alpha}{2}},$

$\because \quad \sin\alpha=-\dfrac{3}{5},\ \dfrac{3\pi}{2}<\alpha<2\pi,$

$\therefore \quad \cos\alpha=\sqrt{1-\sin^2\alpha}=\sqrt{1-\left(-\dfrac{3}{5}\right)^2}=\sqrt{\dfrac{16}{25}}=\dfrac{4}{5},$

$\therefore \quad \sin\dfrac{\alpha}{2}=\sqrt{\dfrac{1-\cos\alpha}{2}}=\sqrt{\dfrac{1-\dfrac{4}{5}}{2}}=\sqrt{\dfrac{1}{10}}=\dfrac{\sqrt{10}}{10}.$

二、半角的余弦公式

由 $\cos2\alpha=2\cos^2\alpha-1$ 可得

$$2\cos^2\alpha=1+\cos2\alpha,$$

$$\cos^2\alpha=\frac{1+\cos2\alpha}{2},$$

$$\cos\alpha=\pm\sqrt{\frac{1+\cos2\alpha}{2}}.$$

即

$$\cos\frac{\alpha}{2}=\pm\sqrt{\frac{1+\cos\alpha}{2}} \qquad \text{公式 6-11}$$

当$\dfrac{\alpha}{2}$是第一或第四象限角时取“+”，当$\dfrac{\alpha}{2}$是第二或第三象限角时取“−”.

例 3　求 $\cos\dfrac{\pi}{8}$的值.

解　由公式 6－11：

$$\cos\frac{\pi}{8}=\sqrt{\frac{1+\cos\dfrac{\pi}{4}}{2}}=\sqrt{\frac{1+\dfrac{\sqrt{2}}{2}}{2}}=\sqrt{\frac{2+\sqrt{2}}{4}}=\frac{\sqrt{2+\sqrt{2}}}{2}.$$

例4　已知 $\cos\alpha=-\frac{1}{3}$，$\pi<\alpha<\frac{3\pi}{2}$，求 $\cos\frac{\alpha}{2}$的值．

解　∵　$\pi<\alpha<\frac{3\pi}{2}$，

∴　$\frac{\pi}{2}<\frac{\alpha}{2}<\frac{3\pi}{4}$，

∴　$\cos\frac{\alpha}{2}=-\sqrt{\frac{1+\cos\alpha}{2}}$，

∵　$\cos\alpha=-\frac{1}{3}$，

∴　$\cos\frac{\alpha}{2}=-\sqrt{\frac{1+\cos\alpha}{2}}=-\sqrt{\frac{1-\frac{1}{3}}{2}}=-\sqrt{\frac{1}{3}}=-\frac{\sqrt{3}}{3}$.

三、半角的正切公式

由公式6－10和公式6－11，可以得到

$$\tan\frac{\alpha}{2}=\frac{\sin\frac{\alpha}{2}}{\cos\frac{\alpha}{2}}=\frac{\pm\sqrt{\frac{1-\cos\alpha}{2}}}{\pm\sqrt{\frac{1+\cos\alpha}{2}}}=\pm\sqrt{\frac{1-\cos\alpha}{1+\cos\alpha}}.$$

即

$$\tan\frac{\alpha}{2}=\pm\sqrt{\frac{1-\cos\alpha}{1+\cos\alpha}}$$　公式6－12

当$\frac{\alpha}{2}$是第一或第三象限角时取“+”，当$\frac{\alpha}{2}$是第二或第四象限角时取“−”.

下面两个公式我们也经常用到：

$$\tan\frac{\alpha}{2}=\frac{\sin\frac{\alpha}{2}}{\cos\frac{\alpha}{2}}=\frac{2\sin\frac{\alpha}{2}\cos\frac{\alpha}{2}}{2\cos^2\frac{\alpha}{2}}=\frac{\sin\alpha}{1+\cos\alpha},$$

$$\tan\frac{\alpha}{2}=\frac{\sin\frac{\alpha}{2}}{\cos\frac{\alpha}{2}}=\frac{2\sin^2\frac{\alpha}{2}}{2\sin\frac{\alpha}{2}\cos\frac{\alpha}{2}}=\frac{1-\cos\alpha}{\sin\alpha}.$$

即

$$\tan\frac{\alpha}{2}=\frac{\sin\alpha}{1+\cos\alpha}=\frac{1-\cos\alpha}{\sin\alpha}\qquad\text{公式 6－13}$$

例 5 已知 $\cos\alpha=-\frac{2}{3}$，$\frac{\pi}{2}<\alpha<\pi$，求 $\tan\frac{\alpha}{2}$的值.

解 $\because$ $\frac{\pi}{2}<\alpha<\pi$,

$\therefore$ $\frac{\pi}{4}<\frac{\alpha}{2}<\frac{\pi}{2}$,

$\therefore$ $\tan\frac{\alpha}{2}=\sqrt{\frac{1-\cos\alpha}{1+\cos\alpha}}$,

$\because$ $\cos\alpha=-\frac{2}{3}$,

$\therefore$ $\tan\frac{\alpha}{2}=\sqrt{\frac{1-\cos\alpha}{1+\cos\alpha}}=\sqrt{\frac{1-\left(-\frac{2}{3}\right)}{1+\left(-\frac{2}{3}\right)}}=\sqrt{5}$.

例 6 已知 $\sin\alpha=\frac{3}{4}$，$0<\alpha<\frac{\pi}{2}$，求 $\tan\frac{\alpha}{2}$的值.

解 $\because$ $0<\alpha<\frac{\pi}{2}$，$\sin\alpha=\frac{3}{4}$,

$\therefore$ $\cos\alpha=\sqrt{1-\sin^2\alpha}=\sqrt{1-\left(\frac{3}{4}\right)^2}=\sqrt{\frac{7}{16}}=\frac{\sqrt{7}}{4}$,

$\therefore$ $\tan\frac{\alpha}{2}=\frac{1-\cos\alpha}{\sin\alpha}=\frac{1-\frac{\sqrt{7}}{4}}{\frac{3}{4}}=\frac{4-\sqrt{7}}{3}$.

小　结

1. 半角的正弦公式：

$$\sin\frac{\alpha}{2}=\pm\sqrt{\frac{1-\cos\alpha}{2}}$$ 公式 6－10

当$\frac{\alpha}{2}$是第一或第二象限角时取“+”，当$\frac{\alpha}{2}$是第三或第四象限角时取“−”.

2. 半角的余弦公式：

$$\cos\frac{\alpha}{2}=\pm\sqrt{\frac{1+\cos\alpha}{2}}$$ 公式 6－11

当$\frac{\alpha}{2}$是第一或第四象限角时取“+”，当$\frac{\alpha}{2}$是第二或第三象限角时取“−”.

3. 半角的正切公式：

$$\tan\frac{\alpha}{2}=\pm\sqrt{\frac{1-\cos\alpha}{1+\cos\alpha}}$$ 公式 6－12

$$\tan\frac{\alpha}{2}=\frac{\sin\alpha}{1+\cos\alpha}=\frac{1-\cos\alpha}{\sin\alpha}$$ 公式 6－13

当$\frac{\alpha}{2}$是第一或第三象限角时在公式 6−12 中取“+”，当$\frac{\alpha}{2}$是第二或第四象限角时在公式 6−12 中取“−”.

习题 6.3

1. 若 $\cos\alpha=\frac{1}{3}$，$\alpha\in\left(0,\ \frac{\pi}{2}\right)$，则 $\cos\frac{\alpha}{2}=$(　　).

A. $\frac{\sqrt{6}}{3}$　　B. $-\frac{\sqrt{6}}{3}$　　C. $\pm\frac{\sqrt{6}}{3}$　　D. $\pm\frac{\sqrt{3}}{3}$

2. 若 $\cos\alpha=\frac{1}{5}$，$\alpha\in\left(\frac{3\pi}{2},\ 2\pi\right)$，则 $\sin\frac{\alpha}{2}=$(　　).

A. $\frac{\sqrt{10}}{5}$　　B. $-\frac{\sqrt{10}}{5}$　　C. $\frac{2\sqrt{6}}{5}$　　D. $\frac{2\sqrt{5}}{5}$

3. 已知 $\sin\alpha=\frac{\sqrt{3}}{2}$，$\frac{\pi}{2}<\alpha<\pi$，求 $\sin\frac{\alpha}{2}$ 的值．

4. 已知 $\sin\alpha=-\frac{8}{17}$，$\frac{3\pi}{2}<\alpha<2\pi$，求 $\sin\frac{\alpha}{2}$，$\cos\frac{\alpha}{2}$，$\sin2\alpha$ 的值．

5. 已知 $\cos\alpha=\frac{5}{6}$，$0<\alpha<\frac{\pi}{2}$，求 $\sin\frac{\alpha}{2}$，$\cos\frac{\alpha}{2}$，$\cos2\alpha$ 的值．

6. 已知 $\cos\alpha=-\frac{\sqrt{2}}{2}$，$\frac{\pi}{2}<\alpha<\pi$，求 $\tan\frac{\alpha}{2}$ 的值．

7. 已知 $\sin\alpha=-\frac{1}{5}$，$\frac{3\pi}{2}<\alpha<2\pi$，求 $\tan\frac{\alpha}{2}$ 的值．

8. 已知 $\cos\alpha=-\frac{2}{3}$，$\pi<\alpha<\frac{3\pi}{2}$，求 $\tan\frac{\alpha}{2}$ 的值．

9. 已知 $\sin\alpha=\frac{3}{5}$，$0<\alpha<\frac{\pi}{2}$，求 $\tan\frac{\alpha}{2}$ 的值．

6.4　三角函数的积化和差与和差化积公式

一、积化和差公式（product to sum or difference formula）

由

$$\cos(\alpha+\beta)=\cos\alpha\cos\beta-\sin\alpha\sin\beta, \quad ①$$

$$\cos(\alpha-\beta)=\cos\alpha\cos\beta+\sin\alpha\sin\beta, \quad ②$$

①+②，可得

$$\cos(\alpha+\beta)+\cos(\alpha-\beta)=2\cos\alpha\cos\beta,$$

即

$$\cos\alpha\cos\beta=\frac{1}{2}[\cos(\alpha+\beta)+\cos(\alpha-\beta)] \qquad \text{公式 } 6-14$$

由①-②，可得

$$\cos(\alpha+\beta)-\cos(\alpha-\beta)=-2\sin\alpha\sin\beta,$$

即

$\sin\alpha\sin\beta=-\frac{1}{2}[\cos(\alpha+\beta)-\cos(\alpha-\beta)]$	公式 6－15

类似地，由

$$\sin(\alpha+\beta)=\sin\alpha\cos\beta+\cos\alpha\sin\beta,$$

$$\sin(\alpha-\beta)=\sin\alpha\cos\beta-\cos\alpha\sin\beta,$$

可得

$\sin\alpha\cos\beta=\frac{1}{2}[\sin(\alpha+\beta)+\sin(\alpha-\beta)]$	公式 6－16

$\cos\alpha\sin\beta=\frac{1}{2}[\sin(\alpha+\beta)-\sin(\alpha-\beta)]$	公式 6－17

例 1　已知 $\cos(\alpha+\beta)=\frac{1}{4}$，$\cos(\alpha-\beta)=-\frac{2}{3}$，求 $\cos\alpha\cos\beta$，$\sin\alpha\sin\beta$ 的值.

解　由公式 6－14：

$$\cos\alpha\cos\beta=\frac{1}{2}[\cos(\alpha+\beta)+\cos(\alpha-\beta)]$$

$$=\frac{1}{2}\left(\frac{1}{4}-\frac{2}{3}\right)=-\frac{5}{24}.$$

由公式 6－15：

$$\sin\alpha\sin\beta=-\frac{1}{2}[\cos(\alpha+\beta)-\cos(\alpha-\beta)]$$

$$=-\frac{1}{2}\left(\frac{1}{4}+\frac{2}{3}\right)=-\frac{11}{24}.$$

二、和差化积公式(sum or difference to product formula)

在公式 6－14 到公式 6－17 中，令 $\alpha+\beta=u$，$\alpha-\beta=v$，则 $\alpha=\dfrac{u+v}{2}$，$\beta=\dfrac{u-v}{2}$，可得

$\cos u+\cos v=2\cos\dfrac{u+v}{2}\cos\dfrac{u-v}{2}$	公式 6－18
$\cos u-\cos v=-2\sin\dfrac{u+v}{2}\sin\dfrac{u-v}{2}$	公式 6－19
$\sin u+\sin v=2\sin\dfrac{u+v}{2}\cos\dfrac{u-v}{2}$	公式 6－20
$\sin u-\sin v=2\cos\dfrac{u+v}{2}\sin\dfrac{u-v}{2}$	公式 6－21

例 2 将下列各式化简．

（1）$\cos(60°+\varphi)+\cos(60°-\varphi)$

（2）$\sin\left(\dfrac{\pi}{4}-\varphi\right)-\sin\left(\dfrac{\pi}{4}+\varphi\right)$

解 （1）在公式 6－18 中，令 $u=60°+\varphi$，$v=60°-\varphi$，可得

$$\begin{aligned}\cos(60°+\varphi)+\cos(60°-\varphi)&=2\cos\frac{(60°+\varphi)+(60°-\varphi)}{2}\cos\frac{(60°+\varphi)-(60°-\varphi)}{2}\\&=2\cos60°\cos\varphi\\&=\cos\varphi.\end{aligned}$$

（2）在公式 6－21 中，令 $u=\dfrac{\pi}{4}-\varphi$，$v=\dfrac{\pi}{4}+\varphi$，可得

$$\begin{aligned}\sin\left(\frac{\pi}{4}-\varphi\right)-\sin\left(\frac{\pi}{4}+\varphi\right)&=2\cos\frac{\left(\frac{\pi}{4}-\varphi\right)+\left(\frac{\pi}{4}+\varphi\right)}{2}\sin\frac{\left(\frac{\pi}{4}-\varphi\right)-\left(\frac{\pi}{4}+\varphi\right)}{2}\\&=2\cos\frac{\pi}{4}\sin(-\varphi)\end{aligned}$$

$=-\sqrt{2}\sin\varphi$.

小　结

熟记公式 6－14 至公式 6－21：

$\cos\alpha\cos\beta=\frac{1}{2}[\cos(\alpha+\beta)+\cos(\alpha-\beta)]$	公式 6－14
$\sin\alpha\sin\beta=-\frac{1}{2}[\cos(\alpha+\beta)-\cos(\alpha-\beta)]$	公式 6－15
$\sin\alpha\cos\beta=\frac{1}{2}[\sin(\alpha+\beta)+\sin(\alpha-\beta)]$	公式 6－16
$\cos\alpha\sin\beta=\frac{1}{2}[\sin(\alpha+\beta)-\sin(\alpha-\beta)]$	公式 6－17
$\cos u+\cos v=2\cos\frac{u+v}{2}\cos\frac{u-v}{2}$	公式 6－18
$\cos u-\cos v=-2\sin\frac{u+v}{2}\sin\frac{u-v}{2}$	公式 6－19
$\sin u+\sin v=2\sin\frac{u+v}{2}\cos\frac{u-v}{2}$	公式 6－20
$\sin u-\sin v=2\cos\frac{u+v}{2}\sin\frac{u-v}{2}$	公式 6－21

习题 6.4

1. 已知 $\cos(\alpha+\beta)=-\frac{1}{2}$，$\cos(\alpha-\beta)=\frac{1}{3}$，求 $\cos\alpha\cos\beta$，$\sin\alpha\sin\beta$ 的值．

2. 已知 $\cos(\alpha+\beta)=\frac{3}{4}$，$\cos(\alpha-\beta)=-\frac{2}{5}$，求 $\cos\alpha\cos\beta$，$\sin\alpha\sin\beta$ 的值．

3. 已知 $\sin(\alpha+\beta)=-\frac{1}{4}$，$\sin(\alpha-\beta)=\frac{1}{5}$，求 $\sin\alpha\cos\beta$，$\cos\alpha\sin\beta$ 的值．

4. 已知 $\sin(\alpha+\beta)=\frac{\sqrt{2}}{3}$，$\sin(\alpha-\beta)=-\frac{\sqrt{2}}{6}$，求 $\sin\alpha\cos\beta$，$\cos\alpha\sin\beta$ 的值．

5. 求下列各式的值．

（1）$\sin 105°\cos 165°$　　（2）$\cos 165°\cos 15°$

6. 将下列各式化简．

（1）$\sin(60°+\varphi)+\sin(60°-\varphi)$　　（2）$\sin(30°+\varphi)-\sin(30°-\varphi)$

（3）$\cos\left(\frac{5\pi}{6}+\varphi\right)-\cos\left(\frac{5\pi}{6}-\varphi\right)$　　（4）$\cos\left(\frac{3\pi}{4}-\varphi\right)+\cos\left(\frac{3\pi}{4}+\varphi\right)$

自测题 6

1. 选择题（下列每小题的四个选项中，只有一个正确答案）．

（1）$\cos^4\frac{\pi}{8}-\sin^4\frac{\pi}{8}=$(　　)．

A. 0　　B. $\frac{\sqrt{3}}{2}$　　C. 1　　D. $\frac{\sqrt{2}}{2}$

（2）若 $\sin\frac{\alpha}{2}=\frac{4}{5}$，$\cos\frac{\alpha}{2}=-\frac{3}{5}$，则角$\frac{\alpha}{2}$的终边在第（　　）象限.

A. 一　　B. 二　　C. 三　　D. 四

（3）若 α 是第三象限角，$\cos\alpha=-\frac{5}{13}$，则 $\sin 2\alpha=$(　　)．

A. $-\frac{12}{13}$　　B. $\frac{12}{13}$　　C. $-\frac{120}{169}$　　D. $\frac{120}{169}$

（4）若 $180°<\alpha<360°$，则 $\cos\frac{\alpha}{2}=$(　　)．

A. $-\sqrt{\frac{1-\cos\alpha}{2}}$　　B. $\sqrt{\frac{1-\cos\alpha}{2}}$

C. $-\sqrt{\frac{1+\cos\alpha}{2}}$　　D. $\sqrt{\frac{1+\cos\alpha}{2}}$

（5）$\cos(210°+\varphi)-\cos(210°-\varphi)$ ＝(　　)．

A. $\sin\varphi$　　B. $-\sin\varphi$

C. $\sqrt{3}\cos\varphi$　　D. $-\sqrt{3}\cos\varphi$

2. 填空题.

（1）若 $\cos\alpha=-\frac{2}{3}$，$\pi<\alpha<\frac{3\pi}{2}$，则 $\cos\frac{\alpha}{2}=$________________.

（2）$\cos75°=$________________.

（3）若 $\sin\alpha=-\frac{3}{7}$，则 $\cos2\alpha=$________________.

（4）$\cos85°\cos25°+\sin85°\sin25°=$________________.

（5）若 $\sin\alpha=\frac{3\sqrt{7}}{8}$，$\frac{\pi}{4}<\alpha<\frac{\pi}{2}$，则 $\sin\frac{\alpha}{2}=$________________.

（6）若 $\cos\alpha=\frac{4}{9}$，$\frac{3\pi}{2}<\alpha<2\pi$，则 $\sin\frac{\alpha}{2}$________________.

（7）若 $\cos\alpha=-\frac{1}{5}$，$\pi<\alpha<\frac{3\pi}{2}$，则 $\tan\frac{\alpha}{2}=$________________.

（8）函数 $y=4\sin x-6\cos x\ (x\in\mathbb{R})$ 的最大值是________，最小值是________.

（9）若 $\cos\alpha=-\frac{3}{4}$，$\pi<\alpha<\frac{3\pi}{2}$，则 $\tan2\alpha=$________________.

（10）函数 $y=\sin\left(x+\frac{\pi}{6}\right)\cos\left(x+\frac{\pi}{6}\right)$ 的最小正周期是________________.

（11）函数 $y=2\cos^2x+\sin2x$，$x\in\mathbb{R}$ 的最大值是________.

（12）若 $\sin(\alpha+\beta)=\frac{3}{4}$，$\sin(\alpha-\beta)=-\frac{1}{2}$，则 $\sin\alpha\cos\beta=$________.

3. 计算题（要求写出计算过程，给出计算结果）.

（1）已知 $\sin\alpha=\frac{1}{3}$，α 是第二象限角，$\cos\beta=-\frac{2}{3}$，β 是第三象限角，求下列各式的值.

①$\sin(\alpha-\beta)$　　②$\cos(\alpha+\beta)$　　③$\tan(\alpha-\beta)$

（2）已知 α、$\beta\in\left(\frac{3\pi}{4},\ \pi\right)$，$\sin(\alpha+\beta)=-\frac{3}{5}$，$\sin\left(\beta-\frac{\pi}{4}\right)=\frac{12}{13}$，求

$\cos\left(\alpha+\frac{\pi}{4}\right)$的值.

（3）已知 $\cos(2\alpha-\beta)=-\frac{\sqrt{2}}{2}$，$\sin(\alpha-2\beta)=\frac{\sqrt{2}}{2}$，且$\frac{\pi}{4}<\alpha<\frac{\pi}{2}$，$0<\beta<\frac{\pi}{4}$，求 $\cos(\alpha+\beta)$的值.

第 7 章　数　　列

7.1　数列的概念和相关公式

一、数列的概念

定义 1　按照一定**次序**（order）排列的一列数叫作**数列**（sequence of numbers）.

例如，1，$\frac{1}{3}$，$\frac{1}{5}$，…，$\frac{1}{2n-1}$，…是一个数列；2，4，6，8 也是一个数列.

数列中的每一个数叫作这个数列的**项**（term）. 第 1 个数叫作数列的第 1 项，也叫**首项**（the first term），第 2 个数叫作数列的第 2 项，…，第 n 个数叫作数列的第 n 项 .

数列的一般形式为：a_1，a_2，a_3，…，a_n，…，记作$\{a_n\}$.

例如，在数列 1，$\frac{1}{3}$，$\frac{1}{5}$，…，$\frac{1}{2n-1}$，…中，第 1 项是 1，记作 $a_1=1$；第 2 项是$\frac{1}{3}$，记作 $a_2=\frac{1}{3}$；第 n 项是$\frac{1}{2n-1}$，记作 $a_n=\frac{1}{2n-1}$.

项数有限的数列叫作**有穷数列**（finite sequence of numbers），项数无限的数列叫作**无穷数列**（infinite sequence of numbers）.

例如，1，2，3，4 是一个有穷数列；1，2，3，…，n 也是一个有穷数列；1，2，3，…，n，…是一个无穷数列 .

二、数列的通项公式

定义 2　如果数列$\{a_n\}$的第 n 项与序号 n 之间的关系可以用一个公式表示，那么这个公式就叫作这个数列的**通项公式**（formula of general term）.

例如，数列 1，$\frac{1}{3}$，$\frac{1}{5}$，…，$\frac{1}{2n-1}$，…的通项公式是 $a_n=\frac{1}{2n-1}$；数列 1，2，3，…，n，…的通项公式是 $a_n=n$；数列 2，4，6，…，$2n$，…的通项公式是 $a_n=2n$.

例 1 写出下列数列的通项公式 .

（1）1，−1，1，−1，1，…

（2）$\frac{1}{1\times2}$，$\frac{1}{3\times4}$，$\frac{1}{5\times6}$，…

解 （1）$a_n=(-1)^{n-1}$.

（2）$a_n=\frac{1}{2n(2n-1)}$.

例 2 已知数列$\{a_n\}$满足 $a_1=2$，之后的各项可以由公式 $a_n=2a_{n-1}+1$（$n\geqslant2$）得出，求这个数列的前 4 项 .

解 $a_1=2$,

$a_2=2a_1+1=2\times2+1=5$,

$a_3=2a_2+1=2\times5+1=11$,

$a_4=2a_3+1=2\times11+1=23$.

例 3 已知数列$\{a_n\}$满足 $a_1=1$，$a_2=3$，之后的各项可以由公式 $a_n=2a_{n-1}+3a_{n-2}$（$n\geqslant3$）得出，求这个数列的前 6 项 .

解 $a_1=1$，$a_2=3$,

$a_3=2a_2+3a_1=2\times3+3\times1=9$,

$a_4=2a_3+3a_2=2\times9+3\times3=27$,

$a_5=2a_4+3a_3=2\times27+3\times9=81$,

$a_6=2a_5+3a_4=2\times81+3\times27=243$.

三、数列的前 *n* 项和公式

定义 3 我们称 $a_1+a_2+\cdots+a_n$ 为数列$\{a_n\}$的**前 *n* 项和**（sum of preceding *n* terms），记作 S_n，即 $S_n=a_1+a_2+\cdots+a_n$.

例4 已知数列$\{a_n\}$的通项公式为$a_n=n^2+1$，求S_4的值．

解 $\because S_4=a_1+a_2+a_3+a_4$，

$a_1=1^2+1=2$，

$a_2=2^2+1=5$，

$a_3=3^2+1=10$，

$a_4=4^2+1=17$，

$\therefore S_4=a_1+a_2+a_3+a_4=2+5+10+17=34.$

小 结

1．概念．

（1）按照一定次序排列的一列数叫作数列；

（2）项数有限的数列叫作有穷数列；

（3）项数无限的数列叫作无穷数列；

（4）如果数列$\{a_n\}$的第n项与序号n之间的关系可以用一个公式表示，那么这个公式就叫作这个数列的通项公式．

2．我们称$a_1+a_2+\cdots+a_n$为数列$\{a_n\}$的前n项和，记作S_n，即$S_n=a_1+a_2+\cdots+a_n$.

习题 7.1

1．下列数列哪些是有穷数列，哪些是无穷数列？

（1）1，2，5，7，10

（2）2，2，2，2，…

（3）2，4，6，8，…，$2n$

（4）5，10，20，30，…

2．写出下列数列的通项公式．

（1）$\frac{1}{2\times3}$，$\frac{1}{3\times4}$，$\frac{1}{4\times5}$，$\frac{1}{5\times6}$，…

（2）1，4，7，10，…

（3）3，9，27，81，…

（4）1，-4，9，-16，…

（5）$-\frac{1}{3\times5}$，$\frac{2}{5\times7}$，$-\frac{3}{7\times9}$，$\frac{4}{9\times11}$，…

3. 填空题.

（1）若数列$\{a_n\}$的通项公式为$a_n=-n^2+7n+9$，则$a_4=$__________.

（2）若数列$\{a_n\}$的通项公式为$a_n=n-\frac{(n-1)^2}{2}$，则$a_2=$__________.

（3）若数列$\{a_n\}$满足$a_1=\frac{1}{2}$，$a_n=4a_{n-1}+19\ (n\geqslant2)$，则$a_2=$__________，$a_3=$__________.

4. 已知数列$\{a_n\}$的通项公式为$a_n=(-1)^n\frac{n^2}{(2n-1)(2n+1)}$，求$a_1$，$a_2$，$a_3$的值.

5. 已知数列$\{a_n\}$满足$a_{n+1}=2a_n+1$，$a_1=1$，写出这个数列的前4项.

6. 已知在数列$\{a_n\}$中，$a_1=1$，$a_2=2$，之后各项由公式$a_n=a_{n-1}+a_{n-2}$ $(n\geqslant3)$得出，写出这个数列的前5项.

7. 已知数列$\{a_n\}$满足$a_1=1$，$a_{n+1}=\frac{2a_n}{a_n+2}$（$n\geqslant1$），写出这个数列的前5项.

8. 已知在数列$\{a_n\}$中，$a_1=1$，$a_2=6$，$a_{n+2}=a_{n+1}-a_n$（$n\geqslant1$），求a_6.

9. 已知数列$\{a_n\}$的前n项和$S_n=n^2+n$，求a_4的值.

10. 已知数列$\{a_n\}$的前n项和$S_n=-n^3+1$，求$a_5+a_6+a_7+a_8$的值.

7.2 等差数列

一、等差数列的概念

观察数列2，4，6，8，10，12，14，16，我们发现

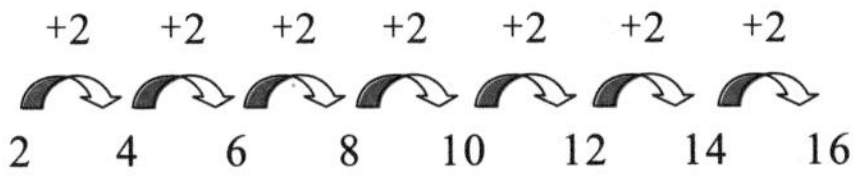

在相邻两项中，后面的项减去前面的项都等于同一个数，我们把这样的数列叫作等差数列．

定义 1 若数列$\{a_n\}$中的各项满足 $a_n-a_{n-1}=d$（$n\geqslant 2$）（其中 d 是常数），则称$\{a_n\}$是**等差数列**（arithmetic progression），称 d 为**公差**（common difference）．

注 1 数列$\{a_n\}$是等差数列$\Leftrightarrow a_2-a_1=a_3-a_2=a_4-a_3=\cdots=a_n-a_{n-1}=\cdots=d$.

例如：（1）数列 1，3，5，7，…，$2n-1$，… 是等差数列，公差 $d=2$.

（因为 $3-1=5-3=7-5=\cdots=2$）

（2）数列 2，2，2，2，…，2，… 是等差数列，公差 $d=0$.

（因为 $2-2=2-2=2-2=\cdots=0$）

（3）数列 1，$\frac{1}{2}$，$\frac{1}{3}$，$\frac{1}{4}$ 不是等差数列．

（因为$\frac{1}{2}-1\neq\frac{1}{3}-\frac{1}{2}$）

思考：数列 0，0，0，0，…，0，… 是等差数列吗？（答案：是）

例 1 已知数列$\{a_n\}$的通项公式为 $a_n=3n+2$，$\{a_n\}$是等差数列吗？

解 $\because a_n-a_{n-1}=(3n+2)-[3(n-1)+2]=3n-3(n-1)=3$，3 是常数，

$\therefore \{a_n\}$是等差数列．

例 2 已知数列$\{a_n\}$的通项公式为 $a_n=n^2-1$，$\{a_n\}$是等差数列吗？

解 $\because a_n-a_{n-1}=(n^2-1)-[(n-1)^2-1]=n^2-(n-1)^2=n^2-(n^2-2n+1)$

$=(2n-1)$，$2n-1$ 不是常数，

$\therefore \{a_n\}$不是等差数列．

注 2 判断数列$\{a_n\}$是不是等差数列，只需看 a_n-a_{n-1} 是否等于常数．

二、等差数列的通项公式

设数列$\{a_n\}$是等差数列，公差是 d，则

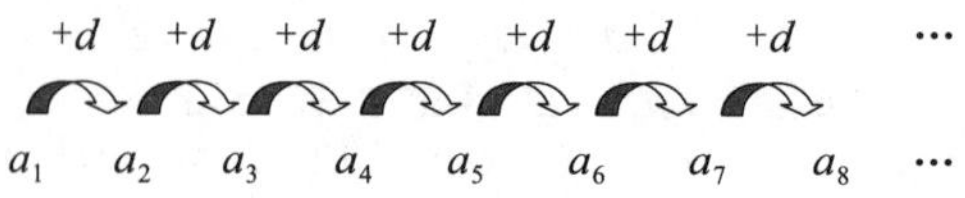

$a_2=a_1+d$,

$a_3=a_2+d=a_1+d+d=a_1+2d$,

$a_4=a_3+d=a_1+2d+d=a_1+3d$,

⋮

$a_n=a_1+(n-1)d$（等差数列的通项公式）	公式 7－1

例 3　已知数列$\{a_n\}$是等差数列，第 1 项是 2，公差是-3，求 a_5 和 a_{10} 的值.

解　$\because \{a_n\}$是等差数列，

$\therefore a_n=a_1+(n-1)d$,

$\because a_1=2$，$d=-3$,

$\therefore a_5=a_1+4d=2+4\times(-3)=2-12=-10$;

$a_{10}=a_1+9d=2+9\times(-3)=2-27=-25$.

例 4　已知数列$\{a_n\}$是等差数列，$a_3=-5$，$a_{11}=19$，求 a_1、d 和 a_8 的值.

解　$\because \{a_n\}$是等差数列，

$\therefore a_n=a_1+(n-1)d$,

$\therefore a_3=a_1+2d=-5$,　　①

$a_{11}=a_1+10d=19$,　　②

②−① 得

$(a_1+10d)-(a_1+2d)=19-(-5)$,

$8d=24$，$d=3$;

将 $d=3$ 代入①，得

$a_1+2\times3=-5$，$a_1=-5-6=-11$;

$\therefore a_8=a_1+7d=-11+7\times3=10$.

三、等差中项

定义2 如果 a，b，c 这三个数构成等差数列（即 $c-b=b-a$），则称 b 是 a 和 c 的**等差中项**（arithmetic mean）.

注3 如果 b 是 a 和 c 的等差中项，则

$b=\dfrac{a+c}{2}$（等差中项公式） 公式7－2

例5 4 和 20 的等差中项是 12. $\left(\text{因为}\dfrac{4+20}{2}=12\right)$

例6 已知数列 $\{a_n\}$ 是等差数列，a_3 和 a_9 的等差中项是________.

解 设 $\{a_n\}$ 的公差是 d，a_3 和 a_9 的等差中项是

$$\frac{a_3+a_9}{2}=\frac{a_1+2d+a_1+8d}{2}=\frac{2a_1+10d}{2}=a_1+5d=a_6,$$

所以，答案是 a_6.

注4 在例6中，我们可以认为 a_6 中的**下标**（subscript）“6”是这样得到的：$\dfrac{3+9}{2}=6$，其中“3”是 a_3 的下标，“9”是 a_9 的下标．即在等差数列中，a_3 和 a_9 的等差中项是 $\left(a_{\frac{3+9}{2}}=\right)a_6$.

若 $\{a_n\}$ 是等差数列，用上面的方法，我们可以得到

a_5 和 a_{11} 的等差中项是 $\left(a_{\frac{5+11}{2}}=\right)a_8$；

a_2 和 a_{16} 的等差中项是 $\left(a_{\frac{2+16}{2}}=\right)a_9$.

例7 已知数列 $\{a_n\}$ 是等差数列，若 $a_5+a_6+a_7+a_8+a_9=45$，则 $a_7=$________.

解 $\because$ $\dfrac{a_5+a_9}{2}=a_7\Rightarrow a_5+a_9=2a_7$，

$\dfrac{a_6+a_8}{2}=a_7\Rightarrow a_6+a_8=2a_7$，

$\therefore a_5+a_6+a_7+a_8+a_9=45\Rightarrow 5a_7=45\Rightarrow a_7=9$.

答案是9.

四、等差数列的前 n 项和公式

设数列$\{a_n\}$是等差数列，公差是 d，则

$$+\begin{cases}S_n=a_1+a_2+a_3+\cdots+a_{n-2}+a_{n-1}+a_n\\ S_n=a_n+a_{n-1}+a_{n-2}+\cdots+a_3+a_2+a_1\end{cases}$$

$$\Rightarrow 2S_n=\underbrace{(a_1+a_n)+(a_2+a_{n-1})+(a_3+a_{n-2})+\cdots+(a_{n-2}+a_3)+(a_{n-1}+a_2)+(a_n+a_1)}_{n\text{个括号相加}}$$

$$=\underbrace{(a_1+a_n)+(a_1+a_n)+(a_1+a_n)+\cdots+(a_1+a_n)+(a_1+a_n)+(a_1+a_n)}_{n\text{个括号相加}}$$

$$=n(a_1+a_n).$$

所以

$$S_n=\frac{n(a_1+a_n)}{2}\text{（等差数列的前 } n \text{ 项和公式）}\qquad \text{公式 } 7-3$$

再由$\begin{cases}S_n=\dfrac{n(a_1+a_n)}{2}\\ a_n=a_1+(n-1)d\end{cases}\Rightarrow S_n=\dfrac{n[a_1+a_1+(n-1)d]}{2}=na_1+\dfrac{n(n-1)d}{2}$，

即

$$S_n=na_1+\frac{n(n-1)d}{2}\text{（等差数列的前 } n \text{ 项和公式）}\qquad \text{公式 } 7-4$$

例 8　已知数列$\{a_n\}$的通项公式为 $a_n=n$，求 S_n.

解　方法1：$\because a_n-a_{n-1}=n-(n-1)=1$，

$\therefore \{a_n\}$是等差数列，

$\because a_1=1$，$a_n=n$，

$\therefore S_n=a_1+a_2+\cdots+a_n$

$=\dfrac{n(a_1+a_n)}{2}=\dfrac{n(1+n)}{2}$.

方法2：$\because a_n-a_{n-1}=n-(n-1)=1$，

$\therefore \{a_n\}$是等差数列，$d=1$，

$\because a_1=1$，

$\therefore S_n=a_1+a_2+\cdots+a_n$

$=na_1+\frac{n(n-1)d}{2}=n+\frac{n(n-1)}{2}=\frac{2n+n^2-n}{2}=\frac{n^2+n}{2}=\frac{n(n+1)}{2}$.

例9 已知数列$\{a_n\}$是等差数列，$a_1=2$，$a_4=-10$，求a_8和S_{10}的值.

解 $\because \{a_n\}$是等差数列，

$\therefore a_4=a_1+3d=-10$，

$\because a_1=2$，

$\therefore 2+3d=-10$，$3d=-12$，$d=-4$，

$\therefore a_8=a_1+7d=2+7\times(-4)=-26$，

$\because S_n=na_1+\frac{n(n-1)d}{2}$，

$\therefore S_{10}=10a_1+\frac{10\cdot 9d}{2}=10a_1+45d=10\times 2+45\times(-4)=-160$.

小 结

1. 数列$\{a_n\}$是等差数列$\Leftrightarrow a_2-a_1=a_3-a_2=a_4-a_3=\cdots=a_n-a_{n-1}=\cdots=d$，其中$d$是常数，被称为公差.

2. 熟记公式7－1至公式7－4，并会用它们进行计算.

$a_n=a_1+(n-1)d$（等差数列的通项公式）	公式7－1
$b=\frac{a+c}{2}$（等差中项公式）	公式7－2
$S_n=\frac{n(a_1+a_n)}{2}$（等差数列的前n项和公式）	公式7－3
$S_n=na_1+\frac{n(n-1)d}{2}$（等差数列的前$n$项和公式）	公式7－4

习题 7.2

1. 选择题（下列每小题的四个选项中，只有一个正确答案）.

（1）下列数列不是等差数列的是（　　）.

A. 3，3，3，…　　B. 2，8，14，20

C. $\frac{1}{2}$，$\frac{1}{4}$，$\frac{1}{6}$，…　　D. 0，0，0，…

（2）下列数列是等差数列的是（　　）.

A. 2，4，8，16，…　　B. ln2，ln4，ln8，ln16

C. lg1，lg2，lg3，lg4，…　　D. 0，10，40，50

（3）在等差数列$\{a_n\}$中，若$a_3=7$，$a_7=-5$，则公差$d=$(　　).

A. 3　　B. −3　　C. 2　　D. −2

（4）在等差数列$\{a_n\}$中，若$a_2=-5$，$a_6=a_4+6$，则$a_{10}=$(　　).

A. 19　　B. 18　　C. −19　　D. −18

（5）在等差数列$\{a_n\}$中，若$a_2+a_6=8$，$a_3+a_4=3$，则公差$d=$(　　).

A. 4　　B. 5　　C. 6　　D. 7

（6）$\sqrt{5}-2$和$\sqrt{5}+2$的等差中项是（　　）.

A. 2　　B. 1　　C. $\pm\sqrt{5}$　　D. $\sqrt{5}$

（7）在等差数列$\{a_n\}$中，若$a_1=21$，$a_7=18$，则公差$d=$(　　).

A. $\frac{1}{2}$　　B. $\frac{1}{3}$

C. $-\frac{1}{2}$　　D. $-\frac{1}{3}$

（8）在等差数列$\{a_n\}$中，若$a_2=5$，$a_6=17$，则$a_{14}=$(　　).

A. 45　　B. 41

C. 39　　D. 37

（9）若m和$2n$的等差中项是4，$2m$和n的等差中项是5，则m和n

的等差中项是（　　）.

A. 2　　B. 3

C. 6　　D. 9

（10）数列 $\{a_n\}$ 是首项为 2，公差为 3 的等差数列，数列 $\{b_n\}$ 是首项为−2，公差为 4 的等差数列．若 $a_n=b_n$，则 $n=$(　　).

A. 4　　B. 5　　C. 6　　D. 7

（11）在等差数列 $\{a_n\}$ 中，若 $a_2=1$，$a_3=3$，则 $S_4=$(　　).

A. 12　　B. 10　　C. 8　　D. 6

（12）在等差数列 $\{a_n\}$ 中，若 $a_2+a_5=19$，$S_5=40$，则 $a_{10}=$(　　).

A. 24　　B. 27　　C. 29　　D. 48

（13）在等差数列 $\{a_n\}$ 中，若 $S_{10}=120$，则 $a_2+a_9=$(　　).

A. 12　　B. 24　　C. 36　　D. 48

2. 填空题.

（1）−5 和 15 的等差中项是__________.

（2）4 和−18 的等差中项是__________.

（3）在等差数列 $\{a_n\}$ 中，a_4 和 a_{18} 的等差中项是__________，a_{10} 和 a_{20} 的等差中项是__________.

（4）在等差数列 $\{a_n\}$ 中，若 $a_{15}+a_{16}+a_{17}=39$，则 $a_{16}=$__________.

（5）在等差数列 $\{a_n\}$ 中，若 $a_8+a_9+a_{10}+a_{11}+a_{12}=55$，则 $a_{10}=$__________.

（6）已知数列 $\{a_n\}$ 满足 $a_{n+1}=a_n+4(n\geqslant1)$，$a_1=1$，则 $a_n=$________.

（7）在等差数列 $\{a_n\}$ 中，若 $a_4+a_6=6$，$S_5=10$，则公差 $d=$__________.

（8）若数列 $\{a_n\}$ 的通项公式为 $a_n=4n-3$，则 $a_1=$__________，公差 $d=$__________.

（9）在等差数列 $\{a_n\}$ 中，若 $a_3=7$，$a_5=a_2+6$，则 $a_6=$__________.

（10）设数列 $\{a_n\}$ 的首项 $a_1=-7$，且满足 $a_{n+1}=a_n+2$（$n\geqslant1$），则 a_1+

$a_2+\cdots+a_{17}=$__________.

3. 解答题.

（1）已知数列$\{a_n\}$的通项公式为$a_n=\frac{1}{2}n-3$，$\{a_n\}$是等差数列吗？如果是，求公差d的值.

（2）已知数列$\{a_n\}$的通项公式为$a_n=n^3$，$\{a_n\}$是等差数列吗？如果是，求公差d的值.

4. 计算题（要求写出计算过程，给出计算结果）.

（1）已知数列$\{a_n\}$是等差数列，$a_1=2$，公差$d=-2$，求a_{10}的值.

（2）已知数列$\{a_n\}$是等差数列，$a_4=6$，$a_{10}=-6$，求a_1、d和a_7的值.

（3）已知数列$\{a_n\}$是等差数列，$a_3=-1$，$a_7=7$，求a_1、d和a_9的值.

（4）已知数列$\{a_n\}$是等差数列，$a_1=2$，$a_{17}=20$，求S_{17}的值.

（5）已知数列$\{a_n\}$是等差数列，$a_1=2$，$d=-4$，求S_{15}的值.

（6）已知数列$\{a_n\}$是等差数列，$a_2=5$，$a_6=21$，求S_{10}的值.

（7）已知数列$\{a_n\}$是等差数列，$a_3=-8$，$a_9=4$，求a_{12}和S_{13}的值.

7.3 等比数列

一、等比数列的概念

观察数列2，4，8，16，32，64，128，256，我们发现

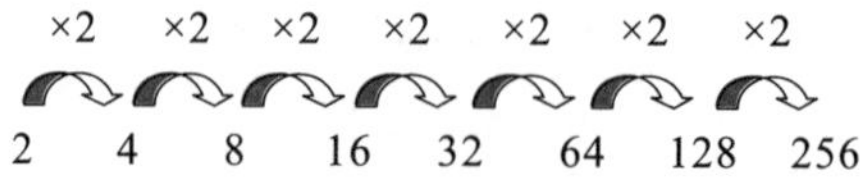

在相邻两项中，后面的项除以前面的项都等于同一个数，我们把这样的数列叫作等比数列.

定义1　若数列$\{a_n\}$中的各项满足$\frac{a_n}{a_{n-1}}=q(n\geqslant 2)(q\neq 0$，$q$是常数)，则称$\{a_n\}$是**等比数列**（geometric progression），称q为**公比**（common ratio）.

注1　数列$\{a_n\}$是等比数列$\Leftrightarrow\frac{a_2}{a_1}=\frac{a_3}{a_2}=\frac{a_4}{a_3}=\cdots=\frac{a_n}{a_{n-1}}=\cdots=q$.

例如，(1) 数列3，9，27，81…，3^n，… 是等比数列，公比$q=3$.

(因为$\frac{9}{3}=\frac{27}{9}=\frac{81}{27}=\cdots=3$)

(2) 数列2，2，2，2，…，2，… 是等比数列，公比$q=1$.

(因为$\frac{2}{2}=\frac{2}{2}=\frac{2}{2}=\cdots=1$)

(3) 数列1，3，3，9不是等比数列.

(因为$\frac{3}{1}\neq\frac{3}{3}$)

思考：数列0，0，0，0，…，0，…是等比数列吗？(答案：不是)

例1　已知数列$\{a_n\}$的通项公式为$a_n=5^n$，它是等比数列吗？

解　$\because\ \frac{a_n}{a_{n-1}}=\frac{5^n}{5^{n-1}}=5$，5是常数，

$\therefore\ \{a_n\}$是等比数列.

例2　已知数列$\{a_n\}$的通项公式为$a_n=n+1$，它是等比数列吗？

解　$\because\ \frac{a_n}{a_{n-1}}=\frac{n+1}{n-1+1}=\frac{n+1}{n}$，$\frac{n+1}{n}$不是常数，

$\therefore\ \{a_n\}$不是等比数列.

注2　判断数列$\{a_n\}$是不是等比数列，只需看$\frac{a_n}{a_{n-1}}$是否等于一个非零常数.

二、等比数列的通项公式

设数列$\{a_n\}$是等比数列，公比是q，则

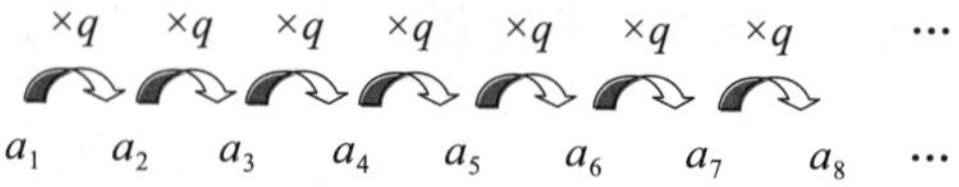

$a_2=a_1q$

$a_3=a_2q=a_1qq=a_1q^2$

$a_4=a_3q=a_1q^2q=a_1q^3$

⋮

$a_n=a_1q^{n-1}$（等比数列的通项公式）	公式 7－5

例 3　已知数列$\{a_n\}$是等比数列，$a_1=2$，公比是$-\dfrac{1}{2}$，求a_3和a_6的值.

解　$\because \{a_n\}$是等比数列，

$\therefore a_n=a_1q^{n-1}$，

$\because a_1=2$，$q=-\dfrac{1}{2}$，

$\therefore a_3=a_1q^2=2\times\left(-\dfrac{1}{2}\right)^2=2\times\dfrac{1}{4}=\dfrac{1}{2}$；

$a_6=a_1q^5=2\times\left(-\dfrac{1}{2}\right)^5=2\times\left(-\dfrac{1}{32}\right)=-\dfrac{1}{16}$.

例 4　已知数列$\{a_n\}$是等比数列，$a_2=2$，$a_4=8$，求a_1、q和a_7的值.

解　$\because \{a_n\}$是等比数列，

$\therefore a_n=a_1q^{n-1}$，

$\therefore a_2=a_1q=2$，　①

$a_4=a_1q^3=8$　②

②÷① 得

$\dfrac{a_1q^3}{a_1q}=q^2=\dfrac{8}{2}=4$，$q=\pm2$，

将$q=2$代入①，得$2a_1=2$，$a_1=1$，此时$a_7=a_1q^6=1\times2^6=64$；

将 $q=-2$ 代入①，得 $-2a_1=2$，$a_1=-1$，此时 $a_7=a_1q^6=(-1)\times(-2)^6=-64$.

三、等比中项

定义2　如果 a，b，c 这三个数构成等比数列（即 $\frac{c}{b}=\frac{b}{a}$），则称 b 是 a 和 c 的**等比中项**（geometric mean）.

注3　如果 b 是 a 和 c 的等比中项，则 $b^2=ac$，所以

$b=\pm\sqrt{ac}$（等比中项公式）　　　公式7-6

例5　4和16的等比中项是±8.（因为 $\pm\sqrt{4\times16}=\pm8$）

例6　在等比数列 $\{a_n\}$ 中，a_3 和 a_9 的等比中项是__________.

解　设 $\{a_n\}$ 的公比是 q，a_3 和 a_9 的等比中项是

$$\pm\sqrt{a_3a_9}=\pm\sqrt{a_1q^2a_1q^8}=\pm\sqrt{a_1^2q^{10}}=\pm a_1q^5=\pm a_6,$$

所以，答案是 a_6.

注4　在例6中，我们可以认为 a_6 中的下标“6”是这样得到的：$\frac{3+9}{2}=6$，其中“3”是 a_3 的下标，“9”是 a_9 的下标．即在等比数列中，a_3 和 a_9 的等比中项是 $\left(a_{\frac{3+9}{2}}=\right)a_6$.

若 $\{a_n\}$ 是等比数列，用上面的方法，我们可以得到

a_5 和 a_{11} 的等比中项是 $\left(a_{\frac{5+11}{2}}=\right)a_8$；

a_2 和 a_{16} 的等比中项是 $\left(a_{\frac{2+16}{2}}=\right)a_9$.

例7　已知数列 $\{a_n\}$ 是等比数列，$a_5a_6a_7=8$，$a_6=$__________.

解　$\because$ a_5 和 a_7 的等比中项是 $(a_{\frac{5+7}{2}}=)a_6$，

$\therefore$ $a_5a_7=a_6^2$，

$\therefore$ $a_5a_6a_7=a_6^3=8\Rightarrow a_6=2$.

答案是2.

四、等比数列的前 n 项和公式

设数列$\{a_n\}$是等比数列，公比是 q，则

$$\begin{cases} S_n=a_1+a_2+a_3+\cdots+a_{n-2}+a_{n-1}+a_n \\ qS_n=qa_1+qa_2+qa_3+\cdots+qa_{n-2}+qa_{n-1}+qa_n \\ \quad\ =a_2+a_3+a_4+\cdots+a_{n-1}+a_n+qa_n \end{cases}$$

$\Rightarrow S_n-qS_n=a_1-qa_n=a_1-qa_1q^{n-1}=a_1-a_1q^n=a_1(1-q^n)$

$\Rightarrow(1-q)S_n=a_1(1-q^n)$

$\Rightarrow S_n=\dfrac{a_1(1-q^n)}{1-q}(q\neq1)$.

$S_n=\dfrac{a_1(1-q^n)}{1-q}(q\neq1)$（等比数列的前 n 项和公式）　　公式 7－7

当 $q=1$ 时，$a_1=a_2=a_3=\cdots=a_n=\cdots$，所以，有

$$S_n=a_1+a_2+a_3+\cdots+a_n=a_1+a_1+a_1+\cdots+a_1=na_1.$$

$S_n=na_1(q=1)$（等比数列的前 n 项和公式）　　公式 7－8

例 8　已知数列$\{a_n\}$的通项公式为 $a_n=2^n$，求 S_n.

解　$\because \dfrac{a_n}{a_{n-1}}=\dfrac{2^n}{2^{n-1}}=2$,

$\therefore \{a_n\}$是等比数列，且公比 $q=2\neq1$,

$\because a_1=2$,

$\therefore S_n=\dfrac{a_1(1-q^n)}{1-q}=\dfrac{2(1-2^n)}{1-2}=2(2^n-1)$.

例 9　已知数列$\{a_n\}$是等比数列，$a_1=2$，$a_4=\dfrac{1}{4}$，求 a_6 和 S_5 的值.

解　$\because \{a_n\}$是等比数列,

$\therefore a_4=a_1q^3=\dfrac{1}{4}$,

$\because a_1=2,$

$\therefore 2q^3=\frac{1}{4}$，$q^3=\frac{1}{8}$，$q=\frac{1}{2}$，

$\therefore a_6=a_1q^5=2\times\left(\frac{1}{2}\right)^5=\frac{1}{16}$;

$\because S_n=\frac{a_1(1-q^n)}{1-q}$,

$\therefore S_5=\frac{a_1(1-q^5)}{1-q}=\frac{2\times\left[1-\left(\frac{1}{2}\right)^5\right]}{1-\frac{1}{2}}=4\times\left(1-\frac{1}{32}\right)=4\times\frac{31}{32}=\frac{31}{8}.$

例 10　已知数列$\{a_n\}$的通项公式为 $a_n=3$，求 S_{10} 的值.

解　$\because \frac{a_n}{a_{n-1}}=\frac{3}{3}=1$,

$\therefore \{a_n\}$是等比数列，且公比 $q=1$,

$\therefore S_{10}=10a_1$,

$\because a_1=3$,

$\therefore S_{10}=10a_1=10\times3=30.$

小　结

1. 数列$\{a_n\}$是等比数列$\Leftrightarrow\frac{a_2}{a_1}=\frac{a_3}{a_2}=\frac{a_4}{a_3}=\cdots=\frac{a_n}{a_{n-1}}=\cdots=q$，其中 q 是常数，$q\neq0$，被称为公比 .

2. 熟记公式 7－5 至公式 7－8，并会用它们进行计算 .

$a_n=a_1q^{n-1}$（等比数列的通项公式）	公式 7－5
$b=\pm\sqrt{ac}$（等比中项公式）	公式 7－6
$S_n=\frac{a_1(1-q^n)}{1-q}(q\neq1)$（等比数列的前 n 项和公式）	公式 7－7
$S_n=na_1(q=1)$（等比数列的前 n 项和公式）	公式 7－8

习题 7.3

1. 选择题（下列每小题的四个选项中，只有一个正确答案）.

（1）下列数列不是等比数列的是（　　）.

A. 3，3，3，…　　B. 4，8，16，32

C. $\frac{1}{2}$，$\frac{1}{4}$，$\frac{1}{8}$，…　　D. 0，0，0，…

（2）下列数列是等比数列的是（　　）.

A. 2，4，6，8，…　　B. 1，$\frac{1}{3}$，$\frac{1}{9}$，$\frac{1}{27}$，…

C. lg2，lg4，lg8，lg16，…　　D. 0，10，100，1000

（3）设数列$\{a_n\}$是以3为公比的等比数列，$a_1=2$，则$a_4=$（　　）.

A. 80　　B. 81　　C. 54　　D. 53

（4）在等比数列$\{a_n\}$中，$a_2=8$，$a_5=64$，则公比q为（　　）.

A. 2　　B. 3　　C. 4　　D. 8

（5）在等比数列$\{a_n\}$中，若$a_n>0$，且$a_1+a_2=1$，$a_3+a_4=9$，则a_4+a_5的值为（　　）.

A. 16　　B. 27　　C. 36　　D. 81

（6）在等比数列$\{a_n\}$中，若$a_5=5$，$a_8=25$，则a_2等于（　　）.

A. $\sqrt[3]{5}$　　B. $\sqrt{5}$　　C. 5　　D. 1

2. 填空题.

（1）在等比数列$\{a_n\}$中，若$a_5=2$，$a_{10}=6$，则$a_{25}=$__________.

（2）在等比数列$\{a_n\}$中，若$a_3=4$，$a_7=16$，则$a_5=$__________.

（3）若等差数列$\{a_n\}$的公差为2，且a_1，a_2，a_4成等比数列，则$a_1=$__________.

（4）若等比数列$\{a_n\}$的公比为正数，且$a_3a_9=2a_5^2$，$a_2=1$，则$a_1=$__________.

(5) 在等比数列$\{a_n\}$中，若 $a_2=1$，$a_8=a_6+2a_4$，则 $a_6=$________.

(6) -4 与-16 的等比中项是________.

(7) $\sqrt{6}-2$ 和$\sqrt{6}+2$ 的等比中项是________.

(8) 在等比数列$\{a_n\}$中，a_4 和 a_{18} 的等比中项是________，a_{10} 和 a_{20} 的等比中项是________.

(9) 若$\{a_n\}$是一个等比数列，$a_{15}a_{16}a_{17}=27$，则 $a_{16}=$________.

(10) 若 $\{a_n\}$ 是一个等比数列，$a_8a_9a_{10}a_{11}a_{12}=32$，则 $a_{10}=$________.

3. 解答题.

(1) 已知数列$\{a_n\}$的通项公式为 $a_n=(-3)^n$，$\{a_n\}$是等比数列吗？如果是，求公比 q 的值.

(2) 已知数列$\{a_n\}$的通项公式为 $a_n=2n$，$\{a_n\}$是等比数列吗？如果是，求公比 q 的值.

4. 计算题（要求写出计算过程，给出计算结果）.

(1) 已知数列$\{a_n\}$是一个等比数列，$a_1=2$，$a_4=-54$，求 S_5 的值.

(2) 已知数列$\{a_n\}$的通项公式为 $a_n=5$，求 S_{15} 的值.

(3) 已知数列$\{a_n\}$是一个等比数列，$a_2=5$，$a_4=45$，求 S_4 的值.

(4) 已知数列$\{a_n\}$是一个等比数列，$a_3=-8$，$a_5=-2$，求 a_4 和 S_4 的值.

自测题 7

1. 选择题（下列每小题的四个选项中，只有一个正确答案）.

(1) 若数列$\{a_n\}$的通项公式为 $a_n=2n^2-3$，则 $a_4=$(　　).

A. 28　　B. 29　　C. 30　　D. 31

(2) 2 和 14 的等差中项是（　　）.

A. 10　　B. 8　　C. ±8　　D. 6

(3) 数列 0，$\frac{2}{3}$，$\frac{4}{5}$，$\frac{6}{7}$，…的通项公式为（　　）.

A. $a_n=\dfrac{n-1}{n+1}$　　B. $a_n=\dfrac{n-1}{2n+1}$

C. $a_n=\dfrac{2(n-1)}{2n-1}$　　D. $a_n=\dfrac{2n}{2n+1}$

（4）若 S_n 为数列 $\{a_n\}$ 的前 n 项和，且 $S_n=\dfrac{n}{n+1}$，则 $a_5=$（　　）.

A. $\dfrac{5}{6}$　　B. $\dfrac{6}{5}$　　C. $\dfrac{1}{30}$　　D. 30

（5）若 $\{a_n\}$ 为等差数列，且 $a_2+a_{12}=10$，则 $a_7=$（　　）.

A. 5　　B. 6　　C. 7　　D. 8

（6）下列数列是等比数列的是（　　）.

A. 2，4，6　　B. 2^2，2^4，2^8

C. ln2，ln4，ln8　　D. $\sqrt{2}$，-2，$2\sqrt{2}$

2. 填空题.

（1）在等差数列 $\{a_n\}$ 中，若 $a_5+a_6=25$，则 $S_{10}=$__________.

（2）在数列 $\{a_n\}$ 中，若 $a_1=1$，$a_{n+1}-a_n=2(n\geqslant1)$，则 $a_n=$__________.

（3）已知数列 $\{a_n\}$ 满足 $a_1=1$，$a_{n+1}=a_n+\dfrac{1}{n^2+n}(n\geqslant1)$，则 $a_3=$______.

（4）$\sqrt{2}$ 和 $2\sqrt{2}$ 的等比中项是__________.

（5）在等差数列 $\{a_n\}$ 中，a_{10} 和 a_{50} 的等差中项是__________.

（6）在等比数列 $\{a_n\}$ 中，a_{30} 和 a_{40} 的等比中项是__________.

（7）在等差数列 $\{a_n\}$ 中，若 $a_2=0$，$a_6=-12$，则 $S_7=$__________.

（8）在等比数列 $\{a_n\}$ 中，若 $a_3=\dfrac{1}{3}$，$a_5=\dfrac{1}{27}$，则 $S_4=$__________.

（9）$1+2+3+\cdots+100=$__________.

（10）$3+9+27+\cdots+3^{20}=$__________.

3. 计算题（要求写出计算过程，给出计算结果）.

（1）已知数列 $\{a_n\}$ 中 $a_1=1$，$a_2=3$，之后的各项可以由公式 $a_n=$

$a_{n-1}+2a_{n-2}$（$n \geqslant 3$）得出，求 a_5 的值．

（2）已知$\{a_n\}$是等比数列，$a_2=3$，$a_5=24$.

①求 a_1 和 q 的值；

②求 S_5 的值．

（3）已知等差数列$\{a_n\}$满足 $a_3=10$，$a_6=19$.

①求 a_1 和 d 的值；

②求 S_{10} 的值．

第8章　复　数

8.1　复数的定义

一、复数的概念

定义1　当 a 和 b 都是实数时，称 $a+bi$ 为**复数**（complex number），称 i 为**虚数单位**（imaginary unit），规定 $i^2=-1$.

复数常用小写字母 z 表示，即 $z=a+bi$（$a, b\in\mathbb{R}$）. 其中，a 称为 z 的**实部**（real part），记作 $\mathrm{Re}(z)$；b 称为 z 的**虚部**（imaginary part），记作 $\mathrm{Im}(z)$；称 $\sqrt{a^2+b^2}$ 为 z 的**模**（modulus），记作 $|z|$ 或 $|a+bi|$. 即 $\mathrm{Re}(z)=a$，$\mathrm{Im}(z)=b$，$|z|=\sqrt{a^2+b^2}$.

全体复数所组成的集合称为**复数集**（set of complex numbers），一般用字母 C 表示，即 $C=\{z\mid z=a+bi, a, b\in\mathbb{R}\}$.

例如，$z_1=3+4i$ 是一个复数，其中实部是 3，虚部是 4，模是 5（$\sqrt{3^2+4^2}=5$），即 $\mathrm{Re}(z_1)=3$，$\mathrm{Im}(z_1)=4$，$|z_1|=5$；

$z_2=-1+2i$ 是一个复数，其中实部是-1，虚部是 2，模是$\sqrt{5}$（$\sqrt{(-1)^2+2^2}=\sqrt{5}$），即 $\mathrm{Re}(z_2)=-1$，$\mathrm{Im}(z_2)=2$，$|z_2|=\sqrt{5}$；

$z_3=4-6i$ 是一个复数，其中实部是 4，虚部是-6，模是 $2\sqrt{13}$（$\sqrt{4^2+(-6)^2}=2\sqrt{13}$），即 $\mathrm{Re}(z_3)=4$，$\mathrm{Im}(z_3)=-6$，$|z_3|=2\sqrt{13}$.

例1　复数 $z=-6-8i$ 的实部是________，虚部是________，模是________.

解　实部是-6，虚部是-8，模是$\sqrt{(-6)^2+(-8)^2}=10$.

对于复数 $z=a+bi$（$a, b\in\mathbb{R}$），有下面三种情况：

（1）当 $b=0$ 时，$z=a$ 是实数，例如，$z=2$ 是实数；

(2) 当 $b\neq 0$ 时，$z=a+bi$ 称为**虚数**（imaginary number），例如，$z=1+5i$ 是虚数；

(3) 当 $a=0$，$b\neq 0$ 时，$z=bi$ 称为**纯虚数**（purely imaginary number），例如，$z=-3i$ 是纯虚数．

注 1　纯虚数一定是虚数．

例 2　分别求实数 x 的取值，使得复数 $z=(x+3)+(x-1)i$ 满足下列情况：

(1) z 是实数；(2) z 是虚数；(3) z 是纯虚数.

解　(1) 当 $x-1=0$，即 $x=1$ 时，复数 z 是实数．

(2) 当 $x-1\neq 0$，即 $x\neq 1$ 时，复数 z 是虚数．

(3) 当 $x+3=0$ 且 $x-1\neq 0$，即 $x=-3$ 时，复数 z 是纯虚数．

显然，实数集ℝ是复数集 C 的真子集，即 $\mathbb{R}\subsetneqq C$. 各类数之间的关系可见图 8.1－1 所示：

- 复数 $(a+bi)$
  - 实数 $(b=0)$
    - 有理数
      - 整数
      - 分数
    - 无理数
  - 虚数 $(b\neq 0)$
    - 纯虚数 $(a=0)$
    - 非纯虚数 $(a\neq 0)$

图 8.1－1

二、复数的相等

定义 2　如果两个复数 $a+bi$ 与 $c+di$ 的实部与虚部分别相等，则称这两个复数相等，记作 $a+bi=c+di$（a，b，c，$d\in\mathbb{R}$），即

$$a+bi=c+di\Leftrightarrow a=c,\ b=d;$$

特别地，$a+bi=0\Leftrightarrow a=0,\ b=0$.

注 2 两个复数只能表示为相等或不相等，不能比较大小．

例 3 分别求满足下列条件的实数 x 和 y 的值．

（1）$x+2\mathrm{i}=3-y\mathrm{i}$

（2）$(x+y)+(x-y-1)\mathrm{i}=(2x-3)+(x-2y+3)\mathrm{i}$

（3）$(x+y-3)+(2x-y)\mathrm{i}=0$

解 （1）由复数相等的定义，得 $x=3$，$y=-2$.

（2）由复数相等的定义，得

$$\begin{cases}x+y=2x-3,\\x-y-1=x-2y+3,\end{cases}$$

解方程组，得 $x=7$，$y=4$.

（3）由复数等于 0 的条件，得

$$\begin{cases}x+y-3=0,\\2x-y=0,\end{cases}$$

解方程组，得 $x=1$，$y=2$.

三、共轭复数

定义 3 如果两个复数的实部相等，虚部互为相反数，则称这两个复数互为**共轭复数**（conjugate complex number）.

复数 z 的共轭复数用 $\bar{z}$ 表示．因此，当 $z=a+b\mathrm{i}$（a，$b\in\mathbb{R}$）时，有 $\bar{z}=a-b\mathrm{i}$. 显然，$|z|=|\bar{z}|$. 例如，$z=1+3\mathrm{i}$ 的共轭复数是 $\bar{z}=1-3\mathrm{i}$，$|z|=|\bar{z}|=\sqrt{10}$.

例 4 设 $z=-2-\mathrm{i}$，则 $\bar{z}=$________，$|\bar{z}|=$________.

解 $\bar{z}=-2+\mathrm{i}$，$|\bar{z}|=\sqrt{(-2)^2+1^2}=\sqrt{5}$.

小　结

1. 复数的形式：$z=a+b\mathrm{i}$（a，$b\in\mathbb{R}$）．其中，a 称为 z 的实部，记作 $\mathrm{Re}(z)$；b 称为 z 的虚部，记作 $\mathrm{Im}(z)$；z 的模 $|z|=\sqrt{a^2+b^2}$.

2. 全体复数所组成的集合称为复数集，记为 C. 各类数之间的关系：

$$\text{复数}(a+bi)\begin{cases}\text{实数}(b=0)\begin{cases}\text{有理数}\begin{cases}\text{整数}\\ \text{分数}\end{cases}\\ \text{无理数}\end{cases}\\ \text{虚数}(b\neq 0)\begin{cases}\text{纯虚数}(a=0)\\ \text{非纯虚数}(a\neq 0)\end{cases}\end{cases}$$

3. $a+bi=c+di \Leftrightarrow a=c，b=d$；特别地，$a+bi=0 \Leftrightarrow a=0，b=0$（$a，b，c，d\in\mathbb{R}$）.

4. 复数 $z=a+bi$（$a，b\in\mathbb{R}$）的共轭复数是 $\bar{z}=a-bi$，且有 $|z|=|\bar{z}|$.

习题 8.1

1. 填空题.

（1）下列各数 -1，$\sqrt{3}\,i$，$2+\sqrt{5}$，$-2-i$，$\sqrt{2}+3i$，0，$\frac{1}{2}i$ 中，是实数的是____________，是虚数的是____________，是纯虚数的是____________.

（2）复数 $z=3-2i$ 的实部是________，虚部是________，模是________.

（3）复数 $z=-5-12i$ 的实部是________，虚部是________，模是________.

（4）若复数 $z=-4i$，则 $\mathrm{Re}(z)=$________，$\mathrm{Im}(z)=$________，$|z|=$________.

（5）若复数 $z=6+2i$，则 $\bar{z}=$________，$|\bar{z}|=$________.

（6）若复数 $z=-3+8i$，则 $\bar{z}=$________，$|\bar{z}|=$________.

（7）若复数 $z=7i$，则 $\bar{z}=$________，$|\bar{z}|=$________.

（8）设 x 和 y 均为实数，若复数 $(x+1)+(y-2)i=(2x+5)+(3y-4)i$，

则 $x=$________，$y=$________.

(9) 设 x 和 y 均为实数，若复数 $(3x+y-2)+(x+2y)\mathrm{i}=(x+y)+(2x-3y-2)\mathrm{i}$，则 $x=$________，$y=$________.

(10) 设 x 和 y 均为实数，若复数 $(x-y-4)\mathrm{i}=(x+y-1)+(2y+1)\mathrm{i}$，则 $x=$________，$y=$________.

2. 选择题（下列每小题的四个选项中，只有一个正确答案）.

(1) 下列式子错误的是（　　）

A. $\mathbb{N}\subseteq\mathbb{Z}$　　B. $\mathbb{Z}\subseteq\mathbb{Q}$　　C. $\mathbb{Q}\subseteq\mathbb{R}$　　D. $\mathbb{R}\not\subseteq\mathrm{C}$

(2) 设 x 为实数，若复数 $(x-2)+(x+1)\mathrm{i}$ 是实数，则 $x=$（　　）.

A. 2　　B. 1　　C. -1　　D. -2

(3) 设 x 为实数，若复数 $(x+2)+(x^2+x-6)\mathrm{i}$ 是纯虚数，则 $x=$（　　）.

A. -2　　B. 2　　C. 3　　D. 1

(4) 设 x 为实数，若复数 $(x^2-5x+4)+(x-4)\mathrm{i}$ 是虚数，则下列正确的是（　　）.

A. $x\neq1$　　B. $x\neq2$　　C. $x\neq4$　　D. $x\neq5$

3. 解答题.

(1) 已知复数 z 的实部和虚部互为相反数，且 $|z|=5\sqrt{2}$，求 z.

(2) 已知复数 $z=a+b\mathrm{i}$（a，$b\in\mathbb{R}$）满足 $|\bar{z}|=\sqrt{5}$ 且 $b=-2a$，求 $\bar{z}$.

8.2 复数的四则运算（Four Arithmetic Operations）

一、复数的加法（addition）

设 $z_1=a+b\mathrm{i}$，$z_2=c+d\mathrm{i}$（a，b，c，$d\in\mathbb{R}$）是任意两个复数，称 z_1+z_2 为 z_1 与 z_2 的和，规定

$$z_1+z_2=(a+b\mathrm{i})+(c+d\mathrm{i})=(a+c)+(b+d)\mathrm{i};$$

特别地，$z_1+\bar{z}_1=(a+b\mathrm{i})+(a-b\mathrm{i})=2a$.

显然，两个复数的和仍是复数．加法运算满足**交换律**（commutative law）和**结合律**（associative law），即对任意复数 z_1，z_2，z_3，有

（1）$z_1+z_2=z_2+z_1$（交换律）；

（2）$(z_1+z_2)+z_3=z_1+(z_2+z_3)$（结合律）．

例 1 设 $z_1=2+3\mathrm{i}$，$z_2=-4+5\mathrm{i}$，则 $z_1+z_2=$__________．

解 $z_1+z_2=(2+3\mathrm{i})+(-4+5\mathrm{i})=(2-4)+(3+5)\mathrm{i}=-2+8\mathrm{i}$.

例 2 设 $z=6-2\mathrm{i}$，则 $z+\bar{z}=$__________．

解 $z+\bar{z}=(6-2\mathrm{i})+(6+2\mathrm{i})=(6+6)+(-2+2)\mathrm{i}=12$.

二、复数的减法（subtraction）

设复数 $z=a+b\mathrm{i}$（a，$b\in\mathbb{R}$），称 $-z$ 为 z 的**相反数**（opposite number），规定

$$-z=-(a+b\mathrm{i})=-a-b\mathrm{i}.$$

设 $z_1=a+b\mathrm{i}$，$z_2=c+d\mathrm{i}$（a，b，c，$d\in\mathbb{R}$）是任意两个复数，称 z_1-z_2 为 z_1 与 z_2 的差，规定 $z_1-z_2=z_1+(-z_2)$，故

$$z_1-z_2=z_1+(-z_2)=(a+b\mathrm{i})+(-c-d\mathrm{i})=(a-c)+(b-d)\mathrm{i};$$

$$\text{特别地，}z_1-\bar{z}_1=(a+b\mathrm{i})-(a-b\mathrm{i})=2b\mathrm{i}.$$

显然，两个复数的差仍是复数．两个复数 z_1 和 z_2 的差一般不满足交换律，即 $z_1-z_2\neq z_2-z_1$.

例 3 设 $z_1=-5+2\mathrm{i}$，$z_2=1+4\mathrm{i}$，则 $z_1-z_2=$__________．

解 $z_1-z_2=(-5+2\mathrm{i})-(1+4\mathrm{i})=(-5-1)+(2-4)\mathrm{i}=-6-2\mathrm{i}$.

三、复数的乘法（multiplication）

设 $z_1=a+b\mathrm{i}$，$z_2=c+d\mathrm{i}$（a，b，c，$d\in\mathbb{R}$）是任意两个复数，称 z_1z_2（或 $z_1\times z_2$）为 z_1 与 z_2 的**积**（product），规定

$$z_1z_2=(a+b\mathrm{i})(c+d\mathrm{i})=ac+ad\mathrm{i}+bc\mathrm{i}+bd\mathrm{i}^2=(ac-bd)+(ad+bc)\mathrm{i};$$

$$\text{特别地，}z_1\bar{z}_1=(a+b\mathrm{i})(a-b\mathrm{i})=a^2+b^2.$$

显然，两个复数的积仍是复数．对任意复数 z_1，z_2，z_3，乘法运算满足

下面的运算律：

（1）$z_1z_2=z_2z_1$（交换律）；

（2）$(z_1z_2)z_3=z_1(z_2z_3)$（结合律）；

（3）$z_1(z_2+z_3)=z_1z_2+z_1z_3$（**分配律**（distributive law））；

（4）$(z_1+z_2)^2=z_1^2+2z_1z_2+z_2^2$；

（5）$(z_1+z_2)(z_1-z_2)=z_1^2-z_2^2$.

例 4 设 $z_1=1-2\mathrm{i}$，$z_2=-3+4\mathrm{i}$，则 $z_1z_2=$________.

解 $z_1z_2=(1-2\mathrm{i})(-3+4\mathrm{i})$

$=1\times(-3)+1\times4\mathrm{i}+(-2\mathrm{i})\times(-3)+(-2\mathrm{i})\times4\mathrm{i}$

$=-3+4\mathrm{i}+6\mathrm{i}-8\mathrm{i}^2=5+10\mathrm{i}$.

例 5 设 $z=4-2\mathrm{i}$，则 $z^2=$________.

解 $z^2=(4-2\mathrm{i})^2=4^2-2\times4\times2\mathrm{i}+(2\mathrm{i})^2=16-16\mathrm{i}+4\mathrm{i}^2=16-16\mathrm{i}-4=12-16\mathrm{i}$.

四、复数的除法（division）

设 $z_1=a+b\mathrm{i}$，$z_2=c+d\mathrm{i}$（a，b，c，$d\in\mathbb{R}$）是任意两个复数，且 $z_2\neq0$，称 $\frac{z_1}{z_2}$ 为 z_1 除以 z_2 的商（quotient）. 一般情况下，用下面的方法计算两个复数的商

$$\frac{z_1}{z_2}=\frac{a+b\mathrm{i}}{c+d\mathrm{i}}=\frac{(a+b\mathrm{i})(c-d\mathrm{i})}{(c+d\mathrm{i})(c-d\mathrm{i})}=\frac{(ac+bd)+(bc-ad)\mathrm{i}}{c^2+d^2}=\frac{ac+bd}{c^2+d^2}+\frac{bc-ad}{c^2+d^2}\mathrm{i}.$$

显然，当分母不为0时，两个复数的商仍是复数.

例 6 $\frac{3-7\mathrm{i}}{2+5\mathrm{i}}=$________.

解 $\frac{3-7\mathrm{i}}{2+5\mathrm{i}}=\frac{(3-7\mathrm{i})(2-5\mathrm{i})}{(2+5\mathrm{i})(2-5\mathrm{i})}=\frac{6-15\mathrm{i}-14\mathrm{i}+35\mathrm{i}^2}{2^2+5^2}=\frac{-29-29\mathrm{i}}{29}=-1-\mathrm{i}$.

例 7 设 $z=3-5\mathrm{i}$，则 $\frac{\bar{z}}{z}=$________.

解 $\frac{\bar{z}}{z}=\frac{3+5\mathrm{i}}{3-5\mathrm{i}}=\frac{(3+5\mathrm{i})^2}{(3-5\mathrm{i})(3+5\mathrm{i})}=\frac{9+30\mathrm{i}+25\mathrm{i}^2}{3^2+5^2}=\frac{-16+30\mathrm{i}}{34}=-\frac{8}{17}+\frac{15}{17}\mathrm{i}$.

对于实系数（coefficient）一元二次方程 $ax^2+bx+c=0$（a，b，$c\in\mathbb{R}$），我们知道当 $\Delta=b^2-4ac<0$ 时，方程在实数范围内无解；但在复数范围内，我们可以用求根公式求出它的两个复数解．即

$$x_1,x_2=\frac{-b\pm\sqrt{b^2-4ac}}{2a}=\frac{-b\pm\sqrt{-(4ac-b^2)}}{2a}$$

$$=\frac{-b\pm\sqrt{(4ac-b^2)\mathrm{i}^2}}{2a}=\frac{-b\pm\sqrt{4ac-b^2}\,\mathrm{i}}{2a}=-\frac{b}{2a}\pm\frac{\sqrt{4ac-b^2}}{2a}\mathrm{i}.$$

例 8　在复数范围内解下列一元二次方程．

（1）$x^2+1=0$

（2）$x^2+3x+5=0$

解　（1）$x^2+1=0\Rightarrow x^2=-1\Rightarrow x^2=\mathrm{i}^2\Rightarrow x=\pm\mathrm{i}$.

（2）由求根公式，得

$$x_1,x_2=\frac{-3\pm\sqrt{3^2-4\times1\times5}}{2\times1}=\frac{-3\pm\sqrt{-11}}{2}=\frac{-3\pm\sqrt{11\mathrm{i}^2}}{2}=\frac{-3\pm\sqrt{11}\,\mathrm{i}}{2}=-\frac{3}{2}\pm\frac{\sqrt{11}}{2}\mathrm{i}.$$

小　结

1. 设 $z_1=a+b\mathrm{i}$，$z_2=c+d\mathrm{i}$（a，b，c，$d\in\mathbb{R}$）是任意两个复数，则

（1）$z_1+z_2=(a+b\mathrm{i})+(c+d\mathrm{i})=(a+c)+(b+d)\mathrm{i}$；

（2）$z_1-z_2=z_1+(-z_2)=(a+b\mathrm{i})+(-c-d\mathrm{i})=(a-c)+(b-d)\mathrm{i}$；

（3）$z_1z_2=(a+b\mathrm{i})(c+d\mathrm{i})=ac+ad\mathrm{i}+bc\mathrm{i}+bd\mathrm{i}^2=(ac-bd)+(ad+bc)\mathrm{i}$；

（4）当 $z_2\neq0$ 时，$\frac{z_1}{z_2}=\frac{a+b\mathrm{i}}{c+d\mathrm{i}}=\frac{(a+b\mathrm{i})(c-d\mathrm{i})}{(c+d\mathrm{i})(c-d\mathrm{i})}=\frac{(ac+bd)+(bc-ad)\mathrm{i}}{c^2+d^2}$

$$=\frac{ac+bd}{c^2+d^2}+\frac{bc-ad}{c^2+d^2}\mathrm{i}.$$

2. 关于实系数一元二次方程 $ax^2+bx+c=0$（a，b，$c\in\mathbb{R}$），当 $\Delta=b^2-4ac<0$ 时，其在复数范围内的两个复数解为：

$$x_1,x_2=\frac{-b\pm\sqrt{b^2-4ac}}{2a}=\frac{-b\pm\sqrt{-(4ac-b^2)}}{2a}$$

$$=\frac{-b\pm\sqrt{(4ac-b^2)\mathrm{i}^2}}{2a}=\frac{-b\pm\sqrt{4ac-b^2}\,\mathrm{i}}{2a}=-\frac{b}{2a}\pm\frac{\sqrt{4ac-b^2}}{2a}\mathrm{i}.$$

习题 8.2

1. 计算下列各式.

（1）$(4+2i)+(-3+5i)$　　（2）$-4i+(3+9i)+(-6-5i)$

（3）$(-1+3i)+(2-5i)-(-8+7i)$　　（4）$2-(5-2i)+(-3-8i)$

2. 计算下列各式.

（1）$i(-4+3i)$　　（2）$(5-2i)(-4+9i)$

（3）$(4-3i)(4+3i)$　　（4）$(6+5i)^2$

（5）$(1+i)(2-3i)(-4+5i)$　　（6）$(2+i)^4$

（7）$\dfrac{2-i}{4+3i}$　　（8）$\dfrac{4-2i}{i}$

（9）$\dfrac{5+3i}{2+i}$　　（10）$\left(\dfrac{1-i}{1+i}\right)^2$

3. 已知 $z_1=1-2i$，$z_2=3+4i$，$\dfrac{1}{z}=\dfrac{1}{z_1}+\dfrac{1}{z_2}$，求 z.

4. 在复数范围内求下列方程的解.

（1）$x^2-2x+6=0$　　（2）$2x^2+x+3=0$　　（3）$3x^2-4x+3=0$

5. 已知 x_1，x_2 是方程 $4x^2-2x+1=0$ 的两个解，求 $|x_1-x_2|^2$.

自测题 8

1. 填空题.

（1）下列各数 π，$1+\sqrt{2}i$，-3，$2i$，$-\sqrt{5}+i$，6，$\dfrac{5}{3}i$ 中，是实数的是____________，是虚数的是____________，是纯虚数的是____________.

（2）若复数 $z=-4+2i$，则 $\mathrm{Re}(z)=$________，$\mathrm{Im}(z)=$________，$|z|=$________.

（3）复数 $z=-\dfrac{1}{2}+\dfrac{3}{2}i$ 的实部是________，虚部是________，模

是__________.

（4）若复数 $z=3-4i$，则 $\bar{z}=$__________，$|\bar{z}|=$__________.

（5）设 x 和 y 均为实数，若复数 $(2x+y-3)+(x-y-2)i=(x-2y+5)+(2x-4)i$，则 $x=$__________，$y=$__________.

（6）$(-3+2i)-(4+i)+(-2+5i)=$__________.

（7）$(4-2i)(-5+3i)=$__________.

（8）$\dfrac{1-3i}{2+5i}=$__________.

（9）$\dfrac{(2-i)^2}{1+2i}=$__________.

（10）方程 $4x^2-4x+3=0$ 在复数范围内的解是__________.

2. 选择题（下列每小题的四个选项中，只有一个正确答案）.

（1）设 x 为实数，若复数 $(x^2+x-2)+(x^2-3x+2)i$ 是纯虚数，则 $x=$（　　）.

A. 1　　B. 2　　C. -2　　D. 1 或 -2

（2）若复数 z 满足 $z-2i=4-3i$，则 $\bar{z}=$（　　）.

A. $4-i$　　B. $4+i$　　C. $4-5i$　　D. $4+5i$

（3）若复数 z 满足 $3(z+\bar{z})+2(z-\bar{z})=2+3i$，则 $z=$（　　）.

A. $\dfrac{1}{3}+\dfrac{3}{4}i$　　B. $\dfrac{1}{2}+\dfrac{3}{4}i$

C. $\dfrac{1}{2}+\dfrac{4}{3}i$　　D. $\dfrac{1}{3}+\dfrac{4}{3}i$

（4）若复数 $z=3+2i$，则 $z(\bar{z}-3i)=$（　　）.

A. $-1+9i$　　B. $19+9i$　　C. $19-9i$　　D. $-1-9i$

（5）若复数 $z=1+2i+3i^2+4i^3$，则 $|z|=$（　　）.

A. $2\sqrt{5}$　　B. $2\sqrt{2}$　　C. $2\sqrt{10}$　　D. $2\sqrt{13}$

（6）设 x 为复数，满足 $(1+xi)i=3+2i$，则 $x=$（　　）.

A. $3+i$　　B. $3-i$　　C. $-3+i$　　D. $-3-i$

（7）复数$\dfrac{5-4\mathrm{i}}{2+\mathrm{i}}$的实部是（　　）.

A. $\dfrac{6}{5}$　　B. $-\dfrac{13}{5}$　　C. $\dfrac{14}{3}$　　D. $-\dfrac{13}{3}$

（8）若复数$z=-1+\sqrt{2}\mathrm{i}$，则$\dfrac{z}{z\bar{z}-1}=$（　　）.

A. $-\dfrac{1}{3}+\dfrac{\sqrt{2}}{3}\mathrm{i}$　　B. $-1+\sqrt{2}\mathrm{i}$

C. $-\dfrac{1}{2}+\dfrac{\sqrt{2}}{2}\mathrm{i}$　　D. $-\dfrac{1}{4}+\dfrac{\sqrt{2}}{4}\mathrm{i}$

（9）若复数z满足$z+|z|=2+8\mathrm{i}$，则$z=$（　　）.

A. $-12+8\mathrm{i}$　　B. $-13+6\mathrm{i}$　　C. $-15+8\mathrm{i}$　　D. $-14+6\mathrm{i}$

第 9 章　平面直线

9.1　平面直线的倾斜角和斜率

一、平面直线的倾斜角

定义 1　当直线（line）与 x 轴相交（to intersect）时，x 轴正向与直线向上方向所形成的角叫作直线的**倾斜角**（angle of inclination）.

特别地，当直线与 x 轴平行（to parallel）或重合时，规定直线的倾斜角是 0°. 如图 9.1－1、图 9.1－2、图 9.1－3 所示，α 和 β 分别为直线 l_1 和 l_2 的倾斜角，直线 l_3 的倾斜角是 0°.

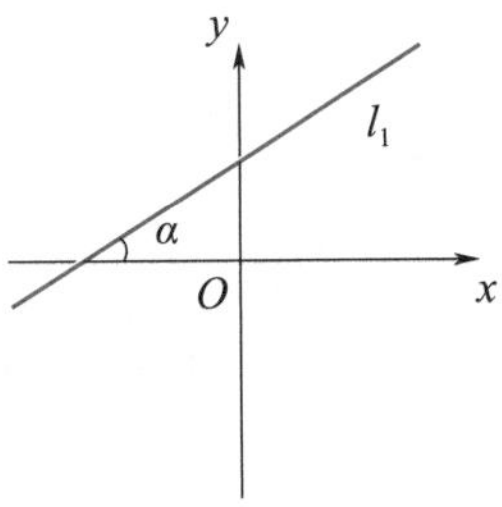

图 9.1－1

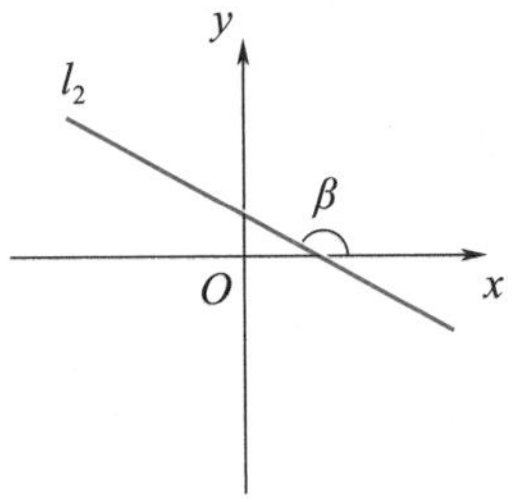

图 9.1－2

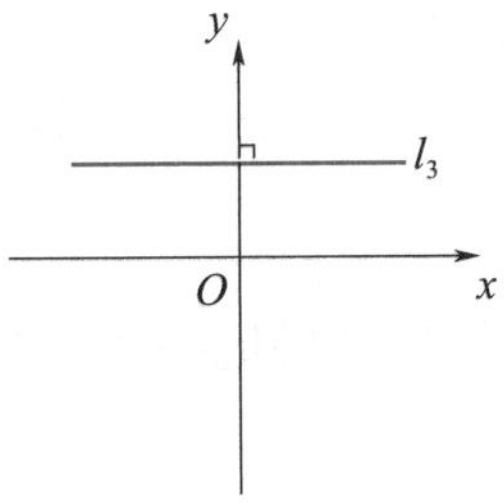

图 9.1－3

注 1　倾斜角 α 的范围：$0° \leq \alpha < 180°$.

二、平面直线的斜率

定义 2　当直线的倾斜角 $\alpha \neq 90°$ 时，我们称 $\tan\alpha$ 为直线的**斜率**（slope）. 斜率常用 k 表示，即 $k=\tan\alpha$.

特别地，当直线的倾斜角 $\alpha=90°$时，称直线的斜率不存在 .

例 1　若直线的倾斜角是 45°，则它的斜率 k 等于多少？

解　$k=\tan 45°=1$.

例2 若直线的倾斜角是150°，则它的斜率k等于多少？

解 $k=\tan150°=-\frac{\sqrt{3}}{3}$.

注2 设直线l经过两点$P_1(x_1, y_1)$和$P_2(x_2, y_2)$，则l的斜率$k=\frac{y_2-y_1}{x_2-x_1}$（$x_1\neq x_2$）（见图9.1－4）.

当$x_1=x_2$时，直线l的斜率不存在，此时l的倾斜角为90°（见图9.1－5）.

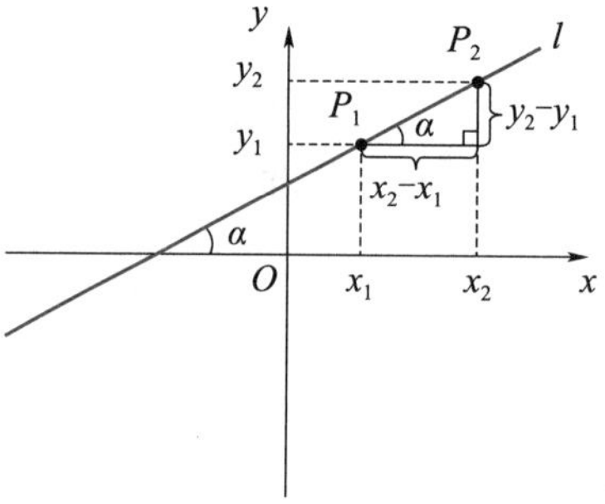

图9.1－4

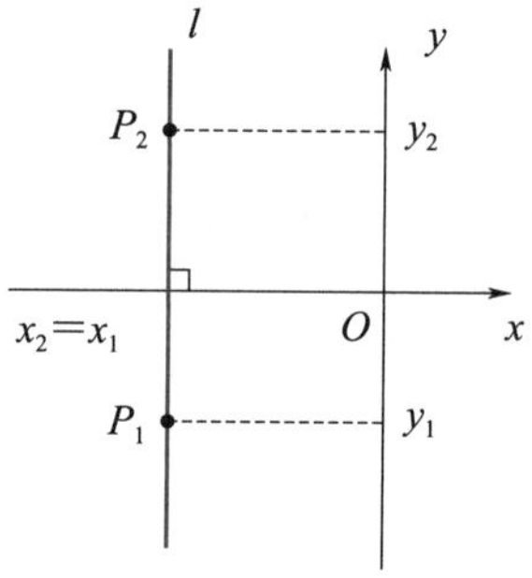

图9.1－5

例3 已知直线l经过两点$P_1(2, -3)$和$P_2(-4, 3)$，求直线l的斜率和倾斜角.

解 ∵ 直线l经过两点$P_1(2, -3)$和$P_2(-4, 3)$，

∴ l的斜率$k=\frac{y_2-y_1}{x_2-x_1}=\frac{3-(-3)}{-4-2}=\frac{6}{-6}=-1$，

设l的倾斜角为α，则$\tan\alpha=-1$，$\alpha=\frac{3\pi}{4}$.

例4 若直线l经过两点$P_1(-1, 3)$和$P_2(-1, -2)$，则l的倾斜角α等于多少？

解 因为$x_1=x_2$，所以$\alpha=90°$.

小 结

1. 设直线l的倾斜角为α，斜率为k，则

（1）$0° \leqslant \alpha < 180°$；

（2）当 $\alpha \neq 90°$ 时，$k = \tan\alpha$；

（3）当 $\alpha = 90°$ 时，k 不存在．

2. 若直线 l 经过两点 $P_1(x_1, y_1)$ 和 $P_2(x_2, y_2)$，则

（1）当 $x_1 \neq x_2$ 时，l 的斜率 $k = \dfrac{y_2 - y_1}{x_2 - x_1}$；

（2）当 $x_1 = x_2$ 时，l 的斜率不存在．

习题 9.1

1. 选择题（下列每小题的四个选项中，只有一个正确答案）．

（1）若直线 l 的倾斜角 $\alpha = 30°$，则其斜率 $k =$（　　）．

A. 0　　B. $\dfrac{\sqrt{3}}{3}$　　C. 1　　D. $\sqrt{3}$

（2）已知点 $M(3, 5)$ 和点 $N(-1, -3)$，则经过 M，N 的直线的斜率 $k =$（　　）．

A. 2　　B. 1

C. $\dfrac{1}{2}$　　D. 不存在

（3）已知直线 l 的斜率的绝对值等于 $\sqrt{3}$，则直线的倾斜角为（　　）．

A. 60°　　B. 30°

C. 60°或 120°　　D. 30°或 150°

2. 填空题．

（1）若直线 l 的倾斜角是 60°，则 l 的斜率 $k =$ __________．

（2）若直线 l 的倾斜角是 120°，则 l 的斜率 $k =$ __________．

（3）若直线 l 的倾斜角是 150°，则 l 的斜率 $k =$ __________．

（4）经过点 $A(\sqrt{3}, -2)$ 和点 $B(0, 1)$ 的直线 l 的斜率 $k =$ __________．

（5）经过点 $A(1, 3)$ 和点 $B(4, 7)$ 的直线 l 的斜率 $k =$ __________．

（6）经过点 $A(0, -3)$ 和点 $B(-2, 0)$ 的直线 l 的斜率 $k =$

__________.

（7）经过点（-2，1）和点（1，4）的直线 l 的倾斜角 $\alpha=$ __________.

（8）直线 $x=-1$ 的倾斜角 $\alpha=$__________.

（9）直线 $y+7=0$ 的倾斜角 $\alpha=$__________.

（10）若直线经过两点 $A(m, 2)$ 和 $B\left(\frac{3}{2}m, 2m-1\right)$，且倾斜角为 45°，则 m 的值为__________.

9.2 平面直线的方程

一、平面直线的点斜式方程

设直线 l 经过点 P_0（x_0，y_0），且它的斜率是 k，则 l 的方程为

$$y-y_0=k(x-x_0) \qquad \text{公式 } 9-1$$

称其为直线的**点斜式**（point-slope form）方程.

例1 已知直线 l 经过点 $P_0(-1, 2)$，且它的斜率是3，求 l 的方程.

解 $x_0=-1$，$y_0=2$，$k=3$，由直线的点斜式方程，得 l 的方程为

$$y-2=3(x+1).$$

例2 已知直线 l 经过点 $P_0(2, -3)$，且它的倾斜角是60°，求 l 的方程.

解 $x_0=2$，$y_0=-3$，$k=\tan 60°=\sqrt{3}$，由直线的点斜式方程，得 l 的方程为

$$y+3=\sqrt{3}(x-2).$$

注1 （1）若直线 l 经过点 P_0（x_0，y_0），且它的斜率是0，则由直线的点斜式方程，得 l 的方程为 $y=y_0$（见图9.2-1）.

（2）若直线 l 经过点 P_0（x_0，y_0），且它的倾斜角是90°（即它的斜率不存在），则 l 的方程为 $x=x_0$（见图9.2-2）.

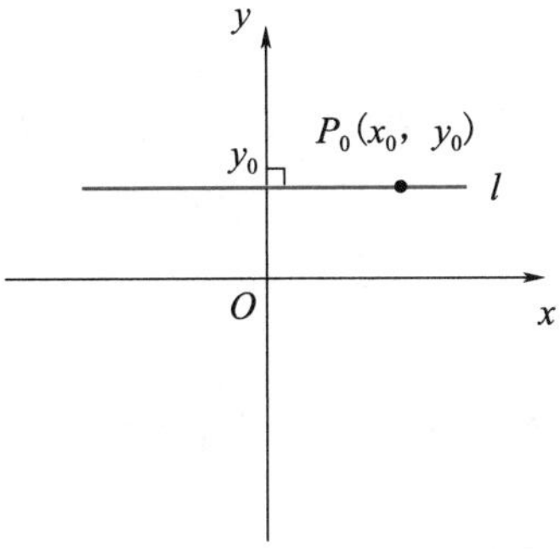

图 9.2－1

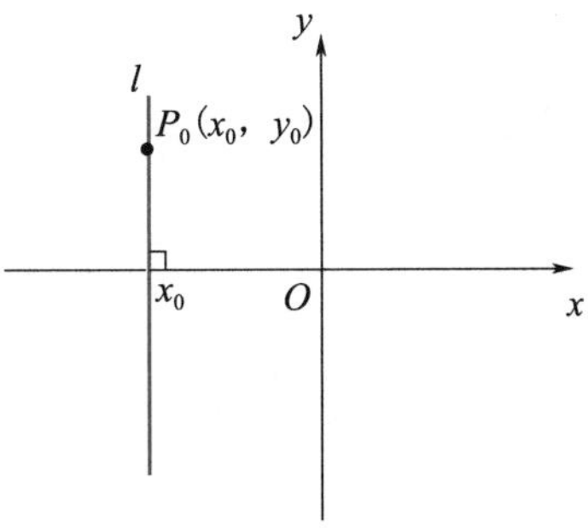

图 9.2－2

例 3 若直线 l 经过点 P_0（1，2），且它的倾斜角是 0°，则 l 的方程为____________.

解 因为直线 l 的斜率 $k=\tan 0°=0$，则 $y=y_0$，l 的方程为 $y=2$.

例 4 若直线 l 经过点 P_0（1，2），且它的倾斜角是 90°，则 l 的方程为____________.

解 $x=x_0$，l 的方程为 $x=1$.

注 2 设直线 l 经过点 $P_0(0,\ b)$，且它的斜率是 k，由直线的点斜式方程，得 l 的方程为 $y-b=k(x-0)$，即

$$y=kx+b \qquad \text{公式 } 9-2$$

称其为直线的**斜截式**（slope-intercept form）方程.

如图 9.2－3 所示，称 b 为直线 l 在 y 轴上的**截距**（intercept），称 a 为直线 l 在 x 轴上的截距.

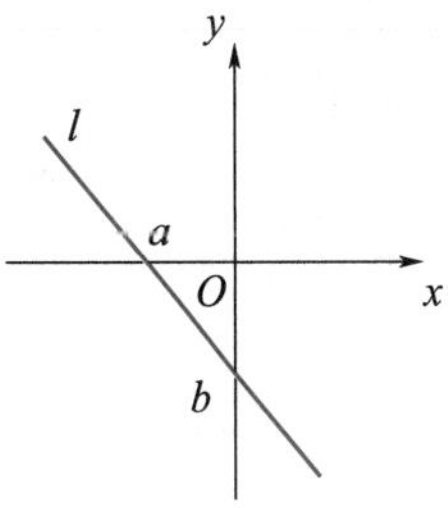

图 9.2－3

例 5 已知直线 l 经过点 $P_0(0,\ 2)$，且它的斜率是 3，求 l 的方程.

解 方法 1：$b=2$，$k=3$，由直线的斜截式方程，得 l 的方程为 $y=3x+2$.

方法 2：令 $x_0=0$，$y_0=2$，$k=3$，由直线的点斜式方程，得 l 的方程为 $y-2=3x \Rightarrow y=3x+2$.

例6 已知直线 l 在 y 轴上的截距是−3，且它的斜率是$\frac{1}{2}$，求 l 的方程.

解 方法1：$b=-3$，$k=\frac{1}{2}$，由直线的斜截式方程，得直线 l 的方程为

$$y=\frac{1}{2}x-3.$$

方法2：由直线 l 在 y 轴上的截距是−3，知 l 经过点$(0,-3)$，令 $x_0=0$，$y_0=-3$，$k=\frac{1}{2}$，由直线的点斜式方程，得直线 l 的方程为

$$y-(-3)=\frac{1}{2}x\Rightarrow y=\frac{1}{2}x-3.$$

注3 设直线 l 经过两点 $P_1(x_1,y_1)$ 和 $P_2(x_2,y_2)$，则 l 的斜率 $k=\frac{y_2-y_1}{x_2-x_1}$ $(x_1\neq x_2)$，由直线的点斜式方程，得 l 的方程为 $y-y_1=\frac{y_2-y_1}{x_2-x_1}(x-x_1)$，即

$$\frac{y-y_1}{y_2-y_1}=\frac{x-x_1}{x_2-x_1}(x_1\neq x_2,\ y_1\neq y_2) \qquad \text{公式 9-3}$$

称其为直线的**两点式**（two-point form）方程.

例7 已知直线 l 经过两点 $P_1(-1,3)$ 和 $P_2(2,-3)$，求直线 l 的方程.

解 方法1：$x_1=-1$，$y_1=3$，$x_2=2$，$y_2=-3$，由直线的两点式方程，得 l 的方程为

$$\frac{y-3}{-3-3}=\frac{x-(-1)}{2-(-1)}\Rightarrow\frac{y-3}{-6}=\frac{x+1}{3}.$$

方法2：∵ 直线 l 经过两点 $P_1(-1,3)$ 和 $P_2(2,-3)$，

$$\therefore\ l\text{ 的斜率 }k=\frac{y_2-y_1}{x_2-x_1}=\frac{-3-3}{2-(-1)}=-2,$$

令 $x_0=-1$，$y_0=3$，由直线的点斜式方程，得 l 的方程为

$$y-3=-2[x-(-1)]\Rightarrow y=-2x+1.$$

注4 设直线 l 经过两点 $P_1(a,\ 0)$ 和 $P_2(0,\ b)$，由直线的两点式方程，得 l 的方程为 $\frac{y-0}{b-0}=\frac{x-a}{0-a}$，即

$$\frac{x}{a}+\frac{y}{b}=1 \qquad \text{公式 } 9-4$$

称其为直线的**截距式**（intercept form）方程.

例8 已知直线 l 在 x 轴上的截距是5，在 y 轴上的截距是 -3，求直线 l 的方程.

解 方法1：$a=5$，$b=-3$，由直线的截距式方程，得 l 的方程为 $\frac{x}{5}+\frac{y}{-3}=1$.

方法2：$\because$ 直线 l 在 x 轴上的截距是5，在 y 轴上的截距是 -3，

$\therefore$ l 经过点 $(5,\ 0)$ 和点 $(0,\ -3)$，

$\therefore$ l 的斜率 $k=\frac{-3-0}{0-5}=\frac{3}{5}$，

令 $x_0=5$，$y_0=0$，由直线的点斜式方程，得 l 的方程为

$$y-0=\frac{3}{5}(x-5)\Rightarrow y=\frac{3}{5}x-3.$$

注5 可以用直线的斜截式方程、两点式方程或截距式方程求出的直线方程都可以用直线的点斜式方程求出来.

二、平面直线的一般式方程

我们称

$$Ax+By+C=0\ \text{（其中 } A\text{、}B\text{、}C \text{ 为常数且 } A\text{、}B \text{ 不全为0）} \qquad \text{公式 } 9-5$$

为直线的**一般式**（general form）方程. 直线的点斜式、斜截式、两点式、截距式方程都可以写成一般式方程的形式. 例如，$y=kx+b\Rightarrow kx-y+b=0$.

例9 将 $\frac{x}{2}+\frac{y}{3}=1$ 写成一般式方程的形式.

解 $\frac{x}{2}+\frac{y}{3}=1\Rightarrow 3x+2y=6\Rightarrow 3x+2y-6=0.$

注 6 $\begin{cases}Ax+By+C=0\\ B\neq 0\end{cases}\Rightarrow y=-\frac{A}{B}x-\frac{C}{B}\Rightarrow k=-\frac{A}{B}.$

例 10 直线 $2x-4y+1=0$ 的斜率 $k=$________.

解 $\because 2x-4y+1=0\Rightarrow 4y=2x+1\Rightarrow y=\frac{1}{2}x+\frac{1}{4}$,

$\therefore k=\frac{1}{2}.$

例 11 直线 $3x+4y-5=0$ 在 x 轴上的截距是________，在 y 轴上的截距是________.

解 $\begin{cases}3x+4y-5=0\\ y=0\end{cases}\Rightarrow 3x-5=0\Rightarrow x=\frac{5}{3}$,

所以直线 $3x+4y-5=0$ 在 x 轴上的截距是$\frac{5}{3}$.

$\begin{cases}3x+4y-5=0\\ x=0\end{cases}\Rightarrow 4y-5=0\Rightarrow y=\frac{5}{4}$,

所以直线 $3x+4y-5=0$ 在 y 轴上的截距是$\frac{5}{4}$.

小　结

1. 根据已知条件写出直线的方程：

$y-y_0=k(x-x_0)$（直线的点斜式方程）	公式 9－1
$y=kx+b$（直线的斜截式方程）	公式 9－2
$\frac{y-y_1}{y_2-y_1}=\frac{x-x_1}{x_2-x_1}(x_1\neq x_2,\ y_1\neq y_2)$（直线的两点式方程）	公式 9－3
$\frac{x}{a}+\frac{y}{b}=1(a\neq 0,\ b\neq 0)$（直线的截距式方程）	公式 9－4
$Ax+By+C=0$（其中 A、B、C 为常数且 A、B 不全为 0）（直线的一般式方程）	公式 9－5

2. 由直线的一般式方程求直线的斜率：

$$\begin{cases}Ax+By+C=0\\B\neq 0\end{cases}\Rightarrow y=-\frac{A}{B}x-\frac{C}{B}\Rightarrow k=-\frac{A}{B}.$$

3. 求直线 $Ax+By+C=0(A\neq 0，B\neq 0，C\neq 0)$ 在 x 轴、y 轴上的截距：

$$\begin{cases}Ax+By+C=0\\y=0\end{cases}\Rightarrow Ax+C=0\Rightarrow Ax=-C\Rightarrow x=-\frac{C}{A}$$ （在 x 轴上的截距）；

$$\begin{cases}Ax+By+C=0\\x=0\end{cases}\Rightarrow By+C=0\Rightarrow By=-C\Rightarrow y=-\frac{C}{B}$$ （在 y 轴上的截距）.

习题 9.2

1. 选择题（下列每小题的四个选项中，只有一个正确答案）.

（1）直线 $x-\sqrt{3}y-5=0$ 的倾斜角为（　　）.

A. $30°$　　B. $60°$　　C. $120°$　　D. $150°$

（2）在 x 轴和 y 轴上的截距分别是-3和 4 的直线方程是（　　）.

A. $\frac{x}{-3}+\frac{y}{4}=1$　　B. $\frac{x}{3}+\frac{y}{-4}=1$

C. $\frac{x}{-3}-\frac{y}{4}=1$　　D. $\frac{x}{4}+\frac{y}{-3}=1$

（3）过两点（-1，2）和（2，1）的直线的方程为（　　）.

A. $3x+y-5=0$　　B. $x+3y-5=0$

C. $x-3y+5=0$　　D. $3x-y+5=0$

（4）已知直线 $2x+y-3=0$ 的倾斜角为 α，则 $\frac{\sin\alpha+\cos\alpha}{\sin\alpha-\cos\alpha}=$（　　）.

A. -3　　B. -2

C. $\frac{1}{3}$　　D. 3

（5）如图 9.2－4 所示，设直线 l_1、l_2、l_3 的斜率分别为 k_1、k_2、k_3，则 k_1、k_2、k_3 的大小关系为（　　）.

A. $k_1<k_2<k_3$　　B. $k_1<k_3<k_2$

C. $k_2<k_1<k_3$　　D. $k_3<k_2<k_1$

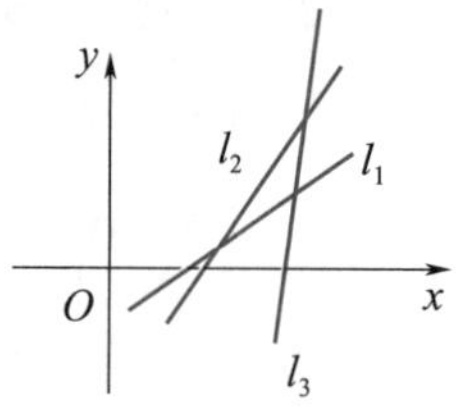

图 9.2－4

2. 填空题.

（1）经过点(4，−2)且倾斜角为135°的直线方程是__________.

（2）经过点(−5，2)且倾斜角为0°的直线方程是__________.

（3）经过点(−1，3)且倾斜角为90°的直线方程是__________.

（4）经过点 $A(2，-1)$ 且斜率为 $\frac{1}{3}$ 的直线方程是__________.

（5）若直线 l 经过原点，且斜率为−5，则 l 的方程是__________.

（6）与直线 $3x-2y=0$ 的斜率相等且过点（−4，3）的直线方程是__________.

（7）过点（−1，1）、斜率是直线 $y=\frac{\sqrt{2}}{2}x-2$ 斜率的2倍的直线方程是__________.

（8）若直线 l_1 过点 $A(-1，-2)$，其倾斜角等于直线 l_2：$y=\frac{\sqrt{3}}{3}x$ 倾斜角的2倍，则 l_1 的方程是__________.

（9）若直线 l 在 y 轴上的截距是2，且斜率为 $-\frac{1}{3}$，则 l 的方程是__________.

（10）若直线 l 经过两点 $P_1(-3，1)$ 和 $P_2(2，5)$，则 l 的方程是__________.

（11）若直线 l 经过两点 $P_1(1，5)$ 和 $P_2(-2，8)$，则 l 的方程是__________.

（12）在 x 轴上截距为2、在 y 轴上截距为−2的直线方程是________.

（13）若直线 l 的方程是 $y=3x-1$，则 l 的斜率是__________，在 y

轴上的截距是__________.

(14) 若直线 l 的方程是 $2x+4y+1=0$，则 l 的斜率是__________，在 x 轴上的截距是__________，在 y 轴上的截距是__________.

(15) 若直线 l 的方程是 $\frac{x}{3}+\frac{y}{4}=1$，则 l 的斜率是__________，在 x 轴上的截距是__________，在 y 轴上的截距是__________.

(16) 若直线 l 的方程是 $y+2=\sqrt{3}(x+1)$，则 l 的斜率是__________，倾斜角是__________.

9.3 平面直线的平行和垂直

一、两条直线的平行

设 l_1 和 l_2 是两条直线，即 l_1 与 l_2 不重合. 若 l_1 与 l_2 没有交点，则称它们平行.

注 两条直线 l_1 与 l_2 平行 $\Leftrightarrow l_1$ 与 l_2 的倾斜角相等.

1. 若直线 l_1 的斜率不存在（即倾斜角是 90°），则直线 l_2 的斜率不存在 $\Leftrightarrow$ l_1 平行于 l_2（记作 $l_1 /\!/ l_2$）.（见图 9.3－1）

例 1 若直线 l_2 经过点 $P_0(2,\ -1)$，且平行于直线 l_1：$x=-1$，则直线 l_2 的方程为__________.

解 答案为 $x=2$.

2. 若直线 l_1：$y=k_1x+b_1$，l_2：$y=k_2x+b_2$，则 $l_1 /\!/ l_2 \Leftrightarrow k_1=k_2$ 且 $b_1 \neq b_2$.（见图 9.3－2）

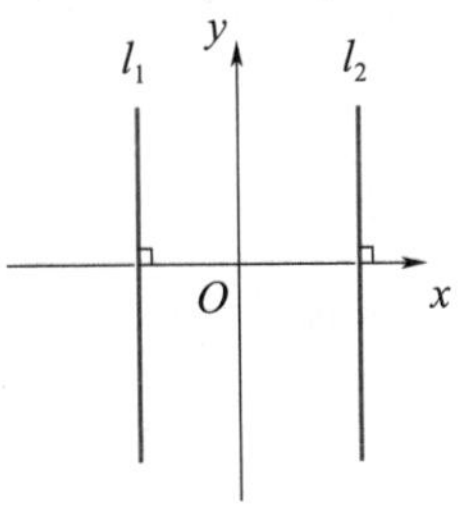

图 9.3－1

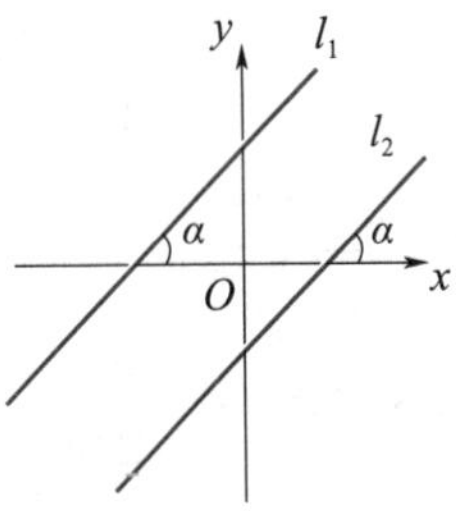

图 9.3－2

例2 已知直线 l_2 经过点 $P_0(-3, -1)$，且平行于直线 l_1：$4x-2y+3=0$，求直线 l_2 的方程．

解 用 k_{l_1} 和 k_{l_2} 分别表示直线 l_1 和 l_2 的斜率．

$\because 4x-2y+3=0\Rightarrow 2y=4x+3\Rightarrow y=2x+\dfrac{3}{2}$，

$\therefore k_{l_1}=2$，

$\because l_1 /\!/ l_2$，

$\therefore k_{l_2}=k_{l_1}=2$，

$\because l_2$ 经过点 P_0（-3，-1），

$\therefore$ 由直线的点斜式方程，得直线 l_2 的方程为

$$y-(-1)=2[x-(-3)]\Rightarrow y+1=2(x+3)\Rightarrow y=2x+5.$$

3. 若直线 l_1：$A_1x+B_1y+C_1=0$，l_2：$A_2x+B_2y+C_2=0$，$l_1 /\!/ l_2 \Leftrightarrow \dfrac{A_1}{A_2}=\dfrac{B_1}{B_2}\neq\dfrac{C_1}{C_2}$（$A_2\neq0$，$B_2\neq0$，$C_2\neq0$）．

例3 设直线 l_1：$2x+3y+1=0$，l_2：$4x+6y-3=0$，l_1 和 l_2 平行吗？

解 $\because \dfrac{2}{4}=\dfrac{3}{6}\neq\dfrac{1}{-3}$，

$\therefore l_1 /\!/ l_2$.

例4 设直线 l_1：$y-1=0$，l_2：$2y+5=0$，l_1 和 l_2 平行吗？

因为 $A_2=0$，我们不能用 $\dfrac{A_1}{A_2}=\dfrac{B_1}{B_2}\neq\dfrac{C_1}{C_2}$ 来判断两条直线是否平行（0 不能做分母），这时可以通过画出直线的图像来判断．（见图 9.3－3）

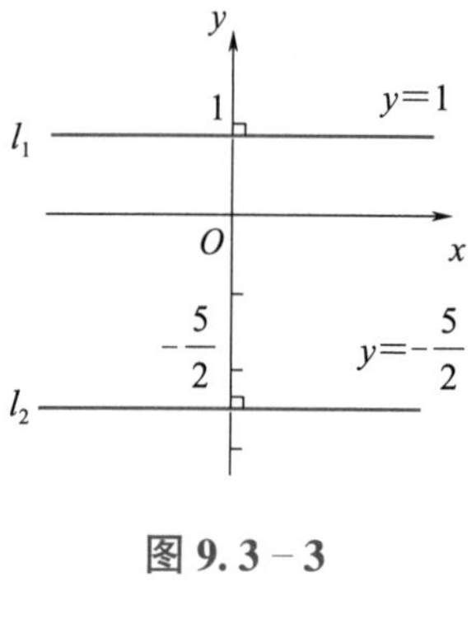

图 9.3－3

解 l_1：$y-1=0\Rightarrow y=1$，

l_2：$2y+5=0\Rightarrow y=-\dfrac{5}{2}$.

由图 9.3－3 知，$l_1 /\!/ l_2$.

例5　设直线 l_1：$x-2=0$，l_2：$x+1=0$，l_1 和 l_2 平行吗？

因为 $B_2=0$，我们不能用 $\frac{A_1}{A_2}=\frac{B_1}{B_2}\neq\frac{C_1}{C_2}$ 来判断两条直线是否平行（0不能做分母），这时可以通过画出直线的图像来判断．（见图9.3－4）

解　l_1：$x-2=0\Rightarrow x=2$，

l_2：$x+1=0\Rightarrow x=-1$．

由图9.3－4知，$l_1/\!/l_2$．

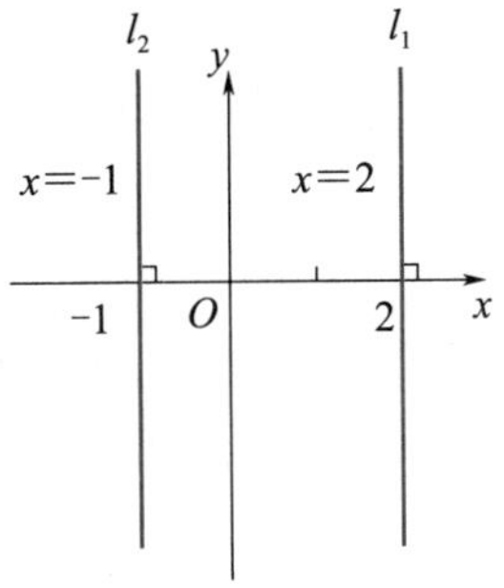

图9.3－4

例6　设直线 l_1：$2x-y=0$，l_2：$3x+5y=0$，l_1 和 l_2 平行吗？

解　$\because \frac{2}{3}\neq\frac{-1}{5}$，

$\therefore l_1$ 与 l_2 不平行．

二、两条直线的垂直

1．若直线 l_1 的斜率不存在，则 l_2 的斜率为 $0\Leftrightarrow l_1$ 垂直于 l_2（记作 $l_1\perp l_2$）（见图9.3－5）；若直线 l_1 的斜率为0，则 l_2 的斜率不存在 $\Leftrightarrow l_1$ 垂直于 l_2．

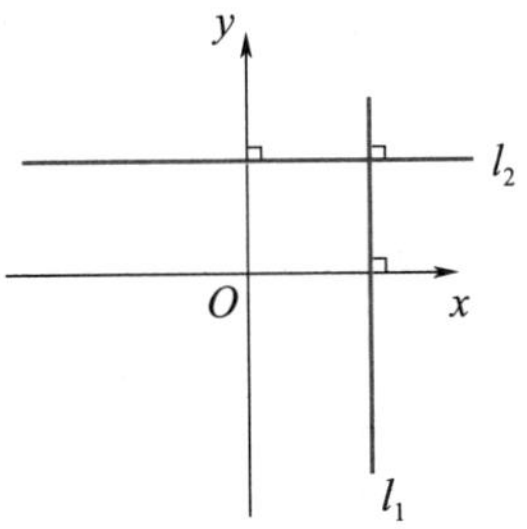

图9.3－5

例7　已知直线 l_2 经过点 $P_0(1,\ -1)$，且垂直于直线 l_1：$x=2$，求直线 l_2 的方程．

解　$\because$ 直线 l_1 的斜率不存在，$l_1\perp l_2$，

$\therefore k_{l_2}=0$，

$\therefore$ 由直线的点斜式方程，得直线 l_2 的方程为

$$y-(-1)=0(x-1)\Rightarrow y=-1.$$

2．若直线 l_1：$y=k_1x+b_1$，l_2：$y=k_2x+b_2$，则

$$l_1\perp l_2\Leftrightarrow k_1k_2=-1,$$

如图9.3－6所示．

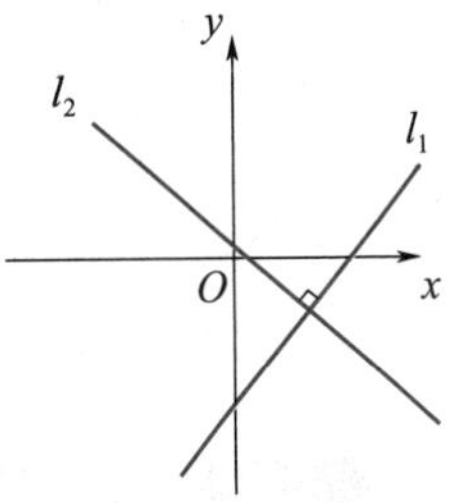

图9.3－6

例8　已知直线 l_2 经过点 $P_0(-5,\ 3)$，且垂直于

直线 l_1：$4x-2y+3=0$，求直线 l_2 的方程．

解 $\because 4x-2y+3=0 \Rightarrow 2y=4x+3 \Rightarrow y=2x+\frac{3}{2}$，

$\therefore k_{l_1}=2$，

$\because l_1 \perp l_2$，

$\therefore k_{l_1}k_{l_2}=-1 \Rightarrow 2k_{l_2}=-1 \Rightarrow k_{l_2}=-\frac{1}{2}$，

$\because l_2$ 经过点 $P_0(-5, 3)$，

$\therefore$ 由直线的点斜式方程，得直线 l_2 的方程为

$$y-3=-\frac{1}{2}[x-(-5)] \Rightarrow y-3=-\frac{1}{2}(x+5) \Rightarrow y=-\frac{1}{2}x+\frac{1}{2}.$$

3. 若直线 l_1：$A_1x+B_1y+C_1=0$，l_2：$A_2x+B_2y+C_2=0$，则

$$l_1 \perp l_2 \Leftrightarrow A_1A_2+B_1B_2=0.$$

例 9 已知直线 l_1：$2x-4y+1=0$，l_2：$2x+y+1=0$，l_1 与 l_2 垂直吗？

解 设 $A_1=2$，$B_1=-4$，$A_2=2$，$B_2=1$，

$\because A_1A_2+B_1B_2=2\times2+(-4)\times1=0$，

$\therefore l_1 \perp l_2$.

例 10 已知直线 l：$x+3y-2=0$，下面哪条直线与 l 垂直？（ ）

A．$2x+6y+1=0$　　B．$x+3y=0$

C．$3y-2=0$　　D．$3x-y-1=0$

解 A：因为 $A_1A_2+B_1B_2=1\times2+3\times6=20\neq0$，所以 A 不对；

B：因为 $A_1A_2+B_1B_2=1\times1+3\times3=10\neq0$，所以 B 不对；

C：因为 $A_1A_2+B_1B_2=1\times0+3\times3=9\neq0$，所以 C 不对；

D：因为 $A_1A_2+B_1B_2=1\times3+3\times(-1)=0$，所以 D 对．

答案是 D.

三、点到直线的距离

设 $P_0(x_0, y_0)$ 为直线 l：$Ax+By+C=0$ 外一点，则 P_0 到 l 的距离为

$$d(P_0, l)=\frac{|Ax_0+By_0+C|}{\sqrt{A^2+B^2}}.$$

例 11　点 $P_0(-2, 5)$ 到直线 l：$4x+3y-1=0$ 的距离为__________.

解
$$d(P_0, l)=\frac{|4\times(-2)+3\times5-1|}{\sqrt{4^2+3^2}}=\frac{6}{5},$$

答案为$\frac{6}{5}$.

四、两条平行直线间的距离

设两直线 l_1：$Ax+By+C_1=0$，l_2：$Ax+By+C_2=0$，则 l_1 和 l_2 的距离为

$$d(l_1, l_2)=\frac{|C_1-C_2|}{\sqrt{A^2+B^2}}.$$

例 12　直线 l_1：$2x+y-2=0$ 和 l_2：$2x+y+3=0$ 的距离为__________.

解
$$d(l_1, l_2)=\frac{|-2-3|}{\sqrt{2^2+1^2}}=\sqrt{5}.$$

例 13　直线 l_1：$x-3y-1=0$ 和 l_2：$2x-6y+5=0$ 的距离为__________.

解　l_2：$2x-6y+5=0\Rightarrow x-3y+\frac{5}{2}=0$,

$$d(l_1, l_2)=\frac{\left|-1-\frac{5}{2}\right|}{\sqrt{1^2+(-3)^2}}=\frac{7\sqrt{10}}{20}.$$

小　结

1. 熟记两条直线平行或垂直的条件.

（1）直线的平行

①若直线 l_1 的斜率不存在，则直线 l_2 的斜率不存在$\Leftrightarrow l_1/\!/l_2$；

②若直线 l_1：$y=k_1x+b_1$，l_2：$y=k_2x+b_2$，则 $l_1/\!/l_2\Leftrightarrow k_1=k_2$ 且 $b_1\neq b_2$；

③若直线 l_1：$A_1x+B_1y+C_1=0$，l_2：$A_2x+B_2y+C_2=0$，则 $l_1 /\!/ l_2 \Leftrightarrow$ $\frac{A_1}{A_2}=\frac{B_1}{B_2}\neq\frac{C_1}{C_2}$（$A_2\neq0$，$B_2\neq0$，$C_2\neq0$）.

（2）直线的垂直

①若直线 l_1 的斜率不存在，则 l_2 的斜率为 0$\Leftrightarrow$ $l_1\perp l_2$；

若直线 l_1 的斜率为 0，则 l_2 的斜率不存在$\Leftrightarrow$ $l_1\perp l_2$.

②若 l_1：$y=k_1x+b_1$，l_2：$y=k_2x+b_2$，则 $l_1\perp l_2\Leftrightarrow k_1k_2=-1$.

③若直线 l_1：$A_1x+B_1y+C_1=0$，l_2：$A_2x+B_2y+C_2=0$，则 $l_1\perp l_2\Leftrightarrow$ $A_1A_2+B_1B_2=0$.

2. 能够写出与已知直线平行或垂直的直线方程.

3. 能够判断两条直线的位置关系（平行或垂直）.

4. 熟记点 P_0（x_0，y_0）到直线 l：$Ax+By+C=0$ 的距离公式.

$$d(P_0,\ l)=\frac{|Ax_0+By_0+C|}{\sqrt{A^2+B^2}}.$$

5. 熟记直线 l_1：$Ax+By+C_1=0$ 到 l_2：$Ax+By+C_2=0$ 的距离公式.

$$d(l_1,\ l_2)=\frac{|C_1-C_2|}{\sqrt{A^2+B^2}}.$$

习题 9.3

1. 选择题（下列每小题的四个选项中，只有一个正确答案）.

（1）下列与直线 $3x-4y+1=0$ 平行的直线是（　　）.

A. $3x+4y+3=0$　　B. $x+2=0$

C. $y+3=0$　　D. $6x-8y-1=0$

（2）下列与直线 $x+1=0$ 平行的直线是（　　）.

A. $2x+y+3=0$　　B. $x+2=0$

C. $y-2x+3=0$　　D. $2y-x=0$

（3）下列与直线 $x-2y+1=0$ 垂直的直线是（　　）.

A. $2x+y=0$　　B. $x+2y=0$

C. $2x-y=0$　　D. $x-2y+3=0$

（4）下列与直线 $2x-5y+2=0$ 垂直的直线是（　　）.

A. $2x+3=0$　　B. $y+2=0$

C. $4x-10y+3=0$　　D. $5x+2y=0$

（5）直线 $x+4y-2=0$ 和 $2x+8y+5=0$ 的位置关系是（　　）.

A. 平行　　B. 相交但不垂直

C. 重合　　D. 垂直

（6）已知直线 l_1：$ax+3y+1=0$，l_2：$x+(a-2)y+a=0$，若 $l_1 // l_2$，则 $a=$（　　）.

A. 2　　B. 3　　C. -1　　D. -2

2. 填空题.

（1）若直线 l_2 经过点 $P_0(1, -3)$，且平行于直线 l_1：$x=4$，则 l_2 的方程为__________.

（2）若直线 l_2 经过点 $P_0(1, -3)$，且平行于直线 l_1：$y=4$，则 l_2 的方程为__________.

（3）若直线 l_2 经过点 $P_0(2, 1)$，且平行于直线 l_1：$2x-3y+1=0$，则 l_2 的方程为__________.

（4）若直线 l_2 经过点 $P_0(2, 4)$，且垂直于直线 l_1：$x=1$，则 l_2 的方程为__________.

（5）若直线 l_2 经过点 $P_0(2, 4)$，且垂直于直线 l_1：$y=1$，则 l_2 的方程为__________.

（6）若直线 l_2 经过点 $P_0(-1, 2)$，且垂直于直线 l_1：$4x+3y+1=0$，则 l_2 的方程为__________.

（7）若直线 l_1：$y=(2a-1)x+3$ 与直线 l_2：$y=4x-3$ 垂直，则 $a=$__________.

（8）已知直线 l_1 的斜率为 3，直线 l_2 经过点 $A(1, 2)$ 和点 $B(2,$

a)．若直线 $l_1 /\!/ l_2$，则 $a=$ ________；若 $l_1 \perp l_2$，则 $a=$ ________．

（9）点 $P_0(-1, 2)$ 到直线 l：$x+2y-1=0$ 的距离为________．

（10）点 $P_0(3, -2)$ 到直线 l：$2x-2y+1=0$ 的距离为________．

（11）直线 l_1：$4x-2y-1=0$ 和 l_2：$4x-2y+1=0$ 的距离为________．

（12）直线 l_1：$3x+y-3=0$ 和 l_2：$3x+y+1=0$ 的距离为________．

（13）直线 l_1：$4x-8y+1=0$ 和 l_2：$x-2y-1=0$ 的距离为________．

3. 计算题（要求写出计算过程，给出计算结果）．

（1）已知直线 l_1：$2x+3y+5=0$，直线 l_2 经过点 $P(1, -4)$ 且与直线 l_1 平行，求直线 l_2 的方程．

（2）已知直线 l_1：$5x-3y+1=0$，直线 l_2 经过点 $Q(-2, 3)$ 且与直线 l_1 垂直，求直线 l_2 的方程．

9.4 平面直线的交点

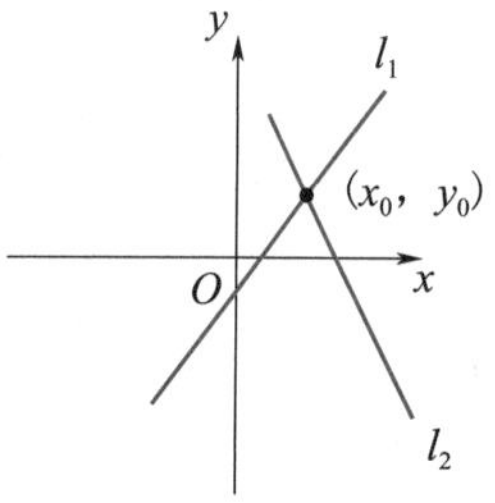

图 9.4－1

已知直线 l_1：$A_1x+B_1y+C_1=0$，l_2：$A_2x+B_2y+C_2=0$，求 l_1 与 l_2 的交点．联立 l_1 与 l_2 的方程

$$\begin{cases} A_1x+B_1y+C_1=0, \\ A_2x+B_2y+C_2=0 \end{cases} \xRightarrow{\text{交点 (intersection point)}} (x_0, y_0).$$

（见图 9.4－1）

例 1 已知直线 l_1：$2x+y-1=0$，l_2：$4x+y+3=0$，求 l_1 与 l_2 的交点．

解 $\begin{cases} 2x+y-1=0, & ① \\ 4x+y+3=0, & ② \end{cases}$

②－①$\Rightarrow 2x+4=0 \Rightarrow x=-2$，

将 $x=-2$ 代入①，得

$2\times(-2)+y-1=0 \Rightarrow -4+y-1=0 \Rightarrow y=5$，

$\therefore$ l_1 与 l_2 的交点是（-2，5）．

例 2　已知直线 l_1：$3x+2y-1=0$，l_2：$4x+3y-3=0$，求 l_1 与 l_2 的交点．

解　$\begin{cases}3x+2y-1=0, & ①\\4x+3y-3=0, & ②\end{cases}$

$①\times4\Rightarrow12x+8y-4=0$，③

$②\times3\Rightarrow12x+9y-9=0$，④

$④-③\Rightarrow y-5=0\Rightarrow y=5$，

将 $y=5$ 代入①，得

$3x+2\times5-1=0\Rightarrow3x+9=0\Rightarrow x=-3$，

$\therefore$ l_1 与 l_2 的交点是（-3，5）.

例 3　已知直线 l 平行于直线 l_1：$3x+6y-1=0$，且经过直线 l_2：$2x+y-3=0$ 与 l_3：$x+y-1=0$ 的交点，求直线 l 的方程．

解　$\because 3x+6y-1=0\Rightarrow6y=-3x+1\Rightarrow y=-\dfrac{1}{2}x+\dfrac{1}{6}$，

$\therefore k_{l_1}=-\dfrac{1}{2}$，

$\because l/\!/l_1$，

$\therefore k_l=k_{l_1}=-\dfrac{1}{2}$，

$\because \begin{cases}2x+y-3=0,\\x+y-1=0\end{cases}\Rightarrow\begin{cases}x=2,\\y=-1,\end{cases}$

$\therefore$ l_2 与 l_3 的交点是（2，-1），

$\therefore$ 由直线的点斜式方程，得直线 l 的方程为

$$y-(-1)=-\frac{1}{2}(x-2),$$

即 $y=-\dfrac{1}{2}x$.

例 4　已知直线 l 垂直于直线 l_1：$x-2y-1=0$，且经过直线 l_2：$2x+y-3=0$

与 l_3：$x+y-1=0$ 的交点，求直线 l 的方程 .

解 $\because x-2y-1=0\Rightarrow 2y=x-1\Rightarrow y=\frac{1}{2}x-\frac{1}{2}$，

$\therefore k_{l_1}=\frac{1}{2}$，

$\because l\perp l_1$，

$\therefore k_l k_{l_1}=-1\Rightarrow k_l=-2$，

$\because \begin{cases}2x+y-3=0,\\x+y-1=0\end{cases}\Rightarrow\begin{cases}x=2,\\y=-1,\end{cases}$

$\therefore$ l_2 与 l_3 的交点是（2，-1），

$\therefore$ 由直线的点斜式方程，得直线 l 的方程为

$$y-(-1)=-2(x-2),$$

即 $y=-2x+3$.

小　结

两条直线的交点：

直线 l_1：$A_1x+B_1y+C_1=0$，l_2：$A_2x+B_2y+C_2=0$，

$$\begin{cases}A_1x+B_1y+C_1=0,\\A_2x+B_2y+C_2=0\end{cases}\Rightarrow 交点\ (x_0,\ y_0)$$

习题 9.4

1. 选择题（下列每小题的四个选项中，只有一个正确答案）.

（1）直线 l_1：$3x-2y-3=0$ 和 l_2：$x+y-1=0$ 的交点为（　　）.

A.（1，0）　　B.（1，2）

C.（-1，0）　　D.（-1，2）

（2）经过两条直线 $x-3y+4=0$ 和 $2x+y+5=0$ 的交点，且经过原点的直线方程是（　　）.

A. $19x-9y=0$　　B. $3x+19y=0$

C. $19x-3y=0$　　D. $9x+19y=0$

（3）已知集合 $A=\{(x, y) \mid x+y=2\}$，$B=\{(x, y) \mid x-y=4\}$，则 $A\cap B=$（　　）.

A. $\{3, -1\}$　　B. $3, -1$

C. $(3, -1)$　　D. $\{(3, -1)\}$

（4）若三条直线 $2x+3y+8=0$，$x-y-1=0$，$x+ky+k+\frac{1}{2}=0$ 相交于一点，则 k 的值为（　　）.

A. -2　　B. $-\frac{1}{2}$

C. 2　　D. $\frac{1}{2}$

2. 填空题.

（1）直线 $x+y-3=0$ 和 $2x-y=0$ 的交点是____________.

（2）直线 $4x+3y-5=0$ 和 $x+y+1=0$ 的交点是____________.

（3）直线 $x+3y-2=0$ 和 $x+2y+3=0$ 的交点是____________.

（4）直线 $2x-3y-1=0$ 和 $3x+4y+2=0$ 的交点是____________.

（5）若三条直线 l_1：$ax+2y+6=0$，l_2：$x+y-4=0$，l_3：$2x-y+1=0$ 相交于同一点，则实数 $a=$____________.

3. 计算题（要求写出计算过程，给出计算结果）.

（1）已知直线 l 平行于直线 l_1：$x+3y-2=0$，且经过直线 l_2：$2x+3y-2=0$ 与 l_3：$x+2y-1=0$ 的交点，求直线 l 的方程.

（2）已知直线 l 平行于直线 l_1：$2x-y+1=0$，且经过直线 l_2：$2x+y=0$ 与 l_3：$x-2y+3=0$ 的交点，求直线 l 的方程.

（3）已知直线 l 垂直于直线 l_1：$x+2y-1=0$，且经过直线 l_2：$2x-y-1=0$ 与 l_3：$x+y-1=0$ 的交点，求直线 l 的方程.

（4）已知直线 l 垂直于直线 l_1：$4x+2y-5=0$，且经过直线 l_2：$2x+4y-3=0$ 与 l_3：$3x+y-1=0$ 的交点，求直线 l 的方程.

自测题 9

1. 选择题（下列每小题的四个选项中，只有一个正确答案）.

（1）若直线经过点 $A(2, 4)$ 和点 $B(1, m)$，且倾斜角为 45°，则 $m=($　　$)$.

A. 3　　B. -3　　C. 5　　D. -1

（2）若直线 $x-ky-k=0$ 与 $kx-y-k=0$ 平行，则 $k=($　　$)$.

A. 1　　B. -1　　C. 1 或 -1　　D. 2

（3）若直线 $ax+(1-a)y=3$ 与 $2x-3y+1=0$ 垂直，则 $a=($　　$)$.

A. 3　　B. 1　　C. $\frac{3}{5}$　　D. $\frac{2}{3}$

（4）若直线的倾斜角 $\alpha=120°$，则此直线的斜率是（　　）.

A. $\sqrt{3}$　　B. $-\sqrt{3}$　　C. $\frac{\sqrt{3}}{2}$　　D. $\pm\sqrt{3}$

（5）已知直线 l：$ax+y-2-a=0$ 在 x 轴和 y 轴上的截距相等，则 a 的值是（　　）.

A. 1　　B. -1　　C. -2 或 -1　　D. -2 或 1

（6）经过两点 $A(4, 0)$ 和 $B(0, -3)$ 的直线方程是（　　）.

A. $3x-4y-12=0$　　B. $3x+4y-12=0$

C. $4x-3y+12=0$　　D. $4x+3y+12=0$

（7）倾斜角为 135°、在 y 轴上的截距为 -1 的直线方程是（　　）.

A. $x-y+1=0$　　B. $x-y-1=0$

C. $x+y-1=0$　　D. $x+y+1=0$

（8）直线 $x+3y-5=0$ 和 $3x-y-1=0$ 的位置关系是（　　）.

A. 重合　　B. 平行

C. 垂直　　D. 相交但不垂直

（9）直线 $2x-y+1=0$ 与 $4x-2y+3=0$ 的位置关系是（　　）.

A. 重合　　B. 平行

C. 垂直　　　　　　　　　　　　D. 相交但不垂直

2. 填空题.

(1) 直线 $\frac{1}{2}x+3y-3=0$ 在 x 轴上的截距是__________.

(2) 直线 l_1：$2x+3y-2=0$ 与 l_2：$x-2y+4=0$ 的交点为__________.

(3) 经过点 $A(3, -6)$ 和点 $B(2, -4)$ 的直线方程是__________.

(4) 直线 $\frac{x}{2}-\frac{y}{3}=6$ 的斜率是__________.

(5) 若直线 l 经过点 $P(-1, 2)$，且垂直于直线 $3x-5y+7=0$，则 l 的方程是__________.

(6) 直线 $y-2=-(x+1)$ 的倾斜角是__________.

(7) 若直线 l 平行于直线 l_1：$x=2$，且经过点 $(3, 1)$，则直线 l 的方程是__________.

(8) 若直线 l 平行于直线 l_1：$y=-1$，且经过点 $(1, 1)$，则直线 l 的方程是__________.

(9) 若直线 l 垂直于直线 l_1：$x=-3$，且经过点 $(2, 4)$，则直线 l 的方程是__________.

(10) 点 $P_0(-3, 3)$ 到直线 l：$3x-2y+1=0$ 的距离为__________.

(11) 直线 l_1：$x-3y+1=0$ 和 l_2：$3x-9y+2=0$ 的距离为__________.

3. 计算题（要求写出计算过程，给出计算结果）.

(1) 已知直线 l 的斜率是直线 l_1：$4x-2y+1=0$ 的斜率的 5 倍，且经过点 $(1, 5)$，求 l 的方程.

(2) 已知直线 l 的倾斜角是直线 l_1：$x-y+4=0$ 的倾斜角的 3 倍，且经过点 $(2, -3)$，求 l 的方程.

(3) 已知直线 l 经过直线 l_1：$2x+y-8=0$ 和 l_2：$x-2y+1=0$ 的交点，若 l 垂直于直线 l_3：$4x-3y-7=0$，求

①l 的斜率　　②l_1 和 l_2 的交点　　③l 的方程

（4）已知直线 l 经过直线 l_1：$x+2y+1=0$ 和 l_2：$2x-y-8=0$ 的交点，且平行于直线 l_3：$x-3y+4=0$，求

①l 的斜率　　②l_1 和 l_2 的交点　　③l 的方程

（5）已知直线 l 经过直线 l_1：$x+y-3=0$ 与 l_2：$x+2y-1=0$ 的交点，且垂直于直线 l_3：$3x-y-1=0$，求

①l 的斜率　　②l_1 和 l_2 的交点　　③l 的方程

第 10 章　圆锥曲线（Conic Section）

10.1　圆

一、圆的标准方程

定义 1　平面内到**定点**（fixed point）的距离等于**定长**（fixed length）的**动点**（moving point）的**轨迹**（locus）称为**圆**（circle）. 其中，定点是**圆心**（center of a circle），定长是**半径**（radius）.

我们称方程 $(x-a)^2+(y-b)^2=r^2$ 为圆的**标准方程**（standard equation），称 (a, b) 为圆心坐标，r 为圆的半径 .（见图 10. 1－1）

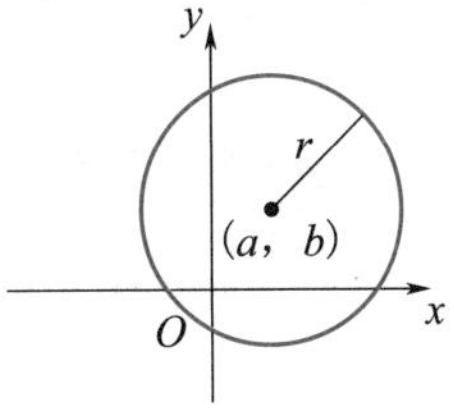

图 10. 1－1

例 1　圆 $(x-1)^2+(y-2)^2=25$ 的圆心坐标是__________，半径 $r=$__________ .

解　由圆的标准方程，得圆心坐标是 $(1, 2)$，半径 $r=5$.

例 2　圆 $(x+3)^2+(y-5)^2=16$ 的圆心坐标是__________，半径 $r=$__________ .

解　由圆的标准方程，得圆心坐标是 $(-3, 5)$，半径 $r=4$.

例 3　圆 $(x+2)^2+(y+3)^2=5$ 的圆心坐标是__________，半径 $r=$__________ .

解　由圆的标准方程，得圆心坐标是 $(-2, -3)$，半径 $r=\sqrt{5}$.

二、圆的一般方程

定义 2　我们称方程 $x^2+y^2+Dx+Ey+F=0$ $(D^2+E^2-4F>0)$ 为圆的**一般方程**（general equation）.

因为 $x^2+y^2+Dx+Ey+F=0$，

$$\Rightarrow x^2+2\cdot\frac{D}{2}x+\left(\frac{D}{2}\right)^2+y^2+2\cdot\frac{E}{2}y+\left(\frac{E}{2}\right)^2+F-\left(\frac{D}{2}\right)^2-\left(\frac{E}{2}\right)^2=0,$$

$$\Rightarrow\left(x+\frac{D}{2}\right)^2+\left(y+\frac{E}{2}\right)^2=\frac{D^2+E^2-4F}{4},$$

所以，由圆的标准方程，得圆心坐标是 $\left(-\frac{D}{2},\ -\frac{E}{2}\right)$，半径 $r=\frac{\sqrt{D^2+E^2-4F}}{2}$.

例4 已知圆的方程 $x^2+y^2+4x-6y+1=0$，求圆的圆心坐标和半径．

解 圆心坐标是 $\left(-\frac{D}{2},\ -\frac{E}{2}\right)$，半径 $r=\frac{\sqrt{D^2+E^2-4F}}{2}$.

$\because D=4,\ E=-6,\ F=1$，

$\therefore -\frac{D}{2}=-2,\ -\frac{E}{2}=3,\ \frac{\sqrt{D^2+E^2-4F}}{2}=\frac{\sqrt{4^2+(-6)^2-4}}{2}=2\sqrt{3}$，

$\therefore$ 圆心坐标是（-2，3），半径 $r=2\sqrt{3}$.

例5 将圆的一般方程 $x^2+y^2-2x+4y-2=0$ 写成标准方程的形式.

解 圆心坐标是 $\left(-\frac{D}{2},\ -\frac{E}{2}\right)$，半径 $r=\frac{\sqrt{D^2+E^2-4F}}{2}$.

$\because D=-2,\ E=4,\ F=-2$，

$\therefore -\frac{D}{2}=1,\ -\frac{E}{2}=-2,\ \frac{\sqrt{D^2+E^2-4F}}{2}=\frac{\sqrt{(-2)^2+4^2+8}}{2}=\sqrt{7}$，

$\therefore$ 圆心坐标是（1，-2），半径 $r=\sqrt{7}$；

$\therefore$ 圆的标准方程是 $(x-1)^2+(y+2)^2=7$.

例6 已知直线 $2x+y-1=0$ 与圆 $x^2+y^2-4x-2y=0$ 相交于两点 A 和 B，求点 A 到点 B 的距离 $|AB|$.

解 先求点 A 和点 B 的坐标：

$$\begin{cases}2x+y-1=0, & ① \\ x^2+y^2-4x-2y=0, & ②\end{cases}$$

由①可得

$y=-2x+1$，③

将③代入②，可得

$$x^2+(-2x+1)^2-4x-2(-2x+1)=0,$$

化简，得

$$5x^2-4x-1=0,$$

解得 $x_1=-\dfrac{1}{5}$，$x_2=1$，

再由③得 $y_1=\dfrac{7}{5}$，$y_2=-1$，

所以点 A 和点 B 的坐标分别为 $\left(-\dfrac{1}{5},\ \dfrac{7}{5}\right)$ 和 $(1,\ -1)$，点 A 到点 B 的距离为

$$|AB|=\sqrt{\left(1+\frac{1}{5}\right)^2+\left(-1-\frac{7}{5}\right)^2}=\frac{6\sqrt{5}}{5}.$$

小　结

1. 圆的标准方程：$(x-a)^2+(y-b)^2=r^2$. 圆心坐标为 $(a,\ b)$，半径为 r.

2. 圆的一般方程：$x^2+y^2+Dx+Ey+F=0\,(D^2+E^2-4F>0)$. 圆心坐标 $\left(-\dfrac{D}{2},\ -\dfrac{E}{2}\right)$，半径 $r=\dfrac{\sqrt{D^2+E^2-4F}}{2}$.

习题 10.1

1. 选择题（下列每小题的四个选项中，只有一个正确答案）.

(1) 圆心为点 $A\,(2,\ -3)$，半径等于 5 的圆的方程为（　　）.

A. $(x+2)^2+(y-3)^2=25$　　　　B. $(x-2)^2+(y+3)^2=25$

C. $(x-2)^2+(y+3)^2=5$　　D. $(x+2)^2+(y-3)^2=5$

（2）圆$(x-2)^2+y^2=2$的圆心坐标及半径分别为（　　）.

A.（2，0），2　　B.（−2，0），2

C.（0，2），$\sqrt{2}$　　D.（2，0），$\sqrt{2}$

（3）圆$x^2+y^2+4x=0$的圆心坐标和半径分别是（　　）.

A.（−2，0），2　　B.（0，−2），4

C.（2，0），2　　D.（0，2），4

（4）若圆的方程为$(x-1)(x+2)+(y-2)(y+4)=0$，则圆心坐标为（　　）.

A.（1，−1）　　B. $\left(\frac{1}{2}, 1\right)$

C.（−1，2）　　D. $\left(-\frac{1}{2}, -1\right)$

（5）若$x^2+y^2-2x+y+m=0$是圆的方程，则实数m的取值范围是（　　）.

A. $(-\infty, 5)$　　B. $\left(-\infty, \frac{5}{4}\right)$

C. $\left(-\infty, \frac{3}{2}\right)$　　D. $\left(\frac{3}{2}, +\infty\right)$

（6）若圆的方程为$x^2+y^2-2x+6y+8=0$，则下列经过圆心的直线是（　　）.

A. $2x-y-1=0$　　B. $2x+y+1=0$

C. $2x-y+1=0$　　D. $2x+y-1=0$

2. 填空题.

（1）圆$(x+2)^2+(y-1)^2=9$的圆心坐标是______，半径是________.

（2）圆$(x+3)^2+(y+5)^2=16$的圆心坐标是______，半径是________.

（3）圆$(x-4)^2+(y-6)^2=4$的圆心坐标是______，半径是________.

（4）若方程$x^2+y^2+Dx+Ey+F=0$表示以（2，−4）为圆心，以4为半

径的圆，则 $D=$__________，$E=$__________，$F=$__________.

（5）圆 $2x^2+2y^2+6x-4y-3=0$ 的圆心坐标是__________，半径是__________，标准方程是____________________.

3. 解答题.

（1）已知直线 $x-y+2=0$ 与圆 $x^2+y^2+x-y-1=0$ 相交于两点 P 和 Q，求点 P 到点 Q 的距离 $|PQ|$.

（2）已知圆 C 经过点 $A(3,\ 1)$ 和点 $B(5,\ 3)$，圆心在直线 $y=x$ 上，求圆 C 的方程.

（3）已知圆 C 经过点 $(1,\ 0)$，圆心在 x 轴的正半轴上，直线 l：$y=x-1$ 被圆 C 所截得的弦长为 $2\sqrt{2}$，求过圆心且与直线 l 垂直的直线的方程.

10.2　椭　圆

定义　平面内到两个定点的距离的和等于**正常数**（positive constant）的动点的轨迹称为**椭圆**（ellipse）. 其中，两个定点称为**焦点**（focus）.

一般地，设 F_1 和 F_2 为平面内两个定点，记 $|F_1F_2|=2c$（$c>0$），a 是一个正常数，且 $a>c$，则平面内满足 $|PF_1|+|PF_2|=2a$ 的动点 P 的轨迹为椭圆.

以 F_1F_2 所在直线为 x 轴，以**线段**（line segment）F_1F_2 的**垂直平分线**（pcrpcndicular bisector）为 y 轴，建立平面直角坐标系，则可得到形如 $\frac{x^2}{a^2}+\frac{y^2}{b^2}=1$（其中 $b^2=a^2-c^2$，$a>b>0$）的椭圆的标准方程.

以 F_1F_2 所在直线为 y 轴，以线段 F_1F_2 的垂直平分线为 x 轴，建立平面直角坐标系，则可得到形如 $\frac{x^2}{b^2}+\frac{y^2}{a^2}=1$（其中 $b^2=a^2-c^2$，$a>b>0$）的椭圆的标准方程.

一、椭圆$\frac{x^2}{a^2}+\frac{y^2}{b^2}=1$（$a>b>0$）的图像和性质

如图 10.2－1 所示，我们称 $A_1(-a, 0)$，$A_2(a, 0)$，$B_1(0, -b)$，$B_2(0, b)$ 为椭圆的顶点；称 $F_1(-c, 0)$ 和 $F_2(c, 0)$ 为椭圆的焦点，**焦距**（focal length）为 $|F_1F_2|=2c(c>0)$；称 A_1A_2 为椭圆的**长轴**（major axis），长轴长为 $|A_1A_2|=2a$；称 B_1B_2 为椭圆的**短轴**（minor axis），短轴长为 $|B_1B_2|=2b$；称 $e=\frac{c}{a}$为椭圆的**离心率**（eccentricity）.

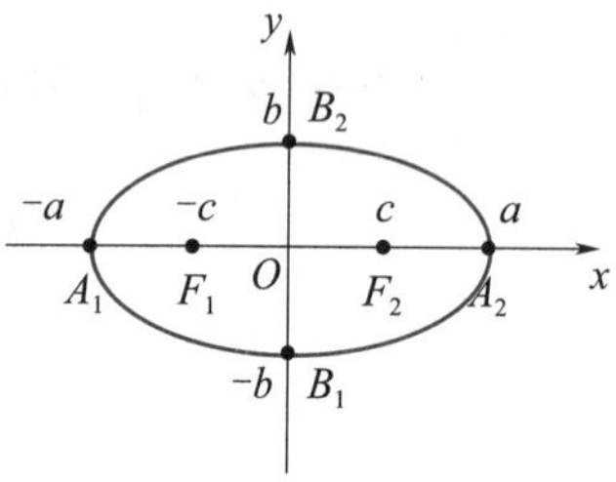

图 10.2－1

注 1　（1）$a^2=b^2+c^2$；

（2）椭圆$\frac{x^2}{a^2}+\frac{y^2}{b^2}=1$（$a>b>0$）的焦点在 x 轴上.

例 1　设 F_1 和 F_2 为椭圆$\frac{x^2}{9}+\frac{y^2}{4}=1$ 的两个焦点，P 为椭圆上一点，若 $|PF_1|=2$，则 $|PF_2|=$__________.

解　$\because$ $9>4$，

$\therefore$ 焦点在 x 轴上，

$\therefore$ $a^2=9\Rightarrow a=3$，

$\because$ $|PF_1|+|PF_2|=2a=2\times3=6$，$|PF_1|=2$，

$\therefore$ $|PF_2|=6-2=4$.

例 2　求椭圆$\frac{x^2}{25}+\frac{y^2}{16}=1$ 的焦点坐标和离心率.

解　$\because$ $25>16$，

$\therefore$ 焦点在 x 轴上，

$\therefore$ $a^2=25$，$b^2=16\Rightarrow c^2=a^2-b^2=25-16=9\Rightarrow c=3$，

$\therefore$ 焦点坐标为（-3，0）和（3，0）；

$\because$ $a^2=25\Rightarrow a=5$，

∴ 离心率 $e=\frac{c}{a}=\frac{3}{5}$.

二、椭圆$\frac{x^2}{b^2}+\frac{y^2}{a^2}=1$（$a>b>0$）的图像和性质

如图 10.2－2 所示，我们称 $B_1(-b,\ 0)$，$B_2(b,\ 0)$，$A_1(0,\ -a,)$，$A_2(0,\ a)$ 为椭圆的顶点；称 $F_1(0,\ -c)$，$F_2(0,\ c)$ 为椭圆的焦点，焦距为 $|F_1F_2|=2c(c>0)$；称 A_1A_2 为椭圆的长轴，长轴长为 $|A_1A_2|=2a$；称 B_1B_2 为椭圆的短轴，短轴长为 $|B_1B_2|=2b$；称 $e=\frac{c}{a}$为椭圆的离心率.

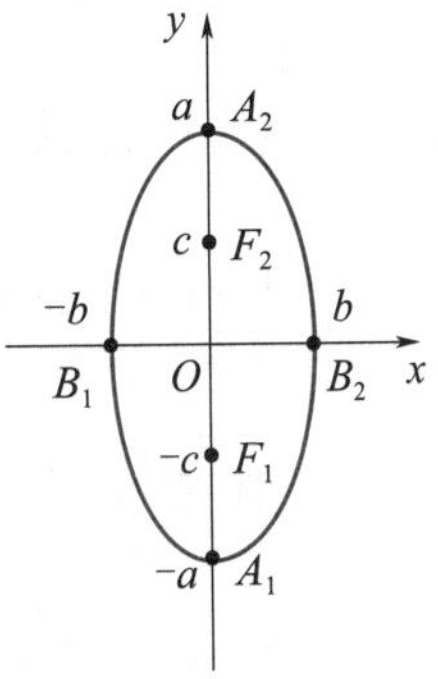

图 10.2－2

注 2 （1）$a^2=b^2+c^2$；

（2）椭圆$\frac{x^2}{b^2}+\frac{y^2}{a^2}=1$（$a>b>0$）的焦点在 y 轴上.

例 3 求椭圆$\frac{x^2}{4}+\frac{y^2}{5}=1$ 的焦点坐标和离心率.

解 ∵ $4<5$，

∴ 焦点在 y 轴上，

∴ $a^2=5$，$b^2=4\Rightarrow c^2=a^2-b^2=5-4=1\Rightarrow c=1$，

∴ 焦点坐标为（0，−1）和（0，1）；

∵ $a^2=5\Rightarrow a=\sqrt{5}$，

∴ 离心率 $e=\frac{c}{a}=\frac{1}{\sqrt{5}}=\frac{\sqrt{5}}{5}$.

例 4 椭圆 $3x^2+4y^2=12$ 的焦点坐标是（　　）.

A.（0，±2）　　B.（±2，0）

C.（0，$\pm\sqrt{3}$）　　D.（±1，0）

解 答案是 D. 因为 $3x^2+4y^2=12\Rightarrow\frac{x^2}{4}+\frac{y^2}{3}=1$.

小　结

1. 椭圆$\frac{x^2}{a^2}+\frac{y^2}{b^2}=1$（$a>b>0$）：

（1）焦点在 x 轴上；

（2）焦点坐标为（$-c$，0）和（c，0），$c=\sqrt{a^2-b^2}$；

（3）离心率 $e=\frac{c}{a}$.

2. 椭圆$\frac{x^2}{b^2}+\frac{y^2}{a^2}=1$（$a>b>0$）：

（1）焦点在 y 轴上；

（2）焦点坐标为（0，$-c$）和（0，c），$c=\sqrt{a^2-b^2}$；

（3）离心率 $e=\frac{c}{a}$.

习题 10.2

1. 作图题.

（1）画出椭圆$\frac{x^2}{100}+\frac{y^2}{64}=1$ 的图像，并标出顶点及焦点 .

（2）画出椭圆$\frac{x^2}{16}+\frac{y^2}{25}=1$ 的图像，并标出顶点及焦点 .

2. 选择题（下列每小题的四个选项中，只有一个正确答案）.

（1）若椭圆的长轴长是 8，离心率是$\frac{3}{4}$，则此椭圆的标准方程是（　　）.

A. $\frac{x^2}{16}+\frac{y^2}{7}=1$　　B. $\frac{x^2}{16}+\frac{y^2}{7}=1$ 或 $\frac{x^2}{7}+\frac{y^2}{16}=1$

C. $\frac{x^2}{16}+\frac{y^2}{25}=1$　　D. $\frac{x^2}{16}+\frac{y^2}{25}=1$ 或 $\frac{x^2}{25}+\frac{y^2}{16}=1$

（2）若椭圆$\frac{x^2}{25}+y^2=1$上一点 P 到一个焦点的距离为 2，则点 P 到另一个焦点的距离为（　　）.

A. 5　　　B. 6　　　C. 7　　　D. 8

（3）椭圆 $2x^2+3y^2=12$ 的两个焦点间的距离是（　　）.

A. $2\sqrt{10}$　　　B. $\sqrt{10}$　　　C. $\sqrt{2}$　　　D. $2\sqrt{2}$

（4）若中心在原点的椭圆 C 的右焦点为 $F(1, 0)$，离心率等于$\frac{1}{2}$，则 C 的标准方程是（　　）.

A. $\frac{x^2}{3}+\frac{y^2}{4}=1$　　　B. $\frac{x^2}{4}+\frac{y^2}{\sqrt{3}}=1$

C. $\frac{x^2}{4}+\frac{y^2}{3}=1$　　　D. $\frac{x^2}{4}+y^2=1$

（5）椭圆 $x^2+4y^2=1$ 的离心率为（　　）.

A. $\frac{\sqrt{3}}{2}$　　　B. $\frac{3}{4}$　　　C. $\frac{\sqrt{2}}{2}$　　　D. $\frac{2}{3}$

（6）椭圆$\frac{x^2}{4}+\frac{y^2}{16}=1$的图像是（　　）.

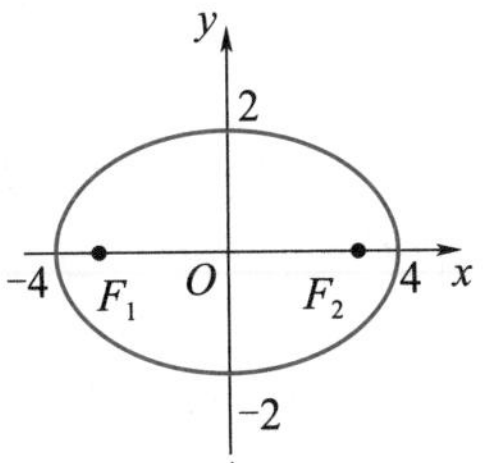

A

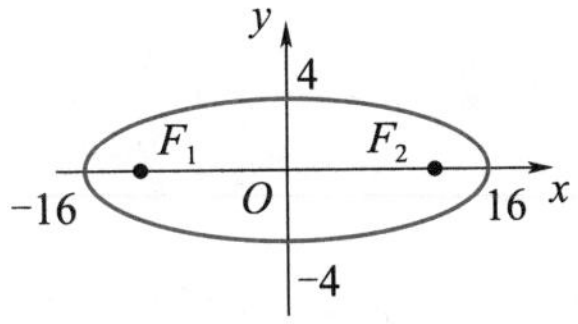

B

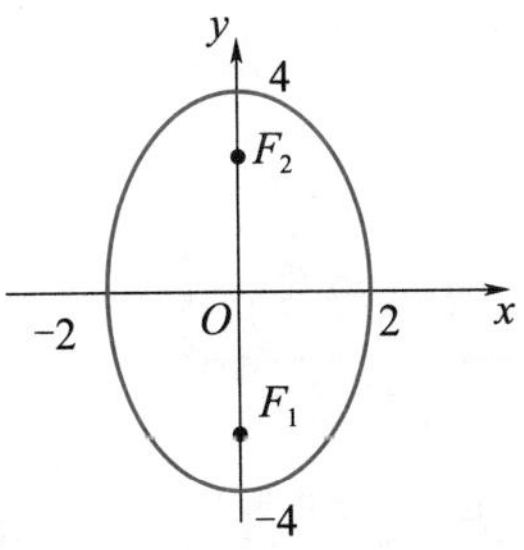

C

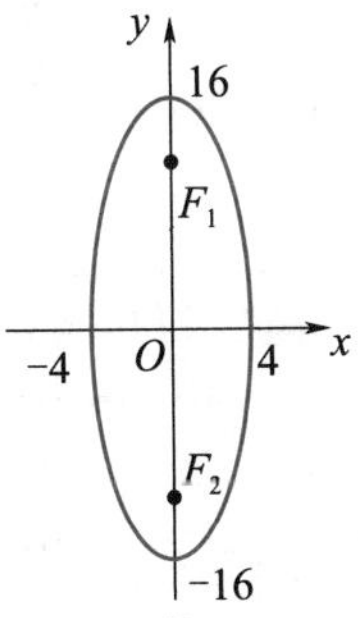

D

3. 填空题.

（1）若 F_1 和 F_2 分别为椭圆 $\frac{x^2}{25}+\frac{y^2}{16}=1$ 的左右焦点，P 为椭圆上一点，则 $|PF_1|+|PF_2|=$__________.

（2）椭圆 $\frac{x^2}{8}+\frac{y^2}{4}=1$ 的焦点坐标为__________，离心率为__________.

（3）椭圆 $\frac{x^2}{40}+\frac{y^2}{121}=1$ 的焦点坐标为__________，离心率为__________.

（4）椭圆 $\frac{x^2}{5}+\frac{y^2}{2}=1$ 的焦点坐标为__________，离心率为__________.

（5）椭圆 $8x^2+3y^2=24$ 的焦点坐标为__________，离心率为______.

（6）若椭圆的对称轴是坐标轴，一个焦点是（0，7），一个顶点是（9，0），则该椭圆的标准方程是________________.

（7）若椭圆 $\frac{x^2}{m}+\frac{y^2}{4}=1(m>0)$ 的焦距为 2，则 $m=$__________.

（8）已知椭圆 $\frac{x^2}{25}+\frac{y^2}{m^2}=1(m>0)$ 的左焦点为 F_1（−4，0），则 $m=$__________.

4. 解答题.

（1）求椭圆 $\frac{x^2}{100}+\frac{y^2}{64}=1$ 的顶点、焦点、长轴长、短轴长和离心率.

（2）已知椭圆 C：$\frac{x^2}{a^2}+\frac{y^2}{b^2}=1(a>b>0)$ 的左焦点为 $F(-2,0)$，离心率为 $\frac{\sqrt{6}}{3}$，求椭圆 C 的标准方程.

（3）已知直线 $y=x+1$ 与椭圆 C：$mx^2+y^2=2$（$m>1$）交于 A、B 两点，若 $OA\perp OB$，求 m 的值.

10.3 双 曲 线

定义 平面内到两个定点的距离之差的**绝对值**（absolute value）等于正

常数的动点的轨迹称为**双曲线**（hyperbola）．其中，两个定点称为焦点．

一般地，设 F_1 和 F_2 为平面内两个定点，记 $|F_1F_2|=2c$（$c>0$），a 是一个正常数，且 $a<c$，则平面内满足 $||PF_1|-|PF_2||=2a$ 的动点 P 的轨迹为双曲线．

以 F_1F_2 所在直线为 x 轴，以线段 F_1F_2 的垂直平分线为 y 轴，建立平面直角坐标系，则可得到形如 $\frac{x^2}{a^2}-\frac{y^2}{b^2}=1$（其中 $b^2=c^2-a^2$，$b>0$）的双曲线的标准方程．

以 F_1F_2 所在直线为 y 轴，以线段 F_1F_2 的垂直平分线为 x 轴，建立平面直角坐标系，则可得到形如 $\frac{y^2}{a^2}-\frac{x^2}{b^2}=1$（其中 $b^2=c^2-a^2$，$b>0$）的双曲线的标准方程．

一、双曲线 $\frac{x^2}{a^2}-\frac{y^2}{b^2}=1$（$a>0$，$b>0$）的图像和性质

如图 10.3－1 所示，我们称 $A_1(-a,0)$，$A_2(a,0)$ 为双曲线的顶点；称 $F_1(-c,0)$，$F_2(c,0)$ 为双曲线的焦点，焦距为 $|F_1F_2|=2c$（$c>0$）；称 A_1A_2 为双曲线的**实轴**（real axis），实轴长为 $|A_1A_2|=2a$；称 B_1B_2 为双曲线的**虚轴**（imaginary axis），虚轴长为 $|B_1B_2|=2b$；称 $y=\pm\frac{b}{a}x$ 为双曲线的**渐近线**（asymptote）；称 $e=\frac{c}{a}$ 为双曲线的离心率．

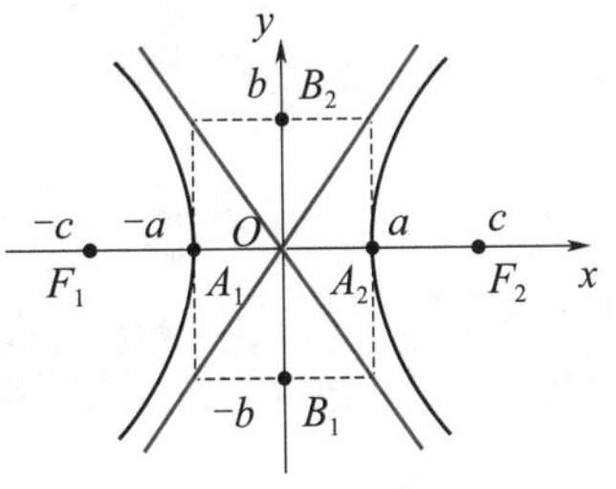

图 10.3－1

注1　（1）$c^2=a^2+b^2$；

（2）双曲线 $\frac{x^2}{a^2}-\frac{y^2}{b^2}=1$（$a>0$，$b>0$）的焦点在 x 轴上；

（3）双曲线 $\frac{x^2}{a^2}-\frac{y^2}{b^2}=1$ 的渐近线方程可由 $\frac{x^2}{a^2}-\frac{y^2}{b^2}=0$ 得到．

例 1 已知双曲线两个焦点的坐标分别为 $F_1(-5, 0)$ 和 $F_2(5, 0)$，双曲线上一点 P 到 F_1 和 F_2 的距离之差的绝对值等于4，则双曲线的标准方程为__________.

解 由焦点在 x 轴上知，双曲线的标准方程为$\frac{x^2}{a^2}-\frac{y^2}{b^2}=1$. 由题设及双曲线的定义知，$c=5$，$2a=4$，可得 $a=2$，从而得 $b^2=c^2-a^2=5^2-2^2=21$，所以双曲线的标准方程为$\frac{x^2}{4}-\frac{y^2}{21}=1$.

例 2 求双曲线$\frac{x^2}{9}-\frac{y^2}{16}=1$ 的渐近线、焦点坐标和离心率．

解 $\because a^2=9$，$b^2=16$，

$\therefore a=3$，$b=4$，

$\therefore$ 渐近线为 $y=\pm\frac{b}{a}x=\pm\frac{4}{3}x$；

$\because$ 焦点在 x 轴上，且 $c^2=a^2+b^2=9+16=25\Rightarrow c=5$，

$\therefore$ 焦点坐标为（-5，0）和（5，0），离心率 $e=\frac{c}{a}=\frac{5}{3}$.

二、双曲线$\frac{y^2}{a^2}-\frac{x^2}{b^2}=1$（$a>0$，$b>0$）的图像和性质

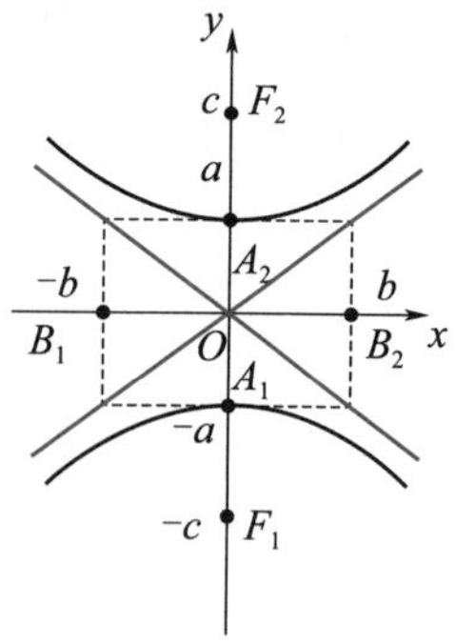

图 10.3－2

如图 10.3－2 所示，我们称 $A_1(0, -a)$，$A_2(0, a)$ 为双曲线的顶点；称 $F_1(0, -c)$，$F_2(0, c)$ 为双曲线的焦点，焦距为 $|F_1F_2|=2c$（$c>0$）；称 A_1A_2 为双曲线的实轴，实轴长为 $|A_1A_2|=2a$；称 B_1B_2 为双曲线的虚轴，虚轴长为 $|B_1B_2|=2b$；称 $y=\pm\frac{a}{b}x$ 为双曲线的渐近线；称 $e=\frac{c}{a}$为双曲线的离心率．

注 2 （1）$c^2=a^2+b^2$；

（2）双曲线$\frac{y^2}{a^2}-\frac{x^2}{b^2}=1$（$a>0$，$b>0$）的焦点在$y$轴上；

（3）双曲线$\frac{y^2}{a^2}-\frac{x^2}{b^2}=1$的渐近线方程可由$\frac{y^2}{a^2}-\frac{x^2}{b^2}=0$得到．

例3 求双曲线$\frac{y^2}{11}-\frac{x^2}{5}=1$的渐近线、焦点坐标和离心率．

解 $\because a^2=11$，$b^2=5$，

$\therefore a=\sqrt{11}$，$b=\sqrt{5}$，

$\therefore$ 渐近线为 $y=\pm\frac{a}{b}x=\pm\frac{\sqrt{11}}{\sqrt{5}}x=\pm\frac{\sqrt{55}}{5}x$；

$\because$ 焦点在y轴上，且 $c^2=a^2+b^2=11+5=16\Rightarrow c=4$，

$\therefore$ 焦点坐标为（0，−4）和（0，4），离心率 $e=\frac{c}{a}=\frac{4}{\sqrt{11}}=\frac{4\sqrt{11}}{11}$.

例4 双曲线 $5y^2-3x^2=15$ 的焦点坐标是（　　）.

A.（0，$\pm\sqrt{2}$）　　B.（$\pm\sqrt{2}$，0）

C.（0，$\pm2\sqrt{2}$）　　D.（$\pm2\sqrt{2}$，0）

解 答案是C. 因为 $5y^2-3x^2=15\Rightarrow\frac{y^2}{3}-\frac{x^2}{5}=1$.

小　结

1. 双曲线$\frac{x^2}{a^2}-\frac{y^2}{b^2}=1$（$a>0$，$b>0$）：

（1）焦点在x轴上；

（2）渐近线为 $y=\pm\frac{b}{a}x$；

（3）焦点坐标为（$-c$，0）和（c，0），$c=\sqrt{a^2+b^2}$；

（4）离心率 $e=\frac{c}{a}$.

2. 双曲线$\frac{y^2}{a^2}-\frac{x^2}{b^2}=1$（$a>0$，$b>0$）：

（1）焦点在 y 轴上；

（2）渐近线为 $y=\pm\frac{a}{b}x$；

（3）焦点坐标为（0，$-c$）和（0，c），$c=\sqrt{a^2+b^2}$；

（4）离心率 $e=\frac{c}{a}$.

习题 10.3

1. 作图题.

（1）画出双曲线$\frac{x^2}{36}-\frac{y^2}{64}=1$ 的图像，并标出渐近线、顶点及焦点 .

（2）画出双曲线$\frac{y^2}{2}-x^2=1$ 的图像，并标出渐近线、顶点及焦点 .

2. 选择题（下列每小题的四个选项中，只有一个正确答案）.

（1）在下列方程中，焦点在 x 轴上的双曲线是（　　）.

A. $x^2-\frac{y^2}{4}=1$　　B. $\frac{y^2}{4}-x^2=1$

C. $\frac{y^2}{4}+x^2=1$　　D. $y^2+\frac{x^2}{4}=1$

（2）在下列方程中，焦点在 y 轴上的双曲线是（　　）.

A. $\frac{x^2}{25}-\frac{y^2}{9}=1$　　B. $\frac{x^2}{25}+\frac{y^2}{9}=1$

C. $\frac{y^2}{16}-\frac{x^2}{9}=1$　　D. $\frac{x^2}{16}+\frac{y^2}{9}=1$

（3）在下列双曲线中，渐近线方程为 $y=\pm 2x$ 的是（　　）.

A. $x^2-\frac{y^2}{4}=1$　　B. $\frac{x^2}{4}-y^2=1$

C. $x^2-\frac{y^2}{2}=1$　　D. $\frac{x^2}{2}-y^2=1$

（4）双曲线$\frac{x^2}{10}-\frac{y^2}{6}=1$的焦点坐标是（　　）.

A.（±2，0）　　B.（0，±2）

C.（±4，0）　　D.（0，±4）

（5）双曲线$\frac{y^2}{2}-\frac{x^2}{5}=1$的焦点坐标是（　　）.

A.（$\pm\sqrt{3}$，0）　　B.（0，$\pm\sqrt{3}$）

C.（$\pm\sqrt{7}$，0）　　D.（0，$\pm\sqrt{7}$）

（6）双曲线$\frac{y^2}{9}-\frac{x^2}{16}=1$的图像是（　　）.

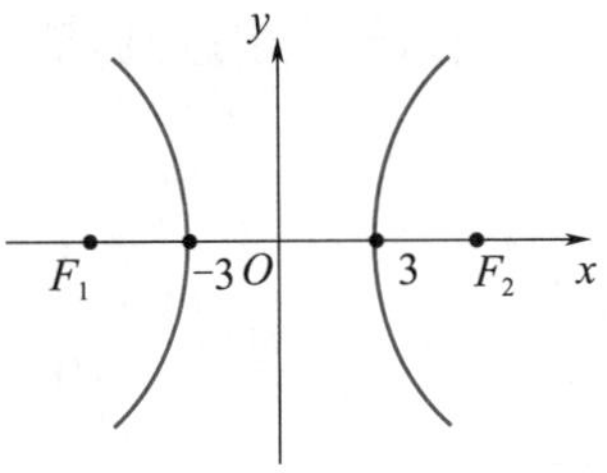

A

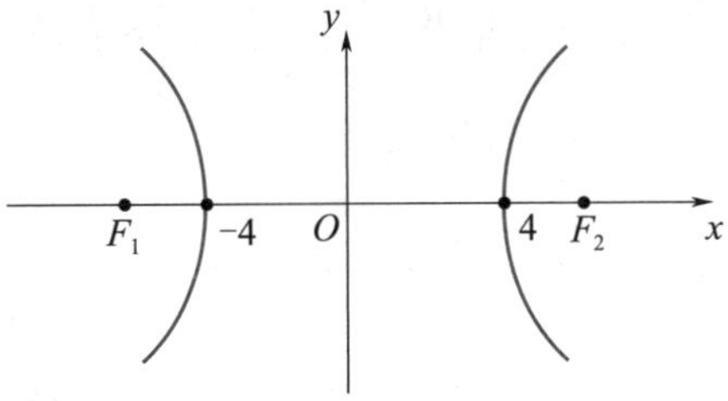

B

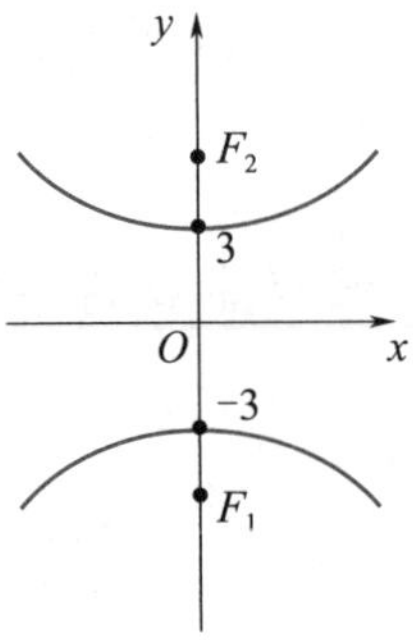

C

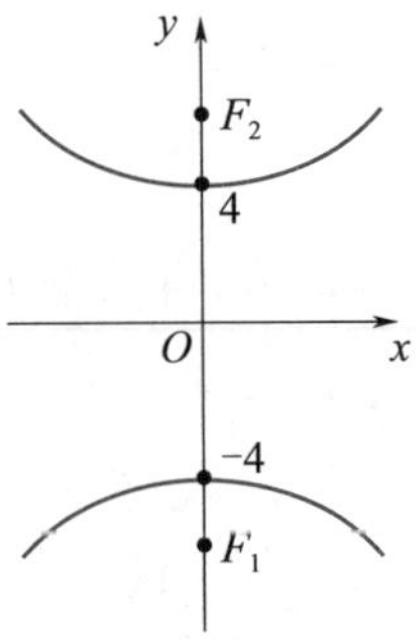

D

3. 填空题.

（1）双曲线$\frac{x^2}{4}-\frac{y^2}{6}=1$的渐近线是__________，焦点坐标是

__________，离心率是__________.

（2）双曲线 $\frac{y^2}{8}-\frac{x^2}{8}=1$ 的渐近线是__________，焦点坐标是__________，离心率是__________.

（3）双曲线 $\frac{y^2}{3}-\frac{x^2}{9}=1$ 的渐近线是__________，焦点坐标是__________，离心率是__________.

（4）双曲线 $4x^2-9y^2=36$ 的渐近线是__________，焦点坐标是__________，离心率是__________.

（5）双曲线 $4y^2-7x^2=28$ 的渐近线是__________，焦点坐标是__________，离心率是__________.

4. 解答题.

（1）求双曲线 $5x^2-3y^2=15$ 的实轴长、虚轴长、渐近线方程、焦点坐标和离心率.

（2）已知双曲线的渐近线方程为 $y=\pm\frac{1}{2}x$，焦点是椭圆 $\frac{x^2}{16}+y^2=1$ 长轴上的两个顶点，求双曲线的标准方程.

（3）已知双曲线 $\frac{x^2}{a^2}-\frac{y^2}{b^2}=1$ 的离心率 $e=\frac{2\sqrt{3}}{3}$，过点 $A(a，0)$ 和点 $B(0，-b)$ 的直线到原点的距离是 $\frac{\sqrt{3}}{2}$，求双曲线的标准方程.

10.4 抛 物 线

定义 平面内到定点和**定直线**（fixed line）距离相等的动点的轨迹称为**抛物线**（parabola）. 其中，定点称为焦点，定直线称为**准线**（directrix）.

一般地，设 F 为平面内一个定点，l 为不经过点 F 的定直线，则平面内满足 $|PF|=d(P，l)$ 的动点 P 的轨迹为双曲线.

过焦点 F 作准线 l 的**垂线**（vertical line），**垂足**（pedal）为 M，记 $|FM|=p\ (p>0)$.

以直线 FM 为 y 轴，以线段 FM 的垂直平分线为 x 轴，可得如下两种形式的抛物线的标准方程：

$$x^2=2py \text{ 或 } x^2=-2py.$$

以直线 FM 为 x 轴，以线段 FM 的垂直平分线为 y 轴，可得如下两种形式的抛物线的标准方程：

$$y^2=2px \text{ 或 } y^2=-2px.$$

一、抛物线 $x^2=2py\ (p>0)$ 的图像和性质

如图 10.4－1 所示，我们称 $O(0,\ 0)$ 为抛物线的顶点，称 $F\left(0,\ \dfrac{p}{2}\right)$ 为抛物线的焦点，称 l：$y=-\dfrac{p}{2}$ 为抛物线的准线，抛物线的离心率 $e=1$.

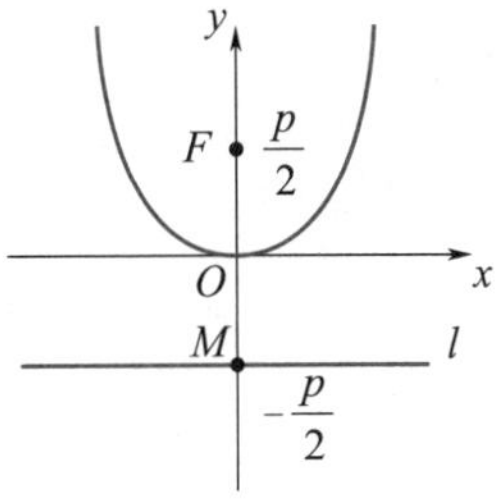

图 10.4－1

注1 抛物线 $x^2=2py(p>0)$ 的焦点在 y 轴的正半轴上.

例1 求抛物线 $x^2=4y$ 的焦点坐标和准线方程.

解 $\because\ 2p=4$,

$\therefore\ p=2\Rightarrow\dfrac{p}{2}=1$,

$\therefore$ 焦点坐标为（0，1），准线方程为 $y=-\dfrac{p}{2}=-1$.

二、抛物线 $x^2=-2py\ (p>0)$ 的图像和性质

如图 10.4－2 所示，我们称 $O(0,\ 0)$ 为抛物线的顶点，称 $F\left(0,\ -\dfrac{p}{2}\right)$ 为抛物线的焦点，称 l：$y=\dfrac{p}{2}$ 为抛物线的准线，抛物线的离心率 $e=1$.

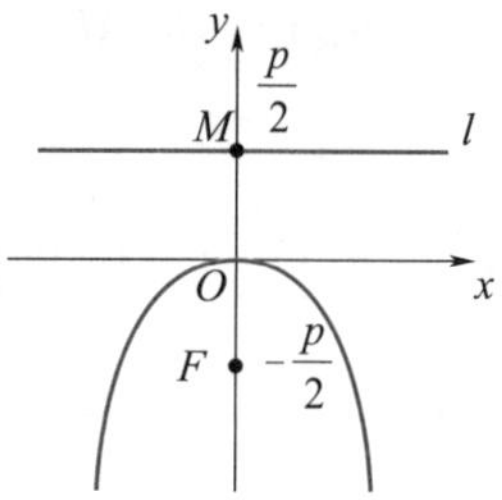

图 10.4－2

注 2 抛物线 $x^2=-2py(p>0)$ 的焦点在 y 轴的负半轴上.

例 2 求抛物线 $x^2=-8y$ 的焦点坐标和准线方程.

解 $\because$ $2p=8$,

$\therefore$ $p=4\Rightarrow\frac{p}{2}=2$,

$\therefore$ 焦点坐标为（0，-2），准线方程为 $y=\frac{p}{2}=2$.

三、抛物线 $y^2=2px$（$p>0$）的图像和性质

如图 10.4－3 所示，我们称 $O(0,0)$ 为抛物线的顶点，称 $F\left(\frac{p}{2},0\right)$ 为抛物线的焦点，称 l：$x=-\frac{p}{2}$ 为抛物线的准线，抛物线的离心率 $e=1$.

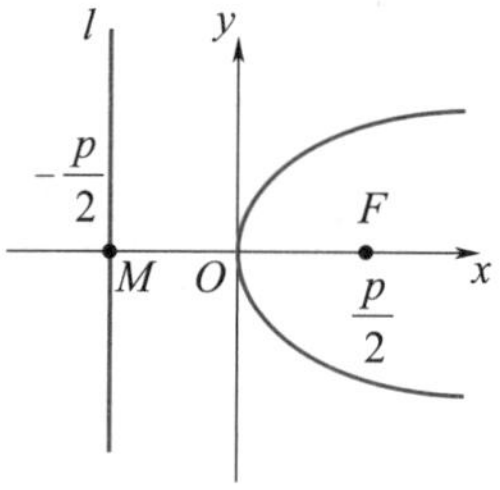

图 10.4－3

注 3 抛物线 $y^2=2px(p>0)$ 的焦点在 x 轴的正半轴上.

例 3 求抛物线 $y^2=12x$ 的焦点坐标和准线方程.

解 $\because$ $2p=12$,

$\therefore$ $p=6\Rightarrow\frac{p}{2}=3$,

$\therefore$ 焦点坐标为（3，0），准线方程为 $x=-\frac{p}{2}=-3$.

四、抛物线 $y^2=-2px$（$p>0$）的图像和性质

如图 10.4－4 所示，我们称 $O(0,0)$ 为抛物线的顶点，称 $F\left(-\frac{p}{2},0\right)$ 为抛物线的焦点，称 l：$x=\frac{p}{2}$ 为抛物线的准线，抛物线的离心率 $e=1$.

注 4　抛物线 $y^2=-2px(p>0)$ 的焦点在 x 轴的负半轴上.

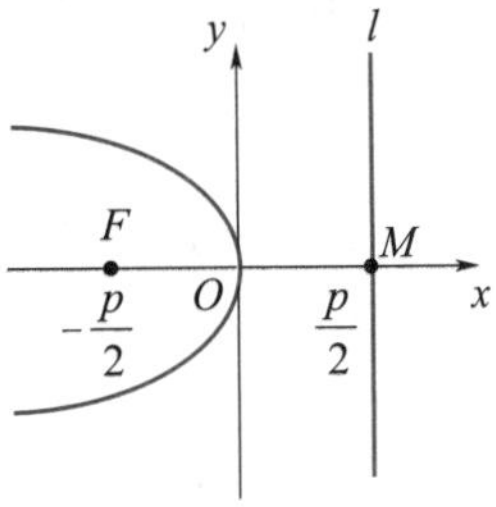

图 10.4－4

例 4　求抛物线 $y^2=-16x$ 的焦点坐标和准线方程.

解　$\because\ 2p=16$,

$\therefore\ p=8\Rightarrow\frac{p}{2}=4$,

$\therefore$ 焦点坐标为（-4，0），准线方程为 $x=\frac{p}{2}=4$.

小　结

1. 抛物线 $x^2=2py(p>0)$ 的焦点坐标为 $\left(0,\ \frac{p}{2}\right)$，准线方程为 $y=-\frac{p}{2}$.

2. 抛物线 $x^2=-2py(p>0)$ 的焦点坐标为 $\left(0,\ -\frac{p}{2}\right)$，准线方程为 $y=\frac{p}{2}$.

3. 抛物线 $y^2=2px(p>0)$ 的焦点坐标为 $\left(\frac{p}{2},\ 0\right)$，准线方程为 $x=-\frac{p}{2}$.

4. 抛物线 $y^2=-2px(p>0)$ 的焦点坐标为 $\left(-\frac{p}{2},\ 0\right)$，准线方程为 $x=\frac{p}{2}$.

5. 抛物线的离心率 $e=1$.

习题 10.4

1. 作图题.

（1）画出抛物线 $x^2=16y$ 的图像，并标出焦点及准线.

（2）画出抛物线 $x^2=-4y$ 的图像，并标出焦点及准线.

（3）画出抛物线 $y^2=20x$ 的图像，并标出焦点及准线.

（4）画出抛物线 $y^2=-4x$ 的图像，并标出焦点及准线.

2. 选择题（下列每小题的四个选项中，只有一个正确答案）.

（1）抛物线 $y=4x^2$ 的准线方程为（　　）.

A. $x=-1$　　B. $y=-1$

C. $x=-\frac{1}{16}$　　D. $y=-\frac{1}{16}$

（2）抛物线 $y^2=4x$ 的焦点坐标是（　　）.

A. (0，2)　　B. (0，1)

C. (2，0)　　D. (1，0)

（3）以双曲线 $\frac{x^2}{16}-\frac{y^2}{9}=1$ 的右顶点为焦点的抛物线的标准方程为（　　）.

A. $y^2=16x$　　B. $y^2=-16x$

C. $y^2=8x$　　D. $y^2=-8x$

（4）抛物线 $y^2=8x$ 的焦点到准线的距离是（　　）.

A. 1　　B. 2　　C. 4　　D. 8

（5）若抛物线的顶点在原点，且其准线方程为 $x=2$，则抛物线的标准方程为（　　）.

A. $y^2=4x$　　B. $x^2=-8y$

C. $y^2=8x$　　D. $y^2=-8x$

（6）抛物线 $x^2=\frac{1}{2}y$ 的焦点坐标为（　　）.

A. $\left(\frac{1}{2},\ 0\right)$　　B. $\left(0,\ \frac{1}{2}\right)$

C. $\left(\frac{1}{8},\ 0\right)$　　D. $\left(0,\ \frac{1}{8}\right)$

（7）抛物线 $x^2=-4y$ 的开口方向是（　　）.

A. 向左　　B. 向右　　C. 向上　　D. 向下

（8）抛物线 $x^2=-3y$ 的图像是（　　）.

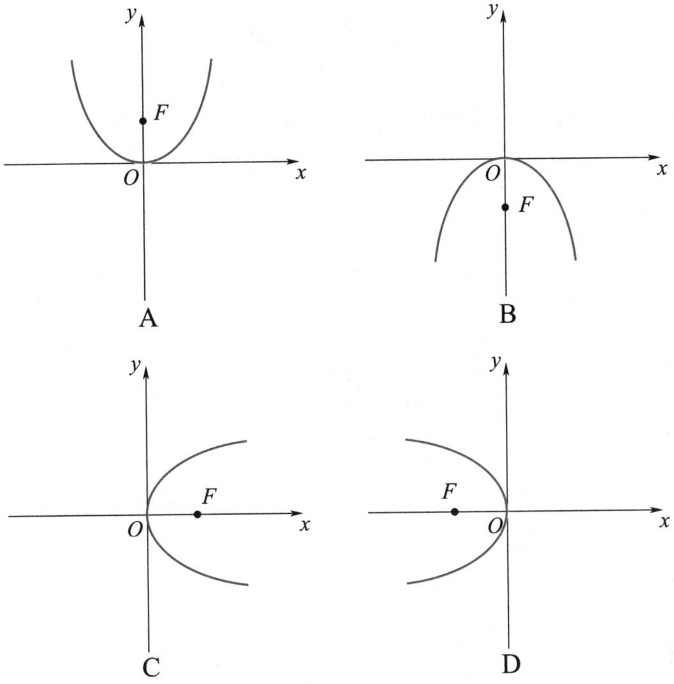

3. 填空题.

（1）抛物线 $y^2=x$ 的焦点坐标是________，准线方程是________.

（2）抛物线 $y^2=-40x$ 的焦点坐标是________，准线方程是________.

（3）抛物线 $x^2=24y$ 的焦点坐标是________，准线方程是________.

（4）抛物线 $x^2=-2y$ 的焦点坐标是________，准线方程是________.

（5）抛物线 $x^2=-6y$ 的焦点坐标是____________，准线方程是____________.

（6）抛物线 $y^2=60x$ 的焦点坐标是____________，准线方程是____________.

4. 解答题.

（1）已知斜率为 2 的直线 l 与抛物线 $y^2=4x$ 相交于 A、B 两点，若 $|AB|=5$，求直线 l 的方程.

（2）设抛物线 $y^2=6x$ 的焦点为 F，准线为 l，P 为抛物线上一点，$PA\perp l$，A 为垂足，若直线 AF 的斜率 $k=-\sqrt{3}$，求线段 PF 的长.

自测题 10

1. 选择题（下列每小题的四个选项中，只有一个正确答案）.

（1）圆 $x^2+y^2-4x-6y+1=0$ 的圆心坐标为（　　）.

A.（2，3）　　B.（-2，-3）

C.（-2，3）　　D.（2，-3）

（2）椭圆 $\frac{x^2}{4}+\frac{y^2}{3}=1$ 的焦点坐标是（　　）.

A.（0，±1）　　B.（±1，0）

C.（0，±2）　　D.（±2，0）

（3）双曲线$\frac{x^2}{16}-\frac{y^2}{20}=1$ 的焦点坐标是（　　）.

A.（0，±4）　　B.（±4，0）

C.（0，±6）　　D.（±6，0）

（4）抛物线 $x^2=-16y$ 的焦点坐标是（　　）.

A.（0，4）　　B.（0，-4）

C.（4，0）　　D.（-4，0）

（5）圆 $x^2+y^2=4$ 的半径是（　　）.

A. 1　　B. 2　　C. 3　　D. 4

（6）双曲线 $y^2-\frac{x^2}{4}=1$ 的焦点在（　　）上.

A. x 轴　　B. y 轴

C. 直线 $y=x$　　D. 直线 $y=-x$

2. 填空题.

（1）椭圆 $\frac{x^2}{12}+\frac{y^2}{8}=1$ 的焦距是__________.

（2）抛物线 $y^2=-x$ 的焦点坐标是__________.

（3）双曲线$\frac{y^2}{2}-\frac{x^2}{7}=1$ 的离心率是__________.

(4) 圆 $x^2+y^2-2x-4y+3=0$ 的圆心坐标是__________，半径是__________.

(5) 圆 $(x+3)^2+(y-5)^2=3$ 的圆心坐标是__________，半径是__________.

(6) 抛物线 $x^2=12y$ 的准线方程是__________.

(7) 椭圆 $\frac{x^2}{9}+\frac{y^2}{12}=1$ 的短轴长是__________.

(8) 双曲线$\frac{x^2}{2}-\frac{y^2}{4}=1$ 的渐近线是__________.

(9) 椭圆$\frac{y^2}{4}+\frac{x^2}{9}=1$ 的离心率是__________.

3. 解答题.

(1) 已知椭圆 C：$\frac{x^2}{a^2}+\frac{y^2}{b^2}=1$ $(a>b>0)$ 的离心率为$\frac{\sqrt{3}}{2}$，且过点 $B(0, 1)$，求椭圆 C 的标准方程.

(2) 已知顶点在原点、焦点在 y 轴上的抛物线被直线 $x-2y-1=0$ 截得的弦长为$\sqrt{15}$，求抛物线的方程.

(3) 已知双曲线的对称轴为坐标轴，两个顶点间的距离为 2，焦点在 y 轴上，且焦点到渐近线的距离为$\sqrt{2}$，求双曲线的标准方程.

第 11 章 平面向量

11.1 平面向量的概念

一、平面向量的定义

定义 1 平面内既有**大小**（magnitude）又有**方向**（direction）的量叫作**平面向量**（vector），简称为向量．向量的大小也称为向量的模．

我们常用带箭头的线段（即**有向线段**（directed line segment））表示向量，线段的长短表示向量的大小，箭头的指向表示向量的方向．

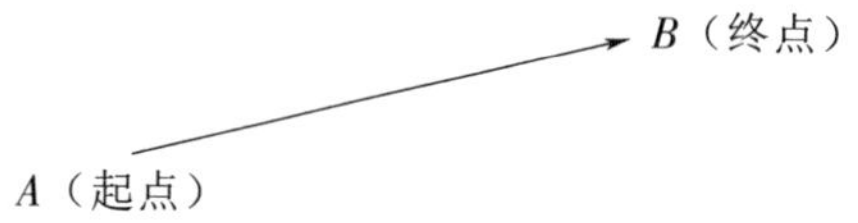

图 11.1－1

如图 11.1－1 所示，以 A 为**起点**（**始点**）（initial point），以 B 为**终点**（terminal point）的有向线段（向量）记作 $\overrightarrow{AB}$，起点写在终点前面，$\overrightarrow{AB}$ 的模记作 $|\overrightarrow{AB}|$．

起点和终点相同的向量叫作**零向量**（zero vector），记作 $\mathbf{0}$，零向量的方向是不确定的．**长度**（length）等于 1 的向量叫作**单位向量**（unit vector）．

向量也可以用字母 $\boldsymbol{a}$，$\boldsymbol{b}$，$\boldsymbol{c}$，…表示，此时向量 $\boldsymbol{a}$ 的模记作 $|\boldsymbol{a}|$．

二、平面向量间的关系

定义 2 如果两个向量 $\boldsymbol{a}$ 和 $\boldsymbol{b}$ 的大小相等，方向相同，则称 $\boldsymbol{a}$ 和 $\boldsymbol{b}$ 相等，记作 $\boldsymbol{a}=\boldsymbol{b}$．

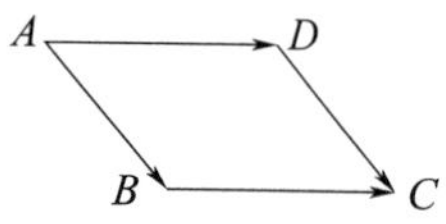

图 11.1－2

如图 11.1－2 所示，在**平行四边形**（parallelogram）$ABCD$ 中，$\overrightarrow{AB}=\overrightarrow{DC}$，$\overrightarrow{AD}=\overrightarrow{BC}$．

定义 3 如果两个向量 $\boldsymbol{a}$ 和 $\boldsymbol{b}$ 的方向相同或相反，则称 $\boldsymbol{a}$ 和 $\boldsymbol{b}$ 平行，记作 $\boldsymbol{a}/\!/\boldsymbol{b}$．

如图 11.1－3 所示，$\boldsymbol{a}/\!/\boldsymbol{b}/\!/\boldsymbol{c}$.

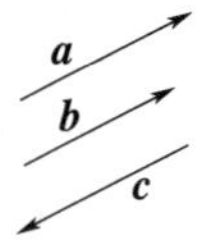

图 11.1－3

定义 4　任何一组平行向量都可平移到同一条直线上，所以平行向量也叫**共线**（collinear）向量．

规定：零向量与任意向量平行.

小　结

1. 既有大小又有方向的量叫作向量．向量用两个大写英文字母表示或用一个小写英文字母表示．向量的大小也称为向量的模．

2. 如果两个向量 $\boldsymbol{a}$ 和 $\boldsymbol{b}$ 的大小相等，方向相同，则称 $\boldsymbol{a}$ 和 $\boldsymbol{b}$ 相等，记作 $\boldsymbol{a}=\boldsymbol{b}$.

3. 如果两个向量 $\boldsymbol{a}$ 和 $\boldsymbol{b}$ 的方向相同或相反，则称 $\boldsymbol{a}$ 和 $\boldsymbol{b}$ 平行，记作 $\boldsymbol{a}/\!/\boldsymbol{b}$.

4. 平行向量也称为共线向量．

习题 11.1

1. 判断题（正确的画√，错误的画×）.

（1）设 $\boldsymbol{a}$ 和 $\boldsymbol{b}$ 是两个向量，如果 $|\boldsymbol{a}|=|\boldsymbol{b}|$，则 $\boldsymbol{a}=\boldsymbol{b}$.　（　　）

（2）如果 $\boldsymbol{a}$ 和 $\boldsymbol{b}$ 都是单位向量，则 $\boldsymbol{a}=\boldsymbol{b}$.　（　　）

（3）如果向量 $\boldsymbol{a}$ 和 $\boldsymbol{b}$ 的方向相同，则 $\boldsymbol{a}=\boldsymbol{b}$.　（　　）

（4）如果向量 $\boldsymbol{a}$ 和 $\boldsymbol{b}$ 的方向相反，则 $\boldsymbol{a}$ 和 $\boldsymbol{b}$ 是共线向量．（　　）

（5）设 $\boldsymbol{a}$ 和 $\boldsymbol{b}$ 是两个向量，如果 $\boldsymbol{a}/\!/\boldsymbol{b}$，则 $\boldsymbol{a}$ 和 $\boldsymbol{b}$ 的方向相同．（　　）

（6）如果向量 $\overrightarrow{AB}/\!/\overrightarrow{BC}$，则 A，B，C 三点一定共线．（　　）

（7）设 $\boldsymbol{a}$，$\boldsymbol{b}$，$\boldsymbol{c}$ 是三个向量，如果 $\boldsymbol{a}/\!/\boldsymbol{b}$，$\boldsymbol{b}/\!/\boldsymbol{c}$，则 $\boldsymbol{a}/\!/\boldsymbol{c}$.　（　　）

2. 已知在 $\triangle ABC$ 中，D，E，F 分别是边 AB，BC，CA 的中点，请分别写出与向量 $\overrightarrow{AD}$，$\overrightarrow{BE}$，$\overrightarrow{CF}$ 相等的向量．

11.2 平面向量的线性运算（Linear Operation）

一、平面向量的加法

定义1 设 $\boldsymbol{a}$，$\boldsymbol{b}$ 为平面内任意给定的两个向量，在该平面内任取一点 A，作 $\overrightarrow{AB}=\boldsymbol{a}$，$\overrightarrow{BC}=\boldsymbol{b}$，连接点 A 和点 C，则向量 $\overrightarrow{AC}$ 称为向量 $\boldsymbol{a}$ 和 $\boldsymbol{b}$ 的和向量，简称为和．向量 $\boldsymbol{a}$ 和 $\boldsymbol{b}$ 的和记作 $\boldsymbol{a}+\boldsymbol{b}$，即 $\boldsymbol{a}+\boldsymbol{b}=\overrightarrow{AB}+\overrightarrow{BC}=\overrightarrow{AC}$.

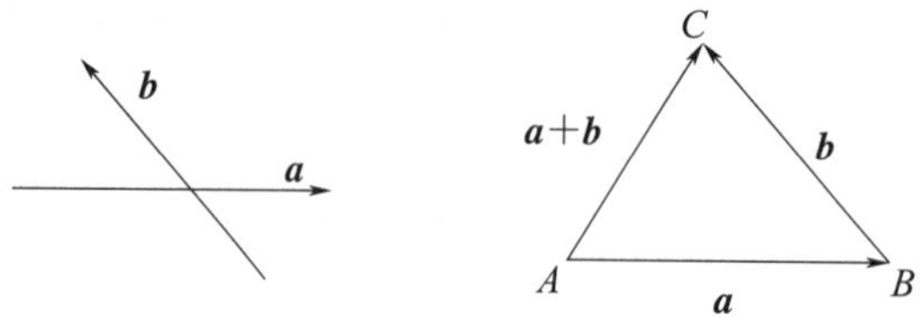

图 11.2－1

这种求两个向量的和的方法叫作向量加法的**三角形法则**（triangle rule），如图 11.2－1 所示.

定义2 设 $\boldsymbol{a}$，$\boldsymbol{b}$ 为平面内任意给定的两个不平行向量，在该平面内任取一点 A，作 $\overrightarrow{AB}=\boldsymbol{a}$，$\overrightarrow{AC}=\boldsymbol{b}$，以 AB，AC 为邻边作平行四边形 $ABDC$，连接点 A 和点 D，则向量 $\overrightarrow{AD}$ 为向量 $\boldsymbol{a}$ 和 $\boldsymbol{b}$ 的和，即 $\boldsymbol{a}+\boldsymbol{b}=\overrightarrow{AB}+\overrightarrow{AC}=\overrightarrow{AB}+\overrightarrow{BD}=\overrightarrow{AD}$.

这种求两个向量的和的方法叫作向量加法的**平行四边形法则**（parallelogram rule），如图 11.2－2 所示．

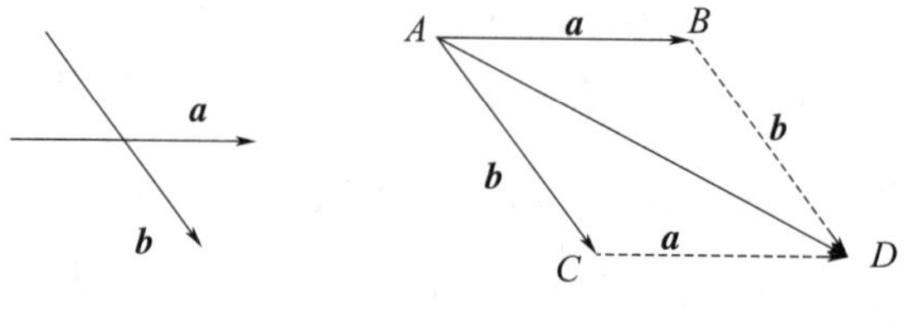

图 11.2－2

向量加法满足下面的运算律：

（1）$\boldsymbol{a}+\boldsymbol{0}=\boldsymbol{a}$；

（2）$\boldsymbol{a}+\boldsymbol{b}=\boldsymbol{b}+\boldsymbol{a}$（交换律）；

(3) $(\boldsymbol{a}+\boldsymbol{b})+\boldsymbol{c}=\boldsymbol{a}+(\boldsymbol{b}+\boldsymbol{c})$ (结合律).

例 1 将下列各式化简.

(1) $\overrightarrow{AB}+\overrightarrow{BA}$ (2) $\overrightarrow{AB}+\overrightarrow{BC}+\overrightarrow{CA}$ (3) $\overrightarrow{AB}+\overrightarrow{DE}+\overrightarrow{CD}+\overrightarrow{BC}$

解 (1) $\overrightarrow{AB}+\overrightarrow{BA}=\overrightarrow{AA}=\mathbf{0}$.

(2) $\overrightarrow{AB}+\overrightarrow{BC}+\overrightarrow{CA}=\overrightarrow{AC}+\overrightarrow{CA}=\overrightarrow{AA}=\mathbf{0}$.

(3) $\overrightarrow{AB}+\overrightarrow{DE}+\overrightarrow{CD}+\overrightarrow{BC}=(\overrightarrow{AB}+\overrightarrow{BC})+(\overrightarrow{CD}+\overrightarrow{DE})=\overrightarrow{AC}+\overrightarrow{CE}=\overrightarrow{AE}$.

二、平面向量的减法

定义 3 与向量 $\overrightarrow{AB}$ 大小相等、方向相反的向量称为 $\overrightarrow{AB}$ 的**负向量**(negative vector),记作$-\overrightarrow{AB}$.

显然,$-\overrightarrow{AB}=\overrightarrow{BA}$,$\overrightarrow{AB}+(-\overrightarrow{AB})=\overrightarrow{AB}+\overrightarrow{BA}=\overrightarrow{AA}=\mathbf{0}$.

向量的减法可以看作加法的**逆运算**(inverse operation),即 $\boldsymbol{a}-\boldsymbol{b}=\boldsymbol{a}+(-\boldsymbol{b})$.

例 2 将 $\overrightarrow{OA}-\overrightarrow{OB}$ 化简.

解 $\overrightarrow{OA}-\overrightarrow{OB}=\overrightarrow{OA}+(-\overrightarrow{OB})=\overrightarrow{OA}+\overrightarrow{BO}=\overrightarrow{BO}+\overrightarrow{OA}=\overrightarrow{BA}$.

注 起点相同的两个向量相减仍是一个向量,它的起点是第二个向量的终点,它的终点是第一个向量的终点.

例 3 将 $\overrightarrow{AB}-\overrightarrow{AC}-\overrightarrow{CD}$ 化简.

解 $\overrightarrow{AB}-\overrightarrow{AC}-\overrightarrow{CD}=\overrightarrow{CB}-\overrightarrow{CD}=\overrightarrow{DB}$.

三、平面向量的数乘

定义 4 实数 λ 与向量 $\boldsymbol{a}$ 的乘积是一个向量,记作 $\lambda\boldsymbol{a}$,它的模和方向规定如下:

(1) $|\lambda\boldsymbol{a}|=|\lambda||\boldsymbol{a}|$;

(2) 当 $\lambda>0$ 时,$\lambda\boldsymbol{a}$ 的方向与 $\boldsymbol{a}$ 的方向相同;当 $\lambda<0$ 时,$\lambda\boldsymbol{a}$ 的方向与 $\boldsymbol{a}$ 的方向相反.

实数 λ 与向量 $\boldsymbol{a}$ 相乘的运算简称为**数乘**(scalar multiplication). 向量的

数乘运算满足下面的运算律：

（1）$\lambda(\mu\boldsymbol{a})=(\lambda\mu)\boldsymbol{a}$；

（2）$(\lambda+\mu)\boldsymbol{a}=\lambda\boldsymbol{a}+\mu\boldsymbol{a}$；

（3）$\lambda(\boldsymbol{a}+\boldsymbol{b})=\lambda\boldsymbol{a}+\lambda\boldsymbol{b}$，$\lambda$，$\mu\in\mathbb{R}$.

例4 将下列各式化简.

（1）$3(\boldsymbol{a}+\boldsymbol{b})-2(\boldsymbol{a}-\boldsymbol{b})$　　（2）$4\boldsymbol{a}-5(\boldsymbol{a}-\boldsymbol{b})-2\boldsymbol{b}$

（3）$-2(\boldsymbol{a}+\boldsymbol{b}-\boldsymbol{c})-(\boldsymbol{a}+\boldsymbol{c})+4\boldsymbol{b}$

解 （1）$3(\boldsymbol{a}+\boldsymbol{b})-2(\boldsymbol{a}-\boldsymbol{b})=3\boldsymbol{a}+3\boldsymbol{b}-2\boldsymbol{a}+2\boldsymbol{b}=\boldsymbol{a}+5\boldsymbol{b}$.

（2）$4\boldsymbol{a}-5(\boldsymbol{a}-\boldsymbol{b})-2\boldsymbol{b}=4\boldsymbol{a}-5\boldsymbol{a}+5\boldsymbol{b}-2\boldsymbol{b}=-\boldsymbol{a}+3\boldsymbol{b}$.

（3）$-2(\boldsymbol{a}+\boldsymbol{b}-\boldsymbol{c})-(\boldsymbol{a}+\boldsymbol{c})+4\boldsymbol{b}=-2\boldsymbol{a}-2\boldsymbol{b}+2\boldsymbol{c}-\boldsymbol{a}-\boldsymbol{c}+4\boldsymbol{b}=-3\boldsymbol{a}+2\boldsymbol{b}+\boldsymbol{c}$.

例5 已知 $\boldsymbol{e}$ 是单位向量，且 $\boldsymbol{a}=2\boldsymbol{e}$，$\boldsymbol{b}=-4\boldsymbol{e}$，求 $|\boldsymbol{a}|$，$|\boldsymbol{b}|$，$|3\boldsymbol{a}-2\boldsymbol{b}|$.

解 $|\boldsymbol{a}|=|2\boldsymbol{e}|=2|\boldsymbol{e}|=2$.

$|\boldsymbol{b}|=|-4\boldsymbol{e}|=4|\boldsymbol{e}|=4$.

$|3\boldsymbol{a}-2\boldsymbol{b}|=|3(2\boldsymbol{e})-2(-4\boldsymbol{e})|=|6\boldsymbol{e}+8\boldsymbol{e}|=|14\boldsymbol{e}|=14|\boldsymbol{e}|=14$.

例6 已知四边形 $ABCD$ 为平行四边形，AC 与 BD 相交于点 O，设 $\overrightarrow{AB}=\boldsymbol{a}$，$\overrightarrow{AD}=\boldsymbol{b}$，用 $\boldsymbol{a}$，$\boldsymbol{b}$ 表示 $\overrightarrow{OC}$，$\overrightarrow{DO}$.

解 由平行四边形法则，得

$$\overrightarrow{AC}=\overrightarrow{AB}+\overrightarrow{AD}=\boldsymbol{a}+\boldsymbol{b},\ \overrightarrow{DB}=\overrightarrow{DA}+\overrightarrow{AB}=-\overrightarrow{AD}+\overrightarrow{AB}=-\boldsymbol{b}+\boldsymbol{a}=\boldsymbol{a}-\boldsymbol{b},$$

故

$$\overrightarrow{OC}=\frac{1}{2}\overrightarrow{AC}=\frac{1}{2}(\boldsymbol{a}+\boldsymbol{b}),\ \overrightarrow{DO}=\frac{1}{2}\overrightarrow{DB}=\frac{1}{2}(\boldsymbol{a}-\boldsymbol{b}).$$

定理（theorem）　设 $\boldsymbol{a}$，$\boldsymbol{b}$ 是两个向量，且 $\boldsymbol{a}\neq\boldsymbol{0}$，则 $\boldsymbol{a}$ 和 $\boldsymbol{b}$ 平行⇔存在实数 λ 使得 $\boldsymbol{b}=\lambda\boldsymbol{a}$.

例7 已知 $\boldsymbol{a}$，$\boldsymbol{b}$ 是两个向量，A，B，C 是三个不同的点，且 $\overrightarrow{OA}=\boldsymbol{a}-\boldsymbol{b}$，$\overrightarrow{OB}=2\boldsymbol{a}-3\boldsymbol{b}$，$\overrightarrow{OC}=3\boldsymbol{a}-5\boldsymbol{b}$，证明：$A$，$B$，$C$ 三点共线.

证明 因为

$$\overrightarrow{AB}=\overrightarrow{OB}-\overrightarrow{OA}=(2\boldsymbol{a}-3\boldsymbol{b})-(\boldsymbol{a}-\boldsymbol{b})=\boldsymbol{a}-2\boldsymbol{b},$$

$$\overrightarrow{AC}=\overrightarrow{OC}-\overrightarrow{OA}=(3\boldsymbol{a}-5\boldsymbol{b})-(\boldsymbol{a}-\boldsymbol{b})=2\boldsymbol{a}-4\boldsymbol{b}=2(\boldsymbol{a}-2\boldsymbol{b})=2\overrightarrow{AB},$$

所以 $\overrightarrow{AB}$ 与 $\overrightarrow{AC}$ 平行，A，B，C 三点共线．

小　结

1. 向量的加法

（1）三角形法则：$\overrightarrow{AB}+\overrightarrow{BC}=\overrightarrow{AC}$（见图 11.2－3）．

（2）平行四边形法则：$\overrightarrow{AB}+\overrightarrow{AC}=\overrightarrow{AD}$（见图 11.2－4）．

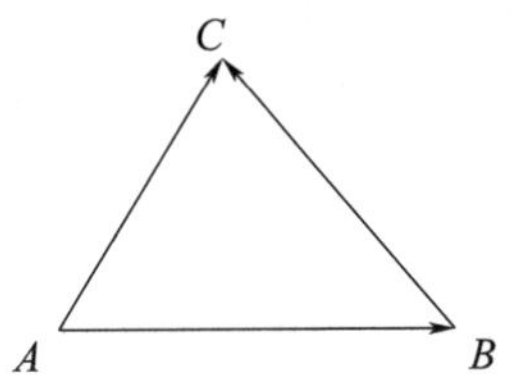

图 11.2－3

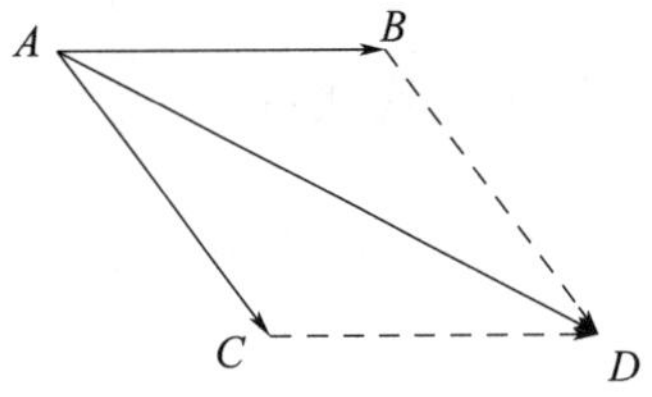

图 11.2－4

（3）向量加法的运算律

① $\boldsymbol{a}+\boldsymbol{0}=\boldsymbol{a}$；

② $\boldsymbol{a}+\boldsymbol{b}=\boldsymbol{b}+\boldsymbol{a}$（交换律）；

③ $(\boldsymbol{a}+\boldsymbol{b})+\boldsymbol{c}=\boldsymbol{a}+(\boldsymbol{b}+\boldsymbol{c})$（结合律）．

2. 向量的减法

$\overrightarrow{AB}-\overrightarrow{AC}=\overrightarrow{AB}+(-\overrightarrow{AC})=\overrightarrow{AB}+\overrightarrow{CA}=\overrightarrow{CA}+\overrightarrow{AB}=\overrightarrow{CB}$.

3. 向量的数乘

（1）数乘的定义

实数 λ 与向量 $\boldsymbol{a}$ 相乘的运算称为数乘，记为 $\lambda\boldsymbol{a}$.

（2）向量数乘的运算律

① $\lambda(\mu\boldsymbol{a})=(\lambda\mu)\boldsymbol{a}$；

② $(\lambda+\mu)\boldsymbol{a}=\lambda\boldsymbol{a}+\mu\boldsymbol{a}$；

③ $\lambda(\boldsymbol{a}+\boldsymbol{b})=\lambda\boldsymbol{a}+\lambda\boldsymbol{b}$；　λ，$\mu\in\mathbf{R}$.

4. 定理

设 $\boldsymbol{a}$，$\boldsymbol{b}$ 是两个向量，且 $\boldsymbol{a}\neq\boldsymbol{0}$，则 $\boldsymbol{a}$ 和 $\boldsymbol{b}$ 平行 $\Leftrightarrow$ 存在实数 λ 使得 $\boldsymbol{b}=\lambda\boldsymbol{a}$.

习题 11.2

1. 将下列各式化简．

(1) $\overrightarrow{PB}+\overrightarrow{BC}$　　(2) $\overrightarrow{AM}+\overrightarrow{MN}+\overrightarrow{NP}$

(3) $\overrightarrow{EC}+\overrightarrow{FE}+\overrightarrow{CB}+\overrightarrow{BF}$　　(4) $\overrightarrow{BC}-\overrightarrow{BD}$

(5) $\overrightarrow{PA}-\overrightarrow{PB}-\overrightarrow{BC}$　　(6) $\overrightarrow{AB}-\overrightarrow{AC}+\overrightarrow{BD}$

(7) $\overrightarrow{MC}+\overrightarrow{DA}-\overrightarrow{DB}-\overrightarrow{MA}$　　(8) $\overrightarrow{AC}+\overrightarrow{DB}-\overrightarrow{AB}+\overrightarrow{CD}$

2. 将下列各式化简．

(1) $4(\boldsymbol{a}+\boldsymbol{b})-2(\boldsymbol{a}-\boldsymbol{b})$　　(2) $\frac{1}{2}(\boldsymbol{a}+\boldsymbol{b})-\frac{3}{2}(\boldsymbol{a}-\boldsymbol{b})$

(3) $2\boldsymbol{a}-3\boldsymbol{b}+8(\boldsymbol{a}-\boldsymbol{b})$　　(4) $\boldsymbol{a}+3\boldsymbol{b}-5\boldsymbol{c}-2(\boldsymbol{a}+\boldsymbol{b}-2\boldsymbol{c})$

(5) $2\boldsymbol{a}-(\boldsymbol{b}-3\boldsymbol{c})+4(\boldsymbol{a}+2\boldsymbol{b}-\boldsymbol{c})$　　(6) $3(\boldsymbol{a}+2\boldsymbol{b}-\boldsymbol{c})-(\boldsymbol{b}-2\boldsymbol{c})+5\boldsymbol{a}$

3. 已知 D，E，F 分别为三角形 ABC 的三条边 AB，BC，CA 的中点，设 $\overrightarrow{AB}=\boldsymbol{a}$，$\overrightarrow{AC}=\boldsymbol{b}$，用 $\boldsymbol{a}$，$\boldsymbol{b}$ 表示 $\overrightarrow{BD}$，$\overrightarrow{AF}$，$\overrightarrow{DF}$.

4. 已知 $\boldsymbol{e}$ 是单位向量，且 $\boldsymbol{a}=-3\boldsymbol{e}$，$\boldsymbol{b}=6\boldsymbol{e}$，$\boldsymbol{c}=5\boldsymbol{e}$，求 $|\boldsymbol{a}|$，$|\boldsymbol{b}|$，$|\boldsymbol{c}|$，$|5\boldsymbol{a}-3\boldsymbol{b}+2\boldsymbol{c}|$.

5. 已知 E，F，G，H 分别为平行四边形 $ABCD$ 的四条边 AB，BC，CD，DA 的中点，证明：$\overrightarrow{EF}=\overrightarrow{HG}$.

11.3　平面向量的坐标及运算

一、平面向量坐标的定义

定理（平面向量基本定理）如果平面内两个向量 $\boldsymbol{a}$ 与 $\boldsymbol{b}$ 不平行，则对该平面内任意一个向量 $\boldsymbol{c}$，存在唯一的实数对（x，y），使得 $\boldsymbol{c}=x\boldsymbol{a}+y\boldsymbol{b}$.

定义　设 $\boldsymbol{a}$ 为平面内任意一个向量，在该平面内建立直角坐标系 xOy，分别取与 x 轴正向和 y 轴正向方向相同的两个单位向量 $\boldsymbol{i}$ 和 $\boldsymbol{j}$，由平面向量基本定理可知，存在唯一的实数对（x，y）使得 $\boldsymbol{a}=x\boldsymbol{i}+y\boldsymbol{j}$，我们称（$x$，$y$）

为向量 $\boldsymbol{a}$ 的坐标，记作 $\boldsymbol{a}=(x,\ y)$.

其中，x 叫作 $\boldsymbol{a}$ 在 x 轴上的坐标，y 叫作 $\boldsymbol{a}$ 在 y 轴上的坐标. x 和 y 均称为**坐标分量**（coordinate component）.

显然，$\boldsymbol{i}=(1,0)$，$\boldsymbol{j}=(0,1)$，$\boldsymbol{0}=(0,0)$.

注 1　由向量的**平移不变性**（translation invariance）可知，平面向量 $\boldsymbol{a}=(x,\ y)$ 的坐标实际上是将向量的起点移到坐标原点 O 后，终点对应的坐标，$|\boldsymbol{a}|=\sqrt{x^2+y^2}$.

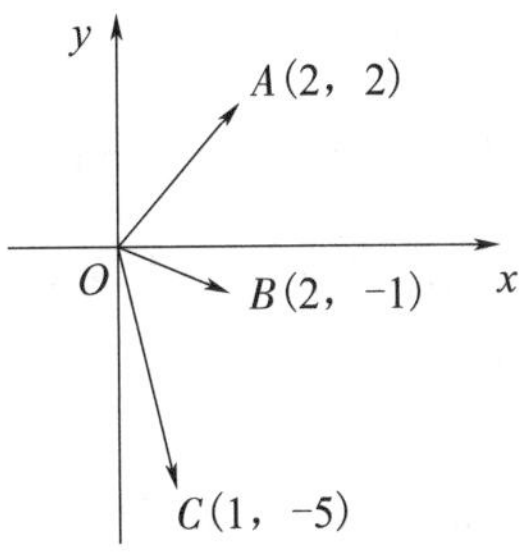

图 11.3－1

例 1　如图 11.3－1 所示，在直角坐标系中，设点 A，B，C 的坐标分别是 $A(2,\ 2)$，$B(2,\ -1)$，$C(1,\ -5)$，则向量 $\overrightarrow{OA}=(2,\ 2)$，$\overrightarrow{OB}=(2,\ -1)$，$\overrightarrow{OC}=(1,\ -5)$，且 $|\overrightarrow{OA}|=\sqrt{2^2+2^2}=2\sqrt{2}$，$|\overrightarrow{OB}|=\sqrt{2^2+(-1)^2}=\sqrt{5}$，$|\overrightarrow{OC}|=\sqrt{1^2+(-5)^2}=\sqrt{26}$.

二、平面向量的坐标运算

已知向量 $\boldsymbol{a}=(x_1,\ y_1)$，$\boldsymbol{b}=(x_2,\ y_2)$，则

$\boldsymbol{a}+\boldsymbol{b}=(x_1\boldsymbol{i}+y_1\boldsymbol{j})+(x_2\boldsymbol{i}+y_2\boldsymbol{j})=(x_1+x_2)\boldsymbol{i}+(y_1+y_2)\boldsymbol{j}=(x_1+x_2,\ y_1+y_2)$；

$\lambda\boldsymbol{a}=\lambda(x_1\boldsymbol{i}+y_1\boldsymbol{j})=\lambda x_1\boldsymbol{i}+\lambda y_1\boldsymbol{j}=(\lambda x_1,\ \lambda y_1)$，$\lambda\in\mathbb{R}$；

$\boldsymbol{a}-\boldsymbol{b}=\boldsymbol{a}+(-\boldsymbol{b})=(x_1-x_2,\ y_1-y_2)$.

故有

$$\boldsymbol{a}\pm\boldsymbol{b}=(x_1\pm x_2,\ y_1\pm y_2)$$

$$\lambda\boldsymbol{a}=(\lambda x_1,\ \lambda y_1),\ \lambda\in\mathbb{R}$$

例 2　已知向量 $\boldsymbol{a}=(3,\ -2)$，$\boldsymbol{b}=(-4,\ 5)$，求下列向量的坐标.

（1）$\boldsymbol{a}+\boldsymbol{b}$　　（2）$\dfrac{3}{2}\boldsymbol{a}$　　（3）$5\boldsymbol{a}-3\boldsymbol{b}$

解　（1）$\boldsymbol{a}+\boldsymbol{b}=(3,\ -2)+(-4,\ 5)=(3-4,\ -2+5)=(-1,\ 3)$.

（2）$\dfrac{3}{2}\boldsymbol{a}=\dfrac{3}{2}(3,\ -2)=\left(\dfrac{3}{2}\times 3,\ \dfrac{3}{2}\times(-2)\right)=\left(\dfrac{9}{2},\ -3\right)$.

(3) $5\boldsymbol{a}-3\boldsymbol{b}=5(3,\ -2)-3(-4,\ 5)=(15,\ -10)-(-12,\ 15)$
$=(27,\ -25)$.

例3 设 $A(x_1,\ y_1)$，$B(x_2,\ y_2)$ 为平面中的两个点，求向量 $\overrightarrow{AB}$ 的坐标.

解 设 O 为该平面中的坐标原点，$\overrightarrow{AB}=\overrightarrow{AO}+\overrightarrow{OB}=-\overrightarrow{OA}+\overrightarrow{OB}=\overrightarrow{OB}-\overrightarrow{OA}=(x_2,y_2)-(x_1,y_1)=(x_2-x_1,y_2-y_1)$.

注2 由例3知，平面内任意一个向量的坐标等于它的终点的坐标减去起点的坐标.

注3 已知向量 $\boldsymbol{a}=(x_1,\ y_1)$，$\boldsymbol{b}=(x_2,\ y_2)$，则 $\boldsymbol{a}=\boldsymbol{b}\Leftrightarrow x_1=x_2,\ y_1=y_2$.

例4 已知三个力 $\boldsymbol{F}_1(3,\ 4)$，$\boldsymbol{F}_2(2,\ -5)$，$\boldsymbol{F}_3(x,\ y)$ 的合力 $\boldsymbol{F}_1+\boldsymbol{F}_2+\boldsymbol{F}_3=\boldsymbol{0}$，求 $\boldsymbol{F}_3$ 的坐标.

解 已知 $\boldsymbol{F}_1+\boldsymbol{F}_2+\boldsymbol{F}_3=\boldsymbol{0}$，所以 $(3,\ 4)+(2,\ -5)+(x,\ y)=(0,\ 0)$，即 $(3+2+x,\ 4-5+y)=(0,\ 0)$，计算得 $(5+x,\ -1+y)=(0,\ 0)$，由注3知，$\begin{cases}5+x=0,\\-1+y=0,\end{cases}$ 解得 $\begin{cases}x=-5,\\y=1,\end{cases}$ 所以 $\boldsymbol{F}_3$ 的坐标为 $(-5,\ 1)$.

三、平面平行向量的坐标

已知向量 $\boldsymbol{a}=(x_1,\ y_1)\neq\boldsymbol{0}$，$\boldsymbol{b}=(x_2,\ y_2)$，由11.2节定理知，$\boldsymbol{a}$ 与 $\boldsymbol{b}$ 平行 $\Leftrightarrow$ 存在实数 λ 使得 $\boldsymbol{b}=\lambda\boldsymbol{a}$. 如果用坐标表示，可以写成 $(x_2,\ y_2)=\lambda(x_1,\ y_1)=(\lambda x_1,\ \lambda y_1)$，即

$$\begin{cases}x_2=\lambda x_1,\\y_2=\lambda y_1.\end{cases}$$

若 $\lambda\neq0$，可得 $x_1y_2=x_2y_1$；

若 $\lambda=0$，$x_1y_2=x_2y_1$ 仍成立.

注4 设向量 $\boldsymbol{a}=(x_1,\ y_1)\neq\boldsymbol{0}$，$\boldsymbol{b}=(x_2,\ y_2)$，则 $\boldsymbol{a}/\!/\boldsymbol{b}\Leftrightarrow\boldsymbol{b}=\lambda\boldsymbol{a}\Leftrightarrow x_1y_2=x_2y_1$；

特别地，若有 $x_1\neq0$ 且 $y_1\neq0$，我们还可以得到 $\boldsymbol{a}/\!/\boldsymbol{b}\Leftrightarrow\dfrac{x_2}{x_1}=\dfrac{y_2}{y_1}$.

例 5　若向量 $\boldsymbol{a}=(-1, x)$ 与 $\boldsymbol{b}=(-x, 2)$ 平行且方向相同，求 x.

解　$\because \boldsymbol{a}=(-1, x)$ 与 $\boldsymbol{b}=(-x, 2)$ 平行，

$\therefore (-1)\times 2=x(-x)$，

$\therefore x=\pm\sqrt{2}$，

$\because \boldsymbol{a}$ 与 $\boldsymbol{b}$ 方向相同，

$\therefore x=\sqrt{2}$.

例 6　下列向量与向量 $(-3, 2)$ 平行的是（　　）.

A. $(-2, 3)$　　B. $(-6, 5)$

C. $(3, 2)$　　D. $(9, -6)$

解　A：因为$\dfrac{-2}{-3}\neq\dfrac{3}{2}$，所以 A 错误；

B：因为$\dfrac{-6}{-3}\neq\dfrac{5}{2}$，所以 B 错误；

C：因为$\dfrac{3}{-3}\neq\dfrac{2}{2}$，所以 C 错误；

D：因为$\dfrac{9}{-3}=\dfrac{-6}{2}$，所以 D 正确.

答案是 D.

例 7　已知点 $A(-1, -1)$，点 $B(1, 3)$，点 $C(1, 5)$，点 $D(2, 7)$，则向量 $\overrightarrow{AB}$ 与 $\overrightarrow{CD}$ 平行吗？

解　$\because \overrightarrow{AB}=B-A=(1, 3)-(-1, -1)=(1-(-1), 3-(-1))=(2, 4)$

$=2(1, 2)$，

$\overrightarrow{CD}=D-C=(2, 7)-(1, 5)=(2-1, 7-5)=(1, 2)$，

$\therefore \overrightarrow{AB}=2\overrightarrow{CD}$，

$\therefore \overrightarrow{AB}/\!/\overrightarrow{CD}$.

例 8　设点 D，点 E 分别为三角形 ABC 两条边 AB，AC 的中点，证明 $\overrightarrow{DE}/\!/\overrightarrow{BC}$ 且 $|\overrightarrow{DE}|=\dfrac{1}{2}|\overrightarrow{BC}|$.

证明 因为点 D，E 分别为三角形 ABC 两条边 AB，AC 的中点，所以 $\overrightarrow{AD}=\frac{1}{2}\overrightarrow{AB}$，$\overrightarrow{AE}=\frac{1}{2}\overrightarrow{AC}$，故

$$\overrightarrow{DE}=\overrightarrow{AE}-\overrightarrow{AD}=\frac{1}{2}\overrightarrow{AC}-\frac{1}{2}\overrightarrow{AB}=\frac{1}{2}(\overrightarrow{AC}-\overrightarrow{AB})=\frac{1}{2}\overrightarrow{BC},$$

从而 $\overrightarrow{DE}/\!/\overrightarrow{BC}$ 且 $|\overrightarrow{DE}|=\frac{1}{2}|\overrightarrow{BC}|$.

小结

1. 设 $\boldsymbol{i}$、$\boldsymbol{j}$ 分别为平行于 x 轴正向和 y 轴正向的单位向量，若存在有序实数对 (x, y)，使得向量 $\boldsymbol{a}$ 可以表示为 $\boldsymbol{a}=x\boldsymbol{i}+y\boldsymbol{j}$，则称 (x, y) 为向量 $\boldsymbol{a}$ 的坐标，记作 $\boldsymbol{a}=(x, y)$，$|\boldsymbol{a}|=\sqrt{x^2+y^2}$. $\boldsymbol{i}=(1, 0)$，$\boldsymbol{j}=(0, 1)$，$\boldsymbol{0}=(0, 0)$.

2. 已知向量 $\boldsymbol{a}=(x_1, y_1)$，$\boldsymbol{b}=(x_2, y_2)$，则

$\boldsymbol{a}\pm\boldsymbol{b}=(x_1\pm x_2, y_1\pm y_2)$；

$\lambda\boldsymbol{a}=(\lambda x_1, \lambda y_1)$，$\lambda\in\mathbb{R}$.

3. 设点 $A(x_1, y_1)$ 和点 $B(x_2, y_2)$ 为平面中的两个点，则向量 $\overrightarrow{AB}=B-A=(x_2-x_1, y_2-y_1)$.

4. 设向量 $\boldsymbol{a}=(x_1, y_1)$，$\boldsymbol{b}=(x_2, y_2)$，则 $\boldsymbol{a}=\boldsymbol{b}\Leftrightarrow x_1=x_2$ 且 $y_1=y_2$.

5. 设向量 $\boldsymbol{a}=(x_1, y_1)\neq\boldsymbol{0}$，$\boldsymbol{b}=(x_2, y_2)$，则 $\boldsymbol{a}/\!/\boldsymbol{b}\Leftrightarrow\boldsymbol{b}=\lambda\boldsymbol{a}\Leftrightarrow x_1y_2=x_2y_1$；特别地，若有 $x_1\neq0$ 且 $y_1\neq0$，可得 $\boldsymbol{a}/\!/\boldsymbol{b}\Leftrightarrow\frac{x_2}{x_1}=\frac{y_2}{y_1}$.

习题 11.3

1. 填空题.

（1）设点 $A(2, -1)$，$B(3, 5)$ 为平面内的两个点，则向量 $\overrightarrow{AB}=$ ＿＿＿＿＿＿，$|\overrightarrow{AB}|=$ ＿＿＿＿＿＿.

（2）设点 $C(-2, 3)$，$D(3, -4)$ 为平面内的两个点，则向量 $\overrightarrow{DC}=$ ＿＿＿＿＿＿，$|\overrightarrow{DC}|=$ ＿＿＿＿＿＿.

(3) 设点 $A(0, 1)$，$B(1, 2)$，$C(3, 4)$ 为平面内的三个点，则 $\overrightarrow{AB}-2\overrightarrow{BC}=$__________，$|\overrightarrow{AB}-2\overrightarrow{BC}|=$__________.

2. 已知向量 $\boldsymbol{a}=(2, -5)$，$\boldsymbol{b}=(-3, 6)$，求下列向量的坐标.

(1) $\boldsymbol{a}+\boldsymbol{b}$　　(2) $\boldsymbol{a}-\boldsymbol{b}$

(3) $-5\boldsymbol{a}$　　(4) $\frac{3}{4}\boldsymbol{b}$

(5) $-2\boldsymbol{a}+4\boldsymbol{b}$　　(6) $\frac{3}{2}\boldsymbol{a}-\frac{1}{2}\boldsymbol{b}$

3. 设点 $M(3, -2)$，$N(-5, -1)$ 为平面内两个点，且 $\overrightarrow{MP}=\frac{1}{2}\overrightarrow{MN}$，求点 P 的坐标.

4. 下列向量与向量 $(3, -4)$ 平行的是（　　）.

A. $(-3, -4)$　　B. $(-4, 3)$

C. $(6, 8)$　　D. $(-12, 16)$

5. 已知点 $A(-2, 1)$，$B(1, 2)$，$C(x, 1)$ 三点共线，求 x 的值.

6. 已知向量 $\boldsymbol{a}=(1, 2)$，$\boldsymbol{b}=(2, 3)$，实数 x 和 y 满足 $x\boldsymbol{a}+y\boldsymbol{b}=(3, 4)$，求 x，y 的值.

7. 在梯形 $ABCD$ 中，$AB//DC$，M 和 N 分别为边 AC 和 BD 的中点，证明 $\overrightarrow{MN}//\overrightarrow{DC}$.

11.4　平面向量的数量积

一、平面向量数量积的定义

定义 1　设 $\boldsymbol{a}$ 和 $\boldsymbol{b}$ 是平面内两个非零向量，在平面内任选一点 O，作 $\overrightarrow{OA}=\boldsymbol{a}$，$\overrightarrow{OB}=\boldsymbol{b}$，则称 $[0°, 180°]$ 上的 $\angle AOB$ 为 $\boldsymbol{a}$ 和 $\boldsymbol{b}$ 的**夹角**（included angle），记作 $\langle\boldsymbol{a}, \boldsymbol{b}\rangle$.

特别地，若向量 $\boldsymbol{a}$ 和 $\boldsymbol{b}$ 的夹角为 $90°$，则称 $\boldsymbol{a}$ 与 $\boldsymbol{b}$ 互相垂直，记作 $\boldsymbol{a}\perp\boldsymbol{b}$.

规定：零向量与任意向量垂直.

注1 $<\boldsymbol{a},\boldsymbol{b}>=<\boldsymbol{b},\boldsymbol{a}>$；$0°\leqslant<\boldsymbol{a},\boldsymbol{b}>\leqslant 180°$.

定义2 设 $\boldsymbol{a}$ 和 $\boldsymbol{b}$ 是平面内两个非零向量，称 $|\boldsymbol{a}||\boldsymbol{b}|\cos<\boldsymbol{a},\boldsymbol{b}>$ 为向量 $\boldsymbol{a}$ 与 $\boldsymbol{b}$ 的**数量积**（scalar product）（**或内积**（inner product）），记作 $\boldsymbol{a}\cdot\boldsymbol{b}$，即

$$\boldsymbol{a}\cdot\boldsymbol{b}=|\boldsymbol{a}||\boldsymbol{b}|\cos<\boldsymbol{a},\boldsymbol{b}>.$$

注2 由向量数量积的定义可知

（1）向量的数量积是一个实数，不是向量；

（2）$\boldsymbol{a}\perp\boldsymbol{b}\Leftrightarrow\boldsymbol{a}\cdot\boldsymbol{b}=0$；

（3）$\boldsymbol{a}\cdot\boldsymbol{a}=|\boldsymbol{a}|^2$，若记 $\boldsymbol{a}\cdot\boldsymbol{a}=\boldsymbol{a}^2$，则有 $\boldsymbol{a}^2=|\boldsymbol{a}|^2$.

例1 设 $|\boldsymbol{a}|=4$，$|\boldsymbol{b}|=\sqrt{3}$，$<\boldsymbol{a},\boldsymbol{b}>=30°$，求 $\boldsymbol{a}\cdot\boldsymbol{b}$.

解 $\boldsymbol{a}\cdot\boldsymbol{b}=|\boldsymbol{a}||\boldsymbol{b}|\cos<\boldsymbol{a},\boldsymbol{b}>=4\times\sqrt{3}\times\cos 30°=4\sqrt{3}\times\dfrac{\sqrt{3}}{2}=6.$

例2 设 $|\boldsymbol{a}|=3$，$|\boldsymbol{b}|=8$，$\boldsymbol{a}\cdot\boldsymbol{b}=-12$，求 $<\boldsymbol{a},\boldsymbol{b}>$.

解 由 $\boldsymbol{a}\cdot\boldsymbol{b}=|\boldsymbol{a}||\boldsymbol{b}|\cos<\boldsymbol{a},\boldsymbol{b}>$，可得

$$\cos<\boldsymbol{a},\boldsymbol{b}>=\frac{\boldsymbol{a}\cdot\boldsymbol{b}}{|\boldsymbol{a}||\boldsymbol{b}|}=\frac{-12}{3\times 8}=-\frac{1}{2},$$

故 $<\boldsymbol{a},\boldsymbol{b}>=120°$.

二、平面向量数量积的运算性质

平面向量的数量积具有以下运算性质：

（1）$\boldsymbol{a}\cdot\boldsymbol{b}=\boldsymbol{b}\cdot\boldsymbol{a}$；

（2）$\lambda(\boldsymbol{a}\cdot\boldsymbol{b})=(\lambda\boldsymbol{a})\cdot\boldsymbol{b}=\boldsymbol{a}\cdot(\lambda\boldsymbol{b})$，$\lambda\in\mathbb{R}$；

（3）$(\boldsymbol{a}+\boldsymbol{b})\cdot\boldsymbol{c}=\boldsymbol{a}\cdot\boldsymbol{c}+\boldsymbol{b}\cdot\boldsymbol{c}$.

例3 设 $|\boldsymbol{a}|=2$，$|\boldsymbol{b}|=\sqrt{2}$，求 $(\boldsymbol{a}+\boldsymbol{b})\cdot(\boldsymbol{a}-\boldsymbol{b})$.

解
$$\begin{aligned}(\boldsymbol{a}+\boldsymbol{b})\cdot(\boldsymbol{a}-\boldsymbol{b})&=\boldsymbol{a}\cdot\boldsymbol{a}-\boldsymbol{a}\cdot\boldsymbol{b}+\boldsymbol{b}\cdot\boldsymbol{a}-\boldsymbol{b}\cdot\boldsymbol{b}\\&=\boldsymbol{a}^2-\boldsymbol{b}^2=|\boldsymbol{a}|^2-|\boldsymbol{b}|^2=4-2=2.\end{aligned}$$

例4 设 $|\boldsymbol{a}|=\sqrt{5}$，$|\boldsymbol{b}|=3$，$\boldsymbol{a}\cdot\boldsymbol{b}=-2$，求 $(\boldsymbol{a}+\boldsymbol{b})^2$ 和 $|\boldsymbol{a}+\boldsymbol{b}|$.

解　$(\boldsymbol{a}+\boldsymbol{b})^2=(\boldsymbol{a}+\boldsymbol{b})\cdot(\boldsymbol{a}+\boldsymbol{b})$

$=\boldsymbol{a}\cdot\boldsymbol{a}+\boldsymbol{a}\cdot\boldsymbol{b}+\boldsymbol{b}\cdot\boldsymbol{a}+\boldsymbol{b}\cdot\boldsymbol{b}$

$=\boldsymbol{a}^2+2\boldsymbol{a}\cdot\boldsymbol{b}+\boldsymbol{b}^2$

$=|\boldsymbol{a}|^2+2\boldsymbol{a}\cdot\boldsymbol{b}+|\boldsymbol{b}|^2=5+2\times(-2)+9=10.$

因为 $|\boldsymbol{a}+\boldsymbol{b}|^2=(\boldsymbol{a}+\boldsymbol{b})^2$，所以 $|\boldsymbol{a}+\boldsymbol{b}|=\sqrt{(\boldsymbol{a}+\boldsymbol{b})^2}=\sqrt{10}$.

三、平面向量数量积的坐标表示

设 $\boldsymbol{a}=(x_1,\ y_1)$，$\boldsymbol{b}=(x_2,\ y_2)$，则 $\boldsymbol{a}=x_1\boldsymbol{i}+y_1\boldsymbol{j}$，$\boldsymbol{b}=x_2\boldsymbol{i}+y_2\boldsymbol{j}$，

$\boldsymbol{a}\cdot\boldsymbol{b}=(x_1\boldsymbol{i}+y_1\boldsymbol{j})\cdot(x_2\boldsymbol{i}+y_2\boldsymbol{j})$

$=x_1x_2|\boldsymbol{i}|^2+y_1y_2|\boldsymbol{j}|^2+(y_2x_1+y_1x_2)\boldsymbol{i}\cdot\boldsymbol{j}$

$=x_1x_2+y_1y_2.$

即

$\boldsymbol{a}\cdot\boldsymbol{b}=x_1x_2+y_1y_2$（数量积的坐标公式）

注 3　由数量积的坐标公式可知，若 $\boldsymbol{a}=(x_1,\ y_1)$，$\boldsymbol{b}=(x_2,\ y_2)$，则

（1）$|\boldsymbol{a}|^2=\boldsymbol{a}^2=\boldsymbol{a}\cdot\boldsymbol{a}=x_1^{\ 2}+y_1^{\ 2}\Rightarrow|\boldsymbol{a}|=\sqrt{x_1^{\ 2}+y_1^{\ 2}}$；

（2）$\boldsymbol{a}\perp\boldsymbol{b}\Leftrightarrow x_1x_2+y_1y_2=0$；

（3）$\cos\langle\boldsymbol{a},\ \boldsymbol{b}\rangle=\dfrac{\boldsymbol{a}\cdot\boldsymbol{b}}{|\boldsymbol{a}||\boldsymbol{b}|}=\dfrac{x_1x_2+y_1y_2}{\sqrt{x_1^{\ 2}+y_1^{\ 2}}\sqrt{x_2^{\ 2}+y_2^{\ 2}}}$.

例 5　已知 $\boldsymbol{a}=(3,\ -4)$，$\boldsymbol{b}=(-2,\ 1)$，求 $\boldsymbol{a}\cdot\boldsymbol{b}$，$|\boldsymbol{a}|$，$|\boldsymbol{b}|$，$\cos\langle\boldsymbol{a},\ \boldsymbol{b}\rangle$.

解　$\boldsymbol{a}\cdot\boldsymbol{b}=(3,\ -4)\cdot(-2,\ 1)=3\times(-2)+(-4)\times1=-10$；

$|\boldsymbol{a}|=\sqrt{3^2+(-4)^2}=5$；

$|\boldsymbol{b}|=\sqrt{(-2)^2+1^2}=\sqrt{5}$；

$\cos\langle\boldsymbol{a},\ \boldsymbol{b}\rangle=\dfrac{\boldsymbol{a}\cdot\boldsymbol{b}}{|\boldsymbol{a}||\boldsymbol{b}|}=\dfrac{-10}{5\times\sqrt{5}}=-\dfrac{2\sqrt{5}}{5}$.

例 6　下列向量与向量（2，−5）垂直的是（　　）.

A.（4，-10）　　B.（10，4）

C.（-2，5）　　D.（-3，6）

解 A：因为 $2\times4+(-5)\times(-10)=58\neq0$，所以 A 错误；

B：因为 $2\times10+(-5)\times4=0$，所以 B 正确；

C：因为 $2\times(-2)+(-5)\times5=-29\neq0$，所以 C 错误；

D：因为 $2\times(-3)+(-5)\times6=-36\neq0$，所以 D 错误.

答案是 B.

小　结

1. 向量 $\boldsymbol{a}$ 与 $\boldsymbol{b}$ 的数量积为 $\boldsymbol{a}\cdot\boldsymbol{b}=|\boldsymbol{a}||\boldsymbol{b}|\cos\langle\boldsymbol{a},\boldsymbol{b}\rangle$.

2. $\langle\boldsymbol{a},\boldsymbol{b}\rangle=\langle\boldsymbol{b},\boldsymbol{a}\rangle$；$0°\leqslant\langle\boldsymbol{a},\boldsymbol{b}\rangle\leqslant180°$.

3. 若 $\boldsymbol{a}=(x_1,y_1)$，$\boldsymbol{b}=(x_2,y_2)$，则

（1）$\boldsymbol{a}\cdot\boldsymbol{b}=x_1x_2+y_1y_2$；

（2）$\boldsymbol{a}\perp\boldsymbol{b}\Leftrightarrow\boldsymbol{a}\cdot\boldsymbol{b}=0\Leftrightarrow x_1x_2+y_1y_2=0$；

（3）$|\boldsymbol{a}|=\sqrt{x_1^2+y_1^2}$；

（4）$\cos\langle\boldsymbol{a},\boldsymbol{b}\rangle=\dfrac{\boldsymbol{a}\cdot\boldsymbol{b}}{|\boldsymbol{a}||\boldsymbol{b}|}=\dfrac{x_1x_2+y_1y_2}{\sqrt{x_1^2+y_1^2}\sqrt{x_2^2+y_2^2}}$.

4. 平面向量的数量积具有以下运算性质：

（1）$\boldsymbol{a}\cdot\boldsymbol{b}=\boldsymbol{b}\cdot\boldsymbol{a}$；

（2）$\lambda(\boldsymbol{a}\cdot\boldsymbol{b})=(\lambda\boldsymbol{a})\cdot\boldsymbol{b}=\boldsymbol{a}\cdot(\lambda\boldsymbol{b})$，$\lambda\in\mathbb{R}$；

（3）$(\boldsymbol{a}+\boldsymbol{b})\cdot\boldsymbol{c}=\boldsymbol{a}\cdot\boldsymbol{c}+\boldsymbol{b}\cdot\boldsymbol{c}$.

习题 11.4

1. 判断题（正确的画√，错误的画×）.

（1）若 $\boldsymbol{a}=\boldsymbol{0}$，则对任意向量 $\boldsymbol{b}$，有 $\boldsymbol{a}\cdot\boldsymbol{b}=0$.　（　　）

（2）若 $\boldsymbol{a}\neq\boldsymbol{0}$，则对任意非零向量 $\boldsymbol{b}$，有 $\boldsymbol{a}\cdot\boldsymbol{b}\neq0$.　（　　）

（3）若 $\boldsymbol{a}\neq\boldsymbol{0}$，$\boldsymbol{a}\cdot\boldsymbol{b}=0$，则 $\boldsymbol{b}=\boldsymbol{0}$.　（　　）

(4) 若 $\boldsymbol{a}\cdot\boldsymbol{b}=0$，则 $\boldsymbol{a}$，$\boldsymbol{b}$ 至少有一个为 $\mathbf{0}$.　(　　)

(5) 若 $\boldsymbol{a}\neq\mathbf{0}$，$\boldsymbol{a}\cdot\boldsymbol{b}=\boldsymbol{a}\cdot\boldsymbol{c}$，则 $\boldsymbol{b}=\boldsymbol{c}$.　(　　)

(6) 若 $\boldsymbol{a}\cdot\boldsymbol{b}=\boldsymbol{a}\cdot\boldsymbol{c}$，则 $\boldsymbol{b}=\boldsymbol{c}$ 当且仅当 $\boldsymbol{a}\neq\mathbf{0}$ 时成立.　(　　)

(7) 对任意向量 $\boldsymbol{a}$，$\boldsymbol{b}$，$\boldsymbol{c}$，有 $(\boldsymbol{a}\cdot\boldsymbol{b})\cdot\boldsymbol{c}\neq\boldsymbol{a}\cdot(\boldsymbol{b}\cdot\boldsymbol{c})$.　(　　)

(8) 对任意向量 $\boldsymbol{a}$，有 $\boldsymbol{a}\cdot\boldsymbol{a}=|\boldsymbol{a}|^2$.　(　　)

2. 已知 $|\boldsymbol{a}|=2$，$|\boldsymbol{b}|=5$，$\boldsymbol{a}\cdot\boldsymbol{b}=-3$，求 $|\boldsymbol{a}+\boldsymbol{b}|$，$|\boldsymbol{a}-\boldsymbol{b}|$.

3. 已知 $|\boldsymbol{a}|=12$，$|\boldsymbol{b}|=9$，$\boldsymbol{a}\cdot\boldsymbol{b}=-54\sqrt{2}$，求 $\boldsymbol{a}$ 与 $\boldsymbol{b}$ 的夹角.

4. 若 $\boldsymbol{a}\cdot\boldsymbol{b}=-3$，$\boldsymbol{a}\cdot\boldsymbol{c}=4$，求下列各式的值.

(1) $\boldsymbol{a}\cdot(2\boldsymbol{b}+\boldsymbol{c})$　　(2) $(3\boldsymbol{b}-4\boldsymbol{c})\cdot\boldsymbol{a}$

5. 已知向量 $\boldsymbol{a}$ 和 $\boldsymbol{b}$ 的坐标，分别求 $\boldsymbol{a}\cdot\boldsymbol{b}$，$|\boldsymbol{a}|$，$|\boldsymbol{b}|$，$\cos\langle\boldsymbol{a},\boldsymbol{b}\rangle$.

(1) $\boldsymbol{a}=(-1,2)$，$\boldsymbol{b}=(2,3)$　　(2) $\boldsymbol{a}=(4,1)$，$\boldsymbol{b}=(-5,3)$

(3) $\boldsymbol{a}=(-3,-6)$，$\boldsymbol{b}=(6,-3)$　　(4) $\boldsymbol{a}=(-2,4)$，$\boldsymbol{b}=(3,-1)$

6. 判断下列各组中的向量是否垂直.

(1) $\boldsymbol{a}=(-1,1)$，$\boldsymbol{b}=(-2,2)$　　(2) $\boldsymbol{a}=(-3,5)$，$\boldsymbol{b}=(2,7)$

(3) $\boldsymbol{a}=(3,-10)$，$\boldsymbol{b}=(20,6)$　　(4) $\boldsymbol{a}=\left(-\frac{1}{2},\frac{5}{2}\right)$，$\boldsymbol{b}=(5,1)$

7. 若 $\boldsymbol{a}=(15,6)$，$|\boldsymbol{b}|=\sqrt{29}$，$\boldsymbol{a}\perp\boldsymbol{b}$，求向量 $\boldsymbol{b}$ 的坐标.

自测题 11

1. 将下列各式化简.

(1) $\overrightarrow{MA}+\overrightarrow{AB}-\overrightarrow{MC}$　　(2) $\overrightarrow{DA}+\overrightarrow{PB}-\overrightarrow{PC}+\overrightarrow{BD}$

(3) $2\boldsymbol{b}+(\boldsymbol{a}-3\boldsymbol{c})-3(\boldsymbol{a}-3\boldsymbol{b}-4\boldsymbol{c})$　　(4) $2(\boldsymbol{a}-3\boldsymbol{b}+\boldsymbol{c})-(2\boldsymbol{b}+\boldsymbol{c})-\boldsymbol{b}$

2. 设点 $A(2,-1)$，$B(-3,2)$，$C(3,-1)$ 为平面内的三个点，则 $\overrightarrow{AC}=$__________，$\overrightarrow{BC}=$__________，$3\overrightarrow{AC}-2\overrightarrow{BC}=$__________，$|3\overrightarrow{AC}-2\overrightarrow{BC}|=$__________.

3. 已知向量 $\boldsymbol{a}=(-2,-1)$，$\boldsymbol{b}=(1,-3)$，求下列向量的坐标及模.

(1) $2\boldsymbol{a}-4\boldsymbol{b}$　　(2) $\frac{1}{3}\boldsymbol{a}-\frac{2}{3}\boldsymbol{b}$

4. 若点 $M(1, -2)$，$N(3, 1)$ 且 $\overrightarrow{MP}=2\overrightarrow{MN}$，求点 P 的坐标．

5. 下列向量与向量（−1，2）平行的是（　　）．

A.（2，−4）　　B.（3，6）

C.（0，1）　　D.（−4，−8）

6. 若点 $A(-1, 3)$，$B(2, -1)$，$C(x, 4)$ 三点共线，则 $x=$ ________．

7. 已知向量 $\boldsymbol{a}$ 和 $\boldsymbol{b}$ 的坐标，分别求 $\boldsymbol{a}\cdot\boldsymbol{b}$，$|\boldsymbol{a}|$，$|\boldsymbol{b}|$，$\cos<\boldsymbol{a}, \boldsymbol{b}>$，$<\boldsymbol{a}, \boldsymbol{b}>$（如果 $<\boldsymbol{a}, \boldsymbol{b}>$ 不是特殊角，用反三角函数表示）．

（1）$\boldsymbol{a}=(0, 1)$，$\boldsymbol{b}=(1, -1)$　　（2）$\boldsymbol{a}=(2, -1)$，$\boldsymbol{b}=(-3, 3)$

8. 下列向量与向量（3，2）垂直的是（　　）．

A.（−3，−2）　B.（6，−4）　C.（4，−6）　D.（9，6）

9. 已知 $|\boldsymbol{a}|=3$，$|\boldsymbol{b}|=6$，$\boldsymbol{a}\cdot\boldsymbol{b}=-2$，求 $|2\boldsymbol{a}+\boldsymbol{b}|$，$|\boldsymbol{a}-3\boldsymbol{b}|$．

10. 已知 $|\boldsymbol{a}|=1$，$|\boldsymbol{b}|=2$，$<\boldsymbol{a}, \boldsymbol{b}>=120°$，求 $|5\boldsymbol{a}-2\boldsymbol{b}|$．

11. 已知 $|\boldsymbol{a}|=1$，$\boldsymbol{a}\cdot\boldsymbol{b}=-1$，求 $\boldsymbol{a}\cdot(3\boldsymbol{a}-2\boldsymbol{b})$．

第 12 章　空间向量

我们在第 11 章中学习了平面向量的知识，有关向量的定义、运算法则和性质，只要去掉“平面内”的限制，都可以原样推广到空间中．例如，我们用“空间内既有大小又有方向的向量”定义空间向量，三角形法则和平行四边形法则仍适用于空间向量的加法，等等．因此，有关空间向量的定义、空间向量间的关系，以及空间向量的加法、减法和数乘运算的定义和性质都可以参看第 11 章中的相应部分．本章所提到的向量，如果没有特别说明，均指空间向量．

12.1　空间直角坐标系

一、空间直角坐标系的定义

定义　在空间(space)中任意取一个点 O，以点 O 为原点作平面直角坐标系 xOy，过 O 点作垂直于 xOy 平面且与 x 轴、y 轴有相同长度单位的数轴，记为 z 轴，这样就建立了一个**空间直角坐标系**（rectangular coordinate system in space），记为 $Oxyz$.

在空间直角坐标系 $Oxyz$ 中，点 O 称为坐标原点，x 轴、y 轴和 z 轴分别称为横轴、纵轴和**竖轴**（vertical axis），统称为坐标轴．通常规定三条坐标轴的正向满足右手定则，即伸开右手，让大拇指的方向指向 x 轴正向，四指的方向指向 y 轴正向，手心所对的方向为 z 轴正向．满足右手定则的坐标系称为**右手系**（right-hand system）．如无特别说明，本书中所提到的空间直角坐标系均为右手系，如图 12.1－1 所示．

空间直角坐标系的三条坐标轴中的任意两条确定一个平面，这个平面称为**坐标平面**（coordinate plane）．由 x 轴和 y 轴确定的平面称为 xOy 平面，

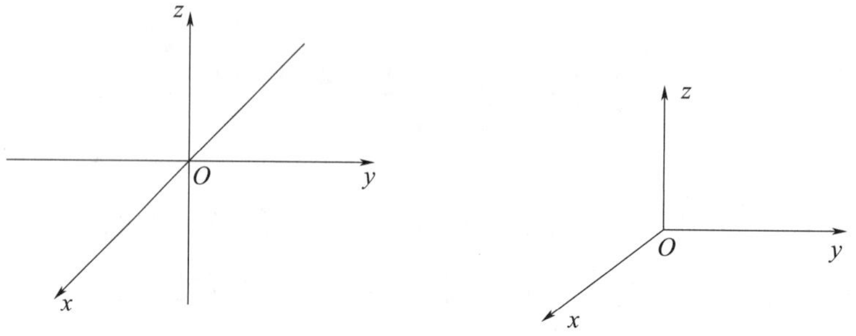

图 12.1－1

由 y 轴和 z 轴确定的平面称为 yOz 平面，由 z 轴和 x 轴确定的平面称为 zOx 平面．三个坐标平面将空间分成八个部分，每一部分称为一个**卦限**（octant），分别用Ⅰ、Ⅱ、…、Ⅷ表示第一卦限、第二卦限、…、第八卦限，如图 12.1－2 所示．

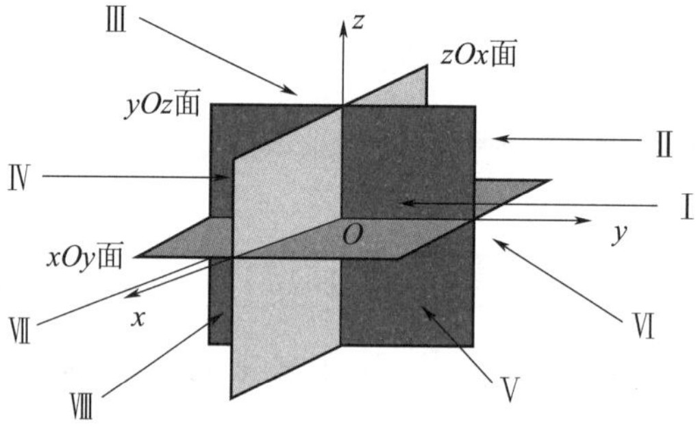

图 12.1－2

二、空间直角坐标系中点的坐标

设 M 为空间直角坐标系中的一个点，过点 M 分别作垂直于 x 轴、y 轴、z 轴的平面，它们与坐标轴依次交于点 P，Q，R，且 P，Q，R 在 x 轴、y 轴、z 轴上的坐标分别为 x，y，z，于是得到一个唯一的三元有序实数组 (x, y, z)，称其为点 M 的坐标，记作 $M(x, y, z)$，如图 12.1－3 所示．数 x，y，z 都称为点 M 的坐标分量，且 x 称为点 M 的横坐标，y 称为点 M

的纵坐标，z 称为点 M 的**竖坐标**（vertical coordinate）.

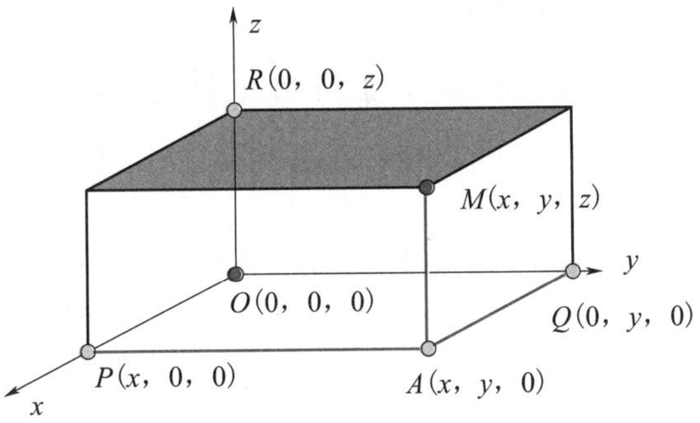

图 12.1－3

1. 特殊点的坐标

原点 O 的坐标：$(0, 0, 0)$；

x 轴上点的坐标：$(x, 0, 0)$；

y 轴上点的坐标：$(0, y, 0)$；

z 轴上点的坐标：$(0, 0, z)$；

xOy 平面上点的坐标：$(x, y, 0)$；

yOz 平面上点的坐标：$(0, y, z)$；

zOx 平面上点的坐标：$(x, 0, z)$.

例如，如图 12.1－3 所示，x 轴上点 P 的坐标是 $(x, 0, 0)$，xOy 平面上点 A 的坐标是 $(x, y, 0)$.

例 1 在下列点中，位于 x 轴上的是（　　），位于 y 轴上的是（　　），位于 z 轴上的是（　　），位于 xOy 平面上的是（　　），位于 yOz 平面上的是（　　），位于 zOx 平面上的是（　　）.

A. $(1, 0, -3)$　　B. $(0, 0, 2)$　　C. $(1, -1, 0)$

D. $(3, 0, 0)$　　E. $(0, 4, -2)$　　F. $(0, -1, 0)$

解 根据特殊点的坐标形式，答案依次为 D，F，B，C，E，A.

2. 各个卦限内点的特征

如图 12.1－2 所示，第一卦限是由 x 轴正向、y 轴正向、z 轴正向所围成的区域，若点 $M(x, y, z)$ 位于第一卦限，则 M 的坐标分量满足 $x>0$，$y>0$，$z>0$；第二卦限是由 x 轴负向、y 轴正向、z 轴正向所围成的区域，若点 $M(x, y, z)$ 位于第二卦限，则 M 的坐标分量满足 $x<0$，$y>0$，$z>0$. 以此类推，可得到位于各个卦限的点的坐标分量符号，具体见表 12.1－1。

表 12.1－1　各个卦限内点的坐标分量符号

卦限	坐标分量符号	卦限	坐标分量符号
Ⅰ	(+, +, +)	Ⅴ	(+, +, −)
Ⅱ	(−, +, +)	Ⅵ	(−, +, −)
Ⅲ	(−, −, +)	Ⅶ	(−, −, −)
Ⅳ	(+, −, +)	Ⅷ	(+, −, −)

例 2　在下列点中，位于第二卦限的是（　　）.

A. (4, 2, −3)　　B. (−1, 3, −2)

C. (−1, −3, 1)　　D. (−3, 2, 5)

解　答案为 D.

3. 点到坐标平面、坐标轴及原点的距离

（1）点 (x, y, z) 到 xOy 平面的距离是 $|z|$；

（2）点 (x, y, z) 到 yOz 平面的距离是 $|x|$；

（3）点 (x, y, z) 到 zOx 平面的距离是 $|y|$；

（4）点 (x, y, z) 到 x 轴的距离是 $\sqrt{y^2+z^2}$；

（5）点 (x, y, z) 到 y 轴的距离是 $\sqrt{x^2+z^2}$；

（6）点 (x, y, z) 到 z 轴的距离是 $\sqrt{x^2+y^2}$；

（7）点 (x, y, z) 到原点 O 的距离是 $\sqrt{x^2+y^2+z^2}$；

（8）点 (x, y, z) 到点 (x_0, y_0, z_0) 的距离是 $\sqrt{(x-x_0)^2+(y-y_0)^2+(z-z_0)^2}$.

例 3　设 $A(-1, 3, -2)$ 为空间中的一个点，则

（1）点 $A(-1, 3, -2)$ 到 xOy 平面的距离是 $|z|=2$；

（2）点 $A(-1, 3, -2)$ 到 yOz 平面的距离是 $|x|=1$；

（3）点 $A(-1, 3, -2)$ 到 zOx 平面的距离是 $|y|=3$；

（4）点 $A(-1, 3, -2)$ 到 x 轴的距离是 $\sqrt{y^2+z^2}=\sqrt{3^2+(-2)^2}=\sqrt{13}$；

（5）点 $A(-1, 3, -2)$ 到 y 轴的距离是 $\sqrt{x^2+z^2}=\sqrt{(-1)^2+(-2)^2}=\sqrt{5}$；

（6）点 $A(-1, 3, -2)$ 到 z 轴的距离是 $\sqrt{x^2+y^2}=\sqrt{(-1)^2+3^2}=\sqrt{10}$；

（7）点 $A(-1, 3, -2)$ 到原点 O 的距离是 $\sqrt{x^2+y^2+z^2}=\sqrt{(-1)^2+3^2+(-2)^2}=\sqrt{14}$；

（8）点 $A(-1, 3, -2)$ 到点 $B(1, -2, -1)$ 的距离是 $\sqrt{(x-x_0)^2+(y-y_0)^2+(z-z_0)^2}=\sqrt{(-1-1)^2+(3+2)^2+(-2+1)^2}=\sqrt{30}$.

4. 对称点

设 $A(x, y, z)$ 为空间中的一个点，则

（1）若点 B 与点 A 关于 xOy 平面对称，则点 B 的坐标是 $(x, y, -z)$；

（2）若点 B 与点 A 关于 yOz 平面对称，则点 B 的坐标是 $(-x, y, z)$；

（3）若点 B 与点 A 关于 zOx 平面对称，则点 B 的坐标是 $(x, -y, z)$；

（4）若点 B 与点 A 关于 x 轴对称，则点 B 的坐标是 $(x, -y, -z)$；

（5）若点 B 与点 A 关于 y 轴对称，则点 B 的坐标是 $(-x, y, -z)$；

（6）若点 B 与点 A 关于 z 轴对称，则点 B 的坐标是 $(-x, -y, z)$；

（7）若点 B 与点 A 关于原点 O 对称，则点 B 的坐标是 $(-x, -y, -z)$.

例如，点 $(1, 2, 4)$ 关于 x 轴的对称点是 $(1, -2, -4)$，关于 zOx 平面的对称点是 $(1, -2, 4)$.

小　结

1. 理解空间直角坐标系的定义.

2. 理解空间直角坐标系中点的坐标的定义，并能在空间直角坐标系中找到点的位置.

3. 掌握各个卦限内点的坐标分量符号的特点.

4. 会求点到坐标平面、坐标轴和原点的距离，掌握空间中两点的距离公式.

5. 会求已知点关于坐标平面、坐标轴和原点的对称点.

习题 12.1

1. 在下列各点中，位于第一卦限的是________，位于第二卦限的是________，位于第三卦限的是________，位于第四卦限的是________，位于第五卦限的是________，位于第六卦限的是________，位于第七卦限的是________，位于第八卦限的是________，位于 x 轴上的是________，位于 y 轴上的是________，位于 z 轴上的是________，位于 xOy 平面上的是________，位于 yOz 平面上的是________，位于 zOx 平面上的是________.

   (0，-1，1)，(-2，0，-1)，(8，0，0)，(-3，3，1)，(3，2，-4)，(-2，4，0)，(1，3，1)，(0，1，0)，(2，-4，1)，(6，-2，-1)，(0，0，-2)，(-1，2，-3)，(-2，-3，-2)，(-1，-3，5)

2. 求下列各点分别到 xOy 平面、yOz 平面、zOx 平面、x 轴、y 轴、z 轴和原点 O 的距离.

   (1) (2，-1，-4)　　　　(2) (1，-2，6)

   (3) (3，-2，-1)　　　　(4) (2，-4，3)

3. 求下列各点分别关于 xOy 平面、yOz 平面、zOx 平面、x 轴、y 轴、z 轴和原点 O 的对称点.

(1) $(3, 2, 5)$　　　　(2) $(6, -2, 7)$

(3) $(4, -5, -8)$　　　　(4) $(-\frac{2}{3}, -1, 2)$

4. 求下列各组中两点间的距离.

(1) $(1, -1, -2)$, $(2, 3, 0)$

(2) $(1, -2, 3)$, $(0, -2, 5)$

(3) $(1, -2, -1)$, $(-4, 2, 1)$

(4) $(6, -2, -5)$, $(8, -3, -4)$

12.2　空间向量的坐标及运算

一、空间向量的坐标的定义

定义 1　如果空间中的一组向量可以经过平移后位于同一平面内，则称这组向量**共面**（coplanar）；否则，称这组向量不共面.

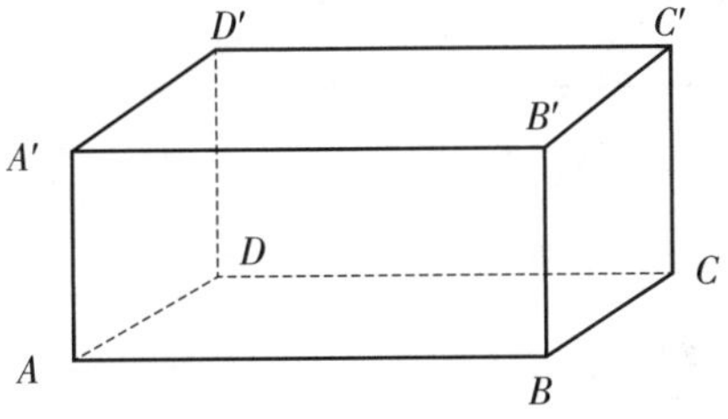

图 12.2－1

例如，在图 12.2－1 所示的长方体中，向量 $\overrightarrow{BC}$ 经过平移可以位于平面 $AA'D'D$ 内，因此，向量 $\overrightarrow{AA'}$, $\overrightarrow{DD'}$, $\overrightarrow{BC}$ 共面；而向量 $\overrightarrow{AB}$ 的起点 A 在平面 $AA'D'D$ 内，终点 B 在平面 $AA'D'D$ 外，故向量 $\overrightarrow{AA'}$, $\overrightarrow{DD'}$, $\overrightarrow{AB}$ 不共面.

定理 1（共面向量定理）　如果平面内两个向量 $\boldsymbol{a}$ 和 $\boldsymbol{b}$ 不共线，则向量 $\boldsymbol{a}$, $\boldsymbol{b}$, $\boldsymbol{c}$ 共面的充要条件是，存在唯一的实数对 (x, y)，使得 $\boldsymbol{c}=x\boldsymbol{a}+y\boldsymbol{b}$.

定理 2（空间向量基本定理）　如果空间中三个向量 $\boldsymbol{a}$, $\boldsymbol{b}$, $\boldsymbol{c}$ 不共面，则对空间中任意一个向量 $\boldsymbol{u}$，存在唯一的实数对 (x, y, z)，使得

$$\boldsymbol{u}=x\boldsymbol{a}+y\boldsymbol{b}+z\boldsymbol{c}.$$

定义 2　设 $\boldsymbol{a}$ 为空间中任意一个向量，在空间中建立空间直角坐标系

$Oxyz$，分别取与 x 轴正向、y 轴正向和 z 轴正向方向相同的三个单位向量 $\boldsymbol{i}$，$\boldsymbol{j}$，$\boldsymbol{k}$，由空间向量基本定理可知，存在唯一的实数对（x，y，z）使得 $\boldsymbol{a}=x\boldsymbol{i}+y\boldsymbol{j}+z\boldsymbol{k}$，我们称（$x$，$y$，$z$）为向量 $\boldsymbol{a}$ 的坐标，记作 $\boldsymbol{a}=(x, y, z)$. 其中 x 叫作 $\boldsymbol{a}$ 在 x 轴上的坐标，y 叫作 $\boldsymbol{a}$ 在 y 轴上的坐标，z 叫作 $\boldsymbol{a}$ 在 z 轴上的坐标. x，y，z 均称为坐标分量.

显然，$\boldsymbol{i}=(1, 0, 0)$，$\boldsymbol{j}=(0, 1, 0)$，$\boldsymbol{k}=(0, 0, 1)$，$\boldsymbol{0}=(0, 0, 0)$.

注1 由向量的平移不变性可知，向量 $\boldsymbol{a}=(x, y, z)$ 的坐标实际上是将向量的起点移到坐标原点 O 后，终点对应的坐标，$|\boldsymbol{a}|=\sqrt{x^2+y^2+z^2}$.

例如，若空间中点 A 的坐标为（-1，2，3），则向量 $|\overrightarrow{OA}|=\sqrt{(-1)^2+2^2+3^2}=\sqrt{14}$.

二、空间向量的坐标运算

已知向量 $\boldsymbol{a}=(x_1, y_1, z_1)$，$\boldsymbol{b}=(x_2, y_2, z_2)$，则

$$\boldsymbol{a}\pm\boldsymbol{b}=(x_1\pm x_2, y_1\pm y_2, z_1\pm z_2)$$

$$\lambda\boldsymbol{a}=(\lambda x_1, \lambda y_1, \lambda z_1), \lambda\in\mathbb{R}$$

例1 已知向量 $\boldsymbol{a}=(1, -2, -3)$，$\boldsymbol{b}=(-4, 5, 2)$，求下列向量的坐标.

（1）$\boldsymbol{a}+\boldsymbol{b}$　　（2）$2\boldsymbol{a}$　　（3）$3\boldsymbol{a}-2\boldsymbol{b}$

解 （1）$\boldsymbol{a}+\boldsymbol{b}=(1, -2, -3)+(-4, 5, 2)=(1-4, -2+5, -3+2)$
$=(-3, 3, -1)$.

（2）$2\boldsymbol{a}=2(1, -2, -3)=(2\times1, 2\times(-2), 2\times(-3))$
$=(2, -4, -6)$.

（3）$3\boldsymbol{a}-2\boldsymbol{b}=3(1, -2, -3)-2(-4, 5, 2)=(3, -6, -9)-(-8, 10, 4)=(11, -16, -13)$.

注2 设点 $A(x_1, y_1, z_1)$，点 $B(x_2, y_2, z_2)$ 为空间中的两个点，则

$$\overrightarrow{AB}=B-A=(x_2, y_2, z_2)-(x_1, y_1, z_1)=(x_2-x_1, y_2-y_1, z_2-z_1).$$

例 2　若 $A(2,-1,-2)$，$B(3,1,4)$ 为空间中的两个点，则 $\overrightarrow{AB}=$ ________.

解　$\overrightarrow{AB}=B-A=(3,1,4)-(2,-1,-2)=(1,2,6)$.

注 3　已知向量 $\boldsymbol{a}=(x_1,y_1,z_1)$，$\boldsymbol{b}=(x_2,y_2,z_2)$，则 $\boldsymbol{a}=\boldsymbol{b}\Leftrightarrow x_1=x_2$，$y_1=y_2$，$z_1=z_2$.

例 3　设 $\boldsymbol{a}=(2,y,-1)$，$\boldsymbol{b}=(x,3,-5)$，$\boldsymbol{c}=(4,1,z)$ 为空间中三个向量，且满足 $\boldsymbol{a}+\boldsymbol{b}+\boldsymbol{c}=\boldsymbol{0}$，求 x，y，z 的值.

解　由 $\boldsymbol{a}+\boldsymbol{b}+\boldsymbol{c}=\boldsymbol{0}$ 知

$$(2,y,-1)+(x,3,-5)+(4,1,z)$$
$$=(2+x+4,y+3+1,-1-5+z)=(x+6,y+4,z-6)=\boldsymbol{0}=(0,0,0),$$

所以 $\begin{cases}x+6=0,\\y+4=0,\\z-6=0,\end{cases}$ 故 $x=-6$，$y=-4$，$z=6$.

三、空间平行向量的坐标

注 4　设向量 $\boldsymbol{a}=(x_1,y_1,z_1)\neq\boldsymbol{0}$，$\boldsymbol{b}=(x_2,y_2,z_2)$，则

$$\boldsymbol{a}/\!/\boldsymbol{b}\Leftrightarrow\boldsymbol{b}=\lambda\boldsymbol{a}\Leftrightarrow\begin{cases}x_2=\lambda x_1,\\y_2=\lambda y_1,\text{其中 }\lambda\text{ 为某一实数；}\\z_2=\lambda z_1,\end{cases}$$

特别地，若有 $x_1\neq0$，$y_1\neq0$，$z_1\neq0$，我们还可以得到 $\boldsymbol{a}/\!/\boldsymbol{b}\Leftrightarrow\dfrac{x_2}{x_1}=\dfrac{y_2}{y_1}=\dfrac{z_2}{z_1}$.

例 4　设向量 $\boldsymbol{a}=(1,0,2)$，$\boldsymbol{b}=(2,0,4)$，$\boldsymbol{a}$ 与 $\boldsymbol{b}$ 平行吗?

解　因为 $\boldsymbol{b}=(2,0,4)=2(1,0,2)=2\boldsymbol{a}$，所以 $\boldsymbol{a}/\!/\boldsymbol{b}$.

例 5　下列向量与向量 $(1,-4,2)$ 平行的是（　　）.

A. $(1,4,2)$　　B. $(-2,8,-4)$

C. $(3,12,6)$　　D. $(3,-12,4)$

解　A：因为 $\dfrac{1}{1}\neq\dfrac{4}{-4}$，所以 A 错误；

B：因为$\frac{-2}{1}=\frac{8}{-4}=\frac{-4}{2}$，所以 B 正确；

C：因为$\frac{3}{1}\neq\frac{12}{-4}$，所以 C 错误；

D：因为$\frac{-12}{-4}\neq\frac{4}{2}$，所以 D 错误 .

答案是 B.

例 6 已知点 $A(-1,\ -1,\ 2)$，$B(1,\ 3,\ 5)$，$C(2,\ 3,\ -3)$，$D(8,\ 15,\ 6)$，问向量 $\overrightarrow{AB}$ 与 $\overrightarrow{CD}$ 平行吗？

解 $\because \overrightarrow{AB}=B-A=(1,\ 3,\ 5)-(-1,\ -1,\ 2)$

$=(1-(-1),\ 3-(-1),\ 5-2)=(2,\ 4,\ 3)$，

$\overrightarrow{CD}=D-C=(8,\ 15,\ 6)-(2,\ 3,\ -3)$

$=(8-2,\ 15-3,\ 6-(-3))=(6,\ 12,\ 9)=3(2,\ 4,\ 3)$，

$\therefore \overrightarrow{CD}=3\overrightarrow{AB}$，

$\therefore \overrightarrow{AB}/\!/\overrightarrow{CD}$.

小　结

1. 共面和不共面的定义

如果空间中的一组向量可以经过平移后位于同一平面内，则称这组向量共面；否则，称这组向量不共面 .

2. 空间向量的坐标的定义

设 $\boldsymbol{a}$ 为空间中任意一个向量，在空间中建立空间直角坐标系 $Oxyz$，分别取与 x 轴正向、y 轴正向和 z 轴正向方向相同的三个单位向量 $\boldsymbol{i}$，$\boldsymbol{j}$，$\boldsymbol{k}$，由空间向量基本定理可知，存在唯一的实数对（x，y，z）使得 $\boldsymbol{a}=x\boldsymbol{i}+y\boldsymbol{j}+z\boldsymbol{k}$，我们称（$x$，$y$，$z$）为向量 $\boldsymbol{a}$ 的坐标，记作$\boldsymbol{a}=(x,\ y,\ z)$，$|\boldsymbol{a}|=\sqrt{x^2+y^2+z^2}$.

3. 若向量 $\boldsymbol{a}=(x_1,\ y_1,\ z_1)$，$\boldsymbol{b}=(x_2,\ y_2,\ z_2)$，则

$$\boldsymbol{a}\pm\boldsymbol{b}=(x_1\pm x_2,\ y_1\pm y_2,\ z_1\pm z_2),$$

$$\lambda\boldsymbol{a}=(\lambda x_1,\ \lambda y_1,\ \lambda z_1),\ \lambda\in\mathbb{R}.$$

4. 若 $A(x_1,\ y_1,\ z_1)$，$B(x_2,\ y_2,\ z_2)$ 为空间中的两个点，则

$\overrightarrow{AB}=B-A=(x_2,\ y_2,\ z_2)-(x_1,\ y_1,\ z_1)=(x_2-x_1,\ y_2-y_1,\ z_2-z_1)$.

5. 若向量 $\boldsymbol{a}=(x_1,\ y_1,\ z_1)\neq\boldsymbol{0}$，$\boldsymbol{b}=(x_2,\ y_2,\ z_2)$，则

$$\boldsymbol{a}/\!/\boldsymbol{b}\Leftrightarrow\boldsymbol{b}=\lambda\boldsymbol{a}\Leftrightarrow\begin{cases}x_2=\lambda x_1,\\ y_2=\lambda y_1,\text{其中 }\lambda\text{ 为某一实数；}\\ z_2=\lambda z_1,\end{cases}$$

特别地，若有 $x_1\neq0$，$y_1\neq0$，$z_1\neq0$，我们还可以得到 $\boldsymbol{a}/\!/\boldsymbol{b}\Leftrightarrow\dfrac{x_2}{x_1}=\dfrac{y_2}{y_1}=\dfrac{z_2}{z_1}$.

习题 12.2

1. 求下列向量的坐标和模.

(1) 设 $A(2,\ 2,\ -1)$ 和 $B(-1,\ 1,\ -1)$ 为空间中的两个点，则向量 $\overrightarrow{AB}=$__________，$|\overrightarrow{AB}|=$__________.

(2) 设 $C(-2,\ 1,\ -1)$ 和 $D(3,\ -1,\ 1)$ 为空间中的两个点，则向量 $\overrightarrow{DC}=$__________，$|\overrightarrow{DC}|=$__________.

(3) 设 $A(0,\ -3,\ 1)$，$B(2,\ 0,\ -3)$，$C(1,\ 1,\ -2)$ 为空间中的三个点，则 $2\overrightarrow{AB}-\overrightarrow{BC}=$__________，$|2\overrightarrow{AB}-\overrightarrow{BC}|=$__________.

2. 已知向量 $\boldsymbol{a}=(2,\ 3,\ -1)$，$\boldsymbol{b}=(-3,\ 4,\ 1)$，求下列向量的坐标.

(1) $\boldsymbol{a}+\boldsymbol{b}$　　(2) $\boldsymbol{a}-\boldsymbol{b}$

(3) $\dfrac{2}{3}\boldsymbol{a}$　　(4) $-3\boldsymbol{b}$

(5) $3\boldsymbol{a}-5\boldsymbol{b}$　　(6) $\dfrac{3}{4}\boldsymbol{a}-\dfrac{1}{4}\boldsymbol{b}$

3. 若点 $M(3,\ -2,\ 2)$，$N(-5,\ -1,\ 4)$ 为空间中的两个点，且 $\overrightarrow{MA}=-2\overrightarrow{MN}$，求点 A 的坐标.

4. 下列向量与向量（3，-4，1）平行的是（　　）.

A.（-3，4，2）　　B.（6，-8，-2）

C.（-9，12，-3）　　D.（-12，16，4）

5. 判断下列各组向量是否平行.

（1）（0，1，0），（0，-2，0）

（2）（1，-2，0），（1，1，0）

（3）（1，0，3），（2，1，6）

（4）（1，2，-3），（-2，4，6）

（5）（-3，2，-1），（9，-6，3）

（6）$(\frac{1}{2}, 1, -3)$，（1，2，-6）

12.3　空间向量的数量积

一、空间向量的数量积的定义及运算性质

空间向量的数量积的定义及运算性质与平面向量的数量积的定义及运算性质类似.

定义　设 $\boldsymbol{a}$ 和 $\boldsymbol{b}$ 是空间中两个非零向量，称 $|\boldsymbol{a}||\boldsymbol{b}|\cos<\boldsymbol{a}, \boldsymbol{b}>$ 为向量 $\boldsymbol{a}$ 与 $\boldsymbol{b}$ 的数量积（或内积），记作 $\boldsymbol{a}\cdot\boldsymbol{b}$，即 $\boldsymbol{a}\cdot\boldsymbol{b}=|\boldsymbol{a}||\boldsymbol{b}|\cos<\boldsymbol{a}, \boldsymbol{b}>$. 其中 $<\boldsymbol{a}, \boldsymbol{b}>$ 表示 $\boldsymbol{a}$ 与 $\boldsymbol{b}$ 的夹角.

注1　（1）$<\boldsymbol{a}, \boldsymbol{b}>=<\boldsymbol{b}, \boldsymbol{a}>$；

$0°\leqslant<\boldsymbol{a}, \boldsymbol{b}>\leqslant180°$；

$\boldsymbol{a}\perp\boldsymbol{b}\Leftrightarrow<\boldsymbol{a}, \boldsymbol{b}>=90°$.

（2）由向量数量积的定义可知

① 向量的数量积是一个实数，不是向量；

② $\boldsymbol{a}\perp\boldsymbol{b}\Leftrightarrow\boldsymbol{a}\cdot\boldsymbol{b}=0$；

③ $\boldsymbol{a}\cdot\boldsymbol{a}=|\boldsymbol{a}|^2$；若记 $\boldsymbol{a}\cdot\boldsymbol{a}=\boldsymbol{a}^2$，则有 $\boldsymbol{a}^2=|\boldsymbol{a}|^2$.

注 2　空间向量的数量积具有以下运算性质：

（1）$\boldsymbol{a}\cdot\boldsymbol{b}=\boldsymbol{b}\cdot\boldsymbol{a}$；

（2）$\lambda(\boldsymbol{a}\cdot\boldsymbol{b})=(\lambda\boldsymbol{a})\cdot\boldsymbol{b}=\boldsymbol{a}\cdot(\lambda\boldsymbol{b})$，$\lambda\in\mathbb{R}$；

（3）$(\boldsymbol{a}+\boldsymbol{b})\cdot\boldsymbol{c}=\boldsymbol{a}\cdot\boldsymbol{c}+\boldsymbol{b}\cdot\boldsymbol{c}$.

例 1　设 $|\boldsymbol{a}|=2$，$|\boldsymbol{b}|=\sqrt{2}$，$<\boldsymbol{a},\boldsymbol{b}>=45°$，求 $\boldsymbol{a}\cdot\boldsymbol{b}$.

解　$\boldsymbol{a}\cdot\boldsymbol{b}=|\boldsymbol{a}||\boldsymbol{b}|\cos<\boldsymbol{a},\boldsymbol{b}>=2\times\sqrt{2}\times\cos45°=2\sqrt{2}\times\frac{\sqrt{2}}{2}=2$.

例 2　设 $|\boldsymbol{a}|=4$，$|\boldsymbol{b}|=3$，$\boldsymbol{a}\cdot\boldsymbol{b}=-6\sqrt{3}$，求 $<\boldsymbol{a},\boldsymbol{b}>$.

解　由 $\boldsymbol{a}\cdot\boldsymbol{b}=|\boldsymbol{a}||\boldsymbol{b}|\cos<\boldsymbol{a},\boldsymbol{b}>$，可得

$$\cos<\boldsymbol{a},\boldsymbol{b}>=\frac{\boldsymbol{a}\cdot\boldsymbol{b}}{|\boldsymbol{a}||\boldsymbol{b}|}=\frac{-6\sqrt{3}}{4\times3}=-\frac{\sqrt{3}}{2},$$

故 $<\boldsymbol{a},\boldsymbol{b}>=150°$.

例 3　设 $|\boldsymbol{a}|=4$，$|\boldsymbol{b}|=1$，$\boldsymbol{a}\cdot\boldsymbol{b}=-3$，求 $(\boldsymbol{a}-\boldsymbol{b})^2$ 和 $|\boldsymbol{a}-\boldsymbol{b}|$.

解　
$$\begin{aligned}(\boldsymbol{a}-\boldsymbol{b})^2&=(\boldsymbol{a}-\boldsymbol{b})\cdot(\boldsymbol{a}-\boldsymbol{b})\\&=\boldsymbol{a}\cdot\boldsymbol{a}-\boldsymbol{a}\cdot\boldsymbol{b}-\boldsymbol{b}\cdot\boldsymbol{a}+\boldsymbol{b}\cdot\boldsymbol{b}\\&=\boldsymbol{a}^2-2\boldsymbol{a}\cdot\boldsymbol{b}+\boldsymbol{b}^2\\&=|\boldsymbol{a}|^2-2\boldsymbol{a}\cdot\boldsymbol{b}+|\boldsymbol{b}|^2=16-2\times(-3)+1=23,\end{aligned}$$

因为 $|\boldsymbol{a}-\boldsymbol{b}|^2=(\boldsymbol{a}-\boldsymbol{b})^2$，所以 $|\boldsymbol{a}-\boldsymbol{b}|=\sqrt{(\boldsymbol{a}-\boldsymbol{b})^2}=\sqrt{23}$.

二、空间向量的数量积的坐标表示

设向量 $\boldsymbol{a}=(x_1, y_1, z_1)$，$\boldsymbol{b}=(x_2, y_2, z_2)$，则

$\boldsymbol{a}\cdot\boldsymbol{b}=x_1x_2+y_1y_2+z_1z_2$（数量积的坐标公式）

注 3　由数量积的坐标公式可知，若 $\boldsymbol{a}=(x_1, y_1, z_1)$，$\boldsymbol{b}=(x_2, y_2, z_2)$，则

（1）$|\boldsymbol{a}|^2=\boldsymbol{a}^2=\boldsymbol{a}\cdot\boldsymbol{a}=x_1^2+y_1^2+z_1^2\Rightarrow|\boldsymbol{a}|=\sqrt{x_1^2+y_1^2+z_1^2}$；

（2）$\boldsymbol{a}\perp\boldsymbol{b}\Leftrightarrow x_1x_2+y_1y_2+z_1z_2=0$；

（3）$\cos\langle \boldsymbol{a}, \boldsymbol{b}\rangle=\dfrac{\boldsymbol{a}\cdot\boldsymbol{b}}{|\boldsymbol{a}||\boldsymbol{b}|}=\dfrac{x_1x_2+y_1y_2+z_1z_2}{\sqrt{x_1^2+y_1^2+z_1^2}\sqrt{x_2^2+y_2^2+z_2^2}}$.

例 4 已知 $\boldsymbol{a}=(1, -2, 2)$，$\boldsymbol{b}=(-2, 1, 1)$，求 $\boldsymbol{a}\cdot\boldsymbol{b}$，$|\boldsymbol{a}|$，$|\boldsymbol{b}|$，$\cos\langle \boldsymbol{a}, \boldsymbol{b}\rangle$.

解 $\boldsymbol{a}\cdot\boldsymbol{b}=(1, -2, 2)\cdot(-2, 1, 1)=1\times(-2)+(-2)\times1+2\times1=-2$.

$|\boldsymbol{a}|=\sqrt{1^2+(-2)^2+2^2}=3$.

$|\boldsymbol{b}|=\sqrt{(-2)^2+1^2+1^2}=\sqrt{6}$.

$\cos\langle \boldsymbol{a}, \boldsymbol{b}\rangle=\dfrac{\boldsymbol{a}\cdot\boldsymbol{b}}{|\boldsymbol{a}||\boldsymbol{b}|}=\dfrac{-2}{3\times\sqrt{6}}=-\dfrac{\sqrt{6}}{9}$.

例 5 下列向量与向量（-1，2，1）垂直的是（　　）.

A.（-2，-1，2）　　B.（-2，4，2）

C.（2，-6，3）　　D.（-1，-1，1）

解 A：因为 $(-1)\times(-2)+2\times(-1)+1\times2=2\neq0$，所以 A 错误；

B：因为 $(-1)\times(-2)+2\times4+1\times2=12\neq0$，所以 B 错误；

C：因为 $(-1)\times2+2\times(-6)+1\times3=-11\neq0$，所以 C 错误；

D：因为 $(-1)\times(-1)+2\times(-1)+1\times1=0$，所以 D 正确 .

答案是 D.

小　结

1. 向量 $\boldsymbol{a}$ 与 $\boldsymbol{b}$ 的数量积为 $\boldsymbol{a}\cdot\boldsymbol{b}=|\boldsymbol{a}||\boldsymbol{b}|\cos\langle \boldsymbol{a}, \boldsymbol{b}\rangle$.

2. $\langle \boldsymbol{a}, \boldsymbol{b}\rangle=\langle \boldsymbol{b}, \boldsymbol{a}\rangle$；$0°\leqslant\langle \boldsymbol{a}, \boldsymbol{b}\rangle\leqslant180°$；$\boldsymbol{a}\perp\boldsymbol{b}\Leftrightarrow\langle \boldsymbol{a}, \boldsymbol{b}\rangle=90°$.

3. 若向量 $\boldsymbol{a}=(x_1, y_1, z_1)$，$\boldsymbol{b}=(x_2, y_2, z_2)$，则

（1）$\boldsymbol{a}\cdot\boldsymbol{b}=x_1x_2+y_1y_2+z_1z_2$；

（2）$\boldsymbol{a}\perp\boldsymbol{b}\Leftrightarrow\boldsymbol{a}\cdot\boldsymbol{b}=0\Leftrightarrow x_1x_2+y_1y_2+z_1z_2=0$；

（3）$|\boldsymbol{a}|=\sqrt{x_1^2+y_1^2+z_1^2}$；

（4）$\cos\langle \boldsymbol{a}, \boldsymbol{b}\rangle=\dfrac{\boldsymbol{a}\cdot\boldsymbol{b}}{|\boldsymbol{a}||\boldsymbol{b}|}=\dfrac{x_1x_2+y_1y_2+z_1z_2}{\sqrt{x_1^2+y_1^2+z_1^2}\sqrt{x_2^2+y_2^2+z_2^2}}$.

4. 空间向量的数量积具有以下运算性质：

(1) $\boldsymbol{a}\cdot\boldsymbol{b}=\boldsymbol{b}\cdot\boldsymbol{a}$;

(2) $\lambda(\boldsymbol{a}\cdot\boldsymbol{b})=(\lambda\boldsymbol{a})\cdot\boldsymbol{b}=\boldsymbol{a}\cdot(\lambda\boldsymbol{b})$，$\lambda\in\mathbb{R}$；

(3) $(\boldsymbol{a}+\boldsymbol{b})\cdot\boldsymbol{c}=\boldsymbol{a}\cdot\boldsymbol{c}+\boldsymbol{b}\cdot\boldsymbol{c}$.

习题 12.3

1. 已知 $|\boldsymbol{a}|=\sqrt{2}$，$|\boldsymbol{b}|=3$，$\langle\boldsymbol{a},\boldsymbol{b}\rangle=30°$，求$|\boldsymbol{a}+\boldsymbol{b}|$，$|\boldsymbol{a}-\boldsymbol{b}|$.

2. 已知 $|\boldsymbol{a}|=1$，$|\boldsymbol{b}|=\sqrt{3}$，$\boldsymbol{a}\cdot\boldsymbol{b}=5$，求$|\boldsymbol{a}+\boldsymbol{b}|$，$|\boldsymbol{a}-\boldsymbol{b}|$.

3. 已知 $|\boldsymbol{a}|=2$，$|\boldsymbol{b}|=\sqrt{6}$，$\boldsymbol{a}\cdot\boldsymbol{b}=-3$，求$|2\boldsymbol{a}+\boldsymbol{b}|$，$|\boldsymbol{a}-3\boldsymbol{b}|$.

4. 已知 $|\boldsymbol{a}|=1$，$|\boldsymbol{b}|=6$，$\boldsymbol{a}\cdot\boldsymbol{b}=3$，求 $\boldsymbol{a}$ 与 $\boldsymbol{b}$ 的夹角$\langle\boldsymbol{a},\boldsymbol{b}\rangle$.

5. 已知 $|\boldsymbol{a}|=\sqrt{5}$，$|\boldsymbol{b}|=2\sqrt{5}$，$\boldsymbol{a}\cdot\boldsymbol{b}=-5$，求 $\boldsymbol{a}$ 与 $\boldsymbol{b}$ 的夹角$\langle\boldsymbol{a},\boldsymbol{b}\rangle$.

6. 已知 $|\boldsymbol{a}|=\sqrt{2}$，$\boldsymbol{a}\cdot\boldsymbol{b}=-3$，求 $\boldsymbol{a}\cdot(4\boldsymbol{a}-5\boldsymbol{b})$.

7. 已知向量 $\boldsymbol{a}$ 和 $\boldsymbol{b}$ 的坐标，分别求 $\boldsymbol{a}\cdot\boldsymbol{b}$，$|\boldsymbol{a}|$，$|\boldsymbol{b}|$，$\cos\langle\boldsymbol{a},\boldsymbol{b}\rangle$.

(1) $\boldsymbol{a}=(-1, 2, 1)$，$\boldsymbol{b}=(2, -1, 3)$

(2) $\boldsymbol{a}=(4, 0, 1)$，$\boldsymbol{b}=(0, -1, 3)$

(3) $\boldsymbol{a}=(-2, -1, 0)$，$\boldsymbol{b}=(3, -2, 1)$

(4) $\boldsymbol{a}=(-2, 1, 4)$，$\boldsymbol{b}=(1, 3, -1)$

8. 判断下列各组中的向量是否垂直.

(1) $\boldsymbol{a}=(-1, 1, 0)$，$\boldsymbol{b}=(-2, -2, 3)$

(2) $\boldsymbol{a}=(-3, 1, 5)$，$\boldsymbol{b}=(2, 6, 1)$

(3) $\boldsymbol{a}=(3, -10, 2)$，$\boldsymbol{b}=(10, 2, -5)$

(4) $\boldsymbol{a}=(-1, 2, 4)$，$\boldsymbol{b}=(5, 1, 1)$

自测题 12

1. 点（-4，1，2）到 xOy 平面的距离是________，到 yOz 平面的距离是________，到 zOx 平面的距离是________，到 x 轴的距离是________，到 y 轴的距离是________，到 z 轴的距离是

__________，到原点 O 的距离是__________，到点（-3，-1，1）的距离是__________．

2. 点（1，-2，-3）关于 xOy 平面的对称点是____________，关于 yOz 平面的对称点是____________，关于 zOx 平面的对称点是____________，关于 x 轴的对称点是____________，关于 y 轴的对称点是____________，关于 z 轴的对称点是____________，关于原点 O 的对称点是____________．

3. 设 $A(1, -2, 1)$，$B(-2, 1, -1)$，$C(-1, -1, 2)$ 为空间中的三个点，则 $\overrightarrow{AB}=$____________，$\overrightarrow{BC}=$____________，$|3\overrightarrow{AB}+\overrightarrow{BC}|=$____________．

4. 已知向量 $\boldsymbol{a}=(2, 3, -1)$，$\boldsymbol{b}=(-3, 4, 1)$，求下列向量的坐标和模．

（1）$-2\boldsymbol{a}+4\boldsymbol{b}$　　　　（2）$3\boldsymbol{a}-\boldsymbol{b}$

5. 若点 $M(1, -3, 2)$，$N(-2, -1, 3)$ 为空间中的两个点，且 $\overrightarrow{MA}=3\overrightarrow{MN}$，求点 A 的坐标．

6. 下列向量与向量（2，-3，1）平行的是（　　）．

A.（-2，-3，1）　　　　B.（6，-9，-2）

C.（6，-9，3）　　　　D.（-12，18，6）

7. 已知 $|\boldsymbol{a}|=2$，$|\boldsymbol{b}|=4$，$<\boldsymbol{a}, \boldsymbol{b}>=120°$，求 $|2\boldsymbol{a}+3\boldsymbol{b}|$．

8. 已知 $|\boldsymbol{a}|=3$，$|\boldsymbol{b}|=1$，$\boldsymbol{a}\cdot\boldsymbol{b}=-2$，求 $|3\boldsymbol{a}-4\boldsymbol{b}|$．

9. 已知 $|\boldsymbol{a}|=6$，$|\boldsymbol{b}|=3$，$\boldsymbol{a}\cdot\boldsymbol{b}=-5$，求 $(3\boldsymbol{a}-\boldsymbol{b})\cdot(\boldsymbol{a}+2\boldsymbol{b})$．

10. 已知 $\boldsymbol{a}=(-2, 1, 1)$，$\boldsymbol{b}=(1, -1, 4)$，分别求 $\boldsymbol{a}\cdot\boldsymbol{b}$，$|\boldsymbol{a}|$，$|\boldsymbol{b}|$，$\cos<\boldsymbol{a}, \boldsymbol{b}>$．

11. 下列向量与向量（1，-4，2）垂直的是（　　）．

A.（-1，4，-2）　　　　B.（4，-16，8）

C.（2，1，-4）　　　　D.（4，2，2）

12. 已知向量 $\boldsymbol{a}=(2, 1, 2)$，$\boldsymbol{b}=(-2, x, 2)$，$\boldsymbol{c}=(4, -2, 1)$，若 $\boldsymbol{b}\perp(\boldsymbol{a}+\boldsymbol{c})$，求 x 的值．

第 13 章　空间平面和空间直线

13.1　空间平面的方程

定义 1　在空间中，如果平面上任一点的坐标 (x, y, z) 都满足方程 $F(x, y, z)=0$，且坐标满足方程 $F(x, y, z)=0$ 的点 (x, y, z) 都在该平面上，则称 $F(x, y, z)=0$ 为平面的方程，称平面为方程 $F(x, y, z)=0$ 的图形．

定义 2　若非零向量 $\boldsymbol{n}$ 垂直于平面 Π，则称 $\boldsymbol{n}$ 为 Π 的**法向量**（normal vector）．

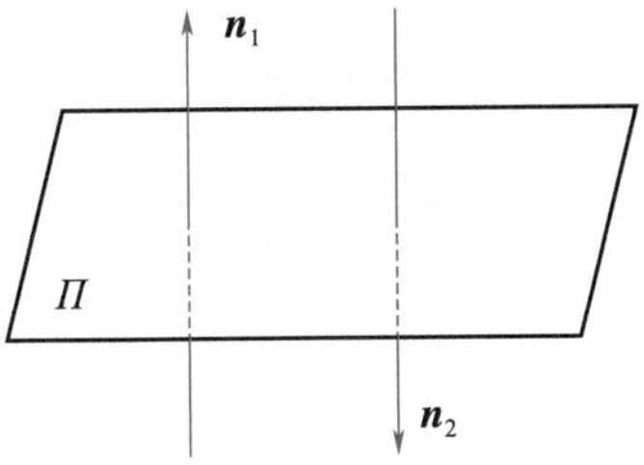

图 13.1－1

如图 13.1－1 所示，$\boldsymbol{n}_1$，$\boldsymbol{n}_2$ 均为 Π 的法向量．平面的法向量不是唯一的．

注 1　若向量 $\boldsymbol{n}$ 为平面 Π 的法向量，则 $\lambda\boldsymbol{n}$ 也为 Π 的法向量（$\lambda\in\mathbb{R}$ 且 $\lambda\neq0$）．

例如，若 $\boldsymbol{n}=\left(\frac{1}{2}, \frac{3}{2}, -1\right)$ 为平面 Π 的法向量，则 $2\boldsymbol{n}=(1, 3, -2)$ 也为 Π 的法向量.

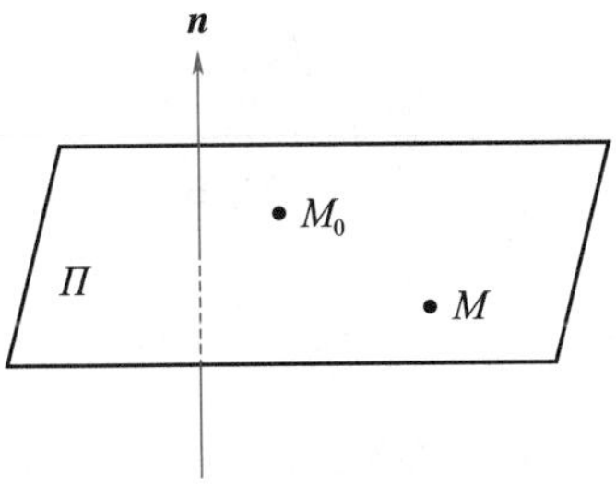

图 13.1－2

设平面 Π 经过点 $M_0(x_0, y_0, z_0)$，它的法向量为非零向量 $\boldsymbol{n}=(A, B, C)$（即 A，B，C 不全为 0），则对于平面内任意一个点 $M(x, y, z)$（如图 13.1－2 所示），有 $\overrightarrow{M_0M}\perp\boldsymbol{n}$，从而 $\overrightarrow{M_0M}\cdot\boldsymbol{n}=0$. 因为 $\overrightarrow{M_0M}=(x-x_0, y-y_0, z-z_0)$，所以

$$A(x-x_0)+B(y-y_0)+C(z-z_0)=0$$

（平面的**点法式方程**（point-normal equation））.

即

$$Ax+By+Cz-(Ax_0+By_0+Cz_0)=0,$$

令 $D=-(Ax_0+By_0+Cz_0)$，则可得

$$Ax+By+Cz+D=0.$$

定义 3 我们称 $Ax+By+Cz+D=0$（A，B，C，D 为常数且 A，B，C 不全为 0）为平面 Π 的一般式方程，简称平面 Π 的方程．

注 2 若平面的方程为 $Ax+By+Cz+D=0$，则平面的法向量 $\boldsymbol{n}=(A, B, C)$．

例 1 设平面 Π 的方程为 $2x+3y+5z+1=0$，求 Π 的法向量．

解 由 Π 的方程可知 $A=2$，$B=3$，$C=5$，故法向量 $\boldsymbol{n}=(A, B, C)=(2, 3, 5)$．

例 2 设平面 Π 经过点 $M_0(1, -2, 3)$，法向量 $\boldsymbol{n}=(2, -3, -4)$，求 Π 的方程．

解 设 Π 的方程为 $2x-3y-4z+D=0$，因为 $M_0(1, -2, 3)$ 在平面 Π 上，将 M_0 的坐标代入方程，得

$$2\times1-3\times(-2)-4\times3+D=0,$$

解得 $D=4$，所以 Π 的方程为 $2x-3y-4z+4=0$．

例 3 已知空间直角坐标系中的三棱锥 $O-PQR$ 中，$P(2, 0, 0)$，$Q(0, 3, 0)$，$R(0, 0, 4)$（如图 13.1－3 所示），求平面 PQR 的方程．

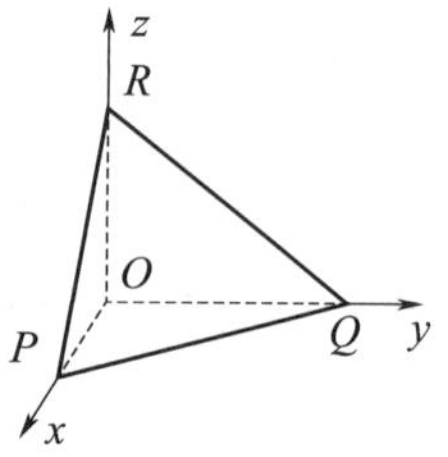

图 13.1－3

解 设平面 PQR 的一个法向量为 $\boldsymbol{n}=(A, B, C)$，则

$$\begin{cases}\boldsymbol{n}\perp\overrightarrow{PQ}\Rightarrow\boldsymbol{n}\cdot\overrightarrow{PQ}=0\Rightarrow(A, B, C)\cdot(-2, 3, 0)=-2A+3B=0,\\ \boldsymbol{n}\perp\overrightarrow{PR}\Rightarrow\boldsymbol{n}\cdot\overrightarrow{PR}=0\Rightarrow(A, B, C)\cdot(-2, 0, 4)=-2A+4C=0,\end{cases}$$

解得 $B=\frac{2}{3}A$，$C=\frac{1}{2}A$，令 $A=6$，可得 $B=4$，$C=3$，因此平面 PQR 的一个法向量为 $\boldsymbol{n}=(6, 4, 3)$．

设平面 PQR 的方程为 $6x+4y+3z+D=0$，将 $P(2, 0, 0)$ 代入方程，得 $D=-12$，故平面 PQR 的方程为 $6x+4y+3z-12=0$．

小　结

1. 若非零向量 $\boldsymbol{n}$ 垂直于平面 Π，则称 $\boldsymbol{n}$ 为 Π 的法向量．

2. 若向量 $\boldsymbol{n}$ 为平面的法向量，则 $\lambda\boldsymbol{n}$ 也为平面的法向量（$\lambda\in\mathbb{R}$ 且 $\lambda\neq0$）．

3. 平面 Π 的一般式方程为 $Ax+By+Cz+D=0$（A，B，C，D 为常数且 A，B，C 不全为 0），法向量为 $\boldsymbol{n}=(A,\ B,\ C)$．

习题 13.1

1. 求下列平面 Π 的法向量 $\boldsymbol{n}$．

（1）$x+4y-3z-1=0$　　（2）$x-y+2z-4=0$

（3）$2x+y-3=0$　　（4）$y+3z-2=0$

（5）$x+3z=0$　　（6）$x+5=0$

（7）$y-1=0$　　（8）$z+2=0$

2. 分别求满足下列各组条件的平面 Π 的方程．

（1）经过点 $M_0(-1,\ 2,\ 1)$，法向量 $\boldsymbol{n}=(2,\ -3,\ 4)$

（2）经过点 $M_0(-2,\ 0,\ 1)$，法向量 $\boldsymbol{n}=(2,\ -3,\ 0)$

（3）经过点 $M_0(0,\ 2,\ -3)$，法向量 $\boldsymbol{n}=(1,\ -4,\ 0)$

（4）经过点 $M_0(0,\ 2,\ 0)$，法向量 $\boldsymbol{n}=(1,\ -3,\ -2)$

（5）经过点 $M_0(-3,\ 2,\ 5)$，法向量 $\boldsymbol{n}=(3,\ 0,\ 0)$

（6）经过点 $P(2,\ 1,\ 0)$，$Q(-1,\ 0,\ 1)$，$R(1,\ -1,\ 4)$

（7）经过点 $P(1,\ 0,\ 0)$，$Q(-1,\ 3,\ 2)$，$R(0,\ -2,\ 1)$

（8）经过点 $P(1,\ -1,\ 0)$，$Q(2,\ 0,\ 1)$，$R(-2,\ 3,\ 0)$

13.2　空间中两平面的位置关系

一、平面的平行和垂直

设向量 $\boldsymbol{n}_1$，$\boldsymbol{n}_2$ 分别为平面 Π_1，Π_2 的法向量，则

（1）$\boldsymbol{n}_1 /\!/ \boldsymbol{n}_2 \Leftrightarrow \Pi_1 /\!/ \Pi_2$，或 Π_1 与 Π_2 重合；

（2）$\boldsymbol{n}_1 \perp \boldsymbol{n}_2 \Leftrightarrow \Pi_1 \perp \Pi_2$.

若 Π_1：$A_1x+B_1y+C_1z+D_1=0$，Π_2：$A_2x+B_2y+C_2z+D_2=0$，则

（1）
$$\Pi_1 /\!/ \Pi_2 \Leftrightarrow \exists\lambda \neq 0,\ \begin{cases} A_2=\lambda A_1, \\ B_2=\lambda B_1, \\ C_2=\lambda C_1, \\ D_2 \neq \lambda D_1. \end{cases}$$

特别地，当 $A_1B_1C_1D_1 \neq 0$ 时，有

$$\Pi_1 /\!/ \Pi_2 \Leftrightarrow \frac{A_2}{A_1}=\frac{B_2}{B_1}=\frac{C_2}{C_1} \neq \frac{D_2}{D_1}.$$

（2）
$$\Pi_1 \text{ 与 } \Pi_2 \text{ 重合} \Leftrightarrow \exists\lambda \neq 0,\ \begin{cases} A_2=\lambda A_1, \\ B_2=\lambda B_1, \\ C_2=\lambda C_1, \\ D_2=\lambda D_1. \end{cases}$$

特别地，当 $A_1B_1C_1D_1 \neq 0$ 时，有

$$\Pi_1 \text{ 与 } \Pi_2 \text{ 重合} \Leftrightarrow \frac{A_2}{A_1}=\frac{B_2}{B_1}=\frac{C_2}{C_1}=\frac{D_2}{D_1}.$$

（3）$\Pi_1 \perp \Pi_2 \Leftrightarrow A_1A_2+B_1B_2+C_1C_2=0$.

注 设向量 $\boldsymbol{n}_1$，$\boldsymbol{n}_2$ 分别为平面 Π_1，Π_2 的法向量．若 $\boldsymbol{n}_1$ 与 $\boldsymbol{n}_2$ 不平行，则 Π_1 与 Π_2 相交；特别地，若 $\boldsymbol{n}_1 \perp \boldsymbol{n}_2$，则 $\Pi_1 \perp \Pi_2$.

例 1 判断下列各组中两个平面的位置关系．

（1）Π_1：$2x-3y+z-2=0$，Π_2：$4x-6y+2z-4=0$

（2）Π_1：$x+2y-z-3=0$，Π_2：$2x+4y-2z-4=0$

（3）Π_1：$x+3y=0$，Π_2：$3x+9y-5=0$

（4）Π_1：$x-2y+z-3=0$，Π_2：$4x+y-2z+1=0$

解 （1）因为$\frac{4}{2}=\frac{-6}{-3}=\frac{2}{1}=\frac{-4}{-2}$，所以 Π_1 与 Π_2 重合.

(2) 因为$\frac{2}{1}=\frac{4}{2}=\frac{-2}{-1}\neq\frac{-4}{-3}$，所以 Π_1 与 Π_2 平行.

(3) 设 Π_1 的法向量 $\boldsymbol{n}_1=(1,\ 3,\ 0)$，$D_1=0$；$\Pi_2$ 的法向量 $\boldsymbol{n}_2=(3,\ 9,\ 0)$，$D_2=-5$. 因为 $\boldsymbol{n}_2=3\boldsymbol{n}_1$ 且 $D_2\neq 3D_1$，所以 Π_1 与 Π_2 平行.

(4) 因为 $1\times4+(-2)\times1+1\times(-2)=0$，所以 Π_1 与 Π_2 垂直.

例 2　若平面 Π 经过点 $M_0(1,\ -2,\ 3)$ 且平行于平面 Π_1：$3x-4y+2z-1=0$，求 Π 的方程.

解　设 Π 和 Π_1 的法向量分别为 $\boldsymbol{n}$ 和 $\boldsymbol{n}_1$，则 $\boldsymbol{n}_1=(3,\ -4,\ 2)$. 因为 Π_1 与 Π 平行，所以 $\boldsymbol{n}_1$ 与 $\boldsymbol{n}$ 平行，取 $\boldsymbol{n}=\boldsymbol{n}_1=(3,\ -4,\ 2)$.

设 Π 的方程为 $3x-4y+2z+D=0$，将 $M_0(1,\ -2,\ 3)$ 代入方程得 $D=-17$，所以 Π 的方程为 $3x-4y+2z-17=0$.

二、两平面的夹角

设向量 $\boldsymbol{n}_1$，$\boldsymbol{n}_2$ 分别为平面 Π_1，Π_2 的法向量，θ 为平面 Π_1 与 Π_2 的夹角，则 $0°\leqslant\theta\leqslant90°$. 规定

$$\theta=\begin{cases}<\boldsymbol{n}_1,\ \boldsymbol{n}_2>, & 0°\leqslant<\boldsymbol{n}_1,\ \boldsymbol{n}_2>\leqslant90°,\\ 180°-<\boldsymbol{n}_1,\ \boldsymbol{n}_2>, & 90°\leqslant<\boldsymbol{n}_1,\ \boldsymbol{n}_2>\leqslant180°,\end{cases}$$

如图 13.2－1 所示. 显然，若 $\Pi_1/\!/\Pi_2$ 或 Π_1 与 Π_2 重合，则 $\theta=0°$；若 $\Pi_1\perp\Pi_2$，则 $\theta=90°$.

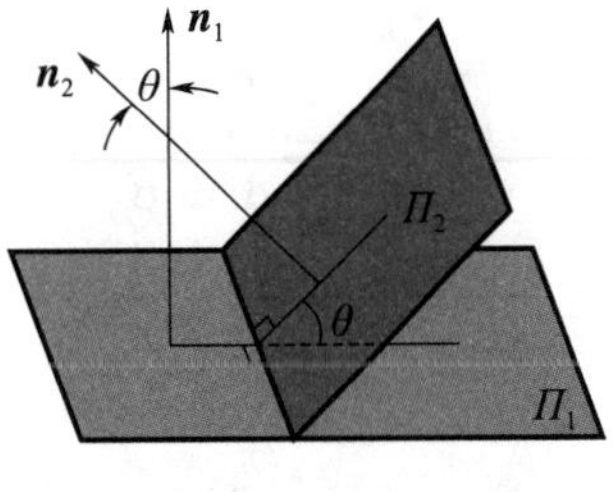

图 13.2－1

若 $\boldsymbol{n}_1=(A_1,\ B_1,\ C_1)$，$\boldsymbol{n}_2=(A_2,\ B_2,\ C_2)$，则由 θ 与 $<\boldsymbol{n}_1,\ \boldsymbol{n}_2>$ 的关系及数量积的坐标公式可知

$$\cos\theta=|\cos<\boldsymbol{n}_1,\ \boldsymbol{n}_2>|=\frac{|\boldsymbol{n}_1\cdot\boldsymbol{n}_2|}{|\boldsymbol{n}_1|\ |\boldsymbol{n}_2|}=\frac{|A_1A_2+B_1B_2+C_1C_2|}{\sqrt{A_1^2+B_1^2+C_1^2}\sqrt{A_2^2+B_2^2+C_2^2}}.$$

例 3　求下列各组中两个平面夹角的余弦.

（1）Π_1：$2x-2y+z=0$，Π_2：$x-2y+z-3=0$

（2）Π_1：$x-y+z-7=0$，Π_2：$y-2z+5=0$

解 设Π_1与Π_2的夹角为θ，Π_1与Π_2的法向量分别为$\boldsymbol{n}_1$与$\boldsymbol{n}_2$.

（1）$\boldsymbol{n}_1=(2,\ -2,\ 1)$，$\boldsymbol{n}_2=(1,\ -2,\ 1)$，

$$\cos\theta=|\cos<\boldsymbol{n}_1,\ \boldsymbol{n}_2>|=\frac{|\boldsymbol{n}_1\cdot\boldsymbol{n}_2|}{|\boldsymbol{n}_1||\boldsymbol{n}_2|}=\frac{7}{\sqrt{9}\times\sqrt{6}}=\frac{7\sqrt{6}}{18}.$$

（2）$\boldsymbol{n}_1=(1,\ -1,\ 1)$，$\boldsymbol{n}_2=(0,\ 1,\ -2)$，

$$\cos\theta=|\cos<\boldsymbol{n}_1,\ \boldsymbol{n}_2>|=\frac{|\boldsymbol{n}_1\cdot\boldsymbol{n}_2|}{|\boldsymbol{n}_1||\boldsymbol{n}_2|}=\frac{|-3|}{\sqrt{3}\times\sqrt{5}}=\frac{\sqrt{15}}{5}.$$

例4 求下列两个平面的夹角.

Π_1：$x-y-2=0$，Π_2：$x-2y+2z+1=0$

解 设Π_1与Π_2的夹角为θ，Π_1与Π_2的法向量分别为$\boldsymbol{n}_1$与$\boldsymbol{n}_2$.

$\boldsymbol{n}_1=(1,\ -1,\ 0)$，$\boldsymbol{n}_2=(1,\ -2,\ 2)$，

$$\cos\theta=|\cos<\boldsymbol{n}_1,\ \boldsymbol{n}_2>|=\frac{|\boldsymbol{n}_1\cdot\boldsymbol{n}_2|}{|\boldsymbol{n}_1||\boldsymbol{n}_2|}=\frac{3}{\sqrt{2}\times 3}=\frac{\sqrt{2}}{2},$$

故$\theta=45°$.

小　结

1. 若Π_1：$A_1x+B_1y+C_1z+D_1=0$，Π_2：$A_2x+B_2y+C_2z+D_2=0$，则

$\Pi_1/\!/\Pi_2\Leftrightarrow\dfrac{A_2}{A_1}=\dfrac{B_2}{B_1}=\dfrac{C_2}{C_1}\neq\dfrac{D_2}{D_1}$（$A_1B_1C_1D_1\neq0$）；

Π_1与Π_2重合$\Leftrightarrow\dfrac{A_2}{A_1}=\dfrac{B_2}{B_1}=\dfrac{C_2}{C_1}=\dfrac{D_2}{D_1}$（$A_1B_1C_1D_1\neq0$）；

Π_1与Π_2相交$\Leftrightarrow$向量$\boldsymbol{n}_1=(A_1,\ B_1,\ C_1)$与$\boldsymbol{n}_2=(A_2,\ B_2,\ C_2)$不平行；

$\Pi_1\perp\Pi_2\Leftrightarrow A_1A_2+B_1B_2+C_1C_2=0$.

2. 若向量$\boldsymbol{n}_1$与$\boldsymbol{n}_2$分别为平面Π_1与Π_2的法向量，θ为平面Π_1与Π_2的夹角，则$0°\leqslant\theta\leqslant90°$，且$\theta=\begin{cases}<\boldsymbol{n}_1,\ \boldsymbol{n}_2>, & 0°\leqslant<\boldsymbol{n}_1,\ \boldsymbol{n}_2>\leqslant90°,\\ 180°-<\boldsymbol{n}_1,\ \boldsymbol{n}_2>, & 90°\leqslant<\boldsymbol{n}_1,\ \boldsymbol{n}_2>\leqslant180°.\end{cases}$

特别地，若 $\boldsymbol{n}_1=(A_1, B_1, C_1)$，$\boldsymbol{n}_2=(A_2, B_2, C_2)$，则

$$\cos\theta=|\cos<\boldsymbol{n}_1, \boldsymbol{n}_2>|=\frac{|\boldsymbol{n}_1\cdot\boldsymbol{n}_2|}{|\boldsymbol{n}_1||\boldsymbol{n}_2|}=\frac{|A_1A_2+B_1B_2+C_1C_2|}{\sqrt{A_1^2+B_1^2+C_1^2}\sqrt{A_2^2+B_2^2+C_2^2}}.$$

习题 13.2

1. 判断下列各组中两个平面的位置关系.

（1）Π_1：$x-2y+3z+1=0$，Π_2：$2x-4y+6z-5=0$

（2）Π_1：$2x+3y-z-3=0$，Π_2：$4x+6y-2z-6=0$

（3）Π_1：$x+3=0$，Π_2：$x-5=0$

（4）Π_1：$2y+4z-2=0$，Π_2：$y+2z-1=0$

（5）Π_1：$2x+y+3=0$，Π_2：$x-2y+1=0$

（6）Π_1：$x+y+2z-2=0$，Π_2：$x-3y+z-6=0$

2. 求满足下列各组条件的平面 Π 的方程.

（1）经过点 $M_0(-3, -5, 1)$，平行于平面 Π_1：$x-2y+6z-1=0$

（2）经过点 $M_0(2, -3, 4)$，平行于平面 Π_1：$5x-3y-2z-5=0$

3. 求下列各组中两个平面夹角的余弦.

（1）Π_1：$x-y+z+3=0$，Π_2：$x-2y-2z+3=0$

（2）Π_1：$x-3y+z-7=0$，Π_2：$2x-z+1=0$

（3）Π_1：$2y-z-3=0$，Π_2：$x-2y-z-5=0$

（4）Π_1：$x-4y=0$，Π_2：$y-z-1=0$

4. 求下列各组中两个平面的夹角.

（1）Π_1：$2x-y+z-5=0$，Π_2：$x+y+2z+3=0$

（2）Π_1：$x+y-1=0$，Π_2：$x-y+3=0$

（3）Π_1：$z-3=0$，Π_2：$z+1=0$

13.3 空间平行平面间的距离

一、点到平面的距离

设$P(x_0, y_0, z_0)$为平面Π：$Ax+By+Cz+D=0$外一点，则$P(x_0, y_0, z_0)$到Π的距离为

$$d(P, \Pi)=\frac{|Ax_0+By_0+Cz_0+D|}{\sqrt{A^2+B^2+C^2}}.$$

例1　求点$P(-1, 2, 3)$到平面Π：$2x-y+2z-1=0$的距离．

解　$d(P, \Pi)=\dfrac{|Ax_0+By_0+Cz_0+D|}{\sqrt{A^2+B^2+C^2}}$

$$=\frac{|2\times(-1)+(-1)\times2+2\times3-1|}{\sqrt{2^2+(-1)^2+2^2}}=\frac{1}{3}.$$

二、两平行平面间的距离

设两平面Π_1：$Ax+By+Cz+D_1=0$，Π_2：$Ax+By+Cz+D_2=0$，则Π_1到Π_2的距离为

$$d(\Pi_1, \Pi_2)=\frac{|D_2-D_1|}{\sqrt{A^2+B^2+C^2}}.$$

例2　求平面Π_1：$2x+y-3z+2=0$到Π_2：$2x+y-3z-3=0$的距离．

解　$d(\Pi_1, \Pi_2)=\dfrac{|D_2-D_1|}{\sqrt{A^2+B^2+C^2}}$

$$=\frac{|-3-2|}{\sqrt{2^2+1^2+(-3)^2}}=\frac{5}{\sqrt{14}}=\frac{5\sqrt{14}}{14}.$$

例3　求平面Π_1：$x+y-2z+1=0$到Π_2：$2x+2y-4z+3=0$的距离．

解　Π_2：$2x+2y-4z+3=0\Rightarrow x+y-2z+\dfrac{3}{2}=0$，

$$d(\Pi_1, \Pi_2)=\frac{|D_2-D_1|}{\sqrt{A^2+B^2+C^2}}$$

$$=\frac{\left|\frac{3}{2}-1\right|}{\sqrt{1^2+1^2+(-2)^2}}=\frac{\frac{1}{2}}{\sqrt{6}}=\frac{\sqrt{6}}{12}.$$

小　结

1. 设 $P(x_0, y_0, z_0)$ 为平面 Π：$Ax+By+Cz+D=0$ 外一点，则 $P(x_0, y_0, z_0)$ 到 Π 的距离为

$$d(P, \Pi)=\frac{|Ax_0+By_0+Cz_0+D|}{\sqrt{A^2+B^2+C^2}}.$$

2. 设两平面 Π_1：$Ax+By+Cz+D_1=0$，Π_2：$Ax+By+Cz+D_2=0$，则 Π_1 到 Π_2 的距离为

$$d(\Pi_1, \Pi_2)=\frac{|D_2-D_1|}{\sqrt{A^2+B^2+C^2}}.$$

习题 13.3

1. 求下列各组中点 P 到平面 Π 的距离 .

（1）$P(-2, 1, -1)$，Π：$x+y-z+2=0$

（2）$P(2, 0, -3)$，Π：$2x+y-2z+1=0$

（3）$P(-3, 1, 0)$，Π：$y-2z+1=0$

（4）$P(1, 1, -1)$，Π：$x+3y-z-2=0$

（5）$P(2, -1, 5)$，Π：$x+2y-3=0$

2. 求下列各组中两平行平面 Π_1 与 Π_2 的距离 .

（1）Π_1：$x-y-3z+2=0$，Π_2：$x-y-3z-1=0$

（2）Π_1：$\sqrt{2}x-y+z-3=0$，Π_2：$\sqrt{2}x-y+z-5=0$

（3）Π_1：$\sqrt{3}y-z-1=0$，Π_2：$\sqrt{3}y-z+3=0$

（4）Π_1：$x-\sqrt{2}y+z+1=0$，Π_2：$2x-2\sqrt{2}y+2z-1=0$

（5）Π_1：$6x+3y-9z+1=0$，Π_2：$2x+y-3z-2=0$

13.4　空间直线的方程

本节所提到的直线均为空间直线.

定义　若非零向量 $\boldsymbol{s}$ 平行于直线 L，则称 $\boldsymbol{s}$ 为 L 的**方向向量**（direction vector）.

如图 13.4－1 所示，$\boldsymbol{s}_1$、$\boldsymbol{s}_2$ 均为直线 L 的方向向量. 直线的方向向量不是唯一的.

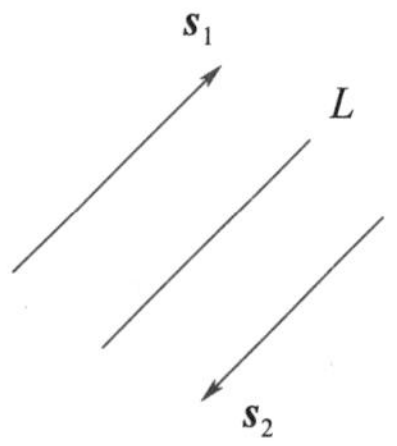

图 13.4－1

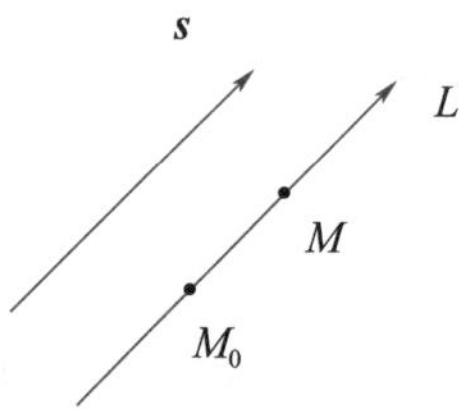

图 13.4－2

注 1　若向量 $\boldsymbol{s}$ 为直线 L 的方向向量，则 $\lambda\boldsymbol{s}$ 也为 L 的方向向量（$\lambda\in\mathbb{R}$ 且 $\lambda\neq0$）.

例如，若 $\boldsymbol{s}=(6,\ 3,\ -9)$ 是直线 L 的方向向量，则 $\frac{1}{3}\boldsymbol{s}=(2,\ 1,\ -3)$ 也为 L 的方向向量.

设直线 L 经过点 $M_0(x_0,\ y_0,\ z_0)$，方向向量为 $\boldsymbol{s}=(m,\ n,\ p)$，则对于直线上任意一个点 $M(x,\ y,\ z)$（见图 13.4－2），有 $\overrightarrow{M_0M}/\!/\boldsymbol{s}$，故存在非零实数 λ，使得 $\overrightarrow{M_0M}=\lambda\boldsymbol{s}$，从而有

$$\begin{cases}x=x_0+\lambda m,\\y=y_0+\lambda n,\\z=z_0+\lambda p,\end{cases}\qquad\text{公式 13－1}$$

我们称公式 13－1 为直线的**参数方程**（parameter equation）.

若 m，n，p 均不为 0，则可得

$$\frac{x-x_0}{m}=\frac{y-y_0}{n}=\frac{z-z_0}{p},\qquad \text{公式 13－2}$$

我们称公式 13－2 为直线的**点向式方程**（point-direction equation）.

若 m，n，p 中只有一个数为 0，如 $p=0$，则由公式 13－1 可得直线的方程为

$$\begin{cases}\dfrac{x-x_0}{m}=\dfrac{y-y_0}{n},\\ z-z_0=0,\end{cases}\qquad \text{公式 13－3}$$

公式 13－3 也可以记为 $\frac{x-x_0}{m}=\frac{y-y_0}{n}=\frac{z-z_0}{0}$.

若 m，n，p 中只有两个数为 0，如 $m=n=0$，则由公式 13－1 可得直线的方程为

$$\begin{cases}x-x_0=0,\\ y-y_0=0,\end{cases}\qquad \text{公式 13－4}$$

公式 13－4 也可以记为 $\frac{x-x_0}{0}=\frac{y-y_0}{0}=\frac{z-z_0}{p}$.

注 2　当 m，n，p 不全为 0 时，$\frac{x-x_0}{m}=\frac{y-y_0}{n}=\frac{z-z_0}{p}$ 表示经过点 (x_0, y_0, z_0) 且方向向量为（m，n，p）的直线.

例如，$\frac{x-1}{2}=\frac{y+2}{0}=\frac{z-3}{-3}$ 表示经过点(1，-2，3）且方向向量为(2，0，-3）的直线.

例 1　设直线 L 经过点 $M_0(2, 1, 4)$，方向向量为 $\mathbf{s}=(-2, 1, 3)$，求 L 的点向式方程和参数方程.

解　L 的点向式方程为

$$\frac{x-2}{-2}=\frac{y-1}{1}=\frac{z-4}{3},$$

令$\frac{x-2}{-2}=\frac{y-1}{1}=\frac{z-4}{3}=\lambda$，可得 L 的参数方程为

$$\begin{cases}x=2-2\lambda,\\ y=1+\lambda,\\ z=4+3\lambda\end{cases}\quad(\lambda\in\mathbb{R}).$$

例 2　设直线 L 经过点 $M_0(0,\ -3,\ 2)$，方向向量为 $\boldsymbol{s}=(3,\ -2,\ 0)$，求 L 的点向式方程和参数方程.

解　L 的点向式方程为

$$\frac{x}{3}=\frac{y+3}{-2}=\frac{z-2}{0},$$

令$\frac{x}{3}=\frac{y+3}{-2}=\frac{z-2}{0}=\lambda$，可得 L 的参数方程为

$$\begin{cases}x=3\lambda,\\ y=-3-2\lambda,\\ z=2\end{cases}\quad(\lambda\in\mathbb{R}).$$

例 3　设直线 L：$\frac{x-1}{0}=\frac{y-3}{2}=\frac{z+4}{-3}$，求 L 经过的一个点和 L 的方向向量.

解　L 经过的一个点为（1，3，-4），方向向量为（0，2，-3）.

例 4　设直线 L：$\frac{x+1}{2}=\frac{3y-3}{4}=\frac{z-5}{-2}$，求 L 经过的一个点和 L 的方向向量.

解　因为$\frac{x+1}{2}=\frac{3y-3}{4}=\frac{z-5}{-2}\Rightarrow\frac{x+1}{2}=\frac{y-1}{\frac{4}{3}}=\frac{z-5}{-2}$，所以 L 经过的一个点为 $(-1,\ 1,\ 5)$，方向向量为$\left(2,\ \frac{4}{3},\ -2\right)$.

小　结

1. 若非零向量 $\boldsymbol{s}$ 平行于直线 L，则称 $\boldsymbol{s}$ 为 L 的方向向量.

2. 若直线 L 经过点 $M_0(x_0,\ y_0,\ z_0)$，方向向量为 $\boldsymbol{s}=(m,\ n,\ p)$，则

L 的参数方程为 $\begin{cases} x=x_0+\lambda m, \\ y=y_0+\lambda n, \\ z=z_0+\lambda p \end{cases}$ $(\lambda\in\mathbb{R})$.

L 的点向式方程为 $\dfrac{x-x_0}{m}=\dfrac{y-y_0}{n}=\dfrac{z-z_0}{p}$.

习题 13.4

1. 求下列经过点 M_0 且方向向量为 $\boldsymbol{s}$ 的直线 L 的点向式方程和参数方程.

（1）$M_0(-1,\ -1,\ 2)$，$\boldsymbol{s}=(1,\ -2,\ 2)$

（2）$M_0(2,\ -5,\ 3)$，$\boldsymbol{s}=(-3,\ -2,\ 1)$

（3）$M_0(-2,\ 1,\ 0)$，$\boldsymbol{s}=(4,\ -2,\ 6)$

（4）$M_0(1,\ -5,\ 2)$，$\boldsymbol{s}=(3,\ -4,\ 0)$

（5）$M_0(-1,\ 3,\ 4)$，$\boldsymbol{s}=(2,\ 0,\ -3)$

（6）$M_0(2,\ -3,\ 1)$，$\boldsymbol{s}=(0,\ 0,\ -3)$

2. 求下列直线 L 经过的一个点 M_0 和 L 的方向向量 $\boldsymbol{s}$.

（1）L：$\dfrac{x-3}{1}=\dfrac{y+2}{3}=\dfrac{z-1}{-6}$

（2）L：$\dfrac{x+1}{-2}=\dfrac{y+2}{1}=\dfrac{z-4}{-5}$

（3）L：$\dfrac{x+3}{-4}=\dfrac{y}{0}=\dfrac{z-2}{-8}$

（4）L：$\dfrac{x-5}{0}=\dfrac{y}{2}=\dfrac{z}{0}$

（5）L：$\begin{cases} x=3-4\lambda, \\ y=-2+5\lambda, \\ z=2-3\lambda \end{cases}$ $(\lambda\in\mathbb{R})$

（6）L：$\begin{cases} x=-2\lambda, \\ y=2+4\lambda, \\ z=3 \end{cases}$ $(\lambda\in\mathbb{R})$

13.5　空间直线的位置关系

一、直线的平行和垂直

设向量 $\boldsymbol{s}_1$，$\boldsymbol{s}_2$ 分别为直线 L_1，L_2 的方向向量，则

（1）$\boldsymbol{s}_1 /\!/ \boldsymbol{s}_2 \Leftrightarrow L_1 /\!/ L_2$，或 L_1 与 L_2 重合；

（2）$\boldsymbol{s}_1 \perp \boldsymbol{s}_2 \Leftrightarrow L_1 \perp L_2$.

若直线 L_1 与 L_2 的方向向量分别为 $\boldsymbol{s}_1=(m_1, n_1, p_1)$ 与 $\boldsymbol{s}_2=(m_2, n_2, p_2)$，且 L_1 与 L_2 不重合，则

$L_1 /\!/ L_2 \Leftrightarrow \boldsymbol{s}_1 /\!/ \boldsymbol{s}_2 \Leftrightarrow m_1, n_1, p_1$ 与 m_2, n_2, p_2 对应成比例；

$L_1 \perp L_2 \Leftrightarrow \boldsymbol{s}_1 \perp \boldsymbol{s}_2 \Leftrightarrow m_1m_2+n_1n_2+p_1p_2=0$.

例 1　若直线 L_2 经过点 $M_0(4, -2, 3)$，且平行于直线 L_1：$\frac{x-2}{3}=\frac{y+1}{5}=\frac{z-3}{-2}$，求 L_2 的方程 .

解　因为 $L_2 /\!/ L_1$，所以它们的方向向量平行，可取 L_2 的方向向量为 L_1 的方向向量（3，5，−2），得 L_2 的方程为

$$\frac{x-4}{3}=\frac{y+2}{5}=\frac{z-3}{-2}.$$

例 2　下列直线 L_2 与直线 L_1：$\frac{x-1}{2}=\frac{y+3}{1}=\frac{z-4}{-5}$ 垂直的是（　　）.

A. L_2：$\frac{x}{4}=\frac{y+1}{2}=\frac{z-1}{-10}$　　B. L_2：$\frac{x-2}{3}=\frac{y}{2}=\frac{z+1}{-1}$

C. L_2：$\frac{x-5}{4}=\frac{y}{-2}=\frac{z+2}{3}$　　D. L_2：$\frac{x-1}{-5}=\frac{y+1}{0}=\frac{z+1}{-2}$

解　设 L_1 的方向向量为 $\boldsymbol{s}_1=(2, 1, -5)$，$L_2$ 的方向向量为 $\boldsymbol{s}_2$，

A：$\boldsymbol{s}_2=(4, 2, -10)$，因为 $\boldsymbol{s}_1 \cdot \boldsymbol{s}_2=2\times4+1\times2+(-5)\times(-10)=60 \neq 0$，所以 L_1 与 L_2 不垂直；

B：$\boldsymbol{s}_2=(3,\ 2,\ -1)$，因为 $\boldsymbol{s}_1\cdot\boldsymbol{s}_2=2\times3+1\times2+(-5)\times(-1)=13\neq0$，所以 L_1 与 L_2 不垂直；

C：$\boldsymbol{s}_2=(4,\ -2,\ 3)$，因为 $\boldsymbol{s}_1\cdot\boldsymbol{s}_2=2\times4+1\times(-2)+(-5)\times3=-9\neq0$，所以 L_1 与 L_2 不垂直；

D：$\boldsymbol{s}_2=(-5,\ 0,\ -2)$，因为 $\boldsymbol{s}_1\cdot\boldsymbol{s}_2=2\times(-5)+1\times0+(-5)\times(-2)=0$，所以 L_1 与 L_2 垂直.

答案是 D.

二、两直线的夹角

设直线 L_1，L_2 的方向向量分别为 $\boldsymbol{s}_1$，$\boldsymbol{s}_2$，φ 为 L_1 与 L_2 的夹角，则 $0°\leqslant\varphi\leqslant90°$. 规定

$$\varphi=\begin{cases}<\boldsymbol{s}_1,\ \boldsymbol{s}_2>, & 0°\leqslant<\boldsymbol{s}_1,\ \boldsymbol{s}_2>\leqslant90°,\\ 180°-<\boldsymbol{s}_1,\ \boldsymbol{s}_2>, & 90°\leqslant<\boldsymbol{s}_1,\ \boldsymbol{s}_2>\leqslant180°.\end{cases}$$

显然，若 $L_1/\!/L_2$ 或 L_1 与 L_2 重合，则 $\varphi=0°$；若 $L_1\perp L_2$，则 $\varphi=90°$.

若 $\boldsymbol{s}_1=(m_1,\ n_1,\ p_1)$，$\boldsymbol{s}_2=(m_2,\ n_2,\ p_2)$，则

$$\cos\varphi=|\cos<\boldsymbol{s}_1,\ \boldsymbol{s}_2>|=\frac{|\boldsymbol{s}_1\cdot\boldsymbol{s}_2|}{|\boldsymbol{s}_1|\,|\boldsymbol{s}_2|}=\frac{|m_1m_2+n_1n_2+p_1p_2|}{\sqrt{m_1^2+n_1^2+p_1^2}\sqrt{m_2^2+n_2^2+p_2^2}}.$$

例 3　求下列各组中两条直线夹角的余弦.

（1）L_1：$\dfrac{x}{-2}=\dfrac{y-3}{3}=\dfrac{z+1}{-1}$，$L_2$：$\dfrac{x-7}{2}=\dfrac{y+3}{1}=\dfrac{z-1}{-2}$

（2）L_1：$\dfrac{x+2}{-1}=\dfrac{y-3}{3}=\dfrac{z+1}{0}$，$L_2$：$\dfrac{x+8}{-2}=\dfrac{y-9}{-1}=\dfrac{z+1}{1}$

解　设 L_1 与 L_2 的夹角为 φ，L_1 与 L_2 的方向向量分别为 $\boldsymbol{s}_1$ 和 $\boldsymbol{s}_2$.

（1）$\boldsymbol{s}_1=(-2,\ 3,\ -1)$，$\boldsymbol{s}_2=(2,\ 1,\ -2)$，

$$\cos\varphi=|\cos<\boldsymbol{s}_1,\ \boldsymbol{s}_2>|=\frac{|\boldsymbol{s}_1\cdot\boldsymbol{s}_2|}{|\boldsymbol{s}_1|\,|\boldsymbol{s}_2|}=\frac{1}{\sqrt{14}\times3}=\frac{\sqrt{14}}{42}.$$

（2）$\boldsymbol{s}_1=(-1,\ 3,\ 0)$，$\boldsymbol{s}_2=(-2,\ -1,\ 1)$，

$$\cos\varphi=|\cos<\boldsymbol{s}_1,\ \boldsymbol{s}_2>|=\frac{|\boldsymbol{s}_1\cdot\boldsymbol{s}_2|}{|\boldsymbol{s}_1|\ |\boldsymbol{s}_2|}=\frac{1}{\sqrt{10}\times\sqrt{6}}=\frac{\sqrt{15}}{30}.$$

例4 求下列两条直线的夹角.

L_1：$\dfrac{x-5}{-1}=\dfrac{y+6}{1}=\dfrac{z-1}{0}$，$L_2$：$\dfrac{x-3}{1}=\dfrac{y+5}{0}=\dfrac{z-4}{1}$.

解 设 L_1 与 L_2 的夹角为 φ，L_1 与 L_2 的方向向量分别为 $\boldsymbol{s}_1$ 与 $\boldsymbol{s}_2$.

$\boldsymbol{s}_1=(-1,\ 1,\ 0)$，$\boldsymbol{s}_2=(1,\ 0,\ 1)$，

$$\cos\varphi=|\cos<\boldsymbol{s}_1,\ \boldsymbol{s}_2>|=\frac{|\boldsymbol{s}_1\cdot\boldsymbol{s}_2|}{|\boldsymbol{s}_1|\ |\boldsymbol{s}_2|}=\frac{1}{\sqrt{2}\times\sqrt{2}}=\frac{1}{2},$$

故 $\varphi=60°$.

小　结

1. 若直线 L_1 与 L_2 的方向向量分别为 $\boldsymbol{s}_1=(m_1,\ n_1,\ p_1)$ 与 $\boldsymbol{s}_2=(m_2,\ n_2,\ p_2)$，且 L_1 与 L_2 不重合，则

（1）$L_1/\!/L_2\Leftrightarrow\boldsymbol{s}_1/\!/\boldsymbol{s}_2\Leftrightarrow m_1,\ n_1,\ p_1$ 与 $m_2,\ n_2,\ p_2$ 对应成比例；

（2）$L_1\perp L_2\Leftrightarrow\boldsymbol{s}_1\perp\boldsymbol{s}_2\Leftrightarrow m_1m_2+n_1n_2+p_1p_2=0$.

2. 若直线 L_1 与 L_2 的方向向量分别为 $\boldsymbol{s}_1$ 与 $\boldsymbol{s}_2$，φ 为 L_1 与 L_2 的夹角，则 $0°\leqslant\varphi\leqslant 90°$. 规定

$$\varphi=\begin{cases}<\boldsymbol{s}_1,\ \boldsymbol{s}_2>, & 0°\leqslant<\boldsymbol{s}_1,\ \boldsymbol{s}_2>\leqslant 90°,\\ 180°-<\boldsymbol{s}_1,\ \boldsymbol{s}_2>, & 90°\leqslant<\boldsymbol{s}_1,\ \boldsymbol{s}_2>\leqslant 180°.\end{cases}$$

特别地，若 $\boldsymbol{s}_1=(m_1,\ n_1,\ p_1)$，$\boldsymbol{s}_2=(m_2,\ n_2,\ p_2)$，则

$$\cos\varphi=|\cos<\boldsymbol{s}_1,\ \boldsymbol{s}_2>|=\frac{|\boldsymbol{s}_1\cdot\boldsymbol{s}_2|}{|\boldsymbol{s}_1|\ |\boldsymbol{s}_2|}=\frac{|m_1m_2+n_1n_2+p_1p_2|}{\sqrt{m_1^{\ 2}+n_1^{\ 2}+p_1^{\ 2}}\sqrt{m_2^{\ 2}+n_2^{\ 2}+p_2^{\ 2}}}.$$

习题 13.5

1. 求下列各组中满足条件的直线 L_2 的方程.

（1）经过点 $M_0(1,\ -4,\ 0)$，且平行于直线 L_1：$\dfrac{x-7}{1}=\dfrac{y+3}{8}=\dfrac{z-1}{-2}$

（2）经过点 $M_0(3, -1, 5)$，且平行于直线 L_1：$\frac{x-5}{3}=\frac{y+1}{6}=\frac{z}{-5}$

（3）经过点 $M_0(0, 0, -2)$，且平行于直线 L_1：$\frac{x-2}{-3}=\frac{y+3}{4}=\frac{z}{5}$

（4）经过点 $M_0(3, 0, -4)$，且平行于直线 L_1：$\frac{x-1}{0}=\frac{y-8}{-5}=\frac{z+4}{2}$

2. 求下列各组中两条直线夹角的余弦 .

（1）L_1：$\frac{x}{-1}=\frac{y-1}{2}=\frac{z+1}{-2}$，$L_2$：$\frac{x-4}{-2}=\frac{y+3}{1}=\frac{z-1}{2}$

（2）L_1：$\frac{x+1}{2}=\frac{y-2}{-1}=\frac{z+1}{0}$，$L_2$：$\frac{x-\sqrt{2}}{3}=\frac{y+3}{0}=\frac{z-1}{-4}$

（3）L_1：$\frac{x-3}{3}=\frac{y-5}{0}=\frac{z+1}{2}$，$L_2$：$\frac{x-4}{0}=\frac{y+2}{2}=\frac{z-6}{-3}$

（4）L_1：$\frac{x-4}{1}=\frac{y+5}{-1}=\frac{z}{-2}$，$L_2$：$\frac{x-2}{2}=\frac{y+3}{-2}=\frac{z-9}{1}$

3. 求下列两条直线的夹角 .

L_1：$\frac{x-5}{1}=\frac{y-8}{-4}=\frac{z+4}{1}$，$L_2$：$\frac{x+4}{-2}=\frac{y-9}{2}=\frac{z+1}{1}$

13.6　空间直线和平面的位置关系

一、直线与平面的平行和垂直

设 $\boldsymbol{s}=(m, n, p)$ 为直线 L 的方向向量，$\boldsymbol{n}=(A, B, C)$ 为平面 Π 的法向量，则

（1）$L /\!/ \Pi$，或 L 在 Π 上 $\Leftrightarrow \boldsymbol{s} \perp \boldsymbol{n} \Leftrightarrow \boldsymbol{s} \cdot \boldsymbol{n}=0 \Leftrightarrow mA+nB+pC=0$；

（2）$L \perp \Pi \Leftrightarrow \boldsymbol{s} /\!/ \boldsymbol{n} \Leftrightarrow m, n, p$ 与 A, B, C 对应成比例 .

例 1　下列平面与直线 L：$\frac{x-1}{2}=\frac{y-3}{-1}=\frac{z+2}{4}$ 平行的是（　　）.

A. $6x-3y+12z+1=0$　　　B. $3x-y+2z-5=0$

C. $4x+4y-z+3=0$　　　D. $x-2y+z+4=0$

解　直线的方向向量 $\boldsymbol{s}=(2,\ -1,\ 4)$，

A：平面的法向量 $\boldsymbol{n}=(6,\ -3,\ 12)$，因为 $\boldsymbol{s}\cdot\boldsymbol{n}=63\neq 0$，所以 A 错误；

B：平面的法向量 $\boldsymbol{n}=(3,\ -1,\ 2)$，因为 $\boldsymbol{s}\cdot\boldsymbol{n}=15\neq 0$，所以 B 错误；

C：平面的法向量 $\boldsymbol{n}=(4,\ 4,\ -1)$，因为 $\boldsymbol{s}\cdot\boldsymbol{n}=0$ 且 L 上的点 $(1,\ 3,\ -2)$ 不在平面上，所以 C 正确；

D：平面的法向量 $\boldsymbol{n}=(1,\ -2,\ 1)$，因为 $\boldsymbol{s}\cdot\boldsymbol{n}=8\neq 0$，所以 D 错误.

答案是 C.

例 2　求经过点 $M(2,\ -1,\ 5)$ 且垂直于平面 Π：$3x+2y-4z-1=0$ 的直线 L 的方程.

解　Π 的法向量 $\boldsymbol{n}=(3,\ 2,\ -4)$. 设直线 L 的方向向量为 $\boldsymbol{s}$，因为 $L\perp\Pi$，所以 $\boldsymbol{s}/\!/\boldsymbol{n}$，取 $\boldsymbol{s}=\boldsymbol{n}=(3,\ 2,\ -4)$，可得 L 的方程为

$$L:\ \frac{x-2}{3}=\frac{y+1}{2}=\frac{z-5}{-4}.$$

二、直线与平面的夹角

设 $\boldsymbol{s}=(m,\ n,\ p)$ 为直线 L 的方向向量，$\boldsymbol{n}=(A,\ B,\ C)$ 为平面 Π 的法向量. 若 $\boldsymbol{s}\cdot\boldsymbol{n}\neq 0$，则 L 与 Π 相交于一点. 设 φ 为 L 与 Π 的夹角，则 $0°\leqslant\varphi\leqslant 90°$ 且

$$\sin\varphi=|\cos\langle\boldsymbol{s},\ \boldsymbol{n}\rangle|=\frac{|\boldsymbol{s}\cdot\boldsymbol{n}|}{|\boldsymbol{s}|\,|\boldsymbol{n}|}=\frac{|mA+nB+pC|}{\sqrt{m^2+n^2+p^2}\sqrt{A^2+B^2+C^2}}.$$

特别地，当 $\varphi=90°$ 时，$L\perp\Pi$.

例 3　求直线 L：$x+1=y-2=\dfrac{z+3}{2}$ 与平面 Π：$2x-y+z-5=0$ 的夹角.

解　设 $\boldsymbol{s}=(1,1,2)$，$\boldsymbol{n}=(2,-1,1)$，φ 为 L 与 Π 的夹角，则

$$\sin\varphi=|\cos\langle\boldsymbol{s},\boldsymbol{n}\rangle|=\frac{|\boldsymbol{s}\cdot\boldsymbol{n}|}{|\boldsymbol{s}||\boldsymbol{n}|}=\frac{3}{\sqrt{6}\times\sqrt{6}}=\frac{1}{2},$$

故 $\varphi=30°$.

小　结

设 $\boldsymbol{s}=(m,n,p)$ 为直线 L 的方向向量，$\boldsymbol{n}=(A,B,C)$ 为平面 Π 的法向量，则

1. (1) $L/\!/\Pi$，或 L 在 Π 上 $\Leftrightarrow\boldsymbol{s}\perp\boldsymbol{n}\Leftrightarrow\boldsymbol{s}\cdot\boldsymbol{n}=0\Leftrightarrow mA+nB+pC=0$；

   (2) $L\perp\Pi\Leftrightarrow\boldsymbol{s}/\!/\boldsymbol{n}\Leftrightarrow m,n,p$ 与 A,B,C 对应成比例 .

2. 若 φ 为 L 与 Π 的夹角，则 $0°\leqslant\varphi\leqslant90°$ 且

$$\sin\varphi=|\cos\langle\boldsymbol{s},\boldsymbol{n}\rangle|=\frac{|\boldsymbol{s}\cdot\boldsymbol{n}|}{|\boldsymbol{s}||\boldsymbol{n}|}=\frac{|mA+nB+pC|}{\sqrt{m^2+n^2+p^2}\sqrt{A^2+B^2+C^2}}.$$

习题 13.6

1. 判断下列各组中直线与平面的位置关系（平行或垂直）.

(1) L：$\dfrac{x-1}{2}=\dfrac{y}{3}=\dfrac{z+1}{-2}$，$\Pi$：$4x+6y-4z-5=0$

(2) L：$\dfrac{x+2}{-3}=\dfrac{y-3}{2}=\dfrac{z+1}{0}$，$\Pi$：$2x+3y-7z-1=0$

(3) L：$\dfrac{x-2}{4}=\dfrac{y}{-2}=\dfrac{z+3}{2}$，$\Pi$：$4x+5y-3z+3=0$

(4) L：$\dfrac{x-2}{5}=\dfrac{y}{-2}=\dfrac{z+3}{-3}$，$\Pi$：$10x-4y-6z+1=0$

2. 求下列各组中直线与平面夹角的正弦 .

(1) L：$\dfrac{x-1}{1}=\dfrac{y+3}{-2}=\dfrac{z+1}{-2}$，$\Pi$：$x+y-3z-5=0$

（2）L：$\frac{x+2}{-1}=\frac{y-4}{2}=\frac{z+5}{0}$，$\Pi$：$2x-y-z-1=0$

（3）L：$\frac{x-6}{2}=\frac{y+1}{0}=\frac{z+2}{-1}$，$\Pi$：$x-y+3=0$

（4）L：$\frac{x+5}{0}=\frac{y-3}{2}=\frac{z+1}{-1}$，$\Pi$：$\sqrt{2}x-y-z+1=0$

3. 求下列直线与平面的夹角.

L：$\frac{x-6}{2}=\frac{y-3}{1}=\frac{z+1}{-1}$，$\Pi$：$3x+6y+3z-5=0$

自测题 13

1. 求经过点 $M_0(2, -5, 3)$ 且法向量为 $\boldsymbol{n}=(-2, -1, 3)$ 的平面 Π 的方程.
2. 求经过点 $P(3, -1, 1)$，$Q(2, -5, 1)$，$R(-4, 3, 1)$ 的平面 Π 的方程.
3. 求经过点 $M_0(-4, -1, 2)$ 且平行于平面 Π_1：$x-5y-3z+3=0$ 的平面 Π 的方程.
4. 求平面 Π_1：$2x-y+2z+6=0$ 与 Π_2：$3x-y+5z+1=0$ 夹角的余弦.
5. 求点 $P(-3, 2, -1)$ 到平面 Π：$x+2y-z+6=0$ 的距离.
6. 求下列各组中两平行平面 Π_1 与 Π_2 的距离.

（1）Π_1：$x-4z+2=0$，Π_2：$x-4z-1=0$

（2）Π_1：$4x-y-2z+1=0$，Π_2：$8x-2y-4z+3=0$

7. 求下列经过点 M_0 且方向向量为 $\boldsymbol{s}$ 的直线 L 的点向式方程和参数方程.

（1）$M_0(2, -1, 3)$，$\boldsymbol{s}=(-1, -2, 3)$

（2）$M_0(0, -3, 2)$，$\boldsymbol{s}=(-2, 0, 1)$

（3）$M_0(-2, 1, 4)$，$\boldsymbol{s}=(2, 0, 0)$

8. 求经过点 $M_0(-1, -2, 6)$ 且平行于直线 L_1：$\frac{x-1}{3}=\frac{y+1}{-4}=\frac{z-4}{-5}$ 的直线

L_2 的方程 .

9. 求两条直线 L_1：$\frac{x-3}{-2}=\frac{y-2}{1}=\frac{z+4}{-1}$与 L_2：$\frac{x-2}{-1}=\frac{y+1}{1}=\frac{z-5}{2}$的夹角 .

10. 求直线 L：$\frac{x-3}{-2}=\frac{y+1}{2}=\frac{z+4}{1}$与平面 Π：$x-z-1=0$ 的夹角 .

第 14 章　数列和函数的极限

14.1　数列的极限

一、数列极限的定义

定义　设 $\{a_n\}$ 是一个数列，a 是一个常数．如果当 n 无限增大（即 n **趋近于**（to approach to）无穷）时，a_n 无限趋近于 a（即 $|a_n-a|$ 无限趋近于0)，则称 a 是数列 $\{a_n\}$ 当 n 趋近于无穷时的**极限**（limit），或称数列 $\{a_n\}$ **收敛于**（to converge to）a，记作 $\lim\limits_{n\to\infty}a_n=a$；否则，称极限 $\lim\limits_{n\to\infty}a_n$ 不存在.

注 1　$\lim\limits_{n\to\infty}a_n=a\Leftrightarrow$"$n\to\infty\Rightarrow a_n\to a$".

例 1　$\lim\limits_{n\to\infty}\dfrac{1}{n}=0.$

例 2　$\lim\limits_{n\to\infty}\dfrac{(-1)^n}{n}=0.$

例 3　$\lim\limits_{n\to\infty}\dfrac{1}{2^n}=0.$

例 4　$\lim\limits_{n\to\infty}C=C$（$C$ 是常数）.

例 5　数列 $\{n\}$ 的极限不存在．

例 6　数列 $\{(-1)^n\}$ 的极限不存在．

二、数列极限的四则运算

定理　设 $\{a_n\}$ 和 $\{b_n\}$ 是两个数列，若 $\lim\limits_{n\to\infty}a_n=a$，$\lim\limits_{n\to\infty}b_n=b$，则

（1）$\lim\limits_{n\to\infty}(a_n+b_n)=\lim\limits_{n\to\infty}a_n+\lim\limits_{n\to\infty}b_n=a+b.$

（2）$\lim\limits_{n\to\infty}(a_n-b_n)=\lim\limits_{n\to\infty}a_n-\lim\limits_{n\to\infty}b_n=a-b.$

（3）$\lim\limits_{n\to\infty}(a_nb_n)=\lim\limits_{n\to\infty}a_n\cdot\lim\limits_{n\to\infty}b_n=ab$；

特别地，$\lim\limits_{n\to\infty}(C\cdot a_n)=C\cdot\lim\limits_{n\to\infty}a_n=C\cdot a$（$C$ 是常数）.

（4）当 $b_n\neq0(\forall n\in\mathbb{Z}^+)$，$b\neq0$ 时，$\lim\limits_{n\to\infty}\dfrac{a_n}{b_n}=\dfrac{\lim\limits_{n\to\infty}a_n}{\lim\limits_{n\to\infty}b_n}=\dfrac{a}{b}$.

例 7　$\lim\limits_{n\to\infty}\left(\dfrac{1}{n}+\dfrac{1}{2^n}\right)=\lim\limits_{n\to\infty}\dfrac{1}{n}+\lim\limits_{n\to\infty}\dfrac{1}{2^n}=0.$

例 8　$\lim\limits_{n\to\infty}\left(1-\dfrac{3}{2^n}\right)=1-3\lim\limits_{n\to\infty}\dfrac{1}{2^n}=1-0=1.$

例 9　$$\lim_{n\to\infty}\frac{2n^3+3}{n^3-2n}=\lim_{n\to\infty}\frac{\frac{2n^3+3}{n^3}}{\frac{n^3-2n}{n^3}}=\lim_{n\to\infty}\frac{2+\frac{3}{n^3}}{1-\frac{2}{n^2}}=\frac{\lim\limits_{n\to\infty}2+\lim\limits_{n\to\infty}\frac{3}{n^3}}{\lim\limits_{n\to\infty}1-\lim\limits_{n\to\infty}\frac{2}{n^2}}=\frac{2+0}{1-0}=2.$$

例 10　$$\lim_{n\to\infty}\frac{n^3-4n}{3n^5+3n^2-5}=\lim_{n\to\infty}\frac{\frac{n^3-4n}{n^5}}{\frac{3n^5+3n^2-5}{n^5}}=\lim_{n\to\infty}\frac{\frac{1}{n^2}-\frac{4}{n^4}}{3+\frac{3}{n^3}-\frac{5}{n^5}}$$

$$=\frac{\lim\limits_{n\to\infty}\frac{1}{n^2}-\lim\limits_{n\to\infty}\frac{4}{n^4}}{\lim\limits_{n\to\infty}3+\lim\limits_{n\to\infty}\frac{3}{n^3}-\lim\limits_{n\to\infty}\frac{5}{n^5}}=\frac{0-0}{3+0-0}=0.$$

注 2　（1）$$\lim_{n\to\infty}\frac{a_0n^k+a_1n^{k-1}+a_2n^{k-2}+\cdots+a_{k-1}n+a_k}{b_0n^l+b_1n^{l-1}+b_2n^{l-2}+\cdots+b_{l-1}n+b_l}\ (k,\ l\in\mathbb{Z}^+,\ a_0\neq0,\ b_0\neq0)$$

$$=\begin{cases}0, & k<l,\\ \dfrac{a_0}{b_0}, & k=l,\\ \infty, & k>l.\end{cases}$$

（2）$\lim\limits_{n\to\infty}\Big(\overbrace{\dfrac{1}{n}+\dfrac{1}{n}+\cdots+\dfrac{1}{n}}^{n\text{个}}\Big)\neq\lim\limits_{n\to\infty}\dfrac{1}{n}+\lim\limits_{n\to\infty}\dfrac{1}{n}+\cdots+\lim\limits_{n\to\infty}\dfrac{1}{n}=0,$

$$\lim_{n\to\infty}\left(\overbrace{\frac{1}{n}+\frac{1}{n}+\cdots+\frac{1}{n}}^{n个}\right)=\lim_{n\to\infty}\left(n\cdot\frac{1}{n}\right)=1.$$

例 11 求极限$\lim\limits_{n\to\infty}\dfrac{1+2+3+\cdots+n}{n^2}$.

解 $1+2+3+\cdots+n$ 是等差数列 1，2，3，…，n 的前 n 项和 S_n，由等差数列前 n 项和公式 $S_n=\dfrac{n(1+n)}{2}$，故

$$\lim_{n\to\infty}\frac{1+2+3+\cdots+n}{n^2}=\lim_{n\to\infty}\frac{\frac{n(1+n)}{2}}{n^2}=\lim_{n\to\infty}\frac{n^2+n}{2n^2}=\frac{1}{2}.$$

小　结

1. “a 是数列 $\{a_n\}$ 当 $n\to\infty$ 时的极限” $\Leftrightarrow \lim\limits_{n\to\infty}a_n=a \Leftrightarrow$ “$n\to\infty \Rightarrow a_n\to a$”.

2. 数列极限的四则运算

若$\lim\limits_{n\to\infty}a_n=a$，$\lim\limits_{n\to\infty}b_n=b$，则

（1）$\lim\limits_{n\to\infty}(a_n+b_n)=\lim\limits_{n\to\infty}a_n+\lim\limits_{n\to\infty}b_n=a+b$.

（2）$\lim\limits_{n\to\infty}(a_n-b_n)=\lim\limits_{n\to\infty}a_n-\lim\limits_{n\to\infty}b_n=a-b$.

（3）$\lim\limits_{n\to\infty}(a_nb_n)=\lim\limits_{n\to\infty}a_n\cdot\lim\limits_{n\to\infty}b_n=ab$；

特别地，$\lim\limits_{n\to\infty}(C\cdot a_n)=C\cdot\lim\limits_{n\to\infty}a_n=C\cdot a$（$C$ 是常数）.

（4）当 $b_n\neq0(\forall n\in\mathbb{Z}^+)$，$b\neq0$ 时，$\lim\limits_{n\to\infty}\dfrac{a_n}{b_n}=\dfrac{\lim\limits_{n\to\infty}a_n}{\lim\limits_{n\to\infty}b_n}=\dfrac{a}{b}$.

3. 用公式计算极限

$$\lim_{n\to\infty}\frac{a_0n^k+a_1n^{k-1}+a_2n^{k-2}+\cdots+a_{k-1}n+a_k}{b_0n^l+b_1n^{l-1}+b_2n^{l-2}+\cdots+b_{l-1}n+b_l}\ (k,\ l\in\mathbb{Z}^+,\ a_0\neq0,\ b_0\neq0)$$

$$=\begin{cases}0, & k<l,\\ \dfrac{a_0}{b_0}, & k=l,\\ \infty, & k>l.\end{cases}$$

习题 14.1

求下列式子的极限.

1. $\lim\limits_{n\to\infty}\left(\dfrac{3n+1}{2n}+\dfrac{1}{2^n}\right)$

2. $\lim\limits_{n\to\infty}\left(\dfrac{1}{3n^2}-\dfrac{3}{2n+5}\right)$

3. $\lim\limits_{n\to\infty}\dfrac{4}{(2n+1)3^n}$

4. $\lim\limits_{n\to\infty}\dfrac{4n^2+1}{3n^2-n}$

5. $\lim\limits_{n\to\infty}\dfrac{2n^4-n^2+1}{5n^4-1}$

6. $\lim\limits_{n\to\infty}\dfrac{3n^7+3n^5+1}{n^7-5n^6}$

7. $\lim\limits_{n\to\infty}\dfrac{n^{20}-3n^{15}+6n^9+3}{n^{21}-n^6+8}$

8. $\lim\limits_{n\to\infty}\dfrac{2n^8-10n^5+2n^3-3}{3n^{11}-3n^3+1}$

9. $\lim\limits_{n\to\infty}\dfrac{2n^6-5n^3+2n^2-1}{3n^{10}-3n^3+5n+4}$

10. $\lim\limits_{n\to\infty}\left(\dfrac{1}{n}+\dfrac{1}{n}+\dfrac{1}{n}\right)$

11. $\lim\limits_{n\to\infty}\dfrac{1+3+5+\cdots+(2n-1)}{2n^2+1}$

12. $\lim\limits_{n\to\infty}\dfrac{2+4+8+\cdots+2^n}{2^{n+2}}$

14.2　函数的极限

一、$x\to x_0$ 时函数的极限

1. 函数极限的定义

定义 1　设 $a,\ \delta\in\mathbb{R},\ \delta>0$，称集合 $\{x\mid |x-a|<\delta\}$ 为点 a 的 δ **邻域**（neighborhood），简称邻域，记作 $U(a,\ \delta)$. a 称为**中心**（center），δ 称为半径.（见图 14.2－1）

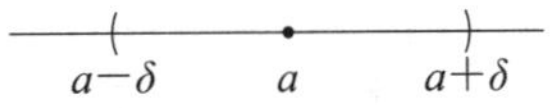

图 14.2－1

$$U(a,\ \delta)=\{x\mid |x-a|<\delta\}=(a-\delta,\ a+\delta)$$

称

$\overset{0}{U}(a,\ \delta)=\{x\mid 0<|x-a|<\delta\}=(a-\delta,\ a)\cup(a,\ a+\delta)$ 为点 a 的**去心邻域**（deleted neighborhood）；

$U_-(a,\ \delta)=(a-\delta,\ a]$ 为点 a 的**左邻域**（left neighborhood）；

$U_+(a,\ \delta)=[a,\ a+\delta)$ 为点 a 的**右邻域**（right neighborhood）；

$\overset{0}{U}_-(a,\ \delta)=(a-\delta,\ a)$ 为点 a 的**左去心邻域**（left deleted neighborhood）；

$\overset{0}{U}_+(a,\ \delta)=(a,\ a+\delta)$ 为点 a 的**右去心邻域**（right deleted neighborhood）.

定义 2 设函数 $f(x)$ 在点 x_0 的某去心邻域内有定义，A 是一个常数．如果在该去心邻域内，当 x 从 x_0 的左右两侧无限趋近于 x_0（即 $|x-x_0|$ 无限趋近于0，但不等于0）时，$f(x)$ 无限趋近于 A（即 $|f(x)-A|$ 无限趋近于0），则称 A 是函数 $f(x)$ 当 x 趋近于 x_0 时的极限，记作 $\lim\limits_{x\to x_0}f(x)=A$；否则，称极限 $\lim\limits_{x\to x_0}f(x)$ 不存在．（见图 14.2－2）

注 1 $\lim\limits_{x\to x_0}f(x)\Leftrightarrow$“$x\to x_0\Rightarrow f(x)\to A$”.

例 1 $\lim\limits_{x\to x_0}C=C$（$C$ 是常数）.

例 2 $\lim\limits_{x\to x_0}x=x_0$.

例 3 设 $f(x)=\begin{cases}x, & x\neq 0,\\ 1, & x=0,\end{cases}$ 求 $\lim\limits_{x\to 0}f(x)$.

解 如图 14.2－3 所示，$\lim\limits_{x\to 0}f(x)=\lim\limits_{x\to 0}x=0$.

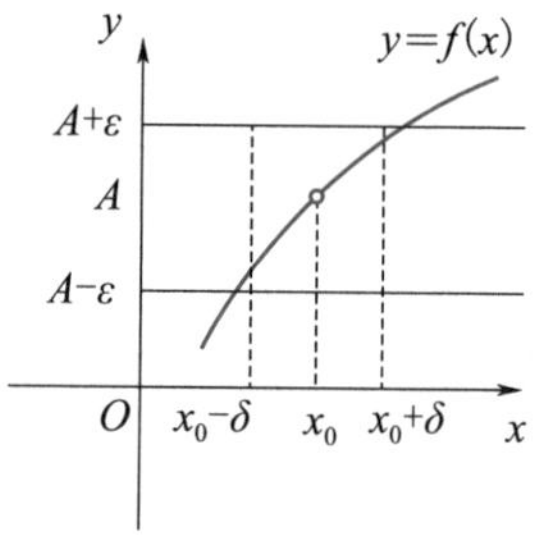

图 14.2－2

2. 函数极限的四则运算

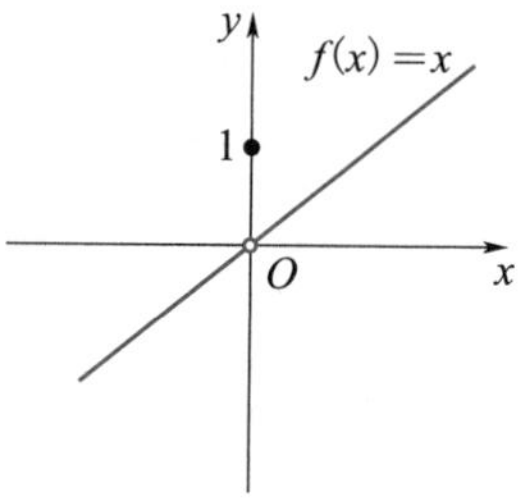

图 14.2－3

定理 1 设 $\lim\limits_{x\to x_0}f(x)=A$，$\lim\limits_{x\to x_0}g(x)=B$，则

（1）$\lim\limits_{x\to x_0}[f(x)+g(x)]=\lim\limits_{x\to x_0}f(x)+\lim\limits_{x\to x_0}g(x)$
$=A+B$.

（2）$\lim\limits_{x\to x_0}[f(x)-g(x)]=\lim\limits_{x\to x_0}f(x)-\lim\limits_{x\to x_0}g(x)$
$=A-B$.

（3）$\lim\limits_{x\to x_0}[f(x)\cdot g(x)]=\lim\limits_{x\to x_0}f(x)\cdot\lim\limits_{x\to x_0}g(x)=AB$；

特别地，$\lim\limits_{x\to x_0}[C\cdot f(x)]=C\cdot\lim\limits_{x\to x_0}f(x)=C\cdot A$（$C$ 是常数）.

（4）当 $g(x)\neq 0$，$B\neq 0$ 时，$\lim\limits_{x\to x_0}\dfrac{f(x)}{g(x)}=\dfrac{\lim\limits_{x\to x_0}f(x)}{\lim\limits_{x\to x_0}g(x)}=\dfrac{A}{B}$.

例 4　$\lim\limits_{x\to 1}(3x+1)=\lim\limits_{x\to 1}3x+\lim\limits_{x\to 1}1=3\lim\limits_{x\to 1}x+1=3+1=4$.

例 5　$\lim\limits_{x\to x_0}x^2=\lim\limits_{x\to x_0}(x\cdot x)=\lim\limits_{x\to x_0}x\cdot\lim\limits_{x\to x_0}x=x_0\cdot x_0=x_0^2$.

例 6　$\lim\limits_{x\to x_0}x^n=x_0^n\ (n\in\mathbb{Z}^+)$.

例 7　$\lim\limits_{x\to 1}(2x^2-3x+1)=\lim\limits_{x\to 1}2x^2-\lim\limits_{x\to 1}3x+\lim\limits_{x\to 1}1=2\lim\limits_{x\to 1}x^2-3\lim\limits_{x\to 1}x+1=2-3+1=0$.

例 8　$\lim\limits_{x\to 0}\dfrac{5x^4-2x^3+1}{x^2+1}=\dfrac{\lim\limits_{x\to 0}(5x^4-2x^3+1)}{\lim\limits_{x\to 0}(x^2+1)}=\dfrac{1}{1}=1$.

例 9　$\lim\limits_{x\to 2}\dfrac{x^2-4}{x-2}=\lim\limits_{x\to 2}(x+2)=4$.

3. 左极限和右极限

定义 3　设函数 $f(x)$ 在点 x_0 的某左去心邻域内有定义，A 是一个常数. 如果在该左去心邻域内，当 x 从 x_0 的左侧无限趋近于 x_0（即 $x<x_0$ 且 x_0-x 无限趋近于 0）时，$f(x)$ 无限趋近于 A（即 $|f(x)-A|$ 无限趋近于 0），则称 A 是函数 $f(x)$ 当 x 从左侧趋近于 x_0 时的极限，称为**左极限**（left limit），记作 $\lim\limits_{x\to x_0^-}f(x)=A$.

定义 4　设函数 $f(x)$ 在点 x_0 的某右去心邻域内有定义，A 是一个常数. 如果在该右去心邻域内，当 x 从 x_0 的右侧无限趋近于 x_0（即 $x>x_0$ 且 $x-x_0$ 无限趋近于 0）时，$f(x)$ 无限趋近于 A（即 $|f(x)-A|$ 无限趋近于 0），则称 A 是函数 $f(x)$ 当 x 从右侧趋近于 x_0 时的极限，称为**右极限**（right limit），记作 $\lim\limits_{x\to x_0^+}f(x)=A$.

例如，$f(x)=\begin{cases}x+1, & x<0,\\ x, & x\geqslant 0,\end{cases}$ 它的图像如图 14.2－4 所示，$\lim\limits_{x\to 0^-}f(x)=\lim\limits_{x\to 0^-}(x+1)=1$，$\lim\limits_{x\to 0^+}f(x)=\lim\limits_{x\to 0^+}x=0$.

例 10　设函数 $f(x)=\begin{cases}2x^2+1, & x<1,\\ -3x, & x\geqslant 1,\end{cases}$ 求 $\lim\limits_{x\to 1^-}f(x)$ 和 $\lim\limits_{x\to 1^+}f(x)$.

解 $\lim\limits_{x\to1^-}f(x)=\lim\limits_{x\to1^-}(2x^2+1)=3$；

$\lim\limits_{x\to1^+}f(x)=\lim\limits_{x\to1^+}(-3x)=-3.$

定理2 $\lim\limits_{x\to x_0}f(x)=A\Leftrightarrow\lim\limits_{x\to x_0^-}f(x)=\lim\limits_{x\to x_0^+}f(x)=A.$

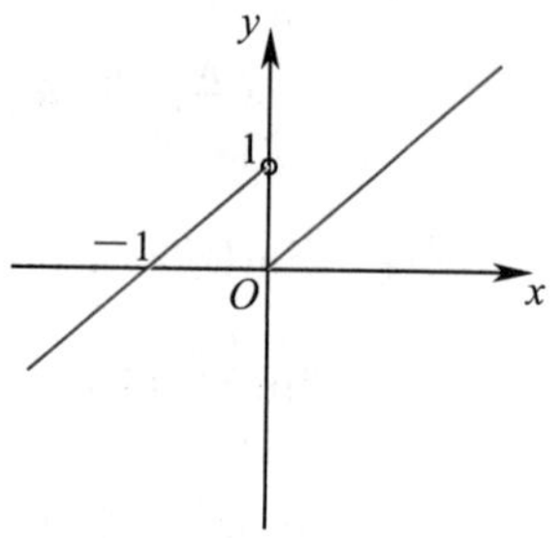

图 14.2－4

例11 设函数 $f(x)=\begin{cases}-1, & x<0,\\ 0, & x=0,\\ 1, & x>0,\end{cases}$ $f(x)$ 在 $x=0$ 处的极限存在吗？

解 $\lim\limits_{x\to0^-}f(x)=\lim\limits_{x\to0^-}(-1)=-1$，

$\lim\limits_{x\to0^+}f(x)=\lim\limits_{x\to0^+}1=1.$

$\because \lim\limits_{x\to0^-}f(x)\neq\lim\limits_{x\to0^+}f(x)$

$\therefore$ 由定理2，知 $f(x)$ 在 $x=0$ 处的极限不存在．

例12 设函数 $f(x)=\begin{cases}ax+1, & x<2,\\ 3x-2, & x\geqslant2,\end{cases}$ $f(x)$ 在 $x=2$ 处的极限存在，求 a 的值．

解 $\lim\limits_{x\to2^-}f(x)=\lim\limits_{x\to2^-}(ax+1)=2a+1$，

$\lim\limits_{x\to2^+}f(x)=\lim\limits_{x\to2^+}(3x-2)=4$，

$\because f(x)$ 在 $x=2$ 处的极限存在，

$\therefore$ 由定理2，知 $\lim\limits_{x\to2^-}f(x)=\lim\limits_{x\to2^+}f(x)$，

$\therefore 2a+1=4$，$a=\dfrac{3}{2}.$

二、$x\to\infty$ 时函数的极限

1. 函数极限的定义

定义5 设函数 $f(x)$ 在 $|x|$ 充分大时有定义，A 是一个常数．如果当 $|x|$ 无限增大（即 x 趋近于正无穷和 x 趋近于负无穷）时，$f(x)$ 无限趋近于 A（即 $|f(x)-A|$ 无限趋近于0），则称 A 是函数 $f(x)$ 当 x 趋近于无穷时

的极限，记作$\lim\limits_{x\to\infty}f(x)=A$；否则，称极限$\lim\limits_{x\to\infty}f(x)$不存在．（见图 14.2－5）

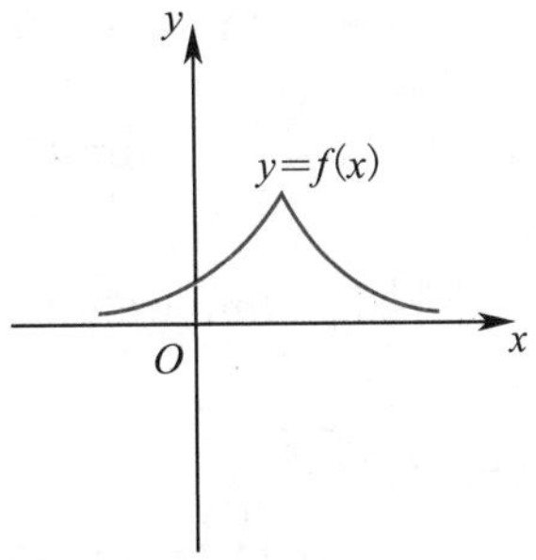

图 14.2－5

注 2　$\lim\limits_{x\to\infty}f(x)=A\Leftrightarrow$“$x\to\infty\Rightarrow f(x)\to A$”．

例 13　$\lim\limits_{x\to\infty}\frac{1}{x}=0.$

例 14　当$|a|<1$时，$\lim\limits_{x\to\infty}a^x=0.$

2．函数极限的四则运算

定理 3　设$\lim\limits_{x\to\infty}f(x)=A$，$\lim\limits_{x\to\infty}g(x)=B$，则

（1）$\lim\limits_{x\to\infty}[f(x)+g(x)]=\lim\limits_{x\to\infty}f(x)+\lim\limits_{x\to\infty}g(x)=A+B.$

（2）$\lim\limits_{x\to\infty}[f(x)-g(x)]=\lim\limits_{x\to\infty}f(x)-\lim\limits_{x\to\infty}g(x)=A-B.$

（3）$\lim\limits_{x\to\infty}[f(x)\cdot g(x)]=\lim\limits_{x\to\infty}f(x)\cdot\lim\limits_{x\to\infty}g(x)=AB$；

特别地，$\lim\limits_{x\to\infty}[C\cdot f(x)]=C\cdot\lim\limits_{x\to\infty}f(x)=C\cdot A$（$C$是常数）．

（4）当$g(x)\neq0$，$B\neq0$时，$\lim\limits_{x\to\infty}\frac{f(x)}{g(x)}=\frac{\lim\limits_{x\to\infty}f(x)}{\lim\limits_{x\to\infty}g(x)}=\frac{A}{B}.$

例 15　$\lim\limits_{x\to\infty}\frac{2x^2+1}{x^4-x^3+1}=\lim\limits_{x\to\infty}\frac{\frac{2x^2+1}{x^4}}{\frac{x^4-x^3+1}{x^4}}=\lim\limits_{x\to\infty}\frac{\frac{2}{x^2}+\frac{1}{x^4}}{1-\frac{1}{x}+\frac{1}{x^4}}=0.$

例 16　$\lim\limits_{x\to\infty}\frac{5x^5-3x^2+2}{x^5-x-4}=\lim\limits_{x\to\infty}\frac{\frac{5x^5-3x^2+2}{x^5}}{\frac{x^5-x-4}{x^5}}=\lim\limits_{x\to\infty}\frac{5-\frac{3}{x^3}+\frac{2}{x^5}}{1-\frac{1}{x^4}-\frac{4}{x^5}}=5.$

注 3　（1）设k，$l\subset\mathbb{Z}^+$，a_i，$b_j(0\leqslant i\leqslant k,\ 0\leqslant j\leqslant l)$是常数，$a_0\neq0$，$b_0\neq0$，

$$\lim_{x\to\infty}\frac{a_0x^k+a_1x^{k-1}+a_2x^{k-2}+\cdots+a_{k-1}x+a_k}{b_0x^l+b_1x^{l-1}+b_2x^{l-2}+\cdots+b_{l-1}x+b_l}$$

$$=\begin{cases}0, & k<l,\\ \dfrac{a_0}{b_0}, & k=l,\\ \infty, & k>l.\end{cases}$$

（2）$\lim\limits_{x\to+\infty}f(x)=A\Leftrightarrow$“$x\to+\infty\Rightarrow f(x)\to A$”，

$\lim\limits_{x\to-\infty}f(x)=A\Leftrightarrow$“$x\to-\infty\Rightarrow f(x)\to A$”.

例如，$\lim\limits_{x\to+\infty}\arctan x=\dfrac{\pi}{2}$，$\lim\limits_{x\to-\infty}\arctan x=-\dfrac{\pi}{2}$，如图14.2－6所示.

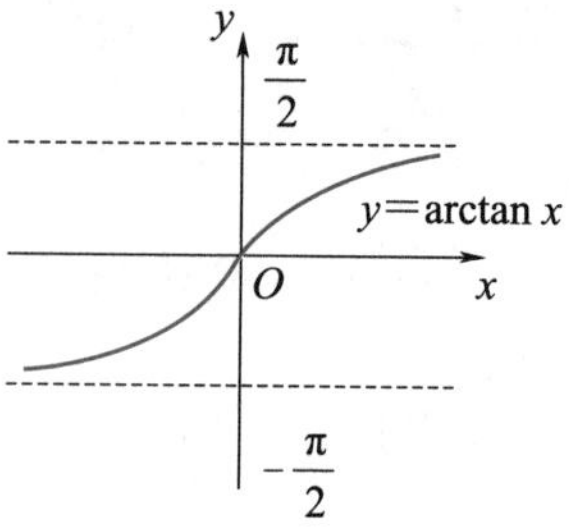

图 14.2－6

（3）$\lim\limits_{x\to\infty}f(x)=A\Leftrightarrow\lim\limits_{x\to-\infty}f(x)=\lim\limits_{x\to+\infty}f(x)=A$.

小　结

1．$x\to x_0$ 时函数的极限

（1）$U(a,\ \delta)=(a-\delta,\ a+\delta)$——以 a 为中心，以 δ 为半径的邻域，简称 a 的邻域；

$\overset{0}{U}(a,\ \delta)=(a-\delta,\ a)\cup(a,\ a+\delta)$——$a$ 的去心邻域；

$U_-(a,\ \delta)=(a-\delta,\ a]$——$a$ 的左邻域；

$U_+(a,\ \delta)=[a,\ a+\delta)$——$a$ 的右邻域；

$\overset{0}{U}_-(a,\ \delta)=(a-\delta,\ a)$——$a$ 的左去心邻域；

$\overset{0}{U}_+(a,\ \delta)=(a,\ a+\delta)$——$a$ 的右去心邻域.

（2）“A 是 $f(x)$ 在 x_0 点的极限”$\Leftrightarrow\lim\limits_{x\to x_0}f(x)=A\Leftrightarrow$“$x\to x_0\Rightarrow f(x)\to A$”.

（3）“A 是 $f(x)$ 在 x_0 点的左极限”$\Leftrightarrow\lim\limits_{x\to x_0^-}f(x)=A$；

“A 是 $f(x)$ 在 x_0 点的右极限”$\Leftrightarrow\lim\limits_{x\to x_0^+}f(x)=A$.

（4）$\lim\limits_{x\to x_0}f(x)=A\Leftrightarrow\lim\limits_{x\to x_0^-}f(x)=\lim\limits_{x\to x_0^+}f(x)=A$.

（5）极限的四则运算

若 $\lim\limits_{x\to x_0}f(x)=A$，$\lim\limits_{x\to x_0}g(x)=B$，则

① $\lim\limits_{x\to x_0}[f(x)+g(x)]=\lim\limits_{x\to x_0}f(x)+\lim\limits_{x\to x_0}g(x)=A+B$.

② $\lim\limits_{x\to x_0}[f(x)-g(x)]=\lim\limits_{x\to x_0}f(x)-\lim\limits_{x\to x_0}g(x)=A-B$.

③ $\lim\limits_{x\to x_0}[f(x)\cdot g(x)]=\lim\limits_{x\to x_0}f(x)\cdot\lim\limits_{x\to x_0}g(x)=AB$；

特别地，$\lim\limits_{x\to x_0}[C\cdot f(x)]=C\cdot\lim\limits_{x\to x_0}f(x)=C\cdot A$（$C$ 是常数）.

④当 $g(x)\neq 0$，$B\neq 0$ 时，$\lim\limits_{x\to x_0}\dfrac{f(x)}{g(x)}=\dfrac{\lim\limits_{x\to x_0}f(x)}{\lim\limits_{x\to x_0}g(x)}=\dfrac{A}{B}$.

2. $x\to\infty$ 时函数的极限

（1）“A 是函数 $f(x)$ 当 $x\to\infty$ 时的极限”$\Leftrightarrow\lim\limits_{x\to\infty}f(x)=A\Leftrightarrow$“$x\to\infty\Rightarrow f(x)\to A$”.

（2）$\lim\limits_{x\to+\infty}f(x)=A\Leftrightarrow$“$x\to+\infty\Rightarrow f(x)\to A$”.

（3）$\lim\limits_{x\to-\infty}f(x)=A\Leftrightarrow$“$x\to-\infty\Rightarrow f(x)\to A$”.

（4）$\lim\limits_{x\to\infty}f(x)=A\Leftrightarrow\lim\limits_{x\to-\infty}f(x)=\lim\limits_{x\to+\infty}f(x)=A$.

（5）极限的四则运算

若$\lim\limits_{x\to\infty}f(x)=A$，$\lim\limits_{x\to\infty}g(x)=B$，则

（1）$\lim\limits_{x\to\infty}[f(x)+g(x)]=\lim\limits_{x\to\infty}f(x)+\lim\limits_{x\to\infty}g(x)=A+B$.

（2）$\lim\limits_{x\to\infty}[f(x)-g(x)]=\lim\limits_{x\to\infty}f(x)-\lim\limits_{x\to\infty}g(x)=A-B$.

（3）$\lim\limits_{x\to\infty}[f(x)\cdot g(x)]=\lim\limits_{x\to\infty}f(x)\cdot\lim\limits_{x\to\infty}g(x)=AB$；

特别地，$\lim\limits_{x\to\infty}[C\cdot f(x)]=C\cdot\lim\limits_{x\to\infty}f(x)=C\cdot A$（$C$ 是常数）.

（4）当 $g(x)\neq 0$，$B\neq 0$ 时，$\lim\limits_{x\to\infty}\dfrac{f(x)}{g(x)}=\dfrac{\lim\limits_{x\to\infty}f(x)}{\lim\limits_{x\to\infty}g(x)}=\dfrac{A}{B}$.

3. 用公式计算极限

设 k，$l\in\mathbb{Z}^+$，a_i，$b_j(0\leqslant i\leqslant k,\ 0\leqslant j\leqslant l)$ 是常数，$a_0\neq 0$，$b_0\neq 0$，

$$\lim_{x\to\infty}\frac{a_0x^k+a_1x^{k-1}+a_2x^{k-2}+\cdots+a_{k-1}x+a_k}{b_0x^l+b_1x^{l-1}+b_2x^{l-2}+\cdots+b_{l-1}x+b_l}$$

$$=\begin{cases}0, & k<l,\\ \dfrac{a_0}{b_0}, & k=l,\\ \infty, & k>l.\end{cases}$$

习题 14.2

1. 求下列式子的极限．

（1）$\lim\limits_{x\to 2}(3x-1)$　（2）$\lim\limits_{x\to 1}(2x^2+5)$　（3）$\lim\limits_{x\to -1}(-5x+1)$

（4）$\lim\limits_{x\to 0}\dfrac{2x^4-3x^3+2}{x^2+1}$　（5）$\lim\limits_{x\to -4}\dfrac{x^2-16}{x+4}$　（6）$\lim\limits_{x\to 5}\dfrac{x^2-25}{x-5}$

2. 设函数 $f(x)=\begin{cases}3\sin x, & x<0,\\ 2x^2, & x\geqslant 0,\end{cases}$ 求 $\lim\limits_{x\to 0^-}f(x)$ 和 $\lim\limits_{x\to 0^+}f(x)$，并判断 $\lim\limits_{x\to 0}f(x)$ 是否存在．

3. 设函数 $f(x)=\begin{cases}5x^2-3x+1, & x<0,\\ 2^x, & x\geqslant 0,\end{cases}$ 求 $\lim\limits_{x\to 0^-}f(x)$ 和 $\lim\limits_{x\to 0^+}f(x)$，并判断 $\lim\limits_{x\to 0}f(x)$ 是否存在．

4. 设函数 $f(x)=\begin{cases}3^x+1, & x<2,\\ x^2, & x\geqslant 2,\end{cases}$ 求 $\lim\limits_{x\to 2^-}f(x)$ 和 $\lim\limits_{x\to 2^+}f(x)$，并判断 $\lim\limits_{x\to 2}f(x)$ 是否存在．

5. 设函数 $f(x)=\begin{cases}7\sin x+2a, & x<0,\\ 3x-2, & x\geqslant 0,\end{cases}$ $f(x)$ 在 $x=0$ 处的极限存在，求 a 的值．

6. 设函数 $f(x)=\begin{cases}3x^2-1, & x<3,\\ ax+2, & x\geqslant 3,\end{cases}$ $f(x)$ 在 $x=3$ 处的极限存在，求 a 的值．

7. 求下列式子的极限．

（1）$\lim\limits_{x\to\infty}\dfrac{4x^4-3x^3+2}{10x^5+1}$　（2）$\lim\limits_{x\to\infty}\dfrac{3x^2-1}{5x^2+1}$　（3）$\lim\limits_{x\to\infty}\dfrac{3x^3+6x-1}{4x^6-5}$

（4）$\lim\limits_{x\to\infty}\dfrac{2x^4-3x^3+2}{4x^4-4x+9}$　（5）$\lim\limits_{x\to\infty}\dfrac{x^2+3x-7}{5x^4+3}$　（6）$\lim\limits_{x\to 1}\dfrac{12x^{10}-1}{6x^{10}+x^6+5}$

（7）$\lim\limits_{x\to+\infty}\left[2+\left(\dfrac{3}{4}\right)^x\right]$　（8）$\lim\limits_{x\to-\infty}(e^x-5)$　（9）$\lim\limits_{x\to+\infty}\dfrac{3^x-4^x}{3^x+4^x}$

14.3 连续函数

定义 1 设函数 $f(x)$ 在点 x_0 的某邻域内有定义，若 $\lim\limits_{x\to x_0}f(x)=f(x_0)$，则称 $f(x)$ 在 x_0 处**连续**（continuous）.

例如，$f(x)=x$ 在任意点 x_0 处连续.

例 1 设函数 $f(x)=\begin{cases}x+1, & x\neq 0,\\ 2, & x=0,\end{cases}$ $f(x)$ 在 $x_0=0$ 处连续吗?

解 $\because \lim\limits_{x\to 0}f(x)=\lim\limits_{x\to 0}(x+1)=1\neq f(0)$，

$\therefore$ $f(x)$ 在 $x_0=0$ 处不连续.

定义 2 设 $f(x)$ 在点 x_0 的某左邻域内有定义，若 $\lim\limits_{x\to x_0^-}f(x)=f(x_0)$，称 $f(x)$ 在 x_0 处**左连续**（left continuous）.

定义 3 设 $f(x)$ 在点 x_0 的某右邻域内有定义，若 $\lim\limits_{x\to x_0^+}f(x)=f(x_0)$，称 $f(x)$ 在 x_0 处**右连续**（right continuous）.

定理 $f(x)$ 在 x_0 处连续$\Leftrightarrow$$f(x)$ 在 x_0 处既左连续又右连续. 即 $f(x)$ 在 x_0 处连续$\Leftrightarrow \lim\limits_{x\to x_0^-}f(x)=\lim\limits_{x\to x_0^+}f(x)=f(x_0)$.

例 2 设函数 $f(x)=\begin{cases}\sin x+1, & x<0,\\ 1, & x=0,\\ 2^x, & x>0,\end{cases}$ $f(x)$ 在 $x_0=0$ 处连续吗?

解 $\because \lim\limits_{x\to 0^-}f(x)=\lim\limits_{x\to 0^-}(\sin x+1)=1$，

$\lim\limits_{x\to 0^+}f(x)=\lim\limits_{x\to 0^+}2^x=1$，

$\lim\limits_{x\to 0^-}f(x)=\lim\limits_{x\to 0^+}f(x)=f(0)=1$，

$\therefore$ $f(x)$ 在 $x_0=0$ 处连续.

例 3 设函数 $f(x)=\begin{cases}ax+1, & x<1,\\ b, & x=1,\\ x^2-3, & x>1\end{cases}$ 在 $x_0=1$ 处连续，求 a 和 b的值.

解 $\lim\limits_{x\to1^-}f(x)=\lim\limits_{x\to1^-}(ax+1)=a+1$,

$\lim\limits_{x\to1^+}f(x)=\lim\limits_{x\to1^+}(x^2-3)=-2$,

$\because$ $f(x)$在$x_0=1$处连续，

$\therefore$ $a+1=-2=b$,

$\therefore$ $a=-3$，$b=-2$.

注 **基本初等函数**（basic elementary function）（包括**常数函数**（constant function）、幂函数、指数函数、对数函数、三角函数、反三角函数）在它们的定义域内都是**连续函数**（continuous function）.

小 结

1.（1）函数$f(x)$在x_0处连续$\Leftrightarrow\lim\limits_{x\to x_0}f(x)=f(x_0)$；

（2）函数$f(x)$在x_0处左连续$\Leftrightarrow\lim\limits_{x\to x_0^-}f(x)=f(x_0)$；

（3）函数$f(x)$在x_0处右连续$\Leftrightarrow\lim\limits_{x\to x_0^+}f(x)=f(x_0)$.

2. $\lim\limits_{x\to x_0}f(x)=f(x_0)\Leftrightarrow\lim\limits_{x\to x_0^-}f(x)=\lim\limits_{x\to x_0^+}f(x)=f(x_0)$.

习题 14.3

1. 填空题.

（1）$\lim\limits_{x\to\frac{\pi}{2}}(\sin x+2\cos x)=$______ （2）$\lim\limits_{x\to\frac{\pi}{4}}(3\tan x-2)=$______

（3）$\lim\limits_{x\to0}(\sin x-2\cos x)=$______ （4）$\lim\limits_{x\to4}\left[\left(\frac{1}{2}\right)^x-\log_2x\right]=$______

（5）$\lim\limits_{x\to\frac{1}{2}}(2\arcsin x-\arccos x]=$______

（6）$\lim\limits_{x\to-\sqrt{3}}(\arctan x-\operatorname{arccot}x)=$______

2. 设函数$f(x)=\begin{cases}3x+1, & x<0,\\4^x, & x\geqslant0,\end{cases}$ $f(x)$在$x_0=0$处连续吗?

3. 设函数$f(x)=\begin{cases}\dfrac{2}{x}+5, & x<2,\\ \dfrac{1}{2}x^3+2, & x\geqslant 2,\end{cases}$ $f(x)$在$x_0=2$处连续吗？

4. 设函数$f(x)=\begin{cases}x-1, & x<3,\\ 3, & x=3,\\ \log_3 x+1, & x>3,\end{cases}$ $f(x)$在$x_0=3$处连续吗？

5. 设函数$f(x)=\begin{cases}x+3a, & x<-1,\\ -3, & x=-1,\\ 3x-2b, & x>-1\end{cases}$ 在$x_0=-1$处连续，求a和b的值.

6. 设函数$f(x)=\begin{cases}\dfrac{1}{2}x-1, & x<1,\\ a-2b, & x=1,\\ x+b, & x>1\end{cases}$ 在$x_0=1$处连续，求a和b的值.

14.4　两个重要极限

定理 1　$\lim\limits_{x\to 0}\dfrac{\sin x}{x}=1$.

例 1　求极限$\lim\limits_{x\to 0}\dfrac{\tan x}{x}$.

解　$\lim\limits_{x\to 0}\dfrac{\tan x}{x}=\lim\limits_{x\to 0}\dfrac{\sin x}{x\cos x}=\lim\limits_{x\to 0}\dfrac{1}{\cos x}\lim\limits_{x\to 0}\dfrac{\sin x}{x}=1$.

注 1　当□→0 时，$\lim\dfrac{\sin\square}{\square}=1$（其中，□中是关于变量$x$的函数）.

例 2　求极限$\lim\limits_{x\to 1}\dfrac{\sin(x-1)}{x-1}$.

解　当$x\to 1$时，$\square=x-1\to 0$，所以，$\lim\limits_{x\to 1}\dfrac{\sin(x-1)}{x-1}=1$.

例3 求极限$\lim\limits_{x\to\infty}x\sin\dfrac{1}{x}$.

解 $\lim\limits_{x\to\infty}x\sin\dfrac{1}{x}=\lim\limits_{x\to\infty}\dfrac{\sin\dfrac{1}{x}}{\dfrac{1}{x}}=1.$

例4 求极限$\lim\limits_{x\to0}\dfrac{\arcsin x}{x}$.

解 $\lim\limits_{x\to0}\dfrac{\arcsin x}{x}\xlongequal{\arcsin x=t}\lim\limits_{t\to0}\dfrac{t}{\sin t}=\lim\limits_{t\to0}\dfrac{1}{\dfrac{\sin t}{t}}=1.$

例5 求极限$\lim\limits_{x\to0}\dfrac{\sin2x}{x}$.

解 $\lim\limits_{x\to0}\dfrac{\sin2x}{x}=\dfrac{1}{2}\lim\limits_{x\to0}\dfrac{\sin2x}{2x}=\dfrac{1}{2}.$

例6 求极限$\lim\limits_{x\to0}\dfrac{1-\cos x}{x^2}$.

解 $\lim\limits_{x\to0}\dfrac{1-\cos x}{x^2}=\lim\limits_{x\to0}\dfrac{2\sin^2\dfrac{x}{2}}{x^2}=\lim\limits_{x\to0}\dfrac{\sin^2\dfrac{x}{2}}{2\left(\dfrac{x}{2}\right)^2}=\dfrac{1}{2}\lim\limits_{x\to0}\left(\dfrac{\sin\dfrac{x}{2}}{\dfrac{x}{2}}\right)^2=\dfrac{1}{2}\times1^2=\dfrac{1}{2}.$

例7 求极限$\lim\limits_{n\to\infty}n\tan\dfrac{2}{n}$.

解 $\lim\limits_{n\to\infty}n\tan\dfrac{2}{n}=\lim\limits_{n\to\infty}\dfrac{2\sin\dfrac{2}{n}}{\dfrac{2}{n}\cdot\cos\dfrac{2}{n}}=\lim\limits_{n\to\infty}\dfrac{\sin\dfrac{2}{n}}{\dfrac{2}{n}}\lim\limits_{n\to\infty}\dfrac{2}{\cos\dfrac{2}{n}}=2.$

定理2 $\lim\limits_{x\to\infty}\left(1+\dfrac{1}{x}\right)^x=\mathrm{e}.$

注2 当□→0时，$\lim(1+\square)^{\frac{1}{\square}}=\mathrm{e}.$

例8 $\lim\limits_{x\to0}(1+x)^{\frac{1}{x}}=\mathrm{e}.$

例 9　求极限$\lim\limits_{x\to0}\left(1+\dfrac{x}{2}\right)^{\frac{1}{x}}$.

解　$\lim\limits_{x\to0}\left(1+\dfrac{x}{2}\right)^{\frac{1}{x}}=\lim\limits_{x\to0}\left(1+\dfrac{x}{2}\right)^{\frac{2}{x}\cdot\frac{1}{2}}=e^{\frac{1}{2}}$.

例 10　求极限$\lim\limits_{x\to\infty}\left(1-\dfrac{3}{x}\right)^{x}$.

解　$\lim\limits_{x\to\infty}\left(1-\dfrac{3}{x}\right)^{x}=\lim\limits_{x\to\infty}\left[1+\left(-\dfrac{3}{x}\right)\right]^{\left(-\frac{x}{3}\right)\cdot(-3)}=e^{-3}$.

定理 3　(1) 若$\lim\limits_{x\to x_0}f(x)=A$，$\lim\limits_{x\to x_0}g(x)=B$，则$\lim\limits_{x\to x_0}f(x)^{g(x)}=A^B$；

(2) 若$\lim\limits_{x\to\infty}f(x)=A$，$\lim\limits_{x\to\infty}g(x)=B$，则$\lim\limits_{x\to\infty}f(x)^{g(x)}=A^B$.

例 11　求极限$\lim\limits_{x\to\infty}\left(\dfrac{x+3}{x+1}\right)^{x}$.

解　$\lim\limits_{x\to\infty}\left(\dfrac{x+3}{x+1}\right)^{x}=\lim\limits_{x\to\infty}\left(\dfrac{x+1+2}{x+1}\right)^{x}=\lim\limits_{x\to\infty}\left(1+\dfrac{2}{x+1}\right)^{x}=\lim\limits_{x\to\infty}\left(1+\dfrac{2}{x+1}\right)^{\frac{x+1}{2}\cdot\frac{2x}{x+1}}$

$$=\left[\lim\limits_{x\to\infty}\left(1+\dfrac{2}{x+1}\right)^{\frac{x+1}{2}}\right]^{\lim\limits_{x\to\infty}\frac{2x}{x+1}}=e^{2}.$$

例 12　求极限$\lim\limits_{n\to\infty}\left(1+\dfrac{1}{n^2+2n}\right)^{2n^2}$.

解　$\lim\limits_{n\to\infty}\left(1+\dfrac{1}{n^2+2n}\right)^{2n^2}=\lim\limits_{n\to\infty}\left(1+\dfrac{1}{n^2+2n}\right)^{(n^2+2n)\frac{2n^2}{n^2+2n}}$

$$=\left[\lim\limits_{n\to\infty}\left(1+\dfrac{1}{n^2+2n}\right)^{(n^2+2n)}\right]^{\lim\limits_{n\to\infty}\frac{2n^2}{n^2+2n}}=e^{2}.$$

小　结

熟练运用下列公式求极限：

(1) $\lim\limits_{x\to0}\dfrac{\sin x}{x}=1$；

（2）$\lim \frac{\sin\square}{\square}=1(\square\to 0)$；

（3）$\lim\limits_{x\to\infty}\left(1+\frac{1}{x}\right)^x=\mathrm{e}$；

（4）$\lim(1+\square)^{\frac{1}{\square}}=\mathrm{e}(\square\to 0)$.

习题 14.4

1. 求下列式子的极限.

（1）$\lim\limits_{x\to 0}\frac{\sin 4x}{x}$

（2）$\lim\limits_{x\to 0}\frac{\tan 3x}{x}$

（3）$\lim\limits_{x\to 0}\frac{\sin 2x}{\sin 3x}$

（4）$\lim\limits_{x\to\infty}x\sin\frac{2}{x}$

（5）$\lim\limits_{x\to 0}\frac{\arctan 5x}{x}$

（6）$\lim\limits_{x\to 2}\frac{\sin(x-2)}{x^2-4}$

（7）$\lim\limits_{x\to\infty}\frac{\sin 2x-\sin x}{3x}$

（8）$\lim\limits_{x\to 0}\frac{\tan x-\sin x}{5x^3}$

（9）$\lim\limits_{x\to\infty}\frac{\cos 2x-\cos x}{2x^2}$

2. 求下列式子的极限.

（1）$\lim\limits_{x\to 0}(1+2x)^{\frac{1}{x}}$

（2）$\lim\limits_{x\to 0}(1-3x)^{\frac{2}{x}}$

（3）$\lim\limits_{x\to\infty}\left(\frac{1+x}{x}\right)^{3x}$

（4）$\lim\limits_{x\to\infty}\left(\frac{3x-1}{3x+1}\right)^x$

（5）$\lim\limits_{x\to\infty}\left(1+\frac{x}{x^2+1}\right)^{2x}$

（6）$\lim\limits_{x\to\infty}\left(1-\frac{1}{2x^2-1}\right)^{x^2}$

（7）$\lim\limits_{n\to\infty}\left(\frac{3n+1}{3n+3}\right)^n$

（8）$\lim\limits_{x\to 0}\frac{\ln(1+2x)}{x}$

（9）$\lim\limits_{x\to 0}(1-3x)^{\frac{2}{\sin x}}$

14.5 无穷小量

一、无穷小量的定义

定义 1 若$\lim\limits_{x\to x_0}\alpha(x)=0$（或$\lim\limits_{x\to\infty}\alpha(x)=0$），则称 $\alpha(x)$ 是当 $x\to x_0$（$x\to\infty$）时的**无穷小量**（infinitesimal）.

例如，因为$\lim\limits_{x\to 0}\sin x=0$，所以 $\sin x$ 是当 $x\to 0$ 时的无穷小量；因为$\lim\limits_{x\to\infty}\dfrac{1}{x}=0$，所以$\dfrac{1}{x}$是当 $x\to\infty$ 时的无穷小量.

定义 2 设 $\alpha(x)$ 和 $\beta(x)$ 是当 $x\to x_0$（$x\to\infty$）时的无穷小量，则

（1）若$\lim\limits_{x\to x_0}\dfrac{\alpha(x)}{\beta(x)}=0$（或$\lim\limits_{x\to\infty}\dfrac{\alpha(x)}{\beta(x)}=0$），则称 $\alpha(x)$ 是 $\beta(x)$ 的**高阶无穷小量**（higher order infinitesimal），记作 $\alpha(x)=o(\beta(x))$.

（2）若$\lim\limits_{x\to x_0}\dfrac{\alpha(x)}{\beta(x)}=C\neq 0$（或$\lim\limits_{x\to\infty}\dfrac{\alpha(x)}{\beta(x)}=C\neq 0$，$C$ 是常数），则称 $\alpha(x)$ 和 $\beta(x)$ 是**同阶无穷小量**（same order infinitesimal）；

特别地，若 $C=1$，则称 $\alpha(x)$ 和 $\beta(x)$ 是**等价无穷小量**（equivalent infinitesimal），记作 $\alpha(x)\sim\beta(x)$.

例如，

（1）因为$\lim\limits_{x\to 0}\dfrac{\sin^2 x}{x}=\lim\limits_{x\to 0}\dfrac{\sin x}{x}\cdot\lim\limits_{x\to 0}\sin x=0$，所以$\sin^2 x$ 是 x 的高阶无穷小量，即$\sin^2 x=o(x)$.

（2）因为$\lim\limits_{x\to 0}\dfrac{x^2+2x}{x}=\lim\limits_{x\to 0}(x+2)=2$，所以 x^2+2x 是 x 的同阶无穷小量.

（3）因为$\lim\limits_{x\to 0}\dfrac{\sin x}{x}=1$，所以 $\sin x$ 和 x 是等价无穷小量，即 $\sin x\sim x$.

注 （1）当 $x\to 0$ 时，

$\sin x \sim x$	$\tan x \sim x$	$\arcsin x \sim x$
$\arctan x \sim x$	$1-\cos x \sim \frac{1}{2}x^2$	$\ln(1+x) \sim x$
$e^x-1 \sim x$	$a^x-1 \sim x\ln a$	$(1+x)^\alpha-1 \sim \alpha x$

（2）当□→0 时，

$\sin\square \sim \square$	$\tan\square \sim \square$	$\arcsin\square \sim \square$
$\arctan\square \sim \square$	$1-\cos\square \sim \frac{1}{2}\square^2$	$\ln(1+\square) \sim \square$
$e^{\square}-1 \sim \square$	$a^{\square}-1 \sim \square\ln a$	$(1+\square)^\alpha-1 \sim \alpha\square$

例如，$\lim\limits_{x\to 0}\frac{\sin(x^2+2x)}{x^2+2x} \xlongequal{u=x^2+2x} \lim\limits_{u\to 0}\frac{\sin u}{u}=1$.

二、等价无穷小量代换

定理（无穷小量代换定理）设 $\alpha(x)\sim\beta(x)$，则

（1）若 $\lim f(x)\alpha(x)=A$，则 $\lim f(x)\beta(x)=A$；

（2）若 $\lim\frac{f(x)}{\alpha(x)}=A$，则 $\lim\frac{f(x)}{\beta(x)}=A$.

例 1 求极限 $\lim\limits_{x\to 0}\frac{x\ln(1+x)}{x^2}$.

解 ∵ $x\to 0$ 时，$\ln(1+x)\sim x$，

$$\therefore \lim_{x\to 0}\frac{x\ln(1+x)}{x^2}=\lim_{x\to 0}\frac{x\cdot x}{x^2}=\lim_{x\to 0}\frac{x^2}{x^2}=1.$$

例 2 求极限 $\lim\limits_{x\to 0}\frac{1-\cos x}{\sin 3x\tan 4x}$.

解 ∵ $x\to 0$ 时，$1-\cos x\sim\frac{1}{2}x^2$，$\sin 3x\sim 3x$，$\tan 4x\sim 4x$，

$$\therefore \lim_{x\to 0}\frac{1-\cos x}{\sin 3x\tan 4x}=\lim_{x\to 0}\frac{\frac{1}{2}x^2}{3x\cdot 4x}=\lim_{x\to 0}\frac{\frac{1}{2}x^2}{12x^2}=\frac{1}{24}.$$

例 3　求极限$\lim\limits_{x\to 0}\dfrac{(2+x)(e^{x^2}-1)}{\arcsin x^2}$.

解　$\because x\to 0$ 时，$2+x\to 2$，$e^{x^2}-1\sim x^2$，$\arcsin x^2\sim x^2$，

$$\therefore \lim_{x\to 0}\frac{(2+x)(e^{x^2}-1)}{\arcsin x^2}=\lim_{x\to 0}\frac{2x^2}{x^2}=2.$$

例 4　求极限$\lim\limits_{x\to 0}\dfrac{x\arctan 2x}{\sqrt{1-2x^2}-1}$.

解　$\because x\to 0$ 时，$\arctan 2x\sim 2x$，$\sqrt{1-2x^2}-1\sim\dfrac{1}{2}(-2x^2)$，

$$\therefore \lim_{x\to 0}\frac{x\arctan 2x}{\sqrt{1-2x^2}-1}=\lim_{x\to 0}\frac{x\cdot 2x}{\frac{1}{2}(-2x^2)}=\lim_{x\to 0}\frac{2x^2}{(-x^2)}=-2.$$

小　结

1.（1）$\alpha(x)$是当 $x\to x_0$ 时的无穷小量$\Leftrightarrow\lim\limits_{x\to x_0}\alpha(x)=0$；

（2）$\alpha(x)$是当 $x\to\infty$ 时的无穷小量$\Leftrightarrow\lim\limits_{x\to\infty}\alpha(x)=0$.

2. 设$\lim\limits_{x\to x_0}\alpha(x)=0$，$\lim\limits_{x\to x_0}\beta(x)=0$，则

（1）$\alpha(x)$是$\beta(x)$的高阶无穷小量$\Leftrightarrow\lim\limits_{x\to x_0}\dfrac{\alpha(x)}{\beta(x)}=0\Leftrightarrow\alpha(x)=o(\beta(x))$.

（2）$\alpha(x)$是$\beta(x)$的同阶无穷小量$\Leftrightarrow\lim\limits_{x\to x_0}\dfrac{\alpha(x)}{\beta(x)}=C\neq 0$（$C$ 是常数）；

若 $C=1$，则称$\alpha(x)$和$\beta(x)$是等价无穷小量，记作$\alpha(x)\sim\beta(x)$.

（当 $x\to\infty$ 时，可下类似定义.）

3. 常用的等价无穷小量：当 $x\to 0$ 时，

$\sin x\sim x$	$\tan x\sim x$	$\arcsin x\sim x$
$\arctan x\sim x$	$1-\cos x\sim\dfrac{1}{2}x^2$	$\ln(1+x)\sim x$
$e^x-1\sim x$	$a^x-1\sim x\ln a$	$(1+x)^\alpha-1\sim\alpha x$

4. 无穷小量代换定理

设 $\alpha(x)\sim\beta(x)$，

（1）若$\lim f(x)\alpha(x)=A$，则$\lim f(x)\beta(x)=A$；

（2）若$\lim\dfrac{f(x)}{\alpha(x)}=A$，则$\lim\dfrac{f(x)}{\beta(x)}=A$.

习题 14.5

求下列式子的极限.

1. $\lim\limits_{x\to0}\dfrac{\sin2x}{\tan3x}$

2. $\lim\limits_{x\to0}\dfrac{\arcsin4x}{\arctan5x}$

3. $\lim\limits_{x\to0}\dfrac{1-\cos4x^2}{3x^4}$

4. $\lim\limits_{x\to0}\dfrac{\ln(1+4x^5)}{x^5}$

5. $\lim\limits_{x\to0}\dfrac{(1+x)^5-1}{2x}$

6. $\lim\limits_{x\to0}\dfrac{(1-4x^2)^{\frac{1}{4}}-1}{2x^2}$

7. $\lim\limits_{x\to0}\dfrac{(1+\cos x)(1-\cos x)}{5x^2}$

8. $\lim\limits_{x\to0}\dfrac{2x^3(1+x^3)}{e^{x^3}-1}$

9. $\lim\limits_{x\to0}\dfrac{\ln(1-2x)}{\sin3x}$

10. $\lim\limits_{x\to0}\dfrac{(2^x-1)(3+x^2)}{\ln(1+6x)}$

11. $\lim\limits_{x\to0}\dfrac{\sqrt[3]{1-3x^3}-1}{x^2\tan x}$

自测题 14

1. 求下列式子的极限 .

（1）$\lim\limits_{n\to\infty}\left(\dfrac{2n^3-1}{n^3}+\dfrac{1}{3^n}\right)$

（2）$\lim\limits_{n\to\infty}\dfrac{6n^{10}-n^5+7n+3}{8n^{15}-n^6-8n^2}$

（3）$\lim\limits_{n\to\infty}\dfrac{2+4+6+\cdots+2n}{2n^2}$

（4）$\lim\limits_{x\to0}\dfrac{2x^3-3}{5x^2+1}$

（5）$\lim\limits_{x\to1}\dfrac{x^3-1}{x-1}$

（6）$\lim\limits_{x\to\infty}\dfrac{3x^3+x-1}{2x^4+x}$

（7）$\lim\limits_{x\to+\infty}\dfrac{9^x+6^x}{9^x-6^x}$　　（8）$\lim\limits_{x\to1}\dfrac{\sin(x-1)}{\sin5(x-1)}$

（9）$\lim\limits_{n\to\infty}n\sin\dfrac{3}{n+1}$　　（10）$\lim\limits_{x\to\infty}\left(1-\dfrac{x}{x^2-1}\right)^{x+1}$

（11）$\lim\limits_{n\to\infty}\left(1+\dfrac{n+1}{n^2+3}\right)^{2n}$　　（12）$\lim\limits_{x\to0}\dfrac{\sqrt[5]{1+4x^3}-1}{\sin^2x\ln(1+x)}$

（13）$\lim\limits_{x\to0}\dfrac{\tan^4x(1-\cos x)(1+x)}{3(e^{x^3}-1)\arcsin x^3}$

2. 设函数 $f(x)=\begin{cases}3x^2-x+1, & x<0,\\ 4^x, & x\geqslant0,\end{cases}$ 求 $\lim\limits_{x\to0^-}f(x)$ 和 $\lim\limits_{x\to0^+}f(x)$，并判断 $\lim\limits_{x\to0}f(x)$ 是否存在.

3. 设函数 $f(x)=\begin{cases}2x-3a, & x<1,\\ 1, & x=1,\\ 3x-4b, & x>1\end{cases}$ 在 $x_0=1$ 处连续，求 a 和 b 的值.

第 15 章 导 数

15.1 导数的概念

一、引例

引例 1 设一物体做变速直线运动，其位移 s 与时间 t 的关系为 $s=s(t)$，求该物体在 t_0 时刻的瞬时速度.

分析 物体从时刻 t_0 运动到时刻 t 的**位移**（displacement）为 $s(t)-s(t_0)$，称**比值**（ratio）$\dfrac{s(t)-s(t_0)}{t-t_0}$为这个时间段内的**平均速度**（average speed）. 当 $t\to t_0$ 时，如果$\dfrac{s(t)-s(t_0)}{t-t_0}$的极限存在，称此极限值为物体在 t_0 时刻的**瞬时速度**（instantaneous speed），记为 v，即 $v=\lim\limits_{t\to t_0}\dfrac{s(t)-s(t_0)}{t-t_0}$.

引例 2 设 $y=f(x)$ 的图像为平面中的一条**光滑曲线**（smooth curve），$M_0(x_0, f(x_0))$ 为曲线上一点，求曲线在 M_0 处切线的斜率.

分析 在 M_0 附近取曲线上一点 $M(x, f(x))$，如图 15.1－1 所示，则**割线**（secant line）M_0M 的斜率为$\dfrac{f(x)-f(x_0)}{x-x_0}$. 若当 M 沿曲线趋近于 M_0 时，割线 M_0M 趋近于某一条固定直线 M_0T，则称 M_0T 为曲线在 M_0 处的**切线**（tangent line）. 若极限$\lim\limits_{x\to x_0}\dfrac{f(x)-f(x_0)}{x-x_0}$存在，则此极限值为切线 M_0T 的斜率 k，即 $k=\lim\limits_{x\to x_0}\dfrac{f(x)-f(x_0)}{x-x_0}$.

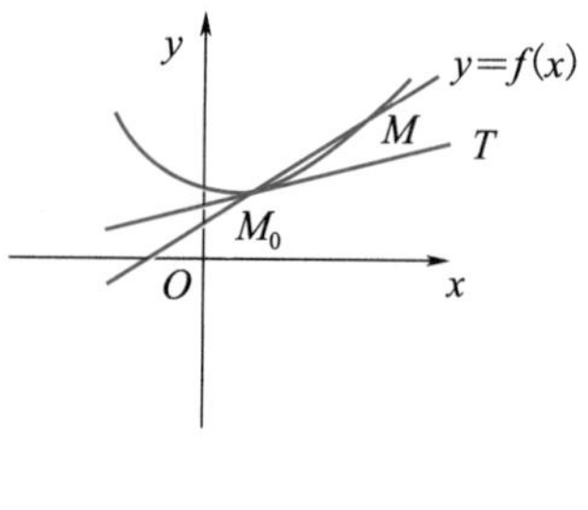

图 15.1－1

二、导数的定义

由引例 1 和引例 2 可以看出，瞬时速度和切线的斜率均表示为函数的**变化率**（rate of change）的极限. 我们把这种类型的极限抽象出来，给出如下导数的定义.

定义 1 设函数 $y=f(x)$ 在 x_0 的某邻域内有定义，若 $\lim\limits_{x\to x_0}\dfrac{f(x)-f(x_0)}{x-x_0}$ 存在，称 $f(x)$ 在 x_0 处**可导**（derivable），称极限值为 $f(x)$ 在 x_0 处的**导数**（derivative），记作 $f'(x_0)$，$y'|_{x=x_0}$，或 $\left.\dfrac{\mathrm{d}y}{\mathrm{d}x}\right|_{x=x_0}$；否则，称 $f(x)$ 在 x_0 处不可导.

注 1 （1）导数的几何意义：引例 1 中的瞬时速度 $v=s'(t_0)$，引例 2 中的切线的斜率 $k=f'(x_0)$；

（2）$f'(x_0)=\lim\limits_{x\to x_0}\dfrac{f(x)-f(x_0)}{x-x_0}$；

（3）令 $\Delta x=x-x_0$，则 $x=x_0+\Delta x$，

$$f'(x_0)=\lim_{\Delta x\to 0}\frac{f(x_0+\Delta x)-f(x_0)}{\Delta x};$$

（4）$y'=\dfrac{\mathrm{d}y}{\mathrm{d}x}=f'(x)=\lim\limits_{\Delta x\to 0}\dfrac{f(x+\Delta x)-f(x)}{\Delta x}$.

我们称 $f'(x)$ 为 $f(x)$ 的**导函数**（derivative function），简称导数.

例 1 求曲线 $f(x)=x^2$ 在点（3，9）处的切线.

解
$$k=f'(3)=\lim_{\Delta x\to 0}\frac{f(3+\Delta x)-f(3)}{\Delta x}$$
$$=\lim_{\Delta x\to 0}\frac{(3+\Delta x)^2-3^2}{\Delta x}=\lim_{\Delta x\to 0}\frac{9+6\Delta x+(\Delta x)^2-9}{\Delta x}$$
$$=\lim_{\Delta x\to 0}(6+\Delta x)=6.$$

由直线的点斜式方程，得所求切线为 $y-9=6(x-3)$，即 $y=6x-9$.

例 2 求 $f(x)=\sin x$ 的导数.

解 $f'(x)=\lim\limits_{\Delta x\to 0}\dfrac{f(x+\Delta x)-f(x)}{\Delta x}=\lim\limits_{\Delta x\to 0}\dfrac{\sin(x+\Delta x)-\sin x}{\Delta x}$

$$=\lim_{\Delta x\to 0}\frac{2\cos\frac{x+\Delta x+x}{2}\sin\frac{x+\Delta x-x}{2}}{\Delta x}=\lim_{\Delta x\to 0}\left[\cos\left(x+\frac{\Delta x}{2}\right)\frac{\sin\frac{\Delta x}{2}}{\frac{\Delta x}{2}}\right]$$

$$=\lim_{\Delta x\to 0}\cos\left(x+\frac{\Delta x}{2}\right)\lim_{\Delta x\to 0}\frac{\sin\frac{\Delta x}{2}}{\frac{\Delta x}{2}}=\cos x.$$

注 2　基本初等函数的导数公式：

（1）$(C)'=0$；

（2）$(x^{\alpha})'=\alpha x^{\alpha-1}$；

（3）$(a^x)'=a^x\ln a$，特别地，$(e^x)'=e^x$；

（4）$(\log_a x)'=\dfrac{1}{x\ln a}$，特别地，$(\ln x)'=\dfrac{1}{x}$；

（5）$(\sin x)'=\cos x$，$(\cos x)'=-\sin x$；

（6）$(\arcsin x)'=\dfrac{1}{\sqrt{1-x^2}}$，$(\arccos x)'=-\dfrac{1}{\sqrt{1-x^2}}$，$(\arctan x)'=\dfrac{1}{1+x^2}$，

$(\text{arccot}\, x)'=-\dfrac{1}{1+x^2}$.

三、左导数和右导数

定义 2　设函数$f(x)$在x_0的某左邻域内有定义，若$\lim\limits_{x\to x_0^-}\dfrac{f(x)-f(x_0)}{x-x_0}$存在，称$f(x)$在$x_0$处左导数存在，称极限值为$f(x)$在$x_0$处的**左导数**（left derivative），记作$f'_-(x_0)$；否则，称$f(x)$在x_0处左导数不存在.

定义 3　设函数$f(x)$在x_0的某右邻域内有定义，若$\lim\limits_{x\to x_0^+}\dfrac{f(x)-f(x_0)}{x-x_0}$存在，称$f(x)$在$x_0$处右导数存在，称极限值为$f(x)$在$x_0$处的**右导数**（right derivative)，记作$f'_{+}(x_0)$；否则，称$f(x)$在x_0处右导数不存在.

注 3

(1) $f'_{-}(x_0)=\lim\limits_{x\to x_0^-}\dfrac{f(x)-f(x_0)}{x-x_0}\xlongequal{\Delta x=x-x_0}\lim\limits_{\Delta x\to 0^-}\dfrac{f(x_0+\Delta x)-f(x_0)}{\Delta x}$;

(2) $f'_{+}(x_0)=\lim\limits_{x\to x_0^+}\dfrac{f(x)-f(x_0)}{x-x_0}\xlongequal{\Delta x=x-x_0}\lim\limits_{\Delta x\to 0^+}\dfrac{f(x_0+\Delta x)-f(x_0)}{\Delta x}$.

定理 函数$f(x)$在x_0处可导$\Leftrightarrow f(x)$在x_0处左右导数都存在并且相等.此时，$f'(x_0)=f'_{-}(x_0)=f'_{+}(x_0)$.

例 3 设$f(x)=\begin{cases}x^3, & x\leqslant 0,\\ x^2, & x>0,\end{cases}$

(1) 求$f'_{-}(0)$和$f'_{+}(0)$；

(2) $f(x)$在$x_0=0$处可导吗?

解 (1) $f'_{-}(0)=\lim\limits_{x\to 0^-}\dfrac{f(x)-f(0)}{x-0}=\lim\limits_{x\to 0^-}\dfrac{x^3-0}{x}=\lim\limits_{x\to 0^-}x^2=0$;

$$f'_{+}(0)=\lim_{x\to 0^+}\frac{f(x)-f(0)}{x-0}=\lim_{x\to 0^+}\frac{x^2-0}{x}=\lim_{x\to 0^+}x=0.$$

(2) 因为$f'_{-}(0)=f'_{+}(0)$，所以$f(x)$在$x_0=0$处可导.

例 4 设$f(x)=\begin{cases}x^3, & x\leqslant 0,\\ \sin x, & x>0,\end{cases}$

(1) 求$f'_{-}(0)$ 和$f'_{+}(0)$；

(2) $f(x)$在$x_0=0$处可导吗?

解 (1) $f'_{-}(0)=\lim\limits_{x\to 0^-}\dfrac{f(x)-f(0)}{x-0}=\lim\limits_{x\to 0^-}\dfrac{x^3-0}{x}=\lim\limits_{x\to 0^-}x^2=0$;

$$f'_{+}(0)=\lim_{x\to 0^+}\frac{f(x)-f(0)}{x-0}=\lim_{x\to 0^+}\frac{\sin x-0}{x}=\lim_{x\to 0^+}\frac{\sin x}{x}=1.$$

(2) 因为$f'_{-}(0)\neq f'_{+}(0)$，所以$f(x)$在$x_0=0$处不可导.

小 结

1. 导数的定义：若$\lim\limits_{x\to x_0}\dfrac{f(x)-f(x_0)}{x-x_0}$存在，则称$f(x)$在$x_0$处可导.

2. 导数的几何意义：变速直线运动物体的瞬时速度，曲线在一点处切线的斜率.

3. （1）$f'(x_0)=\lim\limits_{x\to x_0}\dfrac{f(x)-f(x_0)}{x-x_0}=\lim\limits_{\Delta x\to 0}\dfrac{f(x_0+\Delta x)-f(x_0)}{\Delta x}$.

（2）$y'=\dfrac{\mathrm{d}y}{\mathrm{d}x}=f'(x)=\lim\limits_{\Delta x\to 0}\dfrac{f(x+\Delta x)-f(x)}{\Delta x}$ ——导函数.

（3）左导数：$f'_-(x_0)=\lim\limits_{x\to x_0^-}\dfrac{f(x)-f(x_0)}{x-x_0}=\lim\limits_{\Delta x\to 0^-}\dfrac{f(x_0+\Delta x)-f(x_0)}{\Delta x}$.

右导数：$f'_+(x_0)=\lim\limits_{x\to x_0^+}\dfrac{f(x)-f(x_0)}{x-x_0}=\lim\limits_{\Delta x\to 0^+}\dfrac{f(x_0+\Delta x)-f(x_0)}{\Delta x}$.

4. 函数$f(x)$在x_0处可导$\Leftrightarrow f(x)$在x_0处左右导数都存在并且相等.

5. 基本初等函数的导数公式：

（1）$(C)'=0$；

（2）$(x^\alpha)'=\alpha x^{\alpha-1}$；

（3）$(a^x)'=a^x\ln a$，特别地，$(\mathrm{e}^x)'=\mathrm{e}^x$；

（4）$(\log_a x)'=\dfrac{1}{x\ln a}$，特别地，$(\ln x)'=\dfrac{1}{x}$；

（5）$(\sin x)'=\cos x$，$(\cos x)'=-\sin x$；

（6）$(\arcsin x)'=\dfrac{1}{\sqrt{1-x^2}}$，$(\arccos x)'=-\dfrac{1}{\sqrt{1-x^2}}$，$(\arctan x)'=\dfrac{1}{1+x^2}$，

$(\mathrm{arccot}x)'=-\dfrac{1}{1+x^2}$.

习题 15.1

1. 求下列各组中$f(x)$在x_0处的导数$f'(x_0)$.

（1）$f(x)=x$，$x_0=2$ （2）$f(x)=x^3$，$x_0=1$

（3）$f(x)=\cos 3x$，$x_0=0$ （4）$f(x)=\sin 2x^3$，$x_0=0$

2. 求下列各组中曲线$y=f(x)$在$M_0(x_0, f(x_0))$处的切线.

（1）$f(x)=4x^2$，$M_0(1, 2)$

（2）$f(x)=5^x$，$M_0(0, 1)$

3. 设$f(x)=\begin{cases}2x, & x\leqslant 0,\\ x^4, & x>0,\end{cases}$

（1）求$f'_-(0)$和$f'_+(0)$；

（2）$f(x)$在$x_0=0$处可导吗？

4. 设$f(x)=\begin{cases}3x, & x\leqslant 1,\\ 4, & x>1,\end{cases}$

（1）求$f'_-(0)$和$f'_+(0)$；

（2）$f(x)$在$x_0=0$处可导吗？

5. 设$f(x)=\begin{cases}\arcsin 3x, & x\leqslant 0,\\ \sin 3x, & x>0,\end{cases}$

（1）求$f'_-(0)$和$f'_+(0)$；

（2）$f(x)$在$x_0=0$处可导吗？

6. 设$f(x)=\begin{cases}8^x, & x\leqslant 0,\\ 8x, & x>0,\end{cases}$

（1）求$f'_-(0)$和$f'_+(0)$；

（2）$f(x)$在$x_0=0$处可导吗？

15.2　导数的四则运算及复合函数的求导法则

一、导数的四则运算

定理 1　设$f(x)$和$g(x)$在x处可导，则

（1）$[f(x)\pm g(x)]'=f'(x)\pm g'(x)$.

（2）$[f(x)g(x)]'=f'(x)g(x)+f(x)g'(x)$；

特别地，$[C\cdot f(x)]'=C\cdot f'(x)$（$C$是常数）.

（3）当$g(x)\neq 0$时，$\left[\dfrac{f(x)}{g(x)}\right]'=\dfrac{f'(x)g(x)-f(x)g'(x)}{g^2(x)}$；

特别地，$\left[\dfrac{1}{g(x)}\right]'=-\dfrac{g'(x)}{g^2(x)}$.

例1 求下列函数的导数.

（1）$y=2x^3-3x+1$　　（2）$y=x^2\sin x$

（3）$y=\tan x$　　（4）$y=\sec x$

解 （1）$y'=(2x^3-3x+1)'=(2x^3)'-(3x)'+(1)'=2(x^3)'-3(x)'+0=6x^2-3$.

（2）$y'=(x^2\sin x)'=(x^2)'\sin x+x^2(\sin x)'=2x\sin x+x^2\cos x$.

（3）$y'=(\tan x)'=\left(\dfrac{\sin x}{\cos x}\right)'$

$$=\frac{(\sin x)'\cos x-\sin x(\cos x)'}{\cos^2 x}=\frac{\cos^2 x+\sin^2 x}{\cos^2 x}=\frac{1}{\cos^2 x}=\sec^2 x.$$

（4）$y'=(\sec x)'=\left(\dfrac{1}{\cos x}\right)'=-\dfrac{(\cos x)'}{\cos^2 x}=\dfrac{\sin x}{\cos^2 x}=\dfrac{\sin x}{\cos x}\cdot\dfrac{1}{\cos x}=\tan x\sec x$.

二、复合函数的求导法则

定义 设函数$y=f(u)$，$u=\varphi(x)$，称$y=f(\varphi(x))$为**复合函数**（composite function）.

定理2 设函数$u=\varphi(x)$在点x处可导，$y=f(u)$在对应点u处可导，则$y=f(\varphi(x))$在点x处可导，且$y'=\dfrac{dy}{du}\cdot\dfrac{du}{dx}=f'(u)u'=f'(\varphi(x))\varphi'(x)$.

例2 求下列函数的导数.

（1）$y=\cos x^3$

（2）$y=\sin^2 x$

（3）$y=(2x^2+1)^{10}$

（4）$y=e^{\tan x+x}$

（5）$y=\ln(\sin^2x+3)$

解　（1）设 $u=x^3$，则 $y=\cos u$，所以

$$y'=(\cos u)'=(-\sin u)u'=-\sin x^3(x^3)'=-3x^2\sin x^3.$$

（2）设 $u=\sin x$，则 $y=u^2$，所以

$$y'=(u^2)'=2uu'=2\sin x(\sin x)'=2\sin x\cos x.$$

（3）设 $u=2x^2+1$，则 $y=u^{10}$，所以

$$y'=(u^{10})'=10u^9u'=10(2x^2+1)^9(2x^2+1)'$$
$$=10(2x^2+1)^9 4x=40x(2x^2+1)^9.$$

（4）设 $u=\tan x+x$，则 $y=e^u$，所以

$$y'=(e^u)'=e^u u'=e^{\tan x+x}(\tan x+x)'=e^{\tan x+x}(\sec^2x+1).$$

（5）设 $u=\sin^2x+3$，则 $y=\ln u$，所以

$$y'=(\ln u)'=\frac{1}{u}u'=\frac{1}{\sin^2x+3}(\sin^2x+3)'=\frac{2\sin x\cos x}{\sin^2x+3}.$$

小　结

1. 导数的四则运算

设 $f(x)$ 和 $g(x)$ 在点 x 处可导，则

（1）$[f(x)\pm g(x)]'=f'(x)\pm g'(x)$.

（2）$[f(x)g(x)]'=f'(x)g(x)+f(x)g'(x)$；

特别地，$[C\cdot f(x)]'=C\cdot f'(x)$（$C$ 是常数）.

（3）当 $g(x)\neq 0$ 时，$\left[\dfrac{f(x)}{g(x)}\right]'=\dfrac{f'(x)g(x)-f(x)g'(x)}{g^2(x)}$；

特别地，$\left[\dfrac{1}{g(x)}\right]'=-\dfrac{g'(x)}{g^2(x)}$.

2. 复合函数的求导法则

设函数 $u=\varphi(x)$ 在点 x 处可导，$y=f(u)$ 在对应点 u 处可导，则 $y=f(\varphi(x))$ 在点 x 处可导，且 $y'=\dfrac{dy}{du}\cdot\dfrac{du}{dx}=f'(u)u'=f'(\varphi(x))\varphi'(x)$.

习题 15.2

1. 求下列函数的导数.

(1) $y=2x^{10}+3x^5-9$　　(2) $y=\sin x+3\cos x-1$

(3) $y=2e^x\cos x$　　(4) $y=3\sin x\log_3 x$

(5) $y=\cot x$　　(6) $y=\csc x$

(7) $y=\dfrac{x\sin x-1}{2x^2}$　　(8) $y=\dfrac{x^2 2^x}{3\ln x}$

2. 求下列函数的导数.

(1) $y=\sin(5x+1)$　　(2) $y=\tan^4 x$

(3) $y=\sin\dfrac{2}{x}$　　(4) $y=(3x-1)^{30}$

(5) $y=\cos^5(2x-1)$　　(6) $y=x\cos\dfrac{1}{x}$

(7) $y=\arctan(x^2-2)$　　(8) $y=\arcsin(\ln x+3)$

15.3 高阶导数

定义 1　若函数 $f(x)$ 的导数 $f'(x)$ 在 x_0 处可导，即极限 $\lim\limits_{x\to x_0}\dfrac{f'(x)-f'(x_0)}{x-x_0}$ 存在，则称极限值为 $f(x)$ 在 x_0 处的**二阶导数**（second derivative），记作 $f''(x_0)$，$y''|_{x=x_0}$，或 $\left.\dfrac{d^2y}{dx^2}\right|_{x=x_0}$. 即

$$f''(x_0)=\lim_{x\to x_0}\frac{f'(x)-f'(x_0)}{x-x_0}.$$

注 1　(1) 称 $f''(x)$ 为 $f(x)$ 的二阶导数，$f''(x)=(f'(x))'$；

(2) 称 $f'''(x)$ 为 $f(x)$ 的**三阶导数**（third derivative），

$$f'''(x)=(f''(x))';$$

(3) 称$f^{(4)}(x)$为$f(x)$的**四阶导数**(fourth derivative),

$$f^{(4)}(x)=(f'''(x))';$$

(4) 称$f^{(n)}(x)$为$f(x)$的 n **阶导数**(n-th derivative),

$$f^{(n)}(x)=(f^{(n-1)}(x))' \ (n\geqslant 5).$$

$y=f(x)$ 的各阶导数记作 y'，y''，y'''，$y^{(4)}$，$y^{(5)}$，…，$y^{(n)}$，… 或 $f'(x)$，$f''(x)$，$f'''(x)$，$f^{(4)}(x)$，$f^{(5)}(x)$，…，$f^{(n)}(x)$，… 或$\frac{dy}{dx}$，$\frac{d^n y}{dx^n}$ ($n=2$，3，…)，或$\frac{df(x)}{dx}$，$\frac{d^n f(x)}{dx^n}$ ($n=2$，3，…).

定义 2　二阶及二阶以上的导数都叫作**高阶导数**（higher derivative).

例 1　设 $y=2x^3+4x^2-5x-3$，求 $y^{(4)}$.

解　$y'=(2x^3+4x^2-5x-3)'=(2x^3)'+(4x^2)'-(5x)'-(3)'=6x^2+8x-5$,

$y''=(y')'=(6x^2+8x-5)'=12x+8$,

$y'''=(y'')'=(12x+8)'=12$,

$y^{(4)}=(y''')'=(12)'=0.$

注 2　n **次多项式**(polynomial) $y=a_n x^n+a_{n-1}x^{n-1}+\cdots+a_1 x+a_0$ 的 $n+1$ 阶及以上的导数为 0.

例 2　设 $y=\sin x$，求 $y^{(4)}$.

解　$y'=(\sin x)'=\cos x$,

$y''=(y')'=(\cos x)'=-\sin x$,

$y'''=(y'')'=(-\sin x)'=-\cos x$,

$y^{(4)}=(y''')'=(-\cos x)'=-(-\sin x)=\sin x.$

例 3　设 $y=\ln(1+x)$，求 $y^{(n)}$.

解　$y'=[\ln(1+x)]'=\frac{1}{1+x}$,

$y''=\left(\frac{1}{1+x}\right)'=[(1+x)^{-1}]'=(-1)(1+x)^{-2}$,

$y'''=[(-1)(1+x)^{-2}]'=(-1)(-2)(1+x)^{-3}$,

$$y^{(4)}=[(-1)(-2)(1+x)^{-3}]'=(-1)(-2)(-3)(1+x)^{-4},$$

$$\vdots$$

$$y^{(n)}=(-1)(-2)(-3)\cdots[-(n-1)](1+x)^{-n}$$

$$=(-1)^{n-1}(n-1)!\ (1+x)^{-n}.$$

小　结

1. 高阶导数：二阶及二阶以上的导数.

2. （1）$f''(x_0)=\lim\limits_{x\to x_0}\dfrac{f'(x)-f'(x_0)}{x-x_0}$；

（2）$f^{(n)}(x_0)=\lim\limits_{x\to x_0}\dfrac{f^{(n-1)}(x)-f^{(n-1)}(x_0)}{x-x_0}$；

（3）$f^{(n)}(x)=\lim\limits_{\Delta x\to 0}\dfrac{f^{(n-1)}(x+\Delta x)-f^{(n-1)}(x)}{\Delta x}$.

习题 15.3

1. 求下列函数的二阶导数.

（1）$y=x^3+2x^5$　　（2）$y=3\sin x+2\ln x$

（3）$y=x^2\cos x$　　（4）$y=\dfrac{1-2x}{1+2x}$

（5）$y=\tan 2x$　　（6）$y=(1+2x^2)\arctan x$

2. 求下列函数的三阶导数.

（1）$y=3x^4-5x+3$　　（2）$y=x^3\ln x$

（3）$y=\ln(1+x)$　　（4）$y=x^5e^x$

3. 求下列函数的 n 阶导数.

（1）$y=(x+2)^7$　　（2）$y=x^\alpha$（α 是常数）

（3）$y=e^{6x}$　　（4）$y=\dfrac{1}{x+3}$

15.4　隐函数的导数

我们称以 $y=f(x)$ 的形式出现的函数为**显函数**（explicit function），称以 $F(x, y)=0$ 的形式出现的函数为**隐函数**（implicit function）.

定义　若对区间 I 中的每一个数 x，都存在唯一的数 y，使得 $F(x, y)=0$，则称方程 $F(x, y)=0$ 确定了一个定义在区间 I 上的隐函数 .

例如，$y=2x^2+3x\sin x-5$ 是一个显函数，$x+y^3-1=0$ 确定了一个隐函数 .

问题：如果 $F(x, y)=0$ 确定了一个隐函数 $y=y(x)$，那么 $y'=$？

解答：在方程 $F(x, y)=0$ 两边对 x 求导，在求导的过程中把 y 看作 x 的函数，然后求出 y'.

例 1　已知 $y=y(x)$ 是由方程 $e^y-xy+1=0$ 确定的隐函数，求 $\frac{dy}{dx}$.

解　在方程两边对 x 求导，$\frac{d(e^y-xy+1)}{dx}=\frac{d(0)}{dx}$，得到

$$e^y\frac{dy}{dx}-y-x\frac{dy}{dx}=0,$$

$$\Rightarrow e^y\frac{dy}{dx}-x\frac{dy}{dx}=y,$$

$$\Rightarrow (e^y-x)\frac{dy}{dx}=y,$$

$$\Rightarrow \frac{dy}{dx}=\frac{y}{e^y-x}.$$

例 2　已知 $y=y(x)$ 是由方程 $\sin(x+y)+x=y$ 确定的隐函数，求 $\frac{dy}{dx}$.

解　在方程两边对 x 求导，$\frac{d[\sin(x+y)+x]}{dx}=\frac{dy}{dx}$，得到

$$\left(1+\frac{dy}{dx}\right)\cos(x+y)+1=\frac{dy}{dx},$$

$$\Rightarrow\frac{dy}{dx}\cos(x+y)-\frac{dy}{dx}=-1-\cos(x+y),$$

$$\Rightarrow[\cos(x+y)-1]\frac{dy}{dx}=-1-\cos(x+y),$$

$$\Rightarrow\frac{dy}{dx}=-\frac{1+\cos(x+y)}{\cos(x+y)-1}=\frac{1+\cos(x+y)}{1-\cos(x+y)}.$$

例3 已知 $y=y(x)$ 是由方程 $y^3-3x^2y+2x-1=0$ 确定的隐函数，求 y' 和 $y'|_{x=0}$.

解 在方程两边对 x 求导，$(y^3-3x^2y+2x-1)'=0$，得到

$$3y^2y'-6xy-3x^2y'+2=0,$$

$$\Rightarrow 3y^2y'-3x^2y'=6xy-2,$$

$$\Rightarrow 3(y^2-x^2)y'=6xy-2,$$

$$\Rightarrow y'=\frac{6xy-2}{3(y^2-x^2)}.$$

由 $y^3-3x^2y+2x-1=0$ 知，当 $x=0$ 时，$y=1$，所以

$$y'|_{x=0}=\frac{6xy-2}{3(y^2-x^2)}=\frac{-2}{3}=-\frac{2}{3}.$$

小　结

已知 $F(x,y)=0$ 确定了一个隐函数 $y=y(x)$，用下面的方法求 y'：

（1）在方程 $F(x,y)=0$ 两边对 x 求导，在求导的过程中把 y 看作 x 的函数；

（2）求出 y'.

习题 15.4

1. 已知 $y=y(x)$ 是由方程 $\ln y-2y+3x=0$ 确定的隐函数，求 $\frac{dy}{dx}$.

2. 已知 $y=y(x)$ 是由方程 $e^{y}-x+3y=0$ 确定的隐函数，求$\frac{dy}{dx}$.

3. 已知 $y=y(x)$ 是由方程 $\sin y-2x+y^{2}=5$ 确定的隐函数，求$\frac{dy}{dx}$.

4. 已知 $y=y(x)$ 是由方程 $5x^{2}-2xy+y^{2}=0$ 确定的隐函数，求$\frac{dy}{dx}$.

5. 已知 $y=y(x)$ 是由方程 $x=\cos(x-y)$ 确定的隐函数，求 y'.

6. 已知 $y=y(x)$ 是由方程 $y=\ln(x-y)$ 确定的隐函数，求 y'.

7. 已知 $y=y(x)$ 是由方程$\frac{x^{2}}{3}-\frac{y^{2}}{4}=1$ 确定的隐函数，求$\frac{dy}{dx}$.

8. 已知 $y=y(x)$ 是由方程 $4xy+5=e^{x+y}$ 确定的隐函数，求$\frac{dy}{dx}$和$\left.\frac{dy}{dx}\right|_{x=0}$.

9. 已知 $y=y(x)$ 是由方程 $y^{3}-2xy^{2}+3x-1=0$ 确定的隐函数，求 y' 和 $y'|_{x=0}$.

15.5　参数函数的导数

定义　如果变量 x 和 y 之间的函数关系由参数方程$\begin{cases}x=\varphi(t),\\ y=\psi(t)\end{cases}$确定，我们称此函数为**参数函数**（parametric function）.

问题：设参数函数 $y=y(x)$ 由$\begin{cases}x=\varphi(t),\\ y=\psi(t)\end{cases}$确定，$x=\varphi(t)$ 在某个区间 I 上严格单调、可导且 $\varphi'(t)\neq 0$，$y=\psi(t)$ 在 I 上可导，那么$\frac{dy}{dx}=?$ $\frac{d^{2}y}{dx^{2}}=?$

解答：$\frac{dy}{dx}=\frac{dy}{dt}\cdot\frac{dt}{dx}=\frac{dy}{dt}\cdot\frac{1}{\frac{dx}{dt}}=\frac{\frac{dy}{dt}}{\frac{dx}{dt}}=\frac{\psi'(t)}{\varphi'(t)}$;

$$\frac{d^2y}{dx^2}=\frac{d\left(\frac{dy}{dx}\right)}{dx}=\frac{d\left(\frac{\psi'(t)}{\varphi'(t)}\right)}{dx}=\frac{d\left(\frac{\psi'(t)}{\varphi'(t)}\right)}{dt}\cdot\frac{dt}{dx}=\frac{d\left(\frac{\psi'(t)}{\varphi'(t)}\right)}{dt}\cdot\frac{1}{\frac{dx}{dt}}$$

$$=\frac{\psi''(t)\varphi'(t)-\psi'(t)\varphi''(t)}{\varphi'^2(t)}\cdot\frac{1}{\varphi'(t)}$$

$$=\frac{\psi''(t)\varphi'(t)-\psi'(t)\varphi''(t)}{\varphi'^3(t)}.$$

例 1　已知函数 $y=y(x)$ 由参数方程 $\begin{cases}x=2\cos t,\\ y=3\sin t\end{cases}$ 确定，求 $\frac{dy}{dx}$ 和 $\frac{d^2y}{dx^2}$.

解　$\frac{dy}{dx}=\frac{\psi'(t)}{\varphi'(t)}=\frac{(3\sin t)'}{(2\cos t)'}=\frac{3\cos t}{-2\sin t}=-\frac{3}{2}\cot t$;

$$\frac{d^2y}{dx^2}=\frac{d\left(\frac{dy}{dx}\right)}{dx}=\frac{d\left(-\frac{3}{2}\cot t\right)}{dx}=-\frac{3}{2}\cdot\frac{d(\cot t)}{dt}\cdot\frac{dt}{dx}$$

$$=-\frac{3}{2}(-\csc^2t)\frac{1}{\frac{dx}{dt}}=-\frac{3}{2}(-\csc^2t)\;\frac{1}{-2\sin t}=-\frac{3}{4\sin^3t}.$$

例 2　已知函数 $y=y(x)$ 由参数方程 $\begin{cases}x=2t-3,\\ y=t^2+5\end{cases}$ 确定，求 $\frac{dy}{dx}$ 和 $\frac{d^2y}{dx^2}$.

解　$\frac{dy}{dx}=\frac{\psi'(t)}{\varphi'(t)}=\frac{(t^2+5)'}{(2t-3)'}=\frac{2t}{2}=t$;

$$\frac{d^2y}{dx^2}=\frac{d\left(\frac{dy}{dx}\right)}{dx}=\frac{dt}{dx}=\frac{dt}{dt}\cdot\frac{dt}{dx}=\frac{1}{\frac{dx}{dt}}=\frac{1}{2}.$$

例 3　已知函数 $y=y(x)$ 由参数方程 $\begin{cases}x=\ln(t+1),\\ y=e^t\end{cases}$ 确定，求 $\left.\frac{dy}{dx}\right|_{t=1}$.

解　$\frac{dy}{dx}=\frac{\psi'(t)}{\varphi'(t)}=\frac{(e^t)'}{[\ln(t+1)]'}=\frac{e^t}{\frac{1}{t+1}}=(t+1)e^t$,

所以$\left.\frac{dy}{dx}\right|_{t=1}=2e$.

小 结

设 $y=y(x)$ 是由$\begin{cases}x=\varphi(t),\\ y=\psi(t)\end{cases}$确定的参数函数，$x=\varphi(t)$ 在某个区间 I 上严格单调、可导且 $\varphi'(t)\neq 0$，$y=\psi(t)$ 在 I 上可导，那么

（1）$\frac{dy}{dx}=\frac{\psi'(t)}{\varphi'(t)}$；

（2）$\frac{d^2y}{dx^2}=\frac{\psi''(t)\varphi'(t)-\psi'(t)\varphi''(t)}{\varphi'^3(t)}$.

习题 15.5

1. 已知函数 $y=y(x)$ 由参数方程$\begin{cases}x=t^3,\\ y=t^6\end{cases}$确定，求$\frac{dy}{dx}$.

2. 已知函数 $y=y(x)$ 由参数方程$\begin{cases}x=\sin t+1,\\ y=\cos 3t\end{cases}$确定，求$\frac{dy}{dx}$.

3. 已知函数 $y=y(x)$ 由参数方程$\begin{cases}x=4t^5,\\ y=2-t\end{cases}$确定，求$\frac{dy}{dx}$和$\frac{d^2y}{dx^2}$.

4. 已知函数 $y=y(x)$ 由参数方程$\begin{cases}x=\frac{4}{t},\\ y=\ln t\end{cases}$确定，求$\frac{dy}{dx}$和$\frac{d^2y}{dx^2}$.

5. 已知函数 $y=y(x)$ 由参数方程$\begin{cases}x=\arctan t,\\ y=3t^2+1\end{cases}$确定，求$\frac{dy}{dx}$.

6. 已知函数 $y=y(x)$ 由参数方程$\begin{cases}x=5t^3-4t+1,\\ y=3t^2-2t-5\end{cases}$确定，求$\left.\frac{dy}{dx}\right|_{t=0}$.

7. 已知函数 $y=y(x)$ 由参数方程$\begin{cases}x=2t+\sin t,\\ y=1-\cos t\end{cases}$确定，求$\left.\frac{dy}{dx}\right|_{t=\frac{\pi}{2}}$.

8. 已知函数 $y=y(x)$ 由参数方程$\begin{cases}x=5e^{t}+1,\\y=e^{-t}-3\end{cases}$确定，求$\left.\dfrac{dy}{dx}\right|_{t=1}$.

自测题 15

1. 设$f(x)=\begin{cases}x^{3}-5x^{2}, & x\leqslant 0,\\3x^{2}, & x>0,\end{cases}$

（1）求 $f'_{-}(0)$ 和 $f'_{+}(0)$；

（2）$f(x)$ 在 $x_0=0$ 处可导吗？

2. 设$f(x)=\begin{cases}x^{2}\sin\dfrac{3}{x}, & x\neq 0,\\0, & x=0,\end{cases}$求 $f'(0)$.

3. 求下列函数的导数.

（1）$y=(x^3+1)\tan x$

（2）$y=\dfrac{e^x\sin 2x}{x}$

（3）$y=\arctan 4x\cos^2(2x-1)$

4. 设 $y=x^5\ln x$，求 $y^{(4)}$.

5. 设 $y=\dfrac{1}{2x+1}$，求 $y^{(n)}$.

6. 已知 $y=y(x)$ 是由方程 $4xy+1=e^{x-y}-2x$ 确定的隐函数，求$\dfrac{dy}{dx}$和$\left.\dfrac{dy}{dx}\right|_{x=0}$.

7. 已知函数 $y=y(x)$ 由参数方程$\begin{cases}x=3t^{2}-1,\\y=1-2^{t}\end{cases}$确定，求$\left.\dfrac{dy}{dx}\right|_{t=1}$.

8. 已知函数 $y=y(x)$ 由参数方程$\begin{cases}x=t^{5},\\y=\tan 3t\end{cases}$确定，求$\dfrac{dy}{dx}$和$\dfrac{d^2y}{dx^2}$.

第 16 章　导数的应用

16.1　导数与函数的单调性

我们已经在第 3.3 节介绍了单调函数的概念，下面利用导数对函数的单调性进行研究 .

定理　设函数 $y=f(x)$ 在区间 $[a, b]$ 上连续，在 (a, b) 上可导 .

(1) 如果在 (a, b) 内 $f'(x)>0$，则 $f(x)$ 在 $[a, b]$ 上严格单调增加，$[a, b]$ 为严格增区间，也为增区间；

(2) 如果在 (a, b) 内 $f'(x)<0$，则 $f(x)$ 在 $[a, b]$ 上严格单调减少，$[a, b]$ 为严格减区间，也为减区间 .

由上面的定理可知，使得导数等于 0 的点可能是函数增区间和减区间的分界点.

例 1　求函数 $y=|x|$ 的单调区间.

解　由导数的定义可知，函数在 $x=0$ 处不可导. 由函数的图像知，$y=|x|$ 的增区间是 $[0, +\infty)$，减区间是 $(-\infty, 0]$.

由例 1 可知，使得函数导数不存在的点也可能是函数增区间和减区间的分界点.

注　用导数求 $y=f(x)$ 单调区间的步骤：

(1) 写出 $y=f(x)$ 的定义域.

(2) 求 $y=f(x)$ 的导数 y'.

(3) 求使得 $y'=0$ 的点和使得 y' 不存在的点 x_0，并用 x_0 将函数的定义域分割成若干个区间，列表.

(4) 在分割后的每个区间上判断 y' 的正负. 若 $y'>0$，则对应的区间为增区间；若 $y'<0$，则对应的区间为减区间 .

例 2　求函数 $y=2x^2-4x+1$ 的单调区间 .

解　函数的定义域为 $(-\infty, +\infty)$，

$$y' = 4x - 4 = 4(x-1),$$

由 $y'=0$，得 $x=1$.

用 $x=1$ 将函数的定义域（$-\infty$，$+\infty$）分成两个区间（$-\infty$，1）和（1，$+\infty$），列表如下：

x	$(-\infty, 1)$	1	$(1, +\infty)$
y'	−	0	+
y	↘		↗

所以 $y=2x^2-4x+1$ 的增区间为 $[1, +\infty)$，减区间为 $(-\infty, 1]$.

例 3 求函数 $y=4x^3-18x^2+24x-5$ 的单调区间.

解 函数的定义域为（$-\infty$，$+\infty$），

$$y' = 12x^2 - 36x + 24 = 12(x^2 - 3x + 2) = 12(x-1)(x-2),$$

由 $y'=0$，得 $x_1=1$，$x_2=2$.

用 $x_1=1$，$x_2=2$ 将函数的定义域（$-\infty$，$+\infty$）分成三个区间（$-\infty$，1），（1，2）和（2，$+\infty$），列表如下：

x	$(-\infty, 1)$	1	$(1, 2)$	2	$(2, +\infty)$
y'	+	0	−	0	+
y	↗		↘		↗

所以 $y=4x^3-18x^2+24x-5$ 的增区间为 $(-\infty, 1]$ 和 $[2, +\infty)$，减区间为 $[1, 2]$.

例 4 求函数 $y=xe^x$ 的单调区间.

解 函数的定义域为（$-\infty$，$+\infty$），

$$y' = e^x + xe^x = (x+1)e^x,$$

由 $y'=0$，得 $x=-1$.

用 $x=-1$ 将函数的定义域（$-\infty$，$+\infty$）分成两个区间（$-\infty$，-1）和（-1，$+\infty$），列表如下：

x	$(-\infty, -1)$	-1	$(-1, +\infty)$
y'	−	0	+
y	↘		↗

所以 $y=xe^x$ 的增区间为 $[-1, +\infty)$，减区间为 $(-\infty, -1]$.

例 5　求函数 $y=\sqrt[3]{x^2}$ 的单调区间.

解　函数的定义域为 $(-\infty, +\infty)$，

$$y'=\frac{2}{3}x^{-\frac{1}{3}}=\frac{2}{3\sqrt[3]{x}},$$

当 $x=0$ 时，y' 不存在. 用 $x=0$ 将函数的定义域 $(-\infty, +\infty)$ 分成两个区间 $(-\infty, 0)$ 和 $(0, +\infty)$，列表如下：

x	$(-\infty, 0)$	0	$(0, +\infty)$
y'	$-$		$+$
y	↘		↗

所以 $y=\sqrt[3]{x^2}$ 的增区间为 $[0, +\infty)$，减区间为 $(-\infty, 0]$.

小　结

1. 设函数 $y=f(x)$ 在区间 $[a, b]$ 上连续，在 (a, b) 上可导.
   (1) 如果在 (a, b) 内 $f'(x)>0$，则 $f(x)$ 在 $[a, b]$ 上严格单调增加，$[a, b]$ 为严格增区间，也为增区间；
   (2) 如果在 (a, b) 内 $f'(x)<0$，则 $f(x)$ 在 $[a, b]$ 上严格单调减少，$[a, b]$ 为严格减区间，也为减区间.
2. 用导数求 $y=f(x)$ 单调区间的步骤.
   (1) 写出 $y=f(x)$ 的定义域.
   (2) 求 $y=f(x)$ 的导数 y'.
   (3) 求使得 $y'=0$ 的点和使得 y' 不存在的点 x_0，并用 x_0 将函数的定义域分割成若干个区间，列表.
   (4) 在分割后的每个区间上判断 y' 的正负. 若 $y'>0$，则对应的区间为增区间；若 $y'<0$，则对应的区间为减区间.

习题 16.1

1. 求下列函数的单调区间.
   (1) $y=x^2-6x+3$　　　　(2) $y=x^2-2x+5$

（3）$y=x^2+8x$

（4）$y=3x^2+12x+1$

（5）$y=2x^3-9x^2-24x+1$

（6）$y=2x^3-15x^2+36x-4$

（7）$y=x\sqrt[3]{(x+1)^2}$

（8）$y=x+\frac{1}{x}$

2. 讨论函数 $f(x)=a\ln x+x$ 的单调性，其中 a 为实常数 .

16.2　导数与函数的极值和最值

一、导数与函数的极值

定义 1　设函数 $f(x)$ 在点 x_0 的某邻域 $U(x_0)$ 内有定义，如果对于去心邻域 $\overset{0}{U}(x_0)$ 内的任一点 x，有 $f(x)<f(x_0)$（或 $f(x)>f(x_0)$），则称 $f(x_0)$ 为 $f(x)$ 的一个**极大值**（local maximum）（或**极小值**（local minimum）），称 x_0 为 $f(x)$ 的一个极大值点（或极小值点）.

函数的极大值和极小值统称为**极值**（extremum），函数的极大值点和极小值点统称为**极值点**（extreme point）.

如图 16.2－1 所示，x_1 和 x_3 为 $f(x)$ 的极大值点，$f(x_1)$ 和 $f(x_3)$ 为 $f(x)$ 的极大值；x_2 和 x_4 为 $f(x)$ 的极小值点，$f(x_2)$ 和 $f(x_4)$ 为 $f(x)$ 的极小值 .

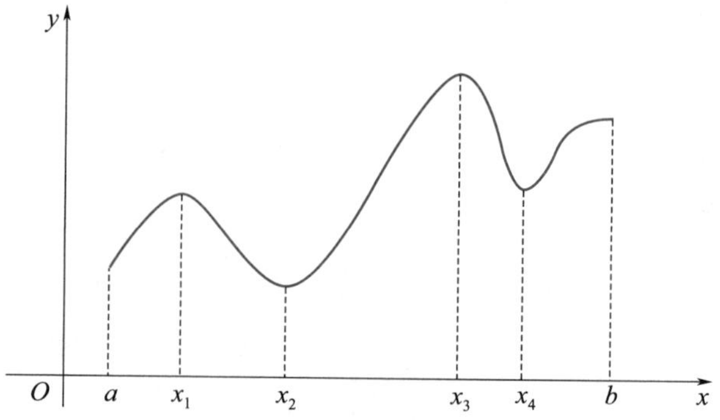

图 16.2－1

定义 2　若 $f'(x_0)=0$，则称 x_0 为函数 $f(x)$ 的**驻点**（stationary point）.

定理 1（**必要条件**（necessary condition））设 $f(x)$ 在点 x_0 处可导，若 x_0 是 $f(x)$ 的极值点，则 $f'(x_0)=0$.

注 1　设 $f(x)$ 在点 x_0 处可导，由定理 1 可知，极值点一定是驻点，但驻点不一定是极值点 .

例如，设 $f(x)=x^3$，则有 $f'(0)=0$，故 $x=0$ 是 $f(x)=x^3$ 的驻点，但 $x=0$ 不是 $f(x)$ 的极值点 .

定理 2（**充分条件**（sufficient condition））设 $f(x)$ 在点 x_0 处连续，在 x_0 的某去心邻域 $\overset{0}{U}(x_0, \delta)$ 内可导（δ 为某一正常数），

（1）若当 $x\in(x_0-\delta, x_0)$ 时，$f'(x)>0$；当 $x\in(x_0, x_0+\delta)$ 时，$f'(x)<0$，则 x_0 是 $f(x)$ 的极大值点 .

（2）若当 $x\in(x_0-\delta, x_0)$ 时，$f'(x)<0$；当 $x\in(x_0, x_0+\delta)$ 时，$f'(x)>0$，则 x_0 是 $f(x)$ 的极小值点 .

（3）若当 $x\in\overset{0}{U}(x_0, \delta)$ 时，$f'(x)$ 的符号不变，则 x_0 不是 $f(x)$ 的极值点 .

注 2　用导数求 $y=f(x)$ 极值的步骤：

（1）写出 $y=f(x)$ 的定义域.

（2）求 $y=f(x)$ 的导数 y'.

（3）求使得 y' 不存在的点和驻点 x_0，并用 x_0 将函数的定义域分割成若干个区间，列表.

（4）在分割后的每个区间上判断 y' 的正负. 若 $y'>0$，则 $f(x)$ 单调增加；若 $y'<0$，则 $f(x)$ 单调减少.

（5）根据定理 2，判断 x_0 是否是极值；如果是，判断是极大值点还是极小值点 .

例 1　求函数 $f(x)=2x^3-3x^2-12x+3$ 的极值点和极值 .

解　函数的定义域为（$-\infty$，$+\infty$），

$$f'(x)=6x^2-6x-36=6(x^2-x-6)=6(x+2)(x-3),$$

由 $f'(x)=0$，得 $x_1=-2$，$x_2=3$.

用 $x_1=-2$，$x_2=3$ 将函数的定义域（$-\infty$，$+\infty$）分成三个区间（$-\infty$，-2），（-2，3）和（3，$+\infty$），列表如下：

x	$(-\infty, -2)$	-2	$(-2, 3)$	3	$(3, +\infty)$
$f'(x)$	+	0	−	0	+
$f(x)$	↗	极大值	↘	极小值	↗

所以 $f(x)=2x^3-3x^2-12x+3$ 的极大值点为-2，极大值为 $f(-2)=-1$；极小值点为3，极小值为 $f(3)=-6$.

例 2 求函数 $f(x)=\sin x+\cos x$，$x\in(0, 2\pi)$ 的极值.

解 函数的定义域为（0，2π），

$$f'(x)=\cos x-\sin x,$$

由 $f'(x)=0$，得 $x_1=\dfrac{\pi}{4}$，$x_2=\dfrac{5\pi}{4}$.

用 $x_1=\dfrac{\pi}{4}$，$x_2=\dfrac{5\pi}{4}$ 将函数的定义域（0，2π）分成三个区间 $\left(0, \dfrac{\pi}{4}\right)$，$\left(\dfrac{\pi}{4}, \dfrac{5\pi}{4}\right)$ 和 $\left(\dfrac{5\pi}{4}, 2\pi\right)$，列表如下：

x	$\left(0, \frac{\pi}{4}\right)$	$\frac{\pi}{4}$	$\left(\frac{\pi}{4}, \frac{5\pi}{4}\right)$	$\frac{5\pi}{4}$	$\left(\frac{5\pi}{4}, 2\pi\right)$
$f'(x)$	+	0	−	0	+
$f(x)$	↗	极大值	↘	极小值	↗

所以 $f(x)=\sin x+\cos x$，$x\in(0, 2\pi)$ 的极大值为 $f\left(\dfrac{\pi}{4}\right)=\sqrt{2}$，极小值为 $f\left(\dfrac{5\pi}{4}\right)=-\sqrt{2}$.

例 3 求函数 $f(x)=(x+1)\sqrt[3]{x-1}$ 的极值.

解 函数的定义域为（$-\infty$，$+\infty$），

$$f'(x)=(x-1)^{\frac{1}{3}}+(x+1)\cdot\frac{1}{3}(x-1)^{-\frac{2}{3}}=\frac{2}{3}(x-1)^{-\frac{2}{3}}(2x-1),$$

当 $x_1=1$ 时，$f'(x)$不存在；

由 $f'(x)=0$，得 $x_2=\frac{1}{2}$.

用 $x_1=1$ 和 $x_2=\frac{1}{2}$ 将函数的定义域（$-\infty$，$+\infty$）分成三个区间 $\left(-\infty, \frac{1}{2}\right)$，$\left(\frac{1}{2}, 1\right)$和（1，$+\infty$），列表如下：

x	$\left(-\infty, \frac{1}{2}\right)$	$\frac{1}{2}$	$\left(\frac{1}{2}, 1\right)$	1	$(1, +\infty)$
$f'(x)$	−	0	+		+
$f(x)$	↘	极小值	↗		↗

所以函数 $f(x)=(x+1)\sqrt[3]{x-1}$ 的极小值为 $f\left(\frac{1}{2}\right)=-\frac{3\sqrt[3]{4}}{4}$.

二、导数与函数的最值

设函数 $y=f(x)$ 在 $[a, b]$ 上连续，则 $f(x)$ 在 $[a, b]$ 上一定有最大值和最小值.

用导数求 $y=f(x)$ 在 $[a, b]$ 上最值的步骤：

（1）求 $y=f(x)$ 的导数 y'.

（2）求使得 y' 不存在的点和驻点 x_0.

（3）计算 $f(x_0)$，$f(a)$，$f(b)$ 的值，比较它们的大小，最大的为最大值，相应的 x_0 为最大值点；最小的为最小值，相应的 x_0 为最小值点.

例 4　求函数 $f(x)=2x^3+3x^2-2$ 在 $[-2, 1]$ 上的最值和最值点.

解　$f'(x)=6x^2+6x=6x(x+1)$，

由 $f'(x)=0$，得 $x_1=-1$，$x_2=0$.

因为 $f(-1)=-1$，$f(0)=-2$，$f(-2)=-6$，$f(1)=3$，

所以 $f(x)=2x^3+3x^2-2$ 在 $[-2, 1]$ 上的最大值为 3，最大值点为 1；

最小值为-6，最小值点为-2.

例5 求函数$f(x)=x^2-2|x|$在$[-2, 3]$上的最值.

解 $f(x)=\begin{cases}x^2-2x & x\geqslant 0,\\ x^2+2x & x<0.\end{cases}$

由导数的定义知，$f(x)$在$x_1=0$处不可导；

由$f'(x)=0$知，$x_2=1$，$x_3=-1$.

因为$f(0)=0$，$f(1)=-1$，$f(-1)=-1$，$f(-2)=0$，$f(3)=3$，

所以$f(x)=x^2-2|x|$在$[-2, 3]$上的最大值为3，最小值为-1.

小　结

1. 设函数$f(x)$在点x_0处的某邻域$U(x_0)$内有定义，如果对于去心邻域$\overset{0}{U}(x_0)$内的任一点x，有$f(x)<f(x_0)$（或$f(x)>f(x_0)$），则称$f(x_0)$为$f(x)$的一个极大值（或极小值），称x_0为$f(x)$的一个极大值点（或极小值点）.

函数的极大值和极小值统称为极值，函数的极大值点和极小值点统称为极值点 .

2. 若$f'(x_0)=0$，则称x_0为函数$f(x)$的驻点 .

3. 掌握极值的必要条件和充分条件 .

4. 用导数求$y=f(x)$极值的步骤：

（1）写出$y=f(x)$的定义域.

（2）求$y=f(x)$的导数y'.

（3）求使得y'不存在的点和驻点x_0，并用x_0将函数的定义域分割成若干个区间，列表.

（4）在分割后的每个区间上判断y'的正负. 若$y'>0$，则$f(x)$单调增加；若$y'<0$，则$f(x)$单调减少.

（5）根据定理2，判断x_0是否为极值点；如果是，判断是极大值点还是极小值点 .

5. 用导数求$y=f(x)$在$[a, b]$上最值的步骤：

（1）求$y=f(x)$的导数y'.

（2）求使得 y' 不存在的点和驻点 x_0.

（3）计算 $f(x_0)$，$f(a)$，$f(b)$ 的值，比较它们的大小，最大的为最大值，相应的 x_0 为最大值点；最小的为最小值，相应的 x_0 为最小值点.

习题 16.2

1. 求下列函数的极值点和极值.

（1）$f(x)=x^2-5x-14$　　（2）$f(x)=x^2-4$

（3）$f(x)=2x^3+3x^2-120x+1$　　（4）$f(x)=x^3-3x-2$

（5）$f(x)=x^3-6x^2+9x+4$　　（6）$f(x)=(x-2)\sqrt[3]{x}$

2. 求下列函数的最值点和最值.

（1）$f(x)=x^3+6x^2-1$，$x\in[-5, 1]$

（2）$f(x)=3x^4-4x^3+1$，$x\in[-2, 2]$

（3）$f(x)=e^x-x+3$，$x\in[-1, 1]$

（4）$f(x)=x-2\cos x$，$x\in[0, 2\pi]$

3. 已知函数 $f(x)=x^3-3ax^2+2bx$ 在 $x=1$ 处有极小值 -1，求 a，b 的值和 $f(x)$ 的单调区间.

4. 已知 $x=1$，$x=2$ 是函数 $f(x)=a\ln x+bx^2+x$ 的两个极值点.

（1）求 a，b 的值；

（2）判断 $x=1$，$x=2$ 是函数 $f(x)$ 的极大值点还是极小值点，并说明理由.

自测题 16

1. 求下列函数的单调区间.

（1）$y=x^2+4x+1$　　（2）$y=2x^3+9x^2-60x-5$

（3）$y=(2x-1)e^x$　　（4）$y=x^2+\dfrac{2}{x}$

（5）$y=-\frac{3}{4}\ln x+\sqrt{x+1}$ $(x>0)$

2. 求下列函数的极值点和极值.

（1）$f(x)=x^3-6x^2-36x+1$ （2）$y=(x^2-3)e^x$

（3）$y=(x+5)\sqrt[3]{x^2}$

3. 求下列函数的最值点和最值.

（1）$f(x)=x^3+3x^2-5$，$x\in[-3, 3]$

（2）$f(x)=x+2\sin x$，$x\in[0, 2\pi]$

4. 已知 $x=-2$ 是函数 $f(x)=(x^2+ax-1)e^x$ 的极值点，求

（1）a 的值；

（2）$f(x)$ 的极小值.

5. 已知函数 $f(x)=2x^3-ax^2+b$，

（1）讨论 $f(x)$ 的单调性；

（2）是否存在 a，b，使得 $f(x)$ 在区间［0，1］上的最小值为-1且最大值为1？若存在，求出 a，b 的所有值；若不存在，说明理由.

第 17 章　排列与组合

17.1　加法原理与乘法原理

一、加法原理

加法原理（addition principle）（也叫分类加法计数原理）　完成一件事，如果有 n 类办法，且在第 1 类办法中有 m_1 种不同的方法，在第 2 类办法中有 m_2 种不同的方法，…，在第 n 类办法中有 m_n 种不同的方法，那么完成这件事共有 $N=m_1+m_2+\cdots+m_n$ 种不同的方法 .

例 1　从甲地到乙地，一天中火车有 4 个班次，汽车有 8 个班次，飞机有 5 个班次. 那么，一天中乘坐这些交通工具从甲地到乙地，共有多少种不同的方式?

解　设共有 N 种不同的方式，则 $N=4+8+5=17$.

二、乘法原理

乘法原理（multiplication principle）（也叫分步乘法计数原理）　完成一件事，如果需要分成 n 个步骤，做第 1 步有 m_1 种不同的方法，做第 2 步有 m_2 种不同的方法，…，做第 n 步有 m_n 种不同的方法，那么完成这件事共有 $N=m_1\times m_2\times\cdots\times m_n$ 种不同的方法 .

例 2　从宿舍去食堂的道路有 3 条，从食堂去教室的道路有 4 条，从宿舍经食堂去教室，共有多少种不同的走法?

解　设共有 N 种不同的走法，则 $N=3\times4=12$.

例 3　用 1，2，3，4 可以排成多少个没有重复数字的三位数?

解　设可以排成 N 个数字不重复的三位数，则

第一步，确定个位上的数，共有 4 种选择；

第二步，确定十位上的数，共有 3 种选择；

第三步，确定百位上的数，共有 2 种选择.

所以 $N=4\times3\times2=24$.

例 4 某班的唱歌兴趣小组中有 5 名同学，其中 2 名女同学、3 名男同学。现在需要从 5 名同学中选出 2 名去参加演出活动，要求至少有 1 名是女同学，共有多少种不同的选法？

解 设共有 N 种不同的选法，具体可以分成两种情况：

第一种情况，2 名同学都是女同学，只有 1 种选法.

第二种情况，分成两步：先选 1 名女同学，有 2 种选法；再选 1 名男同学，有 3 种选法. 共有 $2\times3=6$ 种选法.

所以 $N=1+6=7$.

小　结

1. 加法原理：完成一件事，如果有 n 类办法，且在第 1 类办法中有 m_1 种不同的方法，在第 2 类办法中有 m_2 种不同的方法，…，在第 n 类办法中有 m_n 种不同的方法，那么完成这件事共有 $N=m_1+m_2+\cdots+m_n$ 种不同的方法.

2. 乘法原理：完成一件事，如果需要分成 n 个步骤，做第 1 步有 m_1 种不同的方法，做第 2 步有 m_2 种不同的方法，…，做第 n 步有 m_n 种不同的方法，那么完成这件事共有 $N=m_1\times m_2\times\cdots\times m_n$ 种不同的方法 .

习题 17.1

1. 某学校开设了 5 门体育类选修课、4 门艺术类选修课 .

（1）若学生需要从 9 门课中任选 1 门，有多少种不同的选择？

（2）若学生需要从 9 门课中任选 2 门，其中 1 门是体育类选修课，1 门是艺术类选修课，有多少种不同的选择？

2. 用 1，2，3，4，5 可以排成多少个没有重复数字的三位数？

3. 从集合 $\{0, 1, 2, 3, 4\}$ 中任取两个互不相等的数 a 与 b 组成复

数 $a+bi$，共可以组成多少个不同的虚数？

4. 小红的书架上有 3 本不同的英语课外书、4 本不同的语文课外书，她想拿 2 本随身带着，方便有空儿的时候阅读，共有多少种不同的选择？

5. 将$(a_1+a_2+a_3+a_4)(b_1+b_2+b_3)(c_1+c_2)$展开后，共有多少项？

17.2　排列与排列数

一、排列与排列数的定义

定义 1　一般地，从 n 个不同对象中任取 m（$m\leqslant n$）个对象，按一定的顺序排成一列，我们称为从 n 个不同元素中取出 m 个元素的一个**排列**（arrangement）.

注　排列和顺序有关，如果两个排列的对象相同且对象的排列顺序也相同，则称这两个排列相同 .

例 1　从 1，2，3 中取出两个不同的数排成一个两位数，这样的两位数有多少个？

解　这样的两位数有 12，21，13，31，23，32. 每一个两位数都是一个排列，共有 6 个 .

定义 2　从 n 个不同对象中取出 $m(m\leqslant n)$个对象的所有排列的个数，叫作从 n 个不同元素中取出 m 个元素的**排列数**（number of arrangement），用符号 A_n^m 表示 .

例如，例 1 中的排列数为 $\mathrm{A}_3^2=6$.

一般地，我们有下面的排列数公式：

（1）$\mathrm{A}_n^m=n(n-1)(n-2)\cdots(n-m+1)$；

（2）$\mathrm{A}_n^n=n!$；

（3）$\mathrm{A}_n^m=\dfrac{n!}{(n-m)!}$，$m$，$n\in\mathbb{Z}^+$，$m\leqslant n$.

例如，$A_5^3=5\times4\times3=60$，$A_5^5=5\times4\times3\times2\times1=120$.

二、排列数的应用

例2 用0，1，2，3，4，5，6可以排成多少个没有重复数字的三位数?

解 设可以排成 N 个没有重复数字的三位数 .

方法1 应用乘法原理，分成三步：先排百位数，有6种选择；再排十位数，有6种选择；最后排个位数，有5种选择．故 $N=6\times6\times5=180$.

方法2 应用排列数，分成两步：先排百位数，排列数为 A_6^1；再一起排十位数和个位数，排列数为 A_6^2．故 $N=A_6^1A_6^2=6\times6\times5=180$.

例3 用0，1，2，3，4，5，6可以排成多少个没有重复数字的四位偶数?

解 设可以排成 N 个没有重复数字的四位偶数，具体可以分成两种情况：

（1）若个位数是0，则排列数为 A_6^3.

（2）若个位数不是0，则分成三步：个位数的排列数是 A_3^1，千位数的排列数是 A_5^1，百位数和十位数的排列数是 A_5^2．所以，这种情况下的排列数为 $A_3^1A_5^1A_5^2$.

故 $N=A_6^3+A_3^1A_5^1A_5^2=6\times5\times4+3\times5\times5\times4=420$.

小 结

1. 排列的定义

从 n 个不同对象中任取 $m(m\leqslant n)$ 个对象，按一定的顺序排成一列，我们称为从 n 个不同元素中取出 m 个元素的一个排列 .

2. 排列数的定义

从 n 个不同对象中取出 $m(m\leqslant n)$ 个对象的所有排列的个数，叫作从 n 个不同元素中取出 m 个元素的排列数，用符号 A_n^m 表示 .

3. 排列数公式

（1）$A_n^m=n(n-1)(n-2)\cdots(n-m+1)$；

（2）$A_n^n=n!$；

（3）$A_n^m=\dfrac{n!}{(n-m)!}$，m，$n\in\mathbb{Z}^+$，$m\leqslant n$.

习题 17.2

1. 计算下列各式的值.

（1）$A_7^2+A_4^3$　　（2）$2A_4^2+A_3^3$

（3）$\dfrac{A_8^5}{A_5^5}$　　（4）$5A_9^2+A_{10}^2$

（5）$A_6^1+A_6^2+A_6^3+A_6^4+A_6^5+A_6^6$

2. 用 0，1，2，3，4，5，6，7，8 可以组成多少个没有重复数字的

（1）四位数？　　（2）能被 5 **整除**（divide exactly）的四位数？

（3）五位偶数？　　（4）比 10 000 大的五位偶数？

3. 从 0，1，2，3，4，5 中任取三个不同的数字分别作为一元二次函数 $y=ax^2+bx+c$ 的系数 a，b，c，共可组成多少个不同的函数表达式？

17.3　组合与组合数

一、组合与组合数的定义

定义 1　一般地，从 n 个不同对象中任取 $m(m\leqslant n)$ 个对象并成一组，我们称为从 n 个不同元素中取出 m 个元素的一个**组合**（combination）.

注 1　组合与顺序无关，组合 a，b 与组合 b，a 是同一组合.

例 1　从 1，2，3 中选出两个不同的数组成一个集合，这样的集合有 $\{1, 2\}$，$\{1, 3\}$，$\{2, 3\}$. 每一个集合都是一个组合.

定义 2　从 n 个不同对象中取出 $m(m\leqslant n)$ 个对象的所有组合的个数，叫作从 n 个不同元素中取出 m 个元素的**组合数**（number of combination），

用符号 C_n^m 表示．

例如，例 1 中的组合数为 $C_3^2=3$.

一般地，我们有下面的组合数公式：

（1）$C_n^m=\dfrac{A_n^m}{A_m^m}$；

（2）$C_n^m=\dfrac{n!}{(n-m)!m!}=\dfrac{n(n-1)\cdots(n-m+1)}{m!}$；

（3）$C_n^m=C_n^{n-m}$；

（4）$C_{n+1}^m=C_n^m+C_n^{m-1}$，$m$，$n\in\mathbb{Z}^+$，$m\leqslant n$.

例如，$C_5^2=\dfrac{5\times4}{2!}=\dfrac{5\times4}{2\times1}=10$，$C_5^3=\dfrac{5\times4\times3}{3!}=\dfrac{5\times4\times3}{3\times2\times1}=10$，$C_5^3=C_5^2$；$C_8^3=\dfrac{8\times7\times6}{3!}=\dfrac{8\times7\times6}{3\times2\times1}=56$，$C_7^3=\dfrac{7\times6\times5}{3!}=\dfrac{7\times6\times5}{3\times2\times1}=35$，$C_7^2=\dfrac{7\times6}{2!}=\dfrac{7\times6}{2}=21$，$C_8^3=C_7^3+C_7^2$.

注 2　$C_n^0=1$，$C_n^1=n$，$C_n^n=1$.

二、组合数的应用

例 2　一个袋中有 6 个白球和 3 个红球，从中取出 4 个球，

（1）共有多少种不同的取法？

（2）如果取 2 个白球和 2 个红球，共有多少种不同的取法？

（3）如果取 3 个白球和 1 个红球，共有多少种不同的取法？

（4）如果都取白球，共有多少种不同的取法？

解　（1）因为共有 9 个球，所以共有 C_9^4 种不同的取法，且

$$C_9^4=\frac{9\times8\times7\times6}{4!}=\frac{9\times8\times7\times6}{4\times3\times2\times1}=126.$$

（2）分成两步：

第一步，从 6 个白球中取出 2 个白球，有 C_6^2 种不同的取法；

第二步，从 3 个红球中取出 2 个红球，有 C_3^2 种不同的取法.

由乘法原理，共有 $C_6^2C_3^2$ 种不同的取法，且

$$C_6^2C_3^2=\frac{6\times5}{2!}\times\frac{3\times2}{2!}=\frac{6\times5}{2\times1}\times\frac{3\times2}{2\times1}=45.$$

（3）分成两步：

第一步，从 6 个白球中取出 3 个白球，有 C_6^3 种不同的取法；

第二步，从 3 个红球中取出 1 个红球，有 C_3^1 种不同的取法.

由乘法原理，共有 $C_6^3C_3^1$ 种不同的取法，且

$$C_6^3C_3^1=\frac{6\times5\times4}{3!}\times3=\frac{6\times5\times4}{3\times2\times1}\times3=60.$$

（4）如果都取白球，即从 6 个白球中取出 4 个白球，共有 C_6^4 种不同的取法，且

$$C_6^4=C_6^2=\frac{6\times5}{2!}=\frac{6\times5}{2\times1}=15.$$

小　结

1. 组合的定义

从 n 个不同对象中任取 $m(m\leqslant n)$ 个对象并成一组，我们称为从 n 个不同元素中取出 m 个元素的一个组合 .

2. 组合数的定义

从 n 个不同对象中取出 $m(m\leqslant n)$ 个对象的所有组合的个数，叫作从 n 个不同元素中取出 m 个元素的组合数，用符号 C_n^m 表示 .

3. 组合数公式

（1）$C_n^m=\dfrac{A_n^m}{A_m^m}$；

（2）$C_n^m=\dfrac{n!}{(n-m)!\,m!}=\dfrac{n(n-1)\cdots(n-m+1)}{m!}$；

（3）$C_n^m=C_n^{n-m}$；

（4）$C_{n+1}^m=C_n^m+C_n^{m-1}$，$m$，$n\in\mathbb{Z}^+$，$m\leqslant n$.

习题 17.3

1. 计算下列各式的值.

（1）C_{10}^{7}　　（2）C_{10}^{3}

（3）C_{9}^{6}　　（4）C_{15}^{13}

（5）$C_{8}^{3}+C_{8}^{4}$　　（6）$C_{9}^{5}+C_{9}^{6}$

（7）$C_{6}^{0}+C_{6}^{1}+C_{6}^{2}+C_{6}^{3}+C_{6}^{4}+C_{6}^{5}+C_{6}^{6}$

2. 学校举行足球比赛，共有 12 个队参加，每两队比赛一场，共需比赛多少场？

3. 从 20 个不同元素 a_1，a_2，…，a_{20} 中任取 5 个元素组成一个集合，共可以组成多少个不同的集合？

4. 现有 25 件产品，其中 20 件合格品、5 件不合格品，从中抽取 5 件，

（1）共有多少种不同的取法？

（2）如果都取合格品，共有多少种不同的取法？

（3）如果都取不合格品，共有多少种不同的取法？

（4）如果取 3 件合格品和 2 件不合格品，共有多少种不同的取法？

（5）如果取 4 件合格品和 1 件不合格品，共有多少种不同的取法？

5. 要把 15 本不同的课外书分给甲、乙、丙三位同学，

（1）如果每人分得 5 本，共有多少种不同的分法？

（2）如果一人得 6 本，一人得 5 本，一人得 4 本，共有多少种不同的分法？

17.4　二项式定理

定理　（**二项式定理**（binomial theorem））当 n 是正整数时，

$$(a+b)^n=C_n^0a^n+C_n^1a^{n-1}b+\cdots+C_n^ka^{n-k}b^k+\cdots+C_n^nb^n(k\in\mathbb{Z}^+\text{且 }0\leqslant k\leqslant n).\quad(*)$$

（*）式中等号右边的式子称为 $(a+b)^n$ 的**展开式**（expansion），共有 $n+1$ 项，$C_n^ka^{n-k}b^k$ 称为展开式的通项公式，C_n^k 称为第 $k+1$ 项 $C_n^ka^{n-k}b^k$ 的系数.

注　$C_n^0+C_n^1+\cdots+C_n^n=2^n$(在（＊）式中，令 $a=1$，$b=1$ 可得).

例如，$C_6^0+C_6^1+C_6^2+C_6^3+C_6^4+C_6^5+C_6^6=2^6=64$.

例 1　求 $(x-3)^4$ 的展开式．

解　在二项式定理中，令 $a=x$，$b=-3$，则

$$(x-3)^4=C_4^0x^4(-3)^0+C_4^1x^3(-3)+C_4^2x^2(-3)^2+C_4^3x(-3)^3+C_4^4x^0(-3)^4$$
$$=x^4-12x^3+54x^2-108x+81.$$

例 2　求 $\left(2\sqrt{x}-\frac{1}{\sqrt{x}}\right)^6$ 的展开式．

解　$\left(2\sqrt{x}-\frac{1}{\sqrt{x}}\right)^6=\left(\frac{2x-1}{\sqrt{x}}\right)^6=\frac{1}{x^3}(2x-1)^6$

$$=\frac{1}{x^3}[(2x)^6-C_6^1(2x)^5+C_6^2(2x)^4-C_6^3(2x)^3+C_6^4(2x)^2-C_6^5(2x)+C_6^6]$$

$$=\frac{1}{x^3}(64x^6-6\cdot 32x^5+15\cdot 16x^4-20\cdot 8x^3+15\cdot 4x^2-6\cdot 2x+1)$$

$$=64x^3-192x^2+240x-160+\frac{60}{x}-\frac{12}{x^2}+\frac{1}{x^3}.$$

例 3　求 $\left(x-\frac{1}{x}\right)^9$ 的展开式中 x^3 的系数．

解　$\left(x-\frac{1}{x}\right)^9$ 的展开式的通项是 $C_9^kx^{9-k}\left(-\frac{1}{x}\right)^k=(-1)^kC_9^kx^{9-2k}$，

根据题意，得 $9-2k=3$，即 $k=3$，

所以 x^3 的系数是 $(-1)^3C_9^3=-84$.

例 4　用二项式定理证明 $99^{10}-1$ 能被 100 整除.

证明　$99^{10}-1=(100-1)^{10}-1$

$$=C_{10}^0100^{10}+C_{10}^1100^9(-1)+C_{10}^2100^8(-1)^2+\cdots+C_{10}^9100(-1)^9+C_{10}^{10}(-1)^{10}-1$$

$$=C_{10}^0100^{10}+C_{10}^1100^9(-1)+C_{10}^2100^8(-1)^2+\cdots+C_{10}^9100(-1)^9.$$

上式中的每一项都是 100 的整数倍，所以 $99^{10}-1$ 能被 100 整除．

小　结

二项式定理：当 n 是正整数时，

$$(a+b)^n=C_n^0a^n+C_n^1a^{n-1}b+\cdots+C_n^ka^{n-k}b^k+\cdots+C_n^nb^n\ (k\in\mathbb{Z}^+\text{且}\ 0\leqslant k\leqslant n).$$

习题 17.4

1. 求下列式子的展开式．

（1）$(x+2)^5$　　（2）$(x-1)^6$

（3）$(2x-1)^3$　　（4）$\left(x+\dfrac{1}{x}\right)^4$

（5）$(1-\sqrt{x})^5$　　（6）$(x-\dfrac{3}{\sqrt{x}})^4$

2. 求 $(2x-3)^6$ 展开式中 x^3 的系数和常数项．

3. 求 $\left(x^2-\dfrac{1}{x}\right)^6$ 展开式中 x^6 的系数和常数项．

4. 求 $\left(2x+\dfrac{1}{\sqrt{x}}\right)^{10}$ 展开式中 x^4 的系数．

5. 求 $(1+x)(3x-2)^7$ 展开式中 x^6 的系数．

自测题 17

1. 20 件产品中有 16 件合格品和 4 件不合格品，

（1）若从中任取 1 件产品，共有多少种不同的取法？

（2）若从中任取 2 件产品，其中 1 件是合格品，1 件是不合格品，共有多少种不同的取法？

（3）若从中任取 5 件产品，其中 2 件是合格品，3 件是不合格品，共有多少种不同的取法？

（4）若从中任取 6 件产品，其中 4 件是合格品，2 件是不合格品，共有多少种不同的取法？

2. 用 0，1，2，3，4，5 可以排成多少个没有重复数字的三位数？

3. 小明的笔袋里有 10 支不同颜色的水彩笔、6 支不同颜色的蜡笔，他想任取 2 支送给同学，共有多少种不同的选择？

4. 将$(a_1+a_2+a_3+a_4+a_5)(b_1+b_2+b_3+b_4)(c_1+c_2+c_3)$展开后，共有多少项？

5. 计算下列各式的值 .

（1）$2A_6^4+A_4^4$　　（2）$\dfrac{3A_8^5}{4A_7^6}$

（3）$C_{10}^7C_9^4$　　（4）$2C_6^5+C_6^6C_8^6$

6. 用 0，1，2，3，4，5，6，7，8，9 可以组成多少个没有重复数字的

（1）五位数？

（2）能被 5 整除的五位数？

（3）五位奇数？

（4）比 20 000 小的五位奇数？

7. 求下列式子的展开式 .

（1）$(3x-2)^5$　　（2）$\left(x+\dfrac{2}{\sqrt{x}}\right)^6$

8. 求$\left(3x-\dfrac{1}{x^2}\right)^9$展开式中 x^{-3} 的系数和常数项 .

第 18 章　随机事件与概率

18.1　随机事件及其运算

一、随机试验与样本空间

在一定条件下一定会发生的现象叫作必然现象．例如，早晨太阳从东边升起．

在基本条件相同的情况下，一系列观察或试验会得到不同的结果，这种现象叫作随机现象．例如，抛掷一枚质地均匀的硬币，落地时可能正面朝上，也可能反面朝上．

定义 1　我们把在相同条件下，对随机现象所进行的观察或试验叫作**随机试验**（random trial），简称试验.

例 1　抛掷一枚质地均匀的硬币，观察落地时是正面朝上还是反面朝上，是一个随机试验．

例 2　抛掷一枚质地均匀的色子，观察落地时朝上的点数，是一个随机试验．

例 3　观察并记录一个日光灯的寿命，是一个随机试验．

定义 2　我们称试验的每个可能结果为**样本点**（sample point），用 ϖ 表示；全体样本点构成的集合为**样本空间**（sample space），用 Ω 表示．

例如，在例 1 中，$\Omega=\{$正面朝上，反面朝上$\}$；在例 2 中，$\Omega=\{1, 2, 3, 4, 5, 6\}$；在例 3 中，$\Omega=[0, +\infty)$.

特别地，如果样本空间 Ω 中样本点的个数是有限的，则称 Ω 为有限样本空间；如果样本空间 Ω 中样本点的个数是无限的，则称 Ω 为无限样本空间．

例如，在例 1 中，Ω 中样本点的个数为 2，Ω 是有限样本空间；在例 3

中，Ω 中样本点的个数为无限多个，Ω 是无限样本空间．

二、随机事件

定义 3 设试验的样本空间为 Ω，称 Ω 的非空真子集为**随机事件**（random event），简称事件．随机事件用大写英文字母 A，B，C，…表示．

例 4 在例 2 中，样本空间 Ω 的子集 $A=\{3\}$，$B=\{1, 3, 5\}$，$C=\{2, 4, 5\}$，$D=\{1, 2, 4, 5, 6\}$ 都是随机事件．

定义 4 我们称随机事件 A 发生，是指 A 中的某个样本点出现．

定义 5 在试验中一定会发生的事件称为**必然事件**（certain event），一定不会发生的事件称为**不可能事件**（impossible event）．

注 1 样本空间 Ω 包含所有的样本点，每次试验 Ω 都会发生，所以 Ω 是必然事件；空集 $\varnothing$ 中不包含任何样本点，每次试验 $\varnothing$ 都不会发生，所以 $\varnothing$ 是不可能事件．

三、随机事件的运算

事件之间的关系和运算与集合之间的关系和运算相同．

定义 6 如果事件 A 的样本点都在事件 B 中，则称 A 包含于 B（或 B 包含 A），记为 $A\subseteq B$（或 $B\supseteq A$）．

例如，在例 4 中，$A\subseteq B$.

定义 7 如果事件 $A\subseteq B$ 且 $B\subseteq A$，则称 A 与 B 相等，记作 $A=B$.

定义 8 由所有事件 A 中的样本点和事件 B 中的样本点组成的事件称为 A 与 B 的和事件（或并事件），记作 $A\cup B$.

例如，在例 4 中，$B\cup C=\{1, 2, 3, 4, 5\}$．

定义 9 由事件 A 和事件 B 中的公共样本点组成的事件称为 A 与 B 的积事件（或交事件），记作 AB（或 $A\cap B$）．

例如，在例 4 中，$BC=\{5\}$．

定义 10 如果事件 A 和事件 B 没有公共样本点，则称 A 与 B 为**互斥事**

件（或**互不相容事件**）（mutually exclusive events），记为 $AB=\varnothing$.

例如，在例 4 中，因为 $AC=\varnothing$，所以 A 和 C 是互斥事件；因为 $AD=\varnothing$，所以 A 和 D 也是互斥事件.

注 2 当事件 A 与 B 互斥时，$A\cup B$ 可表示为 $A+B$.

定义 11 由样本空间 Ω 中所有不属于事件 A 的样本点组成的事件称为 A 的**对立事件**（complementary events），记作 $\overline{A}$.

注 3 （1）事件 A 与它的对立事件 $\overline{A}$ 满足 $A\overline{A}=\varnothing$，$A\cup\overline{A}=\Omega$.

例如，在例 4 中，A 和 D 互为对立事件.

（2）对立事件一定是互斥事件，互斥事件不一定是对立事件.

例 5 设 A 和 B 是两个事件，用 A，B 表示下列各事件：

（1）A，B 两个事件都发生；

（2）A，B 两个事件都不发生；

（3）A，B 两个事件至少有一个发生；

（4）A 事件发生，且 B 事件不发生；

（5）A，B 两个事件恰有一个发生.

解 上面的事件可分别表示为

（1）AB；（2）$\overline{A}\,\overline{B}$；（3）$A\cup B$；（4）$A\overline{B}$；（5）$A\overline{B}+\overline{A}B$.

四、随机事件的运算性质

随机事件具有与集合相同的运算性质，具体如下：

（1）$A\cup B=B\cup A$，$AB=BA$；

（2）$(A\cup B)\cup C=A\cup(B\cup C)$，$(AB)C=A(BC)$；

（3）$(A\cup B)\cap C=AC\cup BC$，$(A\cap B)\cup C=(A\cup C)\cap(B\cup C)$；

（4）$\overline{A\cup B}=\overline{A}\cap\overline{B}$，$\overline{A\cap B}=\overline{A}\cup\overline{B}$.

小　结

1. 理解样本点，样本空间，随机事件，必然事件，不可能事件，事件的包含、相等、和、积，互斥事件，对立事件的定义.

2. 随机事件具有与集合相同的运算性质 .

习题 18.1

1. 设 A，B，C 是三个事件，用 A，B，C 表示下列事件：

(1) 三个事件同时发生；

(2) 三个事件中只有一个发生；

(3) 三个事件中至少有一个发生 .

2. 某工人加工了 3 个零件，事件 $A_i=\{$第 i 个零件是合格品$\}$，$i=1$，2，3，用 A_i，$i=1$，2，3 表示下列事件：

(1) $B_1=\{$3 个零件都是合格品$\}$；

(2) $B_2=\{$3 个零件中恰有 1 个是不合格品$\}$；

(3) $B_3=\{$3 个零件中至少有 1 个是合格品$\}$；

(4) $B_4=\{$3 个零件都是不合格品$\}$.

3. 抛掷一枚质地均匀的色子，有如下随机事件：

$C_i=\{$点数为 $i\}$，$i=1$，2，3，4，5，6；

$D_1=\{$点数不大于 2$\}$；

$D_2=\{$点数大于 2$\}$；

$D_3=\{$点数大于 4$\}$.

下列结论错误的是（　　）.

A. C_1 与 C_2 互斥　　　　B. $D_1\cup D_2=\Omega$，$D_1D_2=\varnothing$

C. $D_3\subseteq D_2$　　　　D. C_2 与 C_3 互为对立事件

4. 某舞蹈小组有 3 名男生和 2 名女生，要选两人去参加比赛，若事件 $A=\{$2 名都是男生$\}$，$B=\{$2 名都是女生$\}$，$C=\{$恰有 1 名男生$\}$，$D=\{$至少有 1 名男生$\}$，则下列关系不正确的是（　　）.

A. $A\subseteq D$　　　　B. $B\cap D=\varnothing$

C. $A\cup C=D$　　　　D. $A\cup B=B\cup D$

18.2 概率的定义及性质

一、概率的定义

定义1 一般地，对于一个随机事件A，我们把刻画其发生可能性大小的数值称为随机事件A的**概率**（probability），记为$P(A)$.

注 不可能事件$\varnothing$发生的概率为0，必然事件Ω发生的概率为1，即$P(\varnothing)=0$，$P(\Omega)=1$.

例1 抛掷一枚质地均匀的色子，求落地时3点朝上的概率.

解 事件A=“落地时3点朝上”. 色子落地时向上一面的点数有6种可能，即1，2，3，4，5，6. 因为色子质地均匀，所以每种点数出现的可能性大小相等，故$P(A)=\dfrac{1}{6}$.

二、概率的性质

设A，B是任意两个随机事件，则概率具有如下性质：

（1）若$AB=\varnothing$，则$P(A\cup B)=P(A)+P(B)$，即

$$P(A+B)=P(A)+P(B).$$

一般地，若随机事件A_1，A_2，…，A_n两两互斥，则

$$P(A_1+A_2+\cdots+A_n)=P(A_1)+P(A_2)+\cdots+P(A_n).$$

（2）$P(\overline{A})=1-P(A)$.

（3）若$A\subseteq B$，则$P(B-A)=P(B)-P(A)$.

（4）若$A\subseteq B$，则$P(A)\leqslant P(B)$.

（5）$0\leqslant P(A)\leqslant 1$.

（6）$P(A\cup B)=P(A)+P(B)-P(AB)$.

例2 设A，B是两个随机事件，$P(A)=0.2$，$P(B)=0.6$，

（1）求 $P(\overline{A})$；

（2）若 $AB=\varnothing$，求 $P(A\cup B)$；

（3）若 $A\subseteq B$，求 $P(B-A)$；

（4）若 $P(AB)=0.3$，求 $P(A\cup B)$．

解　（1）$P(\overline{A})=1-P(A)=1-0.2=0.8$.

（2）因为 $AB=\varnothing$，所以 $P(A\cup B)=P(A)+P(B)=0.2+0.6=0.8$.

（3）因为 $A\subseteq B$，所以 $P(B-A)=P(B)-P(A)=0.6-0.2=0.4$.

（4）因为 $P(AB)=0.3$，所以 $P(A\cup B)=P(A)+P(B)-P(AB)=0.2+0.6-0.3=0.5$.

小　结

1. 概率的定义

概率是表示随机事件 A 发生可能性大小的数值，用 $P(A)$ 表示．

规定：$P(\varnothing)=0$，$P(\Omega)=1$.

2. 概率的性质

设 A，B 是任意两个随机事件，则

（1）$P(A+B)=P(A)+P(B)$. 对于随机事件 A_1，A_2，…，A_n 有 $P(A_1+A_2+\cdots+A_n)=P(A_1)+P(A_2)+\cdots+P(A_n)$.

（2）$P(\overline{A})=1-P(A)$.

（3）若 $A\subseteq B$，则 $P(B-A)=P(B)-P(A)$.

（4）若 $A\subseteq B$，则 $P(A)\leqslant P(B)$.

（5）$0\leqslant P(A)\leqslant 1$.

（6）$P(A\cup B)=P(A)+P(B)-P(AB)$.

习题 18.2

1. 一名学生的书包里有数学、语文、英语、物理、化学共 5 本书，从中任取 1 本，求下列值.

（1）取出的是英语书的概率；

（2）取出的是理科书的概率.

2. 设 A，B 是两个事件，$P(A)=0.1$，$P(\overline{B})=0.3$.

（1）求 $P(B)$；

（2）若 $AB=\varnothing$，求 $P(A\cup B)$；

（3）若 $A\subseteq B$，求 $P(B-A)$；

（4）若 $P(AB)=0.5$，求 $P(A\cup B)$.

3. 已知三个事件 A，B，C 两两互斥，且 $P(A)=0.3$，$P(B)=0.4$，$P(\overline{C})=0.6$，求 $P(A+B+C)$.

4. 经统计，在某银行一个营业窗口排队等候的人数及相应概率如下：

等候人数	0	1	2	3	4	5 人及以上
概率	0.10	0.15	0.25	0.35	0.10	0.05

求下列值.

（1）至多 3 人排队等候的概率是多少？

（2）至少 2 人排队等候的概率是多少？

5. 抛掷一枚质地均匀的色子，向上的一面出现 1 点、2 点、3 点、4 点、5 点、6 点的概率都是$\frac{1}{6}$，记事件 A 为“出现的点数为奇数”，事件 B 为“向上的点数不超过 3”，求 $P(A\cup B)$.

18.3 古典概型

一、古典概型的定义

定义 如果随机试验的样本空间 Ω 满足 Ω 中包含的样本点的个数是有限的（即 Ω 是有限样本空间），且 Ω 中每个样本点出现的可能性大小相等，则称这样的随机试验为**古典概型**（classical probability model）.

例 1　抛掷一枚质地均匀的色子，观察落地时朝上的点数．这一随机试验是一个古典概型，因为样本空间 $\Omega=\{1, 2, 3, 4, 5, 6\}$，且每一个样本点出现的可能性都是$\frac{1}{6}$.

二、古典概型中概率的计算

在古典概型中，设样本空间为 Ω，则事件 A 发生的概率为

$$P(A)=\frac{A\text{ 中包含的样本点总数}}{\Omega\text{ 中包含的样本点总数}}.$$

例 2　抛掷一枚质地均匀的色子，求下列概率.

(1) 落地时朝上的点数为奇数；

(2) 落地时朝上的点数大于 4.

解　样本空间 $\Omega=\{1, 2, 3, 4, 5, 6\}$.

(1) 设事件 $A=\{$落地时朝上的点数为奇数$\}$，则 $A=\{1, 3, 5\}$，所以

$$P(A)=\frac{3}{6}=\frac{1}{2}.$$

(2) 设事件 $B=\{$落地时朝上的点数大于 4$\}$，则 $B=\{5, 6\}$，所以

$$P(B)=\frac{2}{6}=\frac{1}{3}.$$

例 3　将一枚质地均匀的硬币抛掷两次，观察落地时正反面朝上的情况，求至少一次出现正面的概率．

解　样本空间 $\Omega=\{$(正，正)，(正，反)，(反，正)，(反，反)$\}$，设事件 $A=\{$至少一次出现正面$\}$，则 $A=\{$(正，正)，(正，反)，(反，正)$\}$，所以

$$P(A)=\frac{3}{4}.$$

例 4　一个袋中有 3 个白球和 2 个红球，从中取出 3 个球，求取出的 3 个球中恰有 1 个红球的概率．

解　应用组合数进行计算，设事件 $A=\{$取出的 3 个球中恰有 1 个红球$\}$.

从 5 个球中取 3 个球，总的取法种数是 $C_5^3=10$，即样本空间中样本点的总数为 10；

取出的 3 个球中恰有 1 个红球，表示取出了 2 个白球和 1 个红球，取法种数为 $C_3^2C_2^1=6$，即事件 A 中样本点的总数为 6. 所以

$$P(A)=\frac{6}{10}=\frac{3}{5}.$$

小　结

1. 古典概型的定义

如果随机试验的样本空间 Ω 满足 Ω 中包含的样本点的个数是有限的（即 Ω 是有限样本空间），且 Ω 中每个样本点出现的可能性大小相等，则称这样的随机试验为古典概型.

2. 古典概型中概率的计算

在古典概型中，设样本空间为 Ω，则事件 A 发生的概率为

$$P(A)=\frac{A\text{ 中包含的样本点总数}}{\Omega\text{ 中包含的样本点总数}}.$$

习题 18.3

1. 从 1，2，3，…，15 中任取一个数，求下列事件的概率：

（1）取出的数是奇数；

（2）取出的数是 5 的倍数；

（3）取出的数小于 10.

2. 从含有 3 件合格品和 1 件不合格品的产品中取出 2 件，求下列事件的概率：

（1）取出的 2 件产品都是合格品；

（2）取出的 2 件产品中有 1 件不合格品.

3. 一个袋中有 5 个白球和 3 个红球，从中取出 4 个球，求下列事件的概率：

（1）取出的 4 个球都是白球；

（2）取出 3 个白球和 1 个红球；

（3）至少取出 2 个红球 .

4. 将一枚质地均匀的色子抛掷两次，观察落地时朝上的点数情况，求下列事件的概率：

（1）两次点数之和大于 8；

（2）两次点数之差小于 3；

（3）至少出现一个 6.

18.4　条件概率和概率乘法公式

一、条件概率

定义　若事件 B 发生的概率大于 0，已知事件 B 发生的条件下事件 A 发生的概率，我们称为**条件概率**（conditional probability），记为 $P(A|B)$，且 $P(A|B)=\dfrac{P(AB)}{P(B)}$.

例 1　将一枚质地均匀的色子抛掷两次，求第一次掷出 6 点的条件下，两次掷出的点数之和大于 9 的概率 .

解　设 $B=\{$第一次掷出 6 点$\}$，$A=\{$两次点数之和大于 9$\}$，则 $P(B)=\dfrac{1}{6}$；

样本空间 $\Omega=\{(x,\ y)\mid x,\ y=1,\ 2,\ 3,\ 4,\ 5,\ 6\}$ 中样本点个数为 $6\times6=36$，且 $AB=\{(6,\ 4),\ (6,\ 5),\ (6,\ 6)\}$，$AB$ 中样本点个数为 3，故 $P(AB)=\dfrac{3}{36}=\dfrac{1}{12}$；

所以 $P(A\mid B)=\dfrac{P(AB)}{P(B)}=\dfrac{\frac{1}{12}}{\frac{1}{6}}=\dfrac{1}{2}$.

二、概率乘法公式

若 $P(B)>0$，由条件概率公式 $P(A\mid B)=\dfrac{P(AB)}{P(B)}$，可得

$$P(AB)=P(A\mid B)P(B). \qquad ①$$

若 $P(A)>0$，交换①中 A 与 B 的位置，可得

$$P(BA)=P(B\mid A)P(A). \qquad ②$$

①和②都称为**概率乘法公式**（probability multiplication formula）.

注 若 $P(A)>0$，$P(B)>0$，则 $P(AB)=P(A\mid B)P(B)=P(B\mid A)\cdot P(A)$.

例 2 设 10 张彩票中有 2 张中奖券，现有甲、乙二人先后去抽奖，抽完的彩票不放回，求下列事件的概率：

（1）甲、乙二人都抽到中奖券；

（2）甲抽到中奖券而乙没有抽到.

解 设 $A=\{$甲抽到中奖券$\}$，$B=\{$乙抽到中奖券$\}$，

（1）$P(AB)=P(B\mid A)P(A)=\dfrac{1}{9}\times\dfrac{2}{10}=\dfrac{1}{45}$；

（2）$P(A\overline{B})=P(\overline{B}\mid A)P(A)=\dfrac{8}{9}\times\dfrac{2}{10}=\dfrac{8}{45}$.

三、全概率公式和贝叶斯公式

定理 若样本空间 Ω 中的事件 A_1，A_2，…，A_n 满足：

（1）$A_iA_j=\varnothing$，i，$j=1$，2，…，n，$i\neq j$；

（2）$A_1+A_2+\cdots+A_n=\Omega$；

（3）$P(A_i)>0$，$i=1$，2，…，n.

则对 Ω 中的任意事件 B，有

$$P(B)=P(B\mid A_1)P(A_1)+P(B\mid A_2)P(A_2)+\cdots+P(B\mid A_n)P(A_n).\qquad ③$$

若 $P(B)>0$，有

$$P(A_i\mid B)=\frac{P(A_iB)}{P(B)}$$

$$=\frac{P(B\mid A_i)P(A_i)}{P(B\mid A_1)P(A_1)+P(B\mid A_2)P(A_2)+\cdots+P(B\mid A_n)P(A_n)}.\qquad ④$$

我们称③为**全概率公式**（total probability formula），称④为**贝叶斯公式**（Bayes formula）.

例 3　一批产品由三家工厂生产，这三家工厂生产的产品数分别占总量的 40%、40%、20%，它们的不合格率分别为 1%、2%、4%. 现从中任意抽取一件产品.

（1）求取出的产品是不合格品的概率；

（2）若已知取出的是一件不合格品，求它来自第一家工厂的概率.

解　设 $A_i=\{$取出的产品由第 i 家工厂生产$\}$，$i=1, 2, 3$，$B=\{$取出的产品是不合格品$\}$.

（1）由全概率公式，得

$$P(B)=P(B\mid A_1)P(A_1)+P(B\mid A_2)P(A_2)+P(B\mid A_3)P(A_3)$$
$$=0.01\times0.4+0.02\times0.4+0.04\times0.2$$
$$=0.02,$$

所以取出的产品是不合格品的概率为 0.02.

（2）由贝叶斯公式，得 $P(A_1\mid B)=\dfrac{P(A_1B)}{P(B)}=\dfrac{P(B\mid A_1)P(A_1)}{P(B)}=\dfrac{0.01\times0.4}{0.02}=0.2$，

所以取出的不合格品来自第一家工厂的概率为 0.2.

小　结

1. 条件概率公式

$$P(A\mid B)=\frac{P(AB)}{P(B)}\quad (P(B)>0).$$

2. 概率乘法公式

$$P(AB)=P(A|B)P(B)=P(B|A)P(A)\quad (P(A)>0,\quad P(B)>0).$$

3. 全概率公式

$$P(B)=P(B|A_1)P(A_1)+P(B|A_2)P(A_2)+\cdots+P(B|A_n)P(A_n)$$
$$(P(A_i)>0,\ i=1,\ 2,\ \cdots,\ n).$$

4. 贝叶斯公式

$$P(A_i|B)=\frac{P(A_iB)}{P(B)}$$
$$=\frac{P(B|A_i)P(A_i)}{P(B|A_1)P(A_1)+P(B|A_2)P(A_2)+\cdots+P(B|A_n)P(A_n)}$$
$$(P(B)>0,\ P(A_i)>0,\ i=1,\ 2,\ \cdots,\ n).$$

习题 18.4

1. 求满足下列各条件的 $P(B|A)$.

（1）$P(A)=0.3$，$P(AB)=0.2$

（2）$P(A)=0.8$，$P(AB)=0.5$

2. 求满足下列各条件的 $P(AB)$ 和 $P(\overline{A}B)$.

（1）$P(B)=0.5$，$P(A|B)=0.3$

（2）$P(B)=0.6$，$P(A|B)=0.4$

3. 一个袋中有 6 个白球和 2 个红球，从中不放回地依次取出 2 个球，求下列事件的概率：

（1）在第一次取出白球的条件下，第二次也取出白球；

（2）在第一次取出白球的条件下，第二次取出红球；

（3）在第一次取出红球的条件下，第二次取出白球；

（4）在第一次取出红球的条件下，第二次也取出红球 .

4. 从标有 1，2，3，4，5 的五张卡片中依次抽出两张（抽出后不放回），求下列事件的概率：

（1）在第一次抽出偶数卡片的条件下，第二次也抽出偶数卡片；

（2）在第一次抽出偶数卡片的条件下，第二次抽出奇数卡片．

5. 设有一批灯泡由甲、乙两家工厂生产，这两家工厂生产的产品数量分别占总量的 40%、60%，它们的合格率分别为 90%、95%．现从中任意抽取一件产品．

（1）求取出的产品是合格品的概率；

（2）若已知取出的是一件合格品，求它来自乙工厂的概率．

6. 某产品由甲、乙、丙三家工厂生产，第一天共生产了 1000 件产品，其中甲厂生产 300 件，乙厂生产 300 件，丙厂生产 400 件，已知甲、乙、丙三家工厂的优质品率分别为 0.8、0.9、0.95，现从这 1000 件产品中随机抽取 1 件．

（1）求取出的产品是优质品的概率；

（2）若已知取出的是 1 件优质品，求它来自丙工厂的概率．

7. 设袋中有 30 个乒乓球，其中 20 个是白球，10 个是黄球．现有两人依次随机地各取一球（取后不放回），求第二个人取到黄球的概率．

18.5　随机事件的独立性

一、独立性的定义

定义　设 A，B 为任意两个随机事件，若 $P(AB)=P(A)P(B)$，则称 A 与 B **相互独立**（mutually independent）．

例 1　将一个质地均匀的色子抛掷两次，设事件 $A=\{$第一次掷出 6 点$\}$，$B=\{$第二次掷出 5 点$\}$，求 $P(A)$，$P(B)$，$P(AB)$，并判断 A 与 B 是否相互独立．

解　$P(A)=\dfrac{1}{6}$，$P(B)=\dfrac{1}{6}$，$P(AB)=\dfrac{1}{36}$；因为 $P(AB)=P(A)P(B)$，所以 A 与 B 相互独立．

二、独立性的性质

定理1 若事件A与B相互独立，则$\overline{A}$与B，A与$\overline{B}$，$\overline{A}$与$\overline{B}$也相互独立.

例2 在例1中，求$P(\overline{A}B)$.

解 因为A与B相互独立，由定理1，知$\overline{A}$与B也相互独立，所以

$$P(\overline{A}B)=P(\overline{A})P(B)=\left(1-\frac{1}{6}\right)\times\frac{1}{6}=\frac{5}{36}.$$

定理2 若$P(A)>0$，则事件A与B相互独立$\Leftrightarrow P(B|A)=P(B)$.

注1 由定理2可知，若事件A与B相互独立，则A与B发生的概率互不影响.

例3 已知$P(B|A)=0.4$，$P(\overline{B})=0.6$，判断A与B是否独立.

解 由$P(B)=1-P(\overline{B})=1-0.6=0.4=P(B|A)$，知$A$与$B$相互独立.

在实际问题中，我们常常依据实际背景去判断两个事件是否相互独立.如果两个事件互不影响，则认为它们相互独立.

例4 甲、乙二人射击，已知甲命中靶心的概率为0.8，乙命中靶心的概率为0.9，甲、乙二人各射击一次，求他们都命中靶心的概率.

解 设$A=\{$甲命中$\}$，$B=\{$乙命中$\}$，因为A与B相互独立，所以

$$P(AB)=P(A)P(B)=0.8\times0.9=0.72.$$

注2 事件A_1，A_2，…，A_n相互独立$\Leftrightarrow A_1$，A_2，…，A_n中任意有限个事件同时发生的概率都等于它们各自概率的乘积.例如，

$$A_1,\ A_2,\ A_3\text{相互独立}\Leftrightarrow\begin{cases}P(A_1A_2)=P(A_1)P(A_2);\\P(A_1A_3)=P(A_1)P(A_3);\\P(A_2A_3)=P(A_2)P(A_3);\\P(A_1A_2A_3)=P(A_1)P(A_2)P(A_3).\end{cases}$$

例5 甲、乙、丙三人参加数学期末考试，已知甲通过的概率为0.8，乙通过的概率为0.7，丙通过的概率为0.9，求他们都通过的概率.

解 设$A=\{$甲通过$\}$，$B=\{$乙通过$\}$，$C=\{$丙通过$\}$，因为A，B，C相

互独立，所以

$$P(ABC)=P(A)P(B)P(C)=0.8\times0.7\times0.9=0.504.$$

小　结

1. 事件 A 与 B 相互独立$\Leftrightarrow P(AB)=P(A)P(B)$.

2. 若事件 A 与 B 相互独立，则 $\overline{A}$ 与 B，A 与 $\overline{B}$，$\overline{A}$ 与 $\overline{B}$ 也相互独立.

3. 若 $P(A)>0$，则事件 A 与 B 相互独立$\Leftrightarrow P(B|A)=P(B)$.

4. 事件 A_1，A_2，…，A_n 相互独立$\Leftrightarrow A_1$，A_2，…，A_n 中任意有限个事件同时发生的概率都等于它们各自概率的乘积.

习题 18.5

1. 判断下列各组中的 A 与 B 是否相互独立.

（1）$P(AB)=0.5$，$P(A)=0.2$，$P(B)=0.3$

（2）$P(AB)=\dfrac{1}{6}$，$P(A)=\dfrac{1}{4}$，$P(B)=\dfrac{2}{3}$

（3）$P(B|A)=0.8$，$P(B)=0.79$

（4）$P(B|A)=0.7$，$P(B)=0.7$

（5）$P(B|A)=0.2$，$P(\overline{B})=0.8$

2. 已知某一天甲地要下雪的概率为 0.3，乙地要下雪的概率为 0.6，且甲、乙两地是否下雪互不影响，求下列事件的概率：

（1）甲、乙两地都下雪；

（2）甲、乙两地都不下雪.

3. 已知 A 与 B 相互独立，$P(A)=\dfrac{1}{3}$，$P(B)=\dfrac{2}{5}$，求 $P(AB)$，$P(\overline{A}B)$，$P(A\overline{B})$.

4. 已知 A 与 B 相互独立，$P(AB)=\dfrac{2}{5}$，$P(B)=\dfrac{2}{3}$，求 $P(A)$，$P(\overline{A}B)$，$P(A\overline{B})$.

5. 已知 A 与 B 相互独立，$P(AB)=\dfrac{1}{10}$，$P(B)=\dfrac{4}{5}$，求 $P(A)$，$P(\overline{A}\mid B)$，$P(A\mid\overline{B})$.

6. 一个袋中装有4个红球和6个白球，甲、乙、丙三人依次随机地从袋中各取一球，取后放回，求下列事件的概率：

（1）他们都取到红球；

（2）甲、乙取到红球，且丙取到白球.

自测题 18

1. 将一枚质地均匀的硬币抛掷三次，观察落地时正反面朝上的情况.如果用 T 表示落地时正面朝上，用 F 表示落地时反面朝上，请写出样本空间 Ω.

2. 某工人加工了4个零件，事件 $A_i=\{$第 i 个零件是合格品$\}$，$i=1,2,3,4$. 用 A_i，$i=1,2,3,4$ 表示下列事件：

（1）$B_1=\{$4个零件都是合格品$\}$；

（2）$B_2=\{$4个零件都是不合格品$\}$；

（3）$B_3=\{$4个零件中恰有2个是合格品$\}$；

（4）$B_4=\{$4个零件中至少有2个是合格品$\}$.

3. 设 A，B 是两个随机事件，$P(\overline{A})=0.4$，$P(B)=0.2$.

（1）求 $P(A)$；

（2）若 $AB=\varnothing$，求 $P(A\cup B)$；

（3）若 $B\subseteq A$，求 $P(A-B)$；

（4）若 $P(AB)=0.3$，求 $P(A\cup B)$.

4. 一个袋中有10个白球和5个红球，从中取出5个球，求下列事件的概率：

（1）取出的5个球都是白球；

（2）取出2个白球和3个红球；

(3) 至少取出 3 个红球 .

5. 已知 $P(A)=0.6$，$P(AB)=0.1$，求 $P(B|A)$.

6. 已知 $P(B)=0.3$，$P(A|B)=0.2$，求 $P(AB)$ 和 $P(\overline{A}B)$.

7. 已知 8 件产品中有 6 件合格品、2 件不合格品，现从中不放回地取出 2 件，求下列事件的概率：

(1) 在第一次取到合格品的条件下，第二次取到不合格品；

(2) 第二次取到不合格品 .

8. 有一批灯泡由甲、乙、丙三家工厂生产，这三家工厂生产的产品数量分别占总量的 40%、30%、30%，它们的合格率分别为 90%、95%、96%. 现从中任意抽取一件产品.

(1) 求取出的产品是合格品的概率；

(2) 若已知取出的产品是合格品，求它来自各个工厂的概率.

9. 已知 A 与 B 相互独立，$P(AB)=0.6$，$P(B)=0.8$，求 $P(A)$，$P(\overline{A}B)$，$P(A\overline{B})$，$P(\overline{A}|B)$，$P(A|\overline{B})$.

第 19 章　随机变量及其数字特征

19.1　离散型随机变量及其概率分布律

一、随机变量的定义

定义 1　设随机试验的样本空间为 Ω，如果对 Ω 中的每一个样本点 ϖ，都有唯一确定的实数 $X(\varpi)$ 和它对应，则称 Ω 上的实值函数 $X(\varpi)$ 为**随机变量**（random variable），简记为 X.

随机变量一般用大写的英文字母 X，Y，Z，…表示 .

引入随机变量，可以使随机试验的结果数字化 .

例 1　抛掷一枚质地均匀的硬币，观察落地时正反面朝上的情况，则样本空间 $\Omega=\{$正面朝上，反面朝上$\}$. 我们可以用 $X=1$ 表示正面朝上，用 $X=0$ 表示反面朝上，从而定义一个随机变量 X. 若事件 $A=\{$正面朝上$\}$，则 $P(A)$ 可以表示为 $P(X=1)$.

例 2　一个袋中有 3 个白球和 5 个红球，现从中取出 4 个球，如果用 X 表示取出的 4 个球中红球的数目，则 X 的取值为 1，2，3，4，且

$X=1$ 表示取出 1 个红球和 3 个白球，$P(X=1)=\dfrac{C_5^1C_3^3}{C_8^4}=\dfrac{1}{14}$;

$X=2$ 表示取出 2 个红球和 2 个白球，$P(X=2)=\dfrac{C_5^2C_3^2}{C_8^4}=\dfrac{3}{7}$.

二、离散型随机变量的分布

定义 2　如果随机变量 X 的取值是有限个或可数个数值，则称 X 为**离散型随机变量**（discrete random variable）.

例如，例 1 和例 2 中定义的随机变量都是离散型随机变量 .

定义 3　如果随机变量 X 的取值可以连续地充满某一个区间，则称 X 为**连续型随机变量**（continuous random variable）.

例如，测试一个灯泡的使用寿命，如果用 X 表示这个灯泡的寿命，则 X 的取值范围为 $[0,+\infty)$，X 是一个连续型随机变量.

定义 4　设离散型随机变量 X 的所有可能取值为 x_1，x_2，…，x_n，…，$P(X=x_k)=p_k$（$k=1$，2，…，n，…）. 如果 p_k（$k=1$，2，…，n，…）满足：

（1）$p_k\geqslant 0$；

（2）$\sum\limits_{k=1}^{\infty} p_k=1$.

则称 $P(X=x_k)=p_k(k=1,2,\cdots,n,\cdots)$ 为随机变量 X 的**概率分布律**（probability distribution law）.

注 1　离散型随机变量 X 的概率分布律也可以表示为

X	x_1	x_2	…	x_n	…
P	p_1	p_2	…	p_n	…

例 3　设 10 件产品中有 8 件合格品和 2 件不合格品，从中抽取 3 件产品，用 X 表示抽到的不合格品的数目，求

（1）X 的概率分布律；

（2）$P(X\geqslant 1)$.

解　（1）X 的所有可能取值为 0，1，2，且

$$P(X=0)=\frac{C_8^3}{C_{10}^3}=\frac{7}{15},$$

$$P(X=1)=\frac{C_8^2C_2^1}{C_{10}^3}=\frac{7}{15},$$

$$P(X=2)=\frac{C_8^1C_2^2}{C_{10}^3}=\frac{1}{15},$$

所以 X 的概率分布律为

X	0	1	2
P	$\frac{7}{15}$	$\frac{7}{15}$	$\frac{1}{15}$

（2）$P(X\geqslant 1)=P(X=1)+P(X=2)=\frac{8}{15}$.

注2 若 X 是一个离散型随机变量，a，b 是实数且 $a\neq 0$，则 X 的函数 $Y=aX+b$ 也是一个离散型随机变量．如果 X 的概率分布律为

X	x_1	x_2	…	x_n	…
P	p_1	p_2	…	p_n	…

则 $Y=aX+b$ 的概率分布律为

Y	ax_1+b	ax_2+b	…	ax_n+b	…
P	p_1	p_2	…	p_n	…

例4 设离散型随机变量 X 的概率分布律为

X	-2	-1	0	1	2
P	$\frac{1}{10}$	$\frac{3}{10}$	$\frac{1}{10}$	$\frac{3}{10}$	$\frac{1}{5}$

且 $Y=2X-1$，求 Y 的概率分布律．

解 由 X 的取值-2，-1，0，1，2，可得对应的 Y 的取值为-5，-3，-1，1，3，所以 $Y=2X-1$ 的概率分布律为

Y	-5	-3	-1	1	3
P	$\frac{1}{10}$	$\frac{3}{10}$	$\frac{1}{10}$	$\frac{3}{10}$	$\frac{1}{5}$

小　结

1. 随机变量的定义

设随机试验的样本空间为 Ω，如果对 Ω 中的每一个样本点 ϖ，都有唯

一确定的实数 $X(\varpi)$ 和它对应，则称 Ω 上的实值函数 $X(\varpi)$ 为随机变量，简记为 X.

随机变量一般用大写的英文字母 X，Y，Z，…表示 .

2. 离散型随机变量的定义

如果随机变量 X 的取值是有限个或可数个数值，则称 X 为离散型随机变量.

3. 连续型随机变量的定义

如果随机变量 X 的取值可以连续地充满某一个区间，则称 X 为连续型随机变量 .

4. 概率分布律的定义

设离散型随机变量 X 的所有可能取值为 x_1，x_2，…，x_n，…，$P(X=x_k)=p_k(k=1, 2, \cdots, n, \cdots)$. 如果 p_k（$k=1, 2, \cdots, n, \cdots$）满足：

（1）$p_k \geqslant 0$；

（2）$\sum_{k=1}^{\infty} p_k = 1$.

则称 $P(X=x_k)=p_k(k=1, 2, \cdots, n, \cdots)$ 为随机变量 X 的概率分布律 .

5. 会根据已知条件写出离散型随机变量的概率分布律 .

习题 19.1

1. 若离散型随机变量 X 的概率分布律为

X	-3	-2	0	1
P	0.2	a	0.3	0.4

求(1) a 的值；

(2) $P(X \geqslant -2)$.

2. 将一枚质地均匀的硬币抛掷两次，用 X 表示落地时正面朝上的次数，求 X 的概率分布律 .

3. 将一枚质地均匀的色子抛掷两次，用 X 表示落地时 6 点朝上的次数，求 X 的概率分布律 .

4. 一个袋中有 4 个白球和 3 个红球，现从中取出 3 个球，如果用 X 表示取出的 3 个球中白球的数目，求

（1）X 的概率分布律；

（2）$P(X \geqslant 2)$；

（3）$Y=3X+2$ 的概率分布律.

5. 设 12 件产品中有 8 件合格品和 4 件不合格品，从中抽取 5 件产品，用 X 表示抽到的合格品的数目，求

（1）X 的概率分布律；

（2）$P(X \leqslant 3)$；

（3）$Y=4X-3$ 的概率分布律.

19.2 离散型随机变量的数字特征

一、离散型随机变量的均值

定义 1 若离散型随机变量 X 的概率分布律为

X	x_1	x_2	$\cdots$	x_n
P	p_1	p_2	$\cdots$	p_n

则称 $x_1p_1+x_2p_2+\cdots+x_np_n$ 为 X 的**数学期望**（mathematical expectation），简称均值或期望，记为 $E(X)$，即 $E(X)=x_1p_1+x_2p_2+\cdots+x_np_n$.

注 1 $E(X)$是 X 的所有可能取值的一个加权平均，每个取值的权重就是 X 取该值的概率.

例 1 设随机变量 X 的概率分布律为

X	1	2	3	4
P	0.1	0.4	0.3	0.2

求 $E(X)$.

解 $E(X)=1\times0.1+2\times0.4+3\times0.3+4\times0.2=2.6$.

二、离散型随机变量的方差

定义 2　若离散型随机变量 X 的概率分布律为

X	x_1	x_2	$\cdots$	x_n
P	p_1	p_2	$\cdots$	p_n

则称 $[x_1-E(X)]^2p_1+[x_2-E(X)]^2p_2+\cdots+[x_n-E(X)]^2p_n$ 为 X 的**方差**（variance），记为 $D(X)$，即

$$D(X)=[x_1-E(X)]^2p_1+[x_2-E(X)]^2p_2+\cdots+[x_n-E(X)]^2p_n.$$

注 2　$D(X)$ 刻画了 X 相对于均值的离散程度. $D(X)$ 越小，X 的取值越集中；$D(X)$ 越大，X 的取值越分散.

例 2　设随机变量 X 的概率分布律为

X	−2	1	3
P	0.2	0.5	0.3

求 $E(X)$ 和 $D(X)$.

解　$E(X)=(-2)\times0.2+1\times0.5+3\times0.3=1$；

$$D(X)=(-2-1)^2\times0.2+(1-1)^2\times0.5+(3-1)^2\times0.3=3.$$

小　结

若离散型随机变量 X 的概率分布律为

X	x_1	x_2	$\cdots$	x_n
P	p_1	p_2	$\cdots$	p_n

则

（1）X 的均值为 $E(X)=x_1p_1+x_2p_2+\cdots+x_np_n$；

（2）X 的方差为

$$D(X)=[x_1-E(X)]^2p_1+[x_2-E(X)]^2p_2+\cdots+[x_n-E(X)]^2p_n.$$

习题 19.2

1. 设随机变量 X 的概率分布律为

X	4	6	8	10
P	0.1	0.2	0.3	0.4

求 $E(X)$ 和 $D(X)$.

2. 设随机变量 X 的概率分布律为

X	1	4	7	10
P	0.3	0.4	0.1	0.2

求 $E(X)$ 和 $D(X)$.

3. 设随机变量 X 的概率分布律为

X	−10	−5	0	5	10
P	0.1	0.1	0.3	0.2	0.3

求 $E(X)$ 和 $D(X)$.

4. 设随机变量 X 的概率分布律为

X	−6	−2	1	2	3
P	$\frac{1}{8}$	$\frac{3}{8}$	$\frac{1}{8}$	$\frac{1}{4}$	$\frac{1}{8}$

求 $E(X)$ 和 $D(X)$.

19.3　正态分布

一、正态分布的定义

定义　若随机变量 X 落在区间 $[a, b]$ 上的概率等于由 $x=a$，$x=b$，x

轴及函数 $f(x)=\frac{1}{\sqrt{2\pi}\sigma}e^{-\frac{(x-\mu)^2}{2\sigma^2}}$（$-\infty<x<+\infty$，$\mu$ 和 σ 均为常数，$\sigma>0$）的曲线所围成的**曲边梯形**（trapezoid with curved edge）的**面积**（area）（见图 19.3－1），则称 X 服从参数为 μ、σ 的**正态分布**（normal distribution），也称为**高斯分布**（Gauss distribution），记为 $X\sim N(\mu,\ \sigma^2)$. 此时，μ 为 X 的均值，σ^2 为 X 的方差，σ 为 X 的**标准差**（standard deviation），称 $f(x)$ 为 X 的**概率密度函数**（probability density function）.

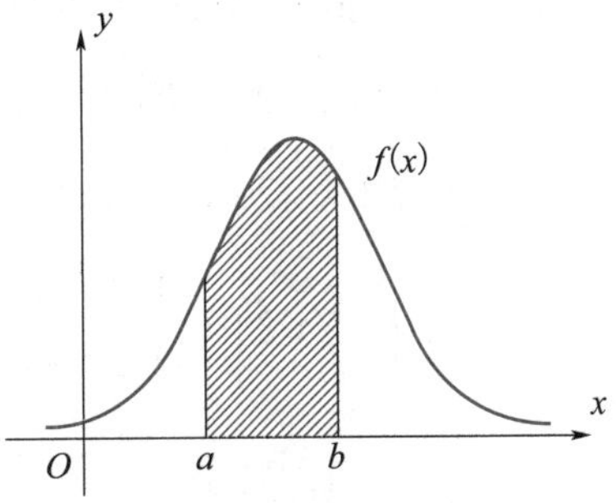

图 19.3－1

注 1　正态分布的概率密度函数 $f(x)=\frac{1}{\sqrt{2\pi}\sigma}e^{-\frac{(x-\mu)^2}{2\sigma^2}}$（$-\infty<x<+\infty$）的性质：

（1）$f(x)$ 的图像关于直线 $x=\mu$ 对称，且在 $x=\mu$ 处取得最大值 $\frac{1}{\sqrt{2\pi}\sigma}$；

（2）μ 的值决定了 $f(x)$ 图像的中心位置．σ 的值决定了 $f(x)$ 图像中峰的陡峭程度，其中 σ 越小，图像越陡峭；σ 越大，图像越平缓．如图 19.3－2 所示.

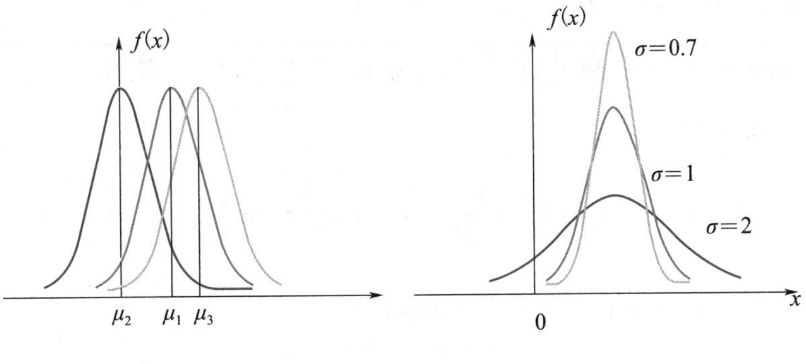

图 19.3－2

例 1 若随机变量 $X\sim N(2,3)$，则 $P(X>2)=$ ________.

解 $\because X\sim N(2,3)$，

$\therefore X$ 的概率密度函数 $f(x)$ 的图像关于直线 $x=2$ 对称，

$\therefore P(X>2)=P(X\leqslant 2)$，

$\because P(X>2)+P(X\leqslant 2)=1$，

$\therefore P(X>2)=\dfrac{1}{2}$.

答案为 $\dfrac{1}{2}$.

例 2 若随机变量 $X\sim N(-1,2)$，且 $P(X>0)=0.2$，则 $P(-1\leqslant X\leqslant 0)$ $=$ ________.

解 $\because X\sim N(-1,2)$，

$\therefore X$ 的概率密度函数 $f(x)$ 的图像关于直线 $x=-1$ 对称，

$\therefore P(X\geqslant -1)=0.5$，

$\because P(X\geqslant -1)=P(-1\leqslant X\leqslant 0)+P(X>0)$，$P(X>0)=0.2$，

$\therefore P(-1\leqslant X\leqslant 0)=0.5-0.2=0.3$.

答案为 0.3.

二、标准正态分布

称参数 $\mu=0$，$\sigma=1$ 的正态分布为**标准正态分布**（standard normal distribution）. 若随机变量 X 服从标准正态分布，则记为 $X\sim N(0,1)$，此时 X 的概率密度函数记为

$$\varphi(x)=\frac{1}{\sqrt{2\pi}}e^{-\frac{x^2}{2}}(-\infty<x<+\infty).$$

注 2 （1）$\varphi(x)$ 的图像关于 y 轴对称.

（2）若随机变量 $X\sim N(\mu,\sigma^2)$，则可以证明 $\dfrac{X-\mu}{\sigma}\sim N(0,1)$.

例 3　若随机变量 $X\sim N(-3,\ 4)$，则下列服从标准正态分布的是（　　）.

A. $\dfrac{X-3}{4}$　　　　B. $\dfrac{X+3}{4}$

C. $\dfrac{X-3}{2}$　　　　D. $\dfrac{X+3}{2}$

解　由 $X\sim N(-3,\ 4)$ 知 $\mu=-3$，$\sigma=2$，故 $\dfrac{X+3}{2}\sim N(0,\ 1)$.

答案为 D.

小　结

1. 若随机变量 $X\sim N(\mu,\ \sigma^2)$，则 X 的概率密度函数为

$$f(x)=\frac{1}{\sqrt{2\pi}\sigma}e^{-\frac{(x-\mu)^2}{2\sigma^2}}\quad(-\infty<x<+\infty,\ \mu \text{ 和 } \sigma \text{ 均为常数},\ \sigma>0),$$

且满足：

（1）$f(x)$ 的图像关于直线 $x=\mu$ 对称，且在 $x=\mu$ 处取得最大值 $\dfrac{1}{\sqrt{2\pi}\sigma}$；

（2）μ 的值决定了 $f(x)$ 图像的中心位置. σ 的值决定了 $f(x)$ 图像中峰的陡峭程度，其中 σ 越小，图像越陡峭；σ 越大，图像越平缓.

2. 若随机变量 $X\sim N(0,\ 1)$，则 X 的概率密度函数为

$$\varphi(x)=\frac{1}{\sqrt{2\pi}}e^{-\frac{x^2}{2}}\quad(-\infty<x<+\infty).$$

3. 若随机变量 $X\sim N(\mu,\ \sigma^2)$，则 $\dfrac{X-\mu}{\sigma}\sim N(0,\ 1)$.

习题 19.3

1. 选择题（下列每小题的四个选项中，只有一个正确答案）.

（1）设随机变量 $X_1\sim N(\mu_1,\ \sigma_1^2)$，$X_2\sim N(\mu_2,\ \sigma_2^2)$，$X_1$ 和 X_2 的概率密度函数图像如图 19.3－3 所示，则下列正确的是（　　）.

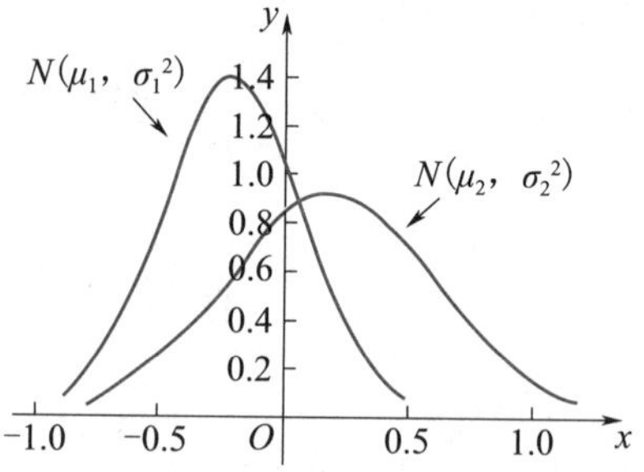

图 19.3－3

A. $\mu_1>\mu_2$，$\sigma_1>\sigma_2$　　B. $\mu_1>\mu_2$，$\sigma_1<\sigma_2$

C. $\mu_1<\mu_2$，$\sigma_1>\sigma_2$　　D. $\mu_1<\mu_2$，$\sigma_1<\sigma_2$

（2）设随机变量 $X\sim N(\mu,\ \sigma^2)$，X 的概率密度函数为 $f(x)=\frac{1}{\sqrt{8\pi}}e^{-\frac{(x-5)^2}{8}}$，则 X 的均值和标准差分别为（　　）.

A. 5，8　　B. 5，2　　C. 8，5　　D. 8，2

（3）设随机变量 $X\sim N(2,\ 9)$，$P(X>c+1)=P(X<c-1)$，则 $c=$（　　）.

A. 1　　B. 2　　C. 3　　D. 4

（4）设随机变量 $X\sim N(2,\ 5)$，$P(X\leqslant 4)=0.84$，则 $P(X\leqslant 0)=$（　　）.

A. 0.16　　B. 0.32　　C. 0.68　　D. 0.84

2. 填空题.

（1）若随机变量 $X\sim N(5,\ 1)$，且 $P(X>6)=0.1$，则 $P(5\leqslant X\leqslant 6)=$ ________.

（2）若随机变量 $X\sim N(-4,\ 2)$，且 $P(-5\leqslant X\leqslant -4)=0.2$，则 $P(X<-5)=$ ________.

（3）若随机变量 $X\sim N(6,\ 3)$，且 $P(X\leqslant 3)=0.4$，则 $P(X\geqslant 9)=$ ________.

（4）若随机变量 $X\sim N(0,\ 1)$，且 $P(X\geqslant 1)=0.2$，则 $P(-1\leqslant X\leqslant 0)=$ ________.

（5）若随机变量 $X \sim N(\mu, \sigma^2)$，且 $P(2<X<6)=0.6$，$P(X \geqslant 6)=0.2$，则 $\mu=$__________.

自测题 19

1. 若离散型随机变量 X 的概率分布律为

X	-3	-2	0	2	4
P	$\frac{1}{9}$	$\frac{2}{9}$	$\frac{2}{9}$	a	$\frac{1}{9}$

求（1）a 的值；

（2）$P(X \leqslant 0)$.

2. 一个袋中有 6 个白球和 2 个红球，现从中取出 4 个球，如果用 X 表示取出的 4 个球中白球的数目，求

（1）X 的概率分布律；

（2）$P(X \leqslant 3)$；

（3）$Y=5X-4$ 的概率分布律 .

3. 设 9 件产品中有 6 件合格品和 3 件不合格品，从中抽取 6 件产品，用 X 表示抽到的不合格品的数目，求

（1）X 的概率分布律；

（2）$P(X \geqslant 1)$；

（3）$Y=3X+6$ 的概率分布律 .

4. 设随机变量 X 的概率分布律为

X	4	5	6	7	8
P	$\frac{1}{4}$	a	$\frac{5}{12}$	$2a$	$\frac{1}{12}$

求（1）a 的值；

（2）X 的数学期望 $E(X)$ 和方差 $D(X)$.

5. 中秋节吃月饼是我国的传统习俗 . 设一个盘中有 12 块月饼，其中豆

沙月饼有 5 块，五仁月饼有 4 块，蓝莓月饼有 3 块. 这些月饼的外观相同，现从中任取 3 块.

（1）求三种月饼各取到 1 块的概率；

（2）若用 X 表示取到的豆沙月饼的数目，求 X 的概率分布律；

（3）求 X 的数学期望 $E(X)$ 和方差 $D(X)$.

6. 设随机变量 $X \sim N(-8, \sigma^2)$，且 $P(X \leqslant -10) = 0.35$，求下列式子的值.

（1）$P(X \geqslant -6)$；

（2）$P(-10 \leqslant X \leqslant -8)$；

（3）$P(-8 \leqslant X \leqslant -6)$.

第 20 章　统　　计

20.1　统计中的基本概念

一、总体和样本

定义 1　在统计学中，我们把研究对象的全体称为**总体**（population），总体中的每个对象称为**个体**（individual）.

总体一般用大写的英文字母 X，Y，Z，…表示．总体 X 中的个体一般用 X_1，X_2，X_3，…表示．

例如，调查一批瓶装牛奶的保质期．这批牛奶的保质期是总体，每瓶牛奶的保质期是个体．

二、简单随机抽样

定义 2　从一个总体 X 中抽取 n 个个体 X_1，X_2，…，X_n，由这 n 个个体组成的向量（X_1，X_2，…，X_n）称为总体 X 的一个**样本**（sample），样本中个体的数目 n 称为**样本容量**（sample size）.

在一次具体的观测或试验中，得到的样本的具体数据（x_1，x_2，…，x_n）称为样本的一个观测值，简称为**样本观测值**（sample observation）.

定义 3　如果从总体 X 中随机抽取的个体 X_1，X_2，…，X_n 满足：

（1）X_1，X_2，…，X_n 相互独立；

（2）X_i（$i=1$，2，…，n）均与 X 有相同的**分布**（distribution）.

则称所得的样本（X_1，X_2，…，X_n）为**简单随机样本**（simple random sample），获得简单随机样本的抽样方法称为**简单随机抽样**（simple random sampling）.

注 1　简单随机抽样是其他抽样方法的基础．当总体中个体之间的差异程度较小且总体中个体数目较少时，通常采用这种方法．常见的简单随机抽样方法是抽签法．

例如，从 100 个灯泡中随机抽取 3 个测试其寿命，可采用简单随机抽样的方法．

三、分层抽样

定义 4　如果对于要研究的问题来说，总体可以分成有明显差别、互不重叠的几部分，则每一部分可称为层．在各层中按照其在总体中所占的比例进行随机抽样的方法称为**分层随机抽样**（stratified random sampling），简称为分层抽样．

注 2　分层抽样所得到的样本一般更具代表性．

例 1　某工厂有三个生产车间，其中甲车间有员工 500 人，乙车间有员工 200 人，丙车间有员工 300 人．现用分层抽样的方式抽取 20 人进行访谈，甲、乙、丙车间应各抽取多少人？

解　甲、乙、丙车间员工人数各占工厂总人数的$\frac{1}{2}$，$\frac{1}{5}$，$\frac{3}{10}$，所以

甲车间应抽取 $20\times\frac{1}{2}=10$ 人；

乙车间应抽取 $20\times\frac{1}{5}=4$ 人；

丙车间应抽取 $20\times\frac{3}{10}=6$ 人．

小　结

1. 理解总体、个体、样本、简单随机样本、样本容量、样本观测值的定义．

2. 掌握两种抽样方式：简单随机抽样、分层随机抽样．

习题 20.1

1. 某工厂生产了一批零件，为检测其直径，抽取了 5 个零件，测得其直径（单位：cm）分别为 5.1、4.9、4.8、5.0、5.1. 请写出总体、个体、样本容量、样本观测值 .
2. 一个车间某日生产了 100 个零件，现要从中抽取 5 个零件进行质量检测，采用哪种抽样方式比较好？
3. 某学校九年级有 400 名学生，其中女学生 160 名. 为了调查全年级学生的平均身高，计划抽样调查 25 名学生，请设计一个合理的抽样方案 .
4. 某公司有 900 名员工，其中男员工 400 名. 现按照男女比例抽取 54 名员工，应抽取男员工多少名？女员工多少名？
5. 某单位共有职工 150 名，其中高级职称的 45 人，中级职称的 90 人，初级职称的 15 人. 现采用分层抽样的方法从中抽取容量为 30 的样本，求不同职称应抽取的人数 .

20.2　数据的数字特征

一、最值、平均数、中位数、众数

定义 1　一组数据的最值指的是其中的最大值和最小值 .

定义 2　给定一组数 x_1，x_2，…，x_n，称 $\frac{x_1+x_2+\cdots+x_n}{n}$ 为这组数的**平均数**（mean），记为 $\bar{x}$，即 $\bar{x}=\frac{x_1+x_2+\cdots+x_n}{n}$.

例 1　甲、乙两人独立地进行射击，各向靶子射击 5 次，他们的成绩如下（单位：环）：

甲：9.1　　8.9　　8　　10　　9.5

乙：9.3　　8.7　　9.2　　9.5　　9.5

判断甲、乙两人谁的平均射击水平较高．

解　设甲、乙两人平均命中环数分别为 $\bar{x}$ 和 $\bar{y}$，则

$$\bar{x}=\frac{9.1+8.9+8+10+9.5}{5}=9.1,$$

$$\bar{y}=\frac{9.3+8.7+9.2+9.5+9.5}{5}=9.24,$$

因为 $\bar{x}<\bar{y}$，所以乙的平均射击水平较高．

定义 3　如果一组数有奇数个数，且按照由小到大的顺序排列为 x_1，x_2，…，x_{2n+1}，则称 x_{n+1} 为这组数的**中位数**（median）；如果一组数有偶数个数，且按照由小到大的顺序排列为 x_1，x_2，…，x_{2n}，则称 $\frac{x_n+x_{n+1}}{2}$ 为这组数的中位数．

例 2　求下列两组数的中位数和平均数 $\bar{x}$.

（1）10，5，8，6，9

（2）3，7，4，8，5，9

解　（1）把数按由小到大的顺序排列，5，6，8，9，10，中位数为 8，平均数 $\bar{x}=\frac{5+6+8+9+10}{5}=7.6$；

（2）把数按由小到大的顺序排列，3，4，5，7，8，9，中位数为 $\frac{5+7}{2}=6$，平均数 $\bar{x}=\frac{3+4+5+7+8+9}{6}=6$.

定义 4　一组数据中出现次数最多的数称为这组数据的**众数**（mode）.

例 3　某商场用随机抽样的方式调查了 20 名顾客购买商品的件数，结果从小到大排列如下：

0　0　1　1　1　2　2　2　2　2

3　3　3　3　3　4　4　4　5　5

求众数．

解　样本中 2 和 3 出现的次数最多，都是 5 次，所以 2 和 3 都是众数 .

二、方差和标准差

定义 5　设一组数 x_1，x_2，⋯，x_n 的平均数为 $\bar{x}$，称 $\frac{1}{n}\sum_{i=1}^{n}(x_i-\bar{x})^2$ 为这组数的方差，记作 s^2，即 $s^2=\frac{1}{n}\sum_{i=1}^{n}(x_i-\bar{x})^2$；称 $s=\sqrt{\frac{1}{n}\sum_{i=1}^{n}(x_i-\bar{x})^2}$ 为这组数的标准差 .

例 4　求下列数的方差 s^2.

4，6，5，6，4，5

解　这组数的平均数 $\bar{x}=\frac{4+6+5+6+4+5}{6}=5$，所以方差

$$s^2=\frac{1}{6}[(4-5)^2+(6-5)^2+(5-5)^2+(6-5)^2+(4-5)^2+(5-5)^2]=\frac{2}{3}.$$

小　结

1. 理解最值、中位数、众数的定义 .

2. 一组数 x_1，x_2，⋯，x_n 的平均数为 $\bar{x}=\frac{x_1+x_2+\cdots+x_n}{n}$，方差 $s^2=\frac{1}{n}\sum_{i=1}^{n}(x_i-\bar{x})^2$，标准差 $s=\sqrt{\frac{1}{n}\sum_{i=1}^{n}(x_i-\bar{x})^2}$.

习题 20. 2

1. 求下列各组数的最值、中位数和众数 .

（1）1，−1，2，1，−1，0，−2

（2）−4，4，5，−5，5，6，5

（3）10，15，12，16，16，16，12，19

（4）23，17，14，18，25，16，14，16

2. 求下列各组数的平均数和方差．

（1）4，6，8，5，4，3，2

（2）15，16，17，18，19，20，21

（3）10，20，30，50，60，70

（4）-20，-12，-14，10，30，48

自测题 20

1. 为研究某小学二年级全体学生的身高，抽查了 20 名学生，本次研究的总体是（　　）．

A. 该小学所有二年级学生

B. 该小学被抽到的 20 名学生

C. 该小学所有二年级学生的身高

D. 该小学被抽到的 20 名学生的身高

2. 现有一组数据：

2，3，3，3，4，4，5，6，6，6，6，6，7，7，7

这组数据的中位数为______，众数为______，平均数为 ______，方差为______ .

3. 某学校共有师生 5000 人，现用分层抽样的方法，从所有师生中抽取一个容量为 100 的样本．已知从学生中抽取的人数为 80 人，求该学校教师的人数．

4. 某超市收到甲、乙两家工厂送来的质地相同的食盐各 5 包，测得质量如下（单位：g）：

甲厂	500	501	505	501	499
乙厂	499	500	498	499	500

问：超市从哪家进货比较好？

附录 1　数学词汇

第 1 章　集　　合

1.1　集合的定义		
词语	拼音	英文
定义	dìngyì	definition
元素	yuánsù	element
集合	jíhé	set
例如	lìrú	for example
自然数集	zìránshù jí	set of natural numbers
整数集	zhěngshù jí	set of integers
正整数集	zhèng zhěngshù jí	set of positive integers
有理数集	yǒulǐshù jí	set of rational numbers
有限小数	yǒuxiàn xiǎoshù	finite decimal
无限循环小数	wúxiàn xúnhuán xiǎoshù	repeating infinite decimal
无理数集	wúlǐshù jí	set of irrational numbers
实数集	shíshù jí	set of real numbers
属于	shǔyú	to belong to
不属于	bù shǔyú	to not belong to
1.2　集合间的关系		
词语	拼音	英文
相等	xiāngděng	equality
子集	zǐjí	subset
包含于	bāohán yú	to be included in
包含	bāohán	to include
真子集	zhēn zǐjí	proper subset
空集	kōngjí	empty set

续表

1.3 集合间的运算		
词语	拼音	英文
并集	bìngjí	union set
交集	jiāojí	intersection set
全集	quánjí	universal set
补集	bǔjí	complementary set
区间	qūjiān	interval
闭区间	bìqūjiān	closed interval
左开右闭区间	zuǒkāi-yòubì qūjiān	left open and right closed interval
左闭右开区间	zuǒbì-yòukāi qūjiān	left closed and right open interval
开区间	kāiqūjiān	open interval

第2章 不 等 式

2.1 不等式的性质		
词语	拼音	英文
不等式	bùděngshì	inequality
性质	xìngzhì	property
加上	jiāshàng	to add
减去	jiǎnqù	to subtract
不等号	bùděnghào	inequality sign
乘以	chéng yǐ	to multiply
除以	chú yǐ	to divide
正数	zhèngshù	positive number
负数	fùshù	negative number

续表

2.2 一元二次不等式的解法		
词语	拼音	英文
一元二次方程	yī yuán èr cì fāngchéng	quadratic equation with one unknown
实根	shígēn	real root
一元二次不等式	yī yuán èr cì bùděngshì	quadratic inequality with one unknown
解集	jiějí	solution set
图像	túxiàng	graph
2.3 分式不等式的解法		
词语	拼音	英文
分式	fēnshì	fraction
分式不等式	fēnshì bùděngshì	fractional inequality

第 3 章 函 数

3.1 平面直角坐标系		
词语	拼音	英文
平面	píngmiàn	plane
垂直	chuízhí	vertical
数轴	shùzhóu	number axis
直角坐标系	zhíjiǎo zuòbiāoxì	rectangular coordinate system
横轴	héngzhóu	axis of abscissa
纵轴	zòngzhóu	axis of ordinate
坐标轴	zuòbiāozhóu	axis of coordinates
原点	yuándiǎn	origin
单位长度	dānwèi chángdù	unit length

续表

3.1 平面直角坐标系		
词语	拼音	英文
坐标平面	zuòbiāo píngmiàn	coordinate plane
象限	xiàngxiàn	quadrant
第一象限	dì-yī xiàngxiàn	the first quadrant
第二象限	dì-èr xiàngxiàn	the second quadrant
第三象限	dì-sān xiàngxiàn	the third quadrant
第四象限	dì-sì xiàngxiàn	the fourth quadrant
坐标	zuòbiāo	coordinate
横坐标	héngzuòbiāo	abscissa
纵坐标	zòngzuòbiāo	ordinate
距离	jùlí	distance
对称	duìchèn	symmetry
对称点	duìchèndiǎn	symmetric point
3.2 函数的概念		
词语	拼音	英文
概念	gàiniàn	concept
对应关系	duìyìng guānxì	corresponding relationship
函数	hánshù	function
自变量	zìbiànliàng	independent variable
因变量	yīnbiànliàng	dependent variable
定义域	dìngyìyù	domain
值域	zhíyù	range
3.3 函数的单调性		
词语	拼音	英文
单调性	dāndiàoxìng	monotonicity
单调增函数	dāndiào zēnghánshù	monotone increasing function
单调增区间	dāndiào zēngqūjiān	monotone increasing interval

续表

3.3 函数的单调性		
词语	拼音	英文
严格单调增函数	yángé dāndiào zēnghánshù	strictly monotone increasing function
严格单调增区间	yángé dāndiào zēngqūjiān	strictly monotone increasing interval
单调减函数	dāndiào jiǎnhánshù	monotone decreasing function
单调减区间	dāndiào jiǎnqūjiān	monotone decreasing interval
严格单调减函数	yángé dāndiào jiǎnhánshù	strictly monotone decreasing function
严格单调减区间	yángé dāndiào jiǎnqūjiān	strictly monotone decreasing interval
单调函数	dāndiào hánshù	monotone function
单调区间	dāndiào qūjiān	monotone interval
3.4 函数的奇偶性		
词语	拼音	英文
奇偶性	jī-ǒuxìng	parity
关于原点对称	guānyú yuándiǎn duìchèn	symmetric with respect to the origin
奇函数	jīhánshù	odd function
偶函数	ǒuhánshù	even function
非奇非偶函数	fēi jī fēi ǒu hánshù	non-odd and non-even function
既奇又偶函数	jì jī yòu ǒu hánshù	both odd and even function
3.5 反函数		
词语	拼音	英文
一一对应	yīyī duìyìng	one-to-one correspondence
反函数	fǎnhánshù	inverse function

续表

3.6 幂 函 数		
词语	拼音	英文
常数	chángshù	constant
幂函数	mìhánshù	power function
奇数	jīshù	odd number
偶数	ǒushù	even number
3.7 指数函数		
词语	拼音	英文
指数函数	zhǐshù hánshù	exponential function
3.8 对数和对数函数		
词语	拼音	英文
对数	duìshù	logarithm
底数	dǐshù	base number
真数	zhēnshù	antilogarithm
值	zhí	value
常用对数	chángyòng duìshù	common logarithm
自然对数	zìrán duìshù	natural logarithm
对数函数	duìshù hánshù	logarithmic function
同理	tónglǐ	in like manner

第 4 章　三角函数

4.1 角的定义和弧度		
词语	拼音	英文
射线	shèxiàn	ray
端点	duāndiǎn	endpoint

续表

4.1 角的定义和弧度		
词语	拼音	英文
位置	wèizhì	position
旋转	xuánzhuǎn	to rotate
图形	túxíng	graph
角	jiǎo	angle
顶点	dǐngdiǎn	vertex
始边	shǐbiān	initial side
终边	zhōngbiān	terminal side
逆时针	nìshízhēn	anticlockwise
正角	zhèngjiǎo	positive angle
顺时针	shùnshízhēn	clockwise
负角	fùjiǎo	negative angle
重合	chónghé	to coincide
零角	língjiǎo	zero angle
锐角	ruìjiǎo	acute angle
直角	zhíjiǎo	right angle
钝角	dùnjiǎo	obtuse angle
象限角	xiàngxiànjiǎo	quadrant angle
第一象限角	dì-yī xiàngxiànjiǎo	the first quadrant angle
第二象限角	dì-èr xiàngxiànjiǎo	the second quadrant angle
第三象限角	dì-sān xiàngxiànjiǎo	the third quadrant angle
第四象限角	dì-sì xiàngxiànjiǎo	the fourth quadrant angle
弧度	húdù	radian measure

续表

4.2　三角函数的定义及关系		
词语	拼音	英文
三角函数	sānjiǎo hánshù	trigonometric function
正弦	zhèngxián	sine
余弦	yúxián	cosine
正切	zhèngqiē	tangent
余切	yúqiē	cotangent
正割	zhènggē	secant
余割	yúgē	cosecant
公式	gōngshì	formula
符号	fúhào	sign
4.3　三角函数的诱导公式		
词语	拼音	英文
诱导公式	yòudǎo gōngshì	induction formula
化简	huàjiǎn	to simplify
4.4　正弦函数和余弦函数的图像和性质		
词语	拼音	英文
周期函数	zhōuqī hánshù	periodic function
周期	zhōuqī	period
正弦函数	zhèngxián hánshù	sine function
周期性	zhōuqīxìng	periodicity
最小正周期	zuìxiǎo zhèngzhōuqī	minimal positive period
余弦函数	yúxián hánshù	cosine function
4.5　正切函数和余切函数的图像和性质		
词语	拼音	英文
正切函数	zhèngqiē hánshù	tangent function
余切函数	yúqiē hánshù	cotangent function

第 5 章 反三角函数

5.1 反正弦函数和反余弦函数的图像和性质		
词语	拼音	英文
反三角函数	fǎnsānjiǎo hánshù	inverse trigonometric function
反正弦函数	fǎnzhèngxián hánshù	inverse sine function
反余弦函数	fǎnyúxián hánshù	inverse cosine function

5.2 反正切函数和反余切函数的图像和性质		
词语	拼音	英文
反正切函数	fǎnzhèngqiē hánshù	inverse tangent function
反余切函数	fǎnyúqiē hánshù	inverse cotangent function

第 6 章 两角和与差的三角函数

6.1 两角和与差的正弦、余弦和正切公式		
词语	拼音	英文
两角	liǎng jiǎo	two angles
和与差	hé yǔ chā	sum and difference
计算	jìsuàn	to calculate
最大值	zuìdàzhí	maximum value
最小值	zuìxiǎozhí	minimum value

6.2 二倍角的正弦、余弦和正切公式		
词语	拼音	英文
二倍角	èrbèijiǎo	double angle

6.3 半角的正弦、余弦和正切公式		
词语	拼音	英文
半角	bànjiǎo	half-angle

续表

6.4　三角函数的积化和差与和差化积公式		
词语	拼音	英文
积化和差公式	jī huà hé chā gōngshì	product to sum or difference formula
和差化积公式	hé chā huà jī gōngshì	sum or difference to product formula

第7章　数　　列

7.1　数列的概念和相关公式		
词语	拼音	英文
次序	cìxù	order
数列	shùliè	sequence of numbers
项	xiàng	term
首项	shǒuxiàng	the first term
有穷数列	yǒuqióng shùliè	finite sequence of numbers
无穷数列	wúqióng shùliè	infinite sequence of numbers
通项公式	tōngxiàng gōngshì	formula of general term
前 n 项和	qián n xiàng hé	sum of preceding n terms
7.2　等差数列		
词语	拼音	英文
等差数列	děngchā shùliè	arithmetic progression
公差	gōngchā	common difference
等差中项	děngchā zhōngxiàng	arithmetic mean
下标	xiàbiāo	subscript

续表

7.3 等比数列		
词语	拼音	英文
等比数列	děngbǐ shùliè	geometric progression
公比	gōngbǐ	common ratio
等比中项	děngbǐ zhōngxiàng	geometric mean

第8章 复 数

8.1 复数的定义		
词语	拼音	英文
复数	fùshù	complex number
虚数单位	xūshù dānwèi	imaginary unit
实部	shíbù	real part
虚部	xūbù	imaginary part
模	mó	modulus
复数集	fùshù jí	set of complex numbers
虚数	xūshù	imaginary number
纯虚数	chúnxūshù	purely imaginary number
共轭复数	gòng'è fùshù	conjugate complex number
8.2 复数的四则运算		
词语	拼音	英文
四则运算	sìzé yùnsuàn	four arithmetic operations
加法	jiāfǎ	addition
交换律	jiāohuànlǜ	commutative law
结合律	jiéhélǜ	associative law
减法	jiǎnfǎ	subtraction
相反数	xiāngfǎnshù	opposite number

续表

8.2　复数的四则运算		
词语	拼音	英文
乘法	chéngfǎ	multiplication
积	jī	product
分配律	fēnpèilǜ	distributive law
除法	chúfǎ	division
商	shāng	quotient
系数	xìshù	coefficient

第9章　平面直线

9.1　平面直线的倾斜角和斜率		
词语	拼音	英文
直线	zhíxiàn	line
相交	xiāngjiāo	to intersect
倾斜角	qīngxiéjiǎo	angle of inclination
平行	píngxíng	to parallel
斜率	xiélǜ	slope
9.2　平面直线的方程		
词语	拼音	英文
点斜式	diǎnxiéshì	point-slope form
斜截式	xiéjiéshì	slope-intercept form
截距	jiéjù	intercept
两点式	liǎngdiǎnshì	two-point form
截距式	jiéjùshì	intercept form
一般式	yìbānshì	general form
9.4　平面直线的交点		
词语	拼音	英文
交点	jiāodiǎn	intersection point

第 10 章 圆锥曲线

10.1 圆		
词语	拼音	英文
圆锥曲线	yuánzhuī qūxiàn	conic section
定点	dìngdiǎn	fixed point
定长	dìngcháng	fixed length
动点	dòngdiǎn	moving point
轨迹	guǐjì	locus
圆	yuán	circle
圆心	yuánxīn	center of a circle
半径	bànjìng	radius
标准方程	biāozhǔn fāngchéng	standard equation
一般方程	yìbān fāngchéng	general equation
10.2 椭　圆		
词语	拼音	英文
正常数	zhèng chángshù	positive constant
椭圆	tuǒyuán	ellipse
焦点	jiāodiǎn	focus
线段	xiànduàn	line segment
垂直平分线	chuízhí píngfēnxiàn	perpendicular bisector
焦距	jiāojù	focal length
长轴	chángzhóu	major axis
短轴	duǎnzhóu	minor axis
离心率	líxīnlǜ	eccentricity
10.3 双 曲 线		
词语	拼音	英文
绝对值	juéduìzhí	absolute value
双曲线	shuāngqūxiàn	hyperbola
实轴	shízhóu	real axis
虚轴	xūzhóu	imaginary axis
渐近线	jiànjìnxiàn	asymptote

续表

10.4 抛 物 线		
词语	拼音	英文
定直线	dìngzhíxiàn	fixed line
抛物线	pāowùxiàn	parabola
准线	zhǔnxiàn	directrix
垂线	chuíxiàn	vertical line
垂足	chuízú	pedal

第 11 章　平面向量

11.1 平面向量的概念		
词语	拼音	英文
大小	dàxiǎo	magnitude
方向	fāngxiàng	direction
向量	xiàngliàng	vector
有向线段	yǒuxiàng xiànduàn	directed line segment
起点	qǐdiǎn	initial point
终点	zhōngdiǎn	terminal point
零向量	língxiàngliàng	zero vector
长度	chángdù	length
单位向量	dānwèi xiàngliàng	unit vector
平行四边形	píngxíng sìbiānxíng	parallelogram
共线	gòngxiàn	collinear
11.2 平面向量的线性运算		
词语	拼音	英文
线性运算	xiànxìng yùnsuàn	linear operation
三角形法则	sānjiǎoxíng fǎzé	triangle rule
平行四边形法则	píngxíng sìbiānxíng fǎzé	parallelogram rule
负向量	fù xiàngliàng	negative vector
逆运算	nìyùnsuàn	inverse operation
数乘	shùchéng	scalar multiplication
定理	dìnglǐ	theorem

续表

11.3 平面向量的坐标及运算		
词语	拼音	英文
坐标分量	zuòbiāo fēnliàng	coordinate component
平移不变性	píngyí búbiànxìng	translation invariance
11.4 平面向量的数量积		
词语	拼音	英文
夹角	jiājiǎo	included angle
数量积	shùliàngjī	scalar product
内积	nèijī	inner product

第12章 空间向量

12.1 空间直角坐标系		
词语	拼音	英文
空间	kōngjiān	space
空间直角坐标系	kōngjiān zhíjiǎo zuòbiāoxì	rectangular coordinate system in space
竖轴	shùzhóu	vertical axis
右手系	yòushǒuxì	right-handed system
坐标平面	zuòbiāo píngmiàn	coordinate plane
卦限	guàxiàn	octant
竖坐标	shùzuòbiāo	vertical coordinate
12.2 空间向量的坐标及运算		
词语	拼音	英文
共面	gòngmiàn	coplanar

第 13 章　空间平面和空间直线

13.1　空间平面的方程		
词语	拼音	英文
法向量	fǎxiàngliàng	normal vector
点法式方程	diǎnfǎshì fāngchéng	point-normal equation
13.4　空间直线的方程		
词语	拼音	英文
方向向量	fāngxiàng xiàngliàng	direction vector
参数方程	cānshù fāngchéng	parameter equation
点向式方程	diǎnxiàngshì fāngchéng	point-direction equation

第 14 章　数列和函数的极限

14.1　数列的极限		
词语	拼音	英文
趋近于	qūjìn yú	to approach to
极限	jíxiàn	limit
收敛于	shōuliǎn yú	to converge to
14.2　函数的极限		
词语	拼音	英文
邻域	línyù	neighborhood
中心	zhōngxīn	center
去心邻域	qùxīn línyù	deleted neighborhood
左邻域	zuǒlínyù	left neighborhood
右邻域	yòulínyù	right neighborhood
左去心邻域	zuǒ qùxīn línyù	left deleted neighborhood

续表

14.2　函数的极限		
词语	拼音	英文
右去心邻域	yòu qùxīn línyù	right deleted neighborhood
左极限	zuǒjíxiàn	left limit
右极限	yòujíxiàn	right limit
14.3　连续函数		
词语	拼音	英文
连续	liánxù	continuous
左连续	zuǒliánxù	left continuous
右连续	yòuliánxù	right continuous
基本初等函数	jīběn chūděng hánshù	basic elementary function
常数函数	chángshù hánshù	constant function
连续函数	liánxù hánshù	continuous function
14.5　无穷小量		
词语	拼音	英文
无穷小量	wúqióng xiǎoliàng	infinitesimal
高阶无穷小量	gāojiē wúqióng xiǎoliàng	higher order infinitesimal
同阶无穷小量	tóngjiē wúqióng xiǎoliàng	same order infinitesimal
等价无穷小量	děngjià wúqióng xiǎoliàng	equivalent infinitesimal

第15章　导　　数

15.1　导数的概念		
词语	拼音	英文
位移	wèiyí	displacement
比值	bǐzhí	ratio
平均速度	píngjūn sùdù	average speed
瞬时速度	shùnshí sùdù	instantaneous speed

续表

15.1 导数的概念		
词语	拼音	英文
光滑曲线	guānghuá qūxiàn	smooth curve
割线	gēxiàn	secant line
切线	qiēxiàn	tangent line
变化率	biànhuàlǜ	rate of change
可导	kědǎo	derivable
导数	dǎoshù	derivative
导函数	dǎohánshù	derivative function
左导数	zuǒdǎoshù	left derivative
右导数	yòudǎoshù	right derivative
15.2 导数的四则运算及复合函数的求导法则		
词语	拼音	英文
复合函数	fùhé hánshù	composite function
15.3 高阶导数		
词语	拼音	英文
二阶导数	èrjiē dǎoshù	second derivative
三阶导数	sānjiē dǎoshù	third derivative
四阶导数	sìjiē dǎoshù	fourth derivative
n 阶导数	n-jiē dǎoshù	n-th derivative
高阶导数	gāojiē dǎoshù	higher derivative
多项式	duōxiàngshì	polynomial
15.4 隐函数的导数		
词语	拼音	英文
显函数	xiǎnhánshù	explicit function
隐函数	yǐnhánshù	implicit function
15.5 参数函数的导数		
词语	拼音	英文
参数函数	cānshù hánshù	parametric function

第16章 导数的应用

16.2 导数与函数的极值和最值		
词语	拼音	英文
极大值	jídàzhí	local maximum
极小值	jíxiǎozhí	local minimum
极值	jízhí	extremum
极值点	jízhídiǎn	extreme point
驻点	zhùdiǎn	stationary point
必要条件	bìyào tiáojiàn	necessary condition
充分条件	chōngfèn tiáojiàn	sufficient condition

第17章 排列与组合

17.1 加法原理与乘法原理		
词语	拼音	英文
加法原理	jiāfǎ yuánlǐ	addition principle
乘法原理	chéngfǎ yuánlǐ	multiplication principle
17.2 排列与排列数		
词语	拼音	英文
排列	páiliè	arrangement
排列数	páilièshù	number of arrangement
整除	zhěngchú	divide exactly
17.3 组合与组合数		
词语	拼音	英文
组合	zǔhé	combination
组合数	zǔhéshù	number of combination
17.4 二项式定理		
词语	拼音	英文
二项式定理	èrxiàngshì dìnglǐ	binomial theorem
展开式	zhǎnkāishì	expansion

第18章 随机事件与概率

18.1 随机事件及其运算		
词语	拼音	英文
随机试验	suíjī shìyàn	random trial
样本点	yàngběndiǎn	sample point
样本空间	yàngběn kōngjiān	sample space
随机事件	suíjī shìjiàn	random event
必然事件	bìrán shìjiàn	certain event
不可能事件	bù kěnéng shìjiàn	impossible event
互斥事件/互不相容事件	hùchì shìjiàn/hùbù xiāngróng shìjiàn	mutually exclusive events
对立事件	duìlì shìjiàn	complementary events

18.2 概率的定义及性质		
词语	拼音	英文
概率	gàilǜ	probability

18.3 古典概型		
词语	拼音	英文
古典概型	gǔdiǎn gàixíng	classical probability model

18.4 条件概率和概率乘法公式		
词语	拼音	英文
条件概率	tiáojiàn gàilǜ	conditional probability
概率乘法公式	gàilǜ chéngfǎ gōngshì	probability multiplication formula
全概率公式	quángàilǜ gōngshì	total probability formula
贝叶斯公式	Bèiyèsī gōngshì	Bayes formula

18.5 随机事件的独立性		
词语	拼音	英文
相互独立	xiānghù dúlì	mutually independent

第 19 章 随机变量及其数字特征

19.1 离散型随机变量及其概率分布律		
词语	拼音	英文
随机变量	suíjī biànliàng	random variable
离散型随机变量	lísànxìng suíjī biànliàng	discrete random variable
连续型随机变量	liánxùxìng suíjī biànliàng	continuous random variable
概率分布律	gàilǜ fēnbùlǜ	probability distribution law

19.2 离散型随机变量的数字特征		
词语	拼音	英文
数学期望	shùxué qīwàng	mathematical expectation
方差	fāngchā	variance

19.3 正态分布		
词语	拼音	英文
曲边梯形	qūbiān tīxíng	trapezoid with curved edge
面积	miànjī	area
正态分布	zhèngtài fēnbù	normal distribution
高斯分布	Gāosī fēnbù	Gauss distribution
标准差	biāozhǔnchā	standard deviation
概率密度函数	gàilǜ mìdù hánshù	probability density function
标准正态分布	biāozhǔn zhèngtài fēnbù	standard normal distribution

第 20 章 统　　计

20.1 统计中的基本概念		
词语	拼音	英文
总体	zǒngtǐ	population
个体	gètǐ	individual
样本	yàngběn	sample

续表

20.1 统计中的基本概念		
词语	拼音	英文
样本容量	yàngběn róngliàng	sample size
样本观测值	yàngběn guāncèzhí	sample observation
分布	fēnbù	distribution
简单随机样本	jiǎndān suíjī yàngběn	simple random sample
简单随机抽样	jiǎndān suíjī chōuyàng	simple random sampling
分层随机抽样	fēncéng suíjī chōuyàng	stratified random sampling
20.2 数据的数字特征		
词语	拼音	英文
平均数	píngjūnshù	mean
中位数	zhōngwèishù	median
众数	zhòngshù	mode

附录 2　数学符号汉英对照表

shùxué fúhào 数学 符号	fúhào hányì 符号 含义	Hànyǔ dúfǎ 汉语 读法	Yīngyǔ dúfǎ 英语 读法
$\mathbb{N}$	非负整数集/自然数集	n	n
$\mathbb{N}^*/\mathbb{Z}^+$	正整数集	xīng zhèng n 星 /z 正	n star/z plus
$\mathbb{Z}$	整数集	z	z
$\mathbb{Q}$	有理数集	q	q
$\mathbb{R}$	实数集	r	r
$\in$	(元素) 属于 (集合)	shǔ yú 属 于	to belong to
$\notin$	(元素) 不属于 (集合)	bù shǔ yú 不 属 于	to not belong to
$\varnothing$	空集	kōng jí 空 集	empty set
$\subseteq$	(前面的集合) 包含于 (后面的集合) 或 (前面的集合) 是 (后面的集合) 的子集	bāo hán yú 包 含 于	to be included in
$\subsetneq$	(前面的集合) 包含于而不等于 (后面的集合) 或 (前面的集合) 是 (后面的集合) 的真子集	zhēn bāo hán yú 真 包 含 于	to be properly included in
$=$	(前面) 等于 (后面)	děng yú 等 于	to equal to
$\cap$	(前面的集合) 与 (后面的集合) 的交	jiāo 交	intersection
$\cup$	(前面的集合) 与 (后面的集合) 的并	bìng 并	union
$\Leftrightarrow$	前者和后者意思一样	děng jià yú 等 价 于	to be equivalent to
$+$	①在两个数之间出现时表示加运算，读“加”； ②在单个数字前出现时表示正数，读“正 (的)”	jiā 加 zhèng de 正 (的)	①plus; ②positive
$-$	①在两个数之间出现时表示减运算，读“减”； ②在单个数字前出现时表示负数，读“负 (的)”	jiǎn 减 fù de 负 (的)	①minus; ②negative

续表

shùxué fúhào 数学符号	fúhào hányì 符号含义	Hànyǔ dúfǎ 汉语读法	Yīngyǔ dúfǎ 英语读法
$\times$	乘法运算符号	chéng 乘	times
$\div$	除法运算符号	chú yǐ 除以	divided by
$>$	前者比后者大	dà yú 大于	lager than
$\geqslant$	前者比后者大或者前者等于后者	dà yú děng yú 大于等于	not less than
$<$	前者比后者小	xiǎo yú 小于	less than
$\leqslant$	前者比后者小或者前者等于后者	xiǎo yú děng yú 小于等于	not larger than
$\frac{a+b}{2}$	a 与 b 和的一半	èr fēn zhī 二分之 a jiā 加 b	a plus b over two
$\sqrt{ab}$	a 与 b 乘积的算术平方根	gēn hào xià 根号下 ab	square root of a times b
a^n	n 个 a 相乘	de cì mì a 的 n 次幂	the n-th power of a
$\sqrt[n]{a}$	a 的 n 次方根	cì gēn hào xià n 次根号下 a	n-th root of a
Δ	$\Delta=b^2-4ac$	[delta]	[delta]
∞	无限大	wú qióng 无穷	infinity
$+\infty$	正无限大	zhèng wú qióng 正无穷	positive infinity
$-\infty$	负无限大	fù wú qióng 负无穷	negative infinity
$[2, +\infty)$	$\{x\in\mathbb{R} \mid 2\leqslant x<+\infty\}$	zuǒ bì yòu kāi qū jiān 左闭右开区间 2 dào zhèng wú qióng 到正无穷	left closed and right open interval from two to positive infinity
$(1, 2)$	$\{x\in\mathbb{R} \mid 1<x<2\}$	kāi qū jiān dào 开区间 1 到 2	open interval from one to two
$[1, 2]$	$\{x\in\mathbb{R} \mid 1\leqslant x\leqslant 2\}$	bì qū jiān dào 闭区间 1 到 2	closed interval from one to two
$(-\infty, 1]$	$\{x\in\mathbb{R} \mid -\infty<x\leqslant 1\}$	zuǒ kāi yòu bì qū jiān fù 左开右闭区间负 wú qióng dào 无穷到 1	left open and right closed interval from negative infinity to one

续表

shùxué fúhào 数学 符号	fúhào hányì 符号 含义	Hànyǔ dúfǎ 汉语 读法	Yīngyǔ dúfǎ 英语 读法
$\|a\|$	数 a 的绝对值	de jué duì zhí a 的绝对值	the absolute value of a
$\forall$	对任意的，对每一个	duì rèn yì de 对任意的	for any, for every
$\exists$	存在	cún zài 存在	to exist
$y=f(x)$	函数 $y=f(x)$	děng yú y 等于 $f(x)$	y equals $f(x)$
D_f	函数 $y=f(x)$ 的定义域	hán shù 函数 $y=f(x)$ de dìng yì yù 的定义域	domain of function $y=f(x)$
R_f	函数 $y=f(x)$ 的值域	hán shù de zhí yù 函数 $y=f(x)$ 的值域	range of function $y=f(x)$
$y=f^{-1}(x)$	函数 $y=f(x)$ 的反函数	děng yú nì y 等于 f 逆 x	y equals f minus one x
a^{-m}	a 的负 m 次幂	de fù cì mì a 的负 m 次幂	the minus m-th power of a
$\frac{1}{a^m}$	a 的 m 次幂分之一	de cì mì fēn zhī yī a 的 m 次幂分之一	one over the m-th power of a
$a^{\frac{m}{n}}$	a 的 n 分之 m 次幂	de fēn zhī cì mì a 的 n 分之 m 次幂	a to the power of m over n
$\sqrt[n]{a^m}$	n 次根号（下）a 的 m 次幂	cì gēn hào xià n 次根号（下） de cì mì a 的 m 次幂	the n-th root of the m-th power of a
$a^{-\frac{m}{n}}$	a 的负 n 分之 m 次幂	de fù fēn zhī cì mì a 的负 n 分之 m 次幂	a to the power of minus m over n
$\frac{1}{\sqrt[n]{a^m}}$	n 次根号（下）a 的 m 次幂分之一	cì gēn hào xià n 次根号（下） de cì mì fēn zhī yī a 的 m 次幂分之一	one over the n-th root of the m-th power of a
$\log_a N$	以 a 为底 N 的对数	yǐ wéi dǐ de duì shù 以 a 为底 N 的对数	log a n
$\sin\alpha$	角 α 的正弦	sine α	sine α
$\cos\alpha$	角 α 的余弦	cosine α	cosine α
$\tan\alpha$	角 α 的正切	tangent α	tangent α
$\cot\alpha$	角 α 的余切	cotangent α	cotangent α
$\sec\alpha$	角 α 的正割	secant α	secant α
$\csc\alpha$	角 α 的余割	cosecant α	cosecant α

续表

shùxué fúhào 数学 符号	fúhào hányì 符号 含义	Hànyǔ dúfǎ 汉语 读法	Yīngyǔ dúfǎ 英语 读法
$y=\arcsin x$	反正弦函数	děng yú y 等 于 arc sine x	y equals arc sine x
$y=\arccos x$	反余弦函数	děng yú y 等 于 arc cosine x	y equals arc cosine x
$y=\arctan x$	反正切函数	děng yú y 等 于 arc tangent x	y equals arc tangent x
$y=\text{arccot}x$	反余切函数	děng yú y 等 于 arc cotangent x	y equals arc cotangent x
$\{a_n\}$	数列	a n	a n
a_n	数列的通项	a n	a n
d	等差数列的公差或者距离	d	d
S_n	数列的前 n 项和	S n	S n
Σ	求和符号	sigma	sigma
q	等比数列的公比	q	q
C	复数集	C	C
$\text{Re}(z)$	复数 z 的实部	de shí bù z 的实部	the real part of z
$\text{Im}(z)$	复数 z 的虚部	de xū bù z 的虚部	the imaginary part of z
$\bar{z}$	复数 z 的共轭	de gòng è z 的 共 轭	the conjugate of z
$l_1 // l_2$	直线 l_1 与 l_2 平行	píng xíng yú l_1 平 行 于 l_2	l_1 parallel to l_2
$l_1 \perp l_2$	直线 l_1 与 l_2 垂直	chuí zhí yú l_1 垂 直 于 l_2	l_1 perpendicular to l_2
$\overrightarrow{AB}$	以 A 为起点，以 B 为终点的向量	xiàng liàng 向 量 AB	vector AB
$\lvert\overrightarrow{AB}\rvert$	向量 $\overrightarrow{AB}$ 的模	de mó AB 的 模	the modulus of AB
$\boldsymbol{a}$	向量	xiàng liàng 向 量 $\boldsymbol{a}$	vector $\boldsymbol{a}$
$\langle \boldsymbol{a}, \boldsymbol{b} \rangle$	两个向量的夹角	xiàng liàng yǔ xiàng liàng 向 量 $\boldsymbol{a}$ 与 向 量 de jiā jiǎo $\boldsymbol{b}$ 的 夹 角	the included angle of the vectors $\boldsymbol{a}$ and $\boldsymbol{b}$
$\boldsymbol{a} \cdot \boldsymbol{b}$	两个向量的内积	xiàng liàng yǔ xiàng liàng 向 量 $\boldsymbol{a}$ 与 向 量 de nèi jī $\boldsymbol{b}$ 的 内积	the inner product of the vectors $\boldsymbol{a}$ and $\boldsymbol{b}$

续表

shùxué fúhào 数学 符号	fúhào hányì 符号 含义	Hànyǔ dúfǎ 汉语 读法	Yīngyǔ dúfǎ 英语 读法
$\|P_1P_2\|$	P_1，P_2 两点间的距离	liǎng diǎn jiān de jù lí P_1，P_2 两 点 间 的距离	the distance between points P_1 and P_2
$\lim\limits_{n\to\infty} a_n$	数列 $\{a_n\}$ 的极限	de jí xiàn a_n的极 限	the limit of a_n
$f'(x)$	函数$f(x)$的导函数	de dǎo shù $f(x)$的 导 数	the derivative of $f(x)$
$f''(x)$	函数$f(x)$的二阶导函数	de èr jiē dǎo shù $f(x)$的二阶 导 数	the second-order derivative of $f(x)$
$f'''(x)$	函数$f(x)$的三阶导函数	de sān jiē dǎo shù $f(x)$的 三 阶 导 数	the third-order derivative of $f(x)$
$f^{(4)}(x)$	函数$f(x)$的四阶导函数	de sì jiē dǎo shù $f(x)$的 四 阶 导 数	the fourth-order derivative of $f(x)$
$f^{(n)}(x)$	函数$f(x)$的 n 阶导函数	de jiē dǎo shù $f(x)$的 n 阶 导 数	the n-th derivative of $f(x)$
A_n^m	从 n 个不同的元素中任取 m 个元素的排列数	a n m	a n m
$n!$	从 1 到 n 的所有自然数的连乘积	de jiē chéng n 的阶 乘	the factorial of n
C_n^m	从 n 个不同元素中取出 m 个元素的组合数	C n m	C n m
$\overline{A}$	随机事件 A 的对立事件	de duì lì shì jiàn A 的对 立 事 件	the complementary events of A
$P(A)$	随机事件 A 发生的概率	shì jiàn fā shēng de gài lǜ 事 件 A 发 生 的概率	the probability of Event A
$P(A\|B)$	条件概率	zài shì jiàn fā shēng de tiáo jiàn 在事件 B 发 生 的 条 件 xià shì jiàn fā shēng de gài lǜ 下，事 件 A 发 生 的概率	the probability of Event A under the condition of Event B
$E(X)$	随机变量 X 的数学期望	de shù xué qī wàng X 的 数 学 期 望	the mathematical expectation of X
$D(X)$	随机变量 X 的方差	de fāng chā X 的 方 差	the variance of X
$N(\mu, \sigma^2)$	数学期望为 μ，方差为 σ^2 的正态分布	zhèng tài fēn bù 正 态 分 布	the normal distribution
$N(0, 1)$	标准正态分布	biāo zhǔn zhèng tài fēn bù 标 准 正 态 分 布	the standard normal distribution